図説 中国古代銅鏡史

【著】孔祥星＋劉一曼
【訳】高倉洋彰＋田崎博之＋渡辺芳郎

海鳥社

中国古代銅鏡, 文物出版社, 北京, 1984

原著者前言

銅鏡は顔を写し、化粧するための道具である。古代において、銅鏡は人びとの日常生活と密接な関係をもっていた。ガラス鏡の出現以後、その普及にともなって、歴史の舞台から退場していった。

銅鏡はまたすばらしい工芸品でもある。その鋳造技術は巧みで、形態は美しい。文様も華麗、銘文は豊かな内容を含んでいる。まさに中国古代の貴重な文化遺産のひとつである。

銅鏡の背面はいろいろな文様と銘文で飾られている。これらの文様と銘文の出現と流行は、それぞれの時代の政治、経済、思想文化、社会生活、風俗と強く関係している。銅鏡の背面は小さいので、典型的かつ代表的な題材が文様に選ばれている。そのため、我々が古代社会を考える上で、信頼できる資料となっているのである。

銅鏡は考古学的研究において重要な位置を占めている。銅鏡は中国の古代墓葬において普遍的にみられる副葬品であり、それぞれの時代の特徴をもっているため、古代墓葬の年代を決定する指標のひとつとなりえる。

早くも八〇〇年以上前の北宋時代（九六〇―一一二六年）には銅鏡はすでに諸著作の中にみられ、中国の鏡鑑学が創始されている。この後、拓影を集め、記録化がはかられる一方で、銅鏡に対して三つの方面からの研究が始められた。ひとつは形態と文様に関する研究で、それぞれの時代の銅鏡の類型、編年、文様に込められた意味を明確にしようとするものである。ふたつめは、銘文についての研究で、文字・字句を解読し、意味を明らかにするものである。三つめは、鋳造技術に関する研究である。

新中国の建国以来三〇余年、文化遺産の発掘・調査および研究の絶え間ない進展にともなって、銅鏡の研究も新しい時代に入った。各地で行われている発掘調査によって銅鏡の出土資料は豊富になり、編年が確立されつつあるし、個別的な研究も発展している。本書は、主に考古資料に依拠し、あわせて伝世品を参考にしつつ、中国の銅鏡についての概略を述べ、時代ごとの銅鏡の類型あるいは特徴を明確にする。また、国内外の研究成果も紹介し、研究の深化・発展の一助としたい。

本書執筆にあたり多くの先生や友人の指導と援助・啓発を受けた。慎んでお礼申し上げる。資料の制約と筆者の力量不足のため、本書には欠点や誤りがあろう。読者の批評と叱正を乞いたい。

孔祥星
劉一曼

日本語版序

新中国の成立以来、考古学の急速な発展にともない、我が国の各地からさまざまな時代の銅鏡が大量に出土している。その中でも漢鏡と唐鏡が多い。現在、我が国の考古・文物関係機関や博物館には驚くべき量の銅鏡が収蔵されている。例えば中国歴史博物館には一六〇〇余面の銅鏡が収蔵されており、その中に精品も少なくない。数百面の銅鏡を収蔵する県や市の文化館・博物館もまた同様である。

各地から出土した銅鏡を紹介するために、我が国では『陝西省出土銅鏡』などの図録類が出版され、また発掘報告書にも多くの銅鏡が掲載されている。そのため、古鏡の資料はきわめて豊富になり、中国銅鏡の編年などの研究にとって良好な基礎が築かれつつある。しかし残念なことに、これらの考古資料を利用して、中国銅鏡を系統的に研究した専門書はいたって少ない。

そこで我々は発掘された銅鏡を基礎にしつつ、古今内外の文献に記録された資料を参考にし、さらに内外の研究成果を取り入れて、幅広い読者に中国の銅鏡を平易かつ簡潔、系統だって紹介しようと決心したのである。

本書『中国古代銅鏡』は、我が国の銅鏡の発展段階を概観し、銅鏡の類型・形式・文様・銘文・鋳造技術などを中心に紹介している。そして各時代の銅鏡の特徴と編年をまとめている。考古学的な編年研究、工芸美術史、社会歴史の研究などに貢献できることを願っている。

我々をなによりも喜ばせてくれたのは、本書が出版されてから、読者に歓迎され、またたくまに売り切れてしまったことである。いま第二版を印刷中であり、もうすぐ出版されるであろう。

現在、我々は本書の日本語版が出版されることを心より嬉しく思っている。この日本語版によって、日本の読者が中国銅鏡についてより理解を深め、この方面での研究において中国・日本の両研究者の相互交流のたすけとなることは疑いなかろう。

『中国古代銅鏡』の日本語翻訳にあたって、我々は「中国書店」の方々や友人達に深く感謝したい。とくに本書の訳を担当した高倉洋彰、田崎博之、渡辺芳郎の三氏に深甚の謝意を表したい。三氏は正確に文章を訳してくれただけでなく、貴重な時間をさいて関係ある資料を収集・補充し、必要な箇所には注釈を加え、日本の読者にとってより適したものにしてくれた。『中国古代銅鏡』が出版されてすでに久しいが、読者からの意見や要望に応えて、内容の修正・補充をした新たな増訂版を計画している。しかしなにかと忙しくまだ実現していない。本書にも不足な点、間違った点があるだろう。日本の研究者や読者からの御指摘、御教示がいただければ幸いである。

一九八八年八月一四日　北京にて

孔　祥　星

劉　一　曼

凡例

一　本書は孔祥星・劉一曼著『中国古代銅鏡』（文物出版社、中華人民共和国北京市、一九八四年）初版本を翻訳したものである。

二　この訳書では、訳者後記で翻訳の事情を記すように、原著の記述の一部に補記を試みた部分がある。原著のよりよき理解のための試みであるが、もし誤解を生じたとすれば、訳者に責がある。

三　原著に使用されている学術用語、ことに鏡種名については、できるかぎりそれにしたがった。にもかかわらずごく一部に、誤解を避けるため、日本の学界で定着している用語に改めた部分がある。

四　本文中には諸文献の文節・文章や銅鏡の銘文が多く引用されている。訳にあたって、文節・文章については理解しやすいよう、意訳を基本とした。ただし原文のままの引用が適切と判断した場合および銘文については、その後に〔　〕して書き下し文をつけている。重出や容易に理解できる原文・銘文については書き下しを省略している。なお本文中にも（　）して説明を加えた部分がある。

五　原著につけられた註に加えて、必要に応じて訳註をつけた。註は本文中の該当する語句または文章末尾の右端に（１）、**1**のように表示している。（１）は原註、**1**は訳註である。

六　挿図・写真図版は文物出版社から提供を受けた。写真はそのまま使用したが、挿図は原典から新たに作成したものを用いている。その際、原著のごく一部の挿図をより的確な別の図と差し替えている。これとは別に、図示されていない種類の銅鏡については、理解をはかるために新たに挿図を作成し追加しているものがある。

七　挿図は鏡相互の比較に便宜をはかるため、できるだけ縮尺を統一している。写真は面径の大小にかかわらず、ほぼ同大に表現している。なお、原著には写真図版のみに出土地名もしくは出典が記されているが、本書ではすべてに出土地・遺跡名や出典を記し、あわせて面径をつけている。

八　各章の最初に簡略な年表をつけている。アミをかぶせて表した部分が、その章で扱う銅鏡の中国の歴史上に占める位置である。

九　本書の性格上、巻末に索引をつけるのが適切と考えたが、あまりに煩雑となった。そこで巻末に、挿図・写真図版に使用された銅鏡の出典一覧をつけ、索引に替え便宜をはかった。さらに、該当の遺跡・場所・年代を確認しつつ講読できるよう、年表と地図をつけた。

目　次

2 春秋戦国代銅鏡の分類……24

Ⅵ　中国鏡の落日

I 中国鏡の黎明

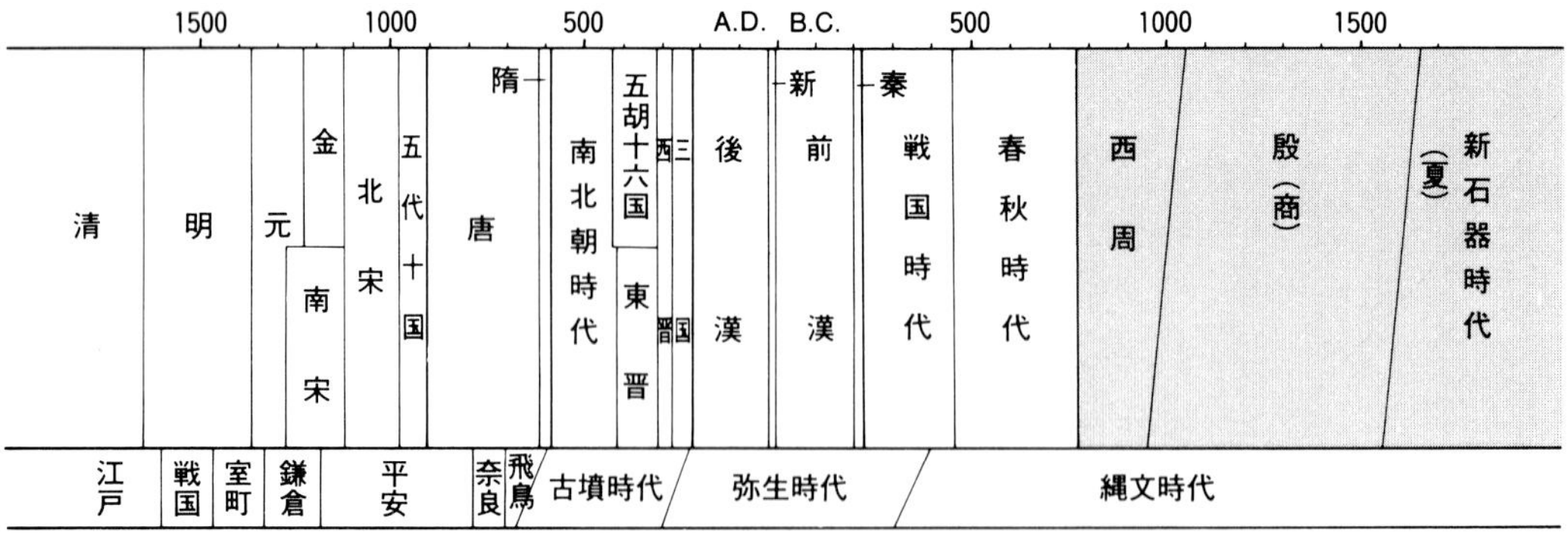

人類がいつから銅鏡を使い始めたかはまだはっきりしない。世界的にみれば、銅鏡は大まかに東西ふたつの大きな系統に分けられる。ひとつは、中国に代表されるような、円板形で鈕をもつ鏡の系統、つまり鏡背に鈕をもつ銅鏡である。もうひとつは、西アジアやエジプト・ギリシャ・ローマなどの古代文明国家で流布した円板形で柄をもつ鏡の系統、つまり柄鏡である。

日本の樋口隆康の紹介によれば、[1] 紀元前六〇〇〇年のトルコのチャタル・フュクの新石器時代層から、黒曜石製の鏡が出土している。イラクのキシュ遺跡（紀元前二九〇〇―二七〇〇年）、イランのスーサ遺跡（紀元前二三〇〇―二二〇〇年）、パキスタンのインダス文明時代の遺跡（紀元前二〇〇〇年）では青銅鏡が出土している。また、エジプト第十一王朝期の石棺を装飾する浮き彫りには、鏡を持って化粧する貴婦人像が描かれており、その年代は紀元前二〇〇〇年である。これらの青銅鏡はすべて柄鏡である。

1 中国鏡の起源

中国ではいつから銅鏡を鋳造し、使い始めたのであろうか？ これはきわめて難しい問題である。ある種の発明創造は黄帝の功績に帰されている。銅鏡もまた「黄帝が鏡を鋳造し、これで物を写した。十五面を作ったが、神鏡・宝鏡である。」（『軒轅黄帝伝』）、「饒州（現在の江西省波陽一帯）では軒轅氏（黄帝のこと）が湖辺で鏡を鋳ったと伝えられている。今も軒轅氏の磨鏡石といわれるものがある。石の表面は常に清く、蔓草がはえない。」（『述異記』）というように、古人は黄帝が銅鏡を造り、使い始めたと説いている。

黄帝が鏡を造ったという伝説はそのまま信ずるわけにはいかないが、鏡の起源がきわめて古く、伝説の時代にまで遡りうることを物語っている。

中国の史書において、「鏡」という字がもっとも早くみられるのは、『墨子』非攻篇をはじめ戦国時代末期のいくつかの著作においてである。[1]

「至人之用心若鏡、不将不迎、応而不蔵、故能勝物而不傷」〔至人の心を用いるのは鏡の如く、（外物の去来にまかせて）送らず迎えず、応じはするがとどめはしない。したがって能く物に勝《た》えて、傷つくことがない。〕（『荘子』応帝王篇）

「聖人之心静乎、天地之鑒也、万物之鏡也」〔聖人の心が静かなのはいうまでもない。それは天地の鑒[2]であり、万物の鏡である。〕（『同書』天道篇）

「今修飾而窺鏡兮」〔今修飾して鏡を窺えば、〕（『楚辞』九弁）

「古之人、目短于自見、故以鏡観面」〔古人は、肉眼では自分の容貌がよくみえないことを知っていたから、鏡で自分の顔をみたのである。〕（『韓非子』観行篇）

「夫揺鏡則不得為明」〔鏡を揺《うご》かすと物を写す清明という性質を失う。〕（『同書』飾邪篇）

これらから銅鏡がすでに戦国時代末期に広く流行していたことがわかる。興味深いことに、これらの記載は日常生活の出来事を取り上げ、鏡を比喩として人生哲学を説いている。たとえば『戦国策』斉策篇中に鄒忌が斉王を諫めたという次のような話がある。

鄒忌は朝、鏡の前で衣冠を整えていた。彼は自分の美しさに喜び、妻、妾、食客にたずねた。「私と、斉国の有名な美男子、城北の徐公とはどちらが美しいだろうか？」。彼らは皆、鄒忌が美しいと答えた。その後、彼は鏡で何度も自らを観察し、徐公と比べてみた。そして自分が徐公におよばないことに気づいた。彼は考えぬいたすえに、妻子は彼を愛していたから、妾は彼を恐れていたから、食客は彼に頼むところがあったから、皆、彼が徐公より美しいと言ったのだと悟った。その後、鄒忌は鏡をみて自らを美しいと思い、妻や妾、食客がほめそやしたことから悟った道理で、斉の威王の虚栄心を諫め、ついに斉国を強国にしたのである。

この故事の中で、銅鏡は単に姿を写すだけではなく、人の心も写し出している。このことは銅鏡と当時の人びとの生活とが密接な関係にあったことを物語っている。つまり銅鏡が流行・普及していたからこそ、そのような比喩から説きおこした道理が生き生きとしたものとなり、容易に人びとに理解され、受け入れられたのである。
顔を写すほかに、光を集め火をおこす凹面鏡の記載もある。『考工記』では、

「金錫半、謂之鑑燧之斉」〔金錫半ばし、これを鑑燧之斉という。〕

という。鄭玄[3]の注釈には、

「鑑亦鏡也」〔鑑また鏡なり〕

とある。「燧」とは、光を集め火をおこす凹面鏡のことである。銅と錫とを半分ずつ用いて鏡を鋳造するのは、もっともよい合金の比率である。『荘子』徳充符に、

「鑑明則塵垢不止、止則不明也」〔鑑に曇りがなければ、塵と垢がたまっていない。ほこりがたまれば、曇ってしまう。〕

とある。荘子が説くのは哲理の問題である。ただし、「鑑」の清明さを、それ自身と塵垢のあるなしと関連づけている。ここでいう「鑑」が金属鏡であることは疑いない。

これらの記載の中に出てくる「鑑」の字を鏡と解釈することにほぼ疑問はなかろう。古代では鏡と鑑とが混交して用いられている。そこから、鏡鑑の語が生まれた。『左伝』荘公二十一年〔紀元前六七八〕の条には、

「鄭伯之享王也、王以後之鞶鑑予之。虢公請器、王予之爵、鄭伯由是始悪于王」〔鄭伯が王を饗応したとき、王は后《きさき》用の鞶鑑を与えたのに、虢公が器を請うと、王は礼器である爵を与えた。鄭伯は〔自分の方が軽んぜられたとして〕これを根にもって王を憎むようになった。〕

とある。「鞶鑑」という言葉は、『左伝』定公六年〔紀元前五〇四〕の条にも、

「昭公之難、君将以文之舒鼎、成之昭兆、定之鞶鑑、苟可以納之、択用一焉」〔魯の昭公が亡命したとき、君〔衛侯〕は文公の廟にある舒国の宝鼎、成公の廟にある宝亀、定公の廟にある鞶鑑とを提供し、もし昭公が魯国に帰れるようにしてくれる者がいるならば、そのひとつを賂りものに与えようと約束した。〕

とある。「鞶鑑」とは一体何であろうか。杜預の注釈によれば、

「鞶帯而以鏡為飾也、今西方羌胡猶然、古之遺服也」〔鞶帯は鏡で飾られたものである。今でも西方の羌胡は依然として、古式の服装を残している。〕

とある。ここでも同様に鑑を鏡とみなしている。つまり鞶鑑とは帯飾りの鏡のことである。もし、杜預の言うとおりならば、銅鏡の使用は、紀元前六七三年まで遡ることになる。

このほかに、『詩経』邶風・柏舟に、

「我心匪鑑、不可以茹」〔我の心は鑑ではない。だから茹《はか》ることはできない。〕

とあるが、釈文でも鑑を鏡としている。また『同書』大雅・蕩では、

「殷鑑不遠、在夏後之世」〔殷の人びとが（反省の）鑑とするところは遠くにはない。前代の夏の桀王の世こそがそのよい例である。〕

とあり、鄭箋[4]も鑑を鏡とみなしている。このように史書の記載からみれば、銅鏡の歴史は春秋時代早期、あるいは西周時代まで遡りうる。しかし、これらの注釈は後世のもので、他に有力な根拠を欠いているため、多くの研究者は疑問視している。

このほかに、史書中に出てくる「鑑」の字には次のように明らかに水鏡の意味で使われることがある。つまり、

「古人有言曰、人無于水監、当于民監」〔古人の言葉にある。（身分の高い）人は水を鑑とするのではなく、庶民を鑑としなければならない。〕（『尚書』酒誥）

「王其盍亦鑑于人、無鑑于水」〔王はまた人を鑑として、水を鑑とするべきではない。〕（『国語』呉語）

「仲尼曰、人莫鑑于流水、而鑑于止水」〔仲尼曰く、人は流れを鑑とすることなく、止水を鑑とする。〕（『荘子』徳充符）

これらの簡明な哲理や修養のための警句は、歴史上、多くの政治家・思想家によってさまざまに引用されてきた。また、古代の社会生活や銅鏡の研究者はこれを根拠にして、中国の古代人が容器に水を盛って鏡としていたと考えた。さらに、戦国時代以前には金属鏡はなかったと推論し、

また、これをもって「水鑑」が金属鏡の始まりであるとする説もある。

たとえば郭沫若は次のようにいっている。

「古人は水を監としていた。つまり、盆に水を盛って顔を写していたのである。この種の水盆がすなわち監と称され、銅で作ったものが鑑なのである。監という字は、人が水盆のかたわらでうつむいている様をかたどっている。『書経』（尚書のこと）では〝人無于水監、当于民監〟といっている。庶民は陶器に水を盛るが、貴族は銅器に水を盛る。銅器は磨かれたようになめらかなので、水がなくても物を写せる。さらに進むと、銅水盆が偏平化して鏡となったのである。銅鏡背面の文様や鈕・乳は、盛水銅器が偏平化したときの痕跡なのである。盛水銅器の文様は表面についているが、偏平化の後に背面になった。鈕・乳は器足の痕跡である。[2]」

梁上椿は、中国鏡の起源と発展過程を論及する際、「止水→鑑盆中の静水→無水の鑑→光面をもつ薄い銅板→薄い銅板の背面に鈕をつける→背部が無文の鏡→無地の上に絵を描く→絵を描く代わりに文様を鋳出する→銘文を鋳出する」という段階を指摘している[3]。

このような仮説は、上述の水鏡に顔を写すという記載から自然と生まれたものである。

しかし、異なる考え方の研究者もいる。たとえば高去尋は「殷代的一面銅鏡及其相関之問題[4]」の中で次のように指摘している。確かに、甲骨文にみられる監の字は、[illegible]または[illegible]という形をなし、容器に水を盛り、「人が水を監とする」水面を鑑としている様をかたどっている。それは人類が金属鏡または鉱物鏡を用いて顔を写す以前のひとつの段階を示している。しかし、このことは、殷代にまったく銅鏡を用いなかったという根拠にはならない。なぜなら、戦国時代末期には銅鏡で顔を写すようになってはいたが、依然として水で顔を写すこともあった。したがって、殷代の後半代もこれと同じような状況であったろうと考えることも、あながち不可能なことではない。戦国時代についても『荘子』徳充符に、孔子の話として「人莫鑑于流水、而鑑于止水」とあるが、その一方で申徒嘉が子産に答える話として「鑑明則塵垢不止、止則不明也」ともある。孔子の話だけでは、単純に当時銅鏡がなかったと判断はできない。さらに『尚書』酒誥、『墨子』

非攻篇にはそれぞれ、「古人有言曰」、「古者有曰」とあり、古代の諺を引用していることがわかる。つまり史書が書かれた当時の状況を反映しているとは限らないのである。

つまり高去尋は文献の記載にもいわゆる「淮式鏡」以前に、中国銅鏡には一定の発展史がみられると考えている。

これまで煩をいとわず史書の記載やさまざまな見解を紹介してきた。というのも、中国における銅鏡の起源の問題を解決するためには、視点を史書から、地下から出土した銅鏡に移さねばならないからである。

面白いことに、論争が活発になり、認識が深まるたびに、地下から出土する銅鏡は往々にして新しい情報を提供し、人びとの視野を広げ、研究の発展を促したといえるのである。

話題を、八〇〇年以上前に編纂された『宣和博古図録』[5]（宋の王黻《ふ》編）に移そう。これには一一三面の鏡が収録されている。乾象門、水浮門、詩辞門、善頌門、枚乳門、龍鳳門、素質門、鉄鑑門に分類され、漢唐ふたつの時代に分けて列挙されている。彼の分類基準と時代区分には、現在からみると多くの牽強附会と誤りはあるものの、銅鏡の歴史を体系的に記述した最初のものである。以来、国の内外で文献に記録された中国鏡はすでに数千面にのぼる。しかし、研究者は黄帝が鏡を鋳造したという伝説や、古典の記録を知っていたにもかかわらず、長い間、中国鏡の出現を漢代と考えていた。

中国鏡鑑学の研究史の上で、最初に飛躍をもたらしたのは、河南省洛陽で出土した銅鏡[6]と、安徽省寿県出土と伝えられる銅鏡の発見である。[7]これらの銅鏡はつぎつぎに国外に流出し、外国の収集家と研究者の注意を引きつけた。そして、「淮式鏡」、「秦鏡」、「先漢式鏡」、「戦国式鏡」および「楚式鏡」などの分類と名称が登場した。[8]梅原末治は、「淮式鏡」が紀元前六世紀に使われ始めたと推定した。[9]またスウェーデンのカールグレン（B.Karlgren）は「淮式鏡」の上限を紀元前六五〇年とした。[10]中国鏡の出現は一挙に数百年遡ったのである。

一九三四年十二月二十三日、河南省安陽侯家荘の西北崗一〇〇五号殷墓から鈕を持つ青銅製の円盤一点が出土した。梁思永はこれを銅鏡と考え、「重要発見」と称した[11]。殷墓から銅鏡が出土するなどとは、まったく考えられないことであった。この遺物がもし本当に銅鏡であるなら中国鏡の起源を探る研究に新しい情報を与え、その鋳造の歴史は殷代末期までさらに数百年遡ることになる。しかし残念なことに当時は、ほんの一例にすぎなかった。どうして、殷墟で発掘された数多くの古墓から同じものが出土しないのか？　殷代から戦国時代にいたる長い間に、その後裔がどうしてみつからないのか？　この「重要発見」に対して、賛成する者もいたが、疑う者、否定する者もあった。

時の流れとともに、一〇〇五号墓出土の銅鏡に対する印象は次第に薄くなっていった。ときどき、それについての論考もあったが、大きな波紋を起こすことはなかった。しかし一九七六年にいたって、河南省安陽小屯の婦好墓で四面の銅鏡が出土するにおよび、殷代に銅鏡が使われていたかどうか、などの論争に新たな波紋が生じた。婦好墓と一〇〇五号墓はともに盗掘・破壊をうけていなかった。それゆえに、この四面の銅鏡の出土によって、殷代にすでに銅鏡があったことは、現在では定説となっているのである。

しかし、殷代にすでに銅鏡があったからといって、それが中国最古の銅鏡であると結論づけることはできない。一九七五年、まだ婦好墓の四面の銅鏡が地下に眠っている頃、甘粛省広河斉家坪の墓葬から出土した銅鏡が、斉家文化期にすでに銅鏡のあったことを告げたのである。つづいて、一九七六年、青海省貴南の斉家文化期墓葬から銅鏡が出土した。このように中国の銅鏡鋳造の歴史はすでに今から四千年前まで遡ることができ、黄帝が銅鏡を鋳造したという伝説の時代に近づいているのである。

同時に、殷代以後から戦国時代以前にかけての銅鏡もつぎつぎと出土している。これらの状況については本章4の殷周銅鏡に関する部分を読んでいただきたい。そこで中国鏡の発展史の中のこの時期の空白が、考古学的な発掘調査の成果によっていかに埋められていったかがわかるであろう。

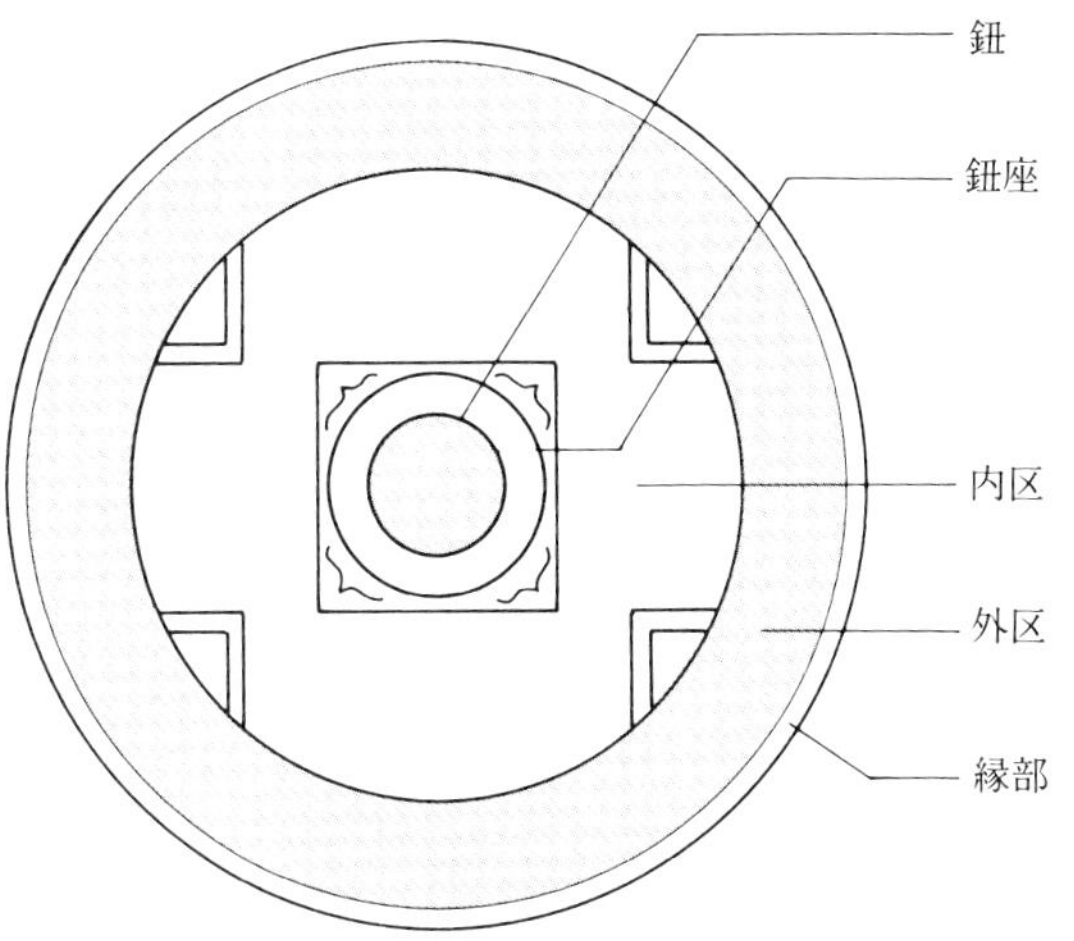

図1　鏡の部分名称

2　銅鏡の各部位の名称

各時代の銅鏡を紹介する前に、本書で採用している銅鏡の分類と命名法の原則、各部位の名称を説明しておこう。

中国古代の銅鏡の種類はきわめて多く、文様は豊富で、同じ種類にまとめられている銅鏡にしても、細かな部分では違いがある。そのため、どのように分類するか、どのように名称を決めるかといったことについて、さまざまの説がある。長い間の研究と、多くの論考や図録類を通じて、名称によっては次第に広く受け入れられ、採用されている。たとえば戦国時代の山字鏡、漢代の草葉文鏡・星雲鏡・日光鏡・昭明鏡・規矩鏡・神獣鏡、唐代の海獣葡萄鏡・雀繞花枝鏡、宋代の湖州鏡などである。しかし、依然として、銅鏡の名称の多くは繁雑であり、呼び方も一定していない。

本書では、中国鏡の名称と分類について、三つの原則を設けている。

第一に、可能な限り慣用されている名称、つまり大多数の研究者が使用している名称を採用する。第二に、名称が一定していないものについては、主に銅鏡の主題文様、あるいは何らかの重要な特徴をもとに命名した。第三に、これまでに慣用されている名称であっても、新たな資料と研究を根拠として一般には用いられていない名称を使用することがある。その場合、それまで使われていた名称も文章中に引き続き用いている。たとえば、唐代の海獣葡萄鏡は本書では瑞獣葡萄鏡と呼び、両者を併用した。

銅鏡の各部分の名称についても、本書は一般に用いられている名称を採用している。形制、鏡面、鏡背、鈕、鈕座、内区、中区、外区、縁部、圏帯、銘帯、銘文、主題文様などである〔図1〕。

形制　鏡形・形とも呼び、銅鏡の平面の形態をさす。円形、方形、菱花形、葵花形、有柄鏡などがある。

鏡面　鏡のおもて。光を反射し、顔や物を写す面である。

鏡背　鏡面の反対側。多くは文様が鋳出されている。

鈕　鏡背の中央にある突起で、孔をもち紐を通して結ぶことができ、手持ち、あるいは鏡台にかけることができる。弓形（橋形）、乳状、弦文、半球式、半環、獣形などが多い。

鈕座　鈕の周囲の装飾部分にあたる。無文の円圏鈕座、花弁形鈕座、連珠文鈕座などがある。

内区・中区・外区　鏡背において文様が配置される各々の部分を指す。分区されていない銅鏡もあるが、一般的には鈕を中心として、各種の円圏によって、同心円状に分区されている。鈕にもっとも近い部分を内区、その外側を中区、あるいは外区とする。

縁部　鏡背のもっとも外周の部分。

圏帯　研究者によっては三角鋸歯文縁というように鏡縁付近の文様を鏡縁文様と呼び、また、三角鋸歯文圏帯というように圏帯と称することがある。

銘帯　銘文の鋳出された部分をさす。

銘文　鏡背上に鋳出された字句をさす。

主題文様　鏡背の主要な文様をさす。鏡背が内外区に分かれている場合は、一般に内区の文様を主題文様とする。

3　斉家文化期の銅鏡

発掘調査で出土した銅鏡の中で、最古の例は斉家文化期のものである。今までに二面が発見さ

写1　七角星文鏡
青海省貴南県尕馬台25号墓出土(面径8.9cm)

れている。

素鏡　一面。一九七五年に甘粛省広河斉家坪の墓葬から出土した。円形で、面径約六センチ、厚さ約〇・三センチをはかる。鏡面に光沢があり、鏡背には文様がない。中央に一個のアーチ状の環鈕をもち、鈕高は約〇・五センチである。[5]

七角星文鏡　一面。一九七六年に青海省貴南尕馬台二五号墓から出土した。円形で面径八・九センチ、厚さ約〇・三センチ、重さ一〇九グラムをはかる。出土時には全面に錆がみられた。鏡背には凸状の圏線を二周めぐらし、その間に不規則な七角星形の図文が配される。星形の外側を斜線文で飾っている。鈕はすでに欠損していた。縁部に二個の梨形の小孔がある。両孔の間に紐ズレの痕がみられることから、その孔は紐を通して吊していたのであろう〔写1〕。高速中性子放射線分析の結果、この鏡は銅と錫を含み、その比率は一対〇・〇九六であることがわかった。錫の含有量は殷代の爵や戈、漢代の銅鏡とくらべ低いようである。[6]

甘粛省広河斉家坪と青海省貴南尕馬台は、いずれも斉家文化期の遺跡である。斉家文化は銅石併用時代の文化類型のひとつであり、一九二四年に甘粛省広河斉家坪で発見されて命名された。甘粛省洮河、大夏河、渭河上流と青海省湟水流域に分布する。生産工具は石器が主体であるが、すでに銅器が現われており、銅錐、刀、斧、指環、穿孔された装飾品などがある。斉家文化期は原始共同体の解体期に属し、今から四〇〇〇年前にあたる。

斉家文化期の銅鏡の発見は銅鏡の歴史を大きく遡らせ、最古の銅鏡への関心をおおいに高めた。将来さらに多くの黎明期の銅鏡が出土し、その起源について、十分な研究が進められることが期待される。

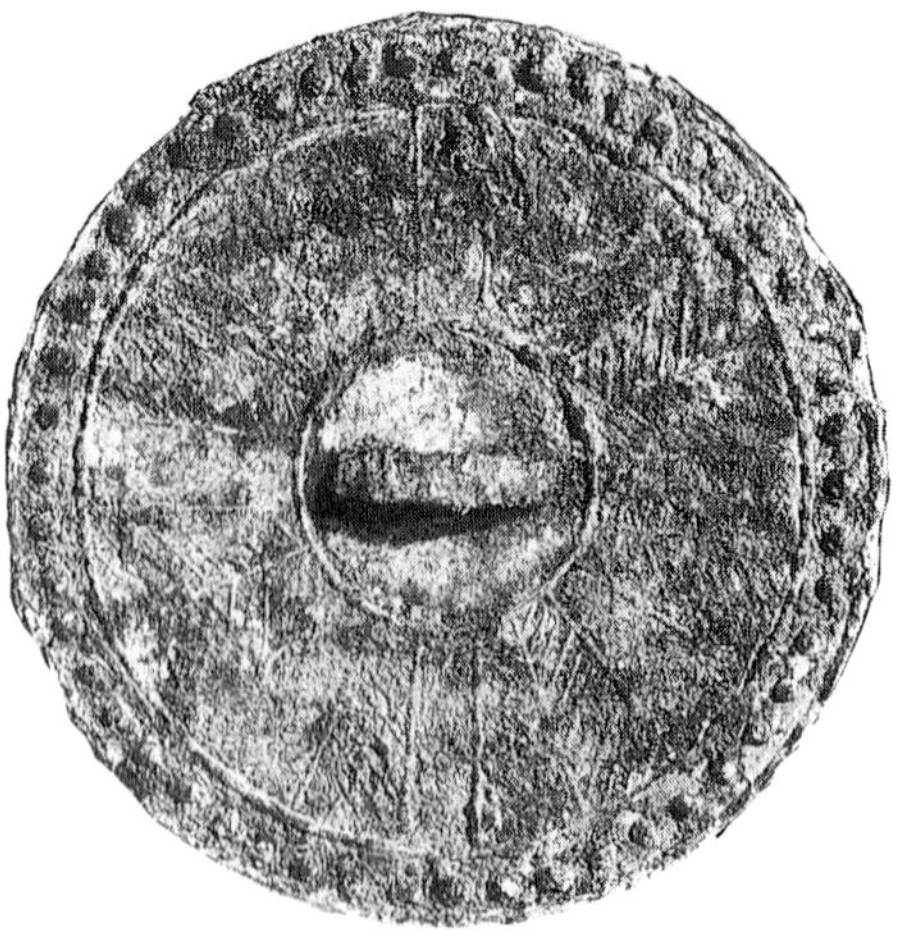

写2　葉脈文鏡
河南省安陽市殷墟婦好墓出土(面径12.5cm)

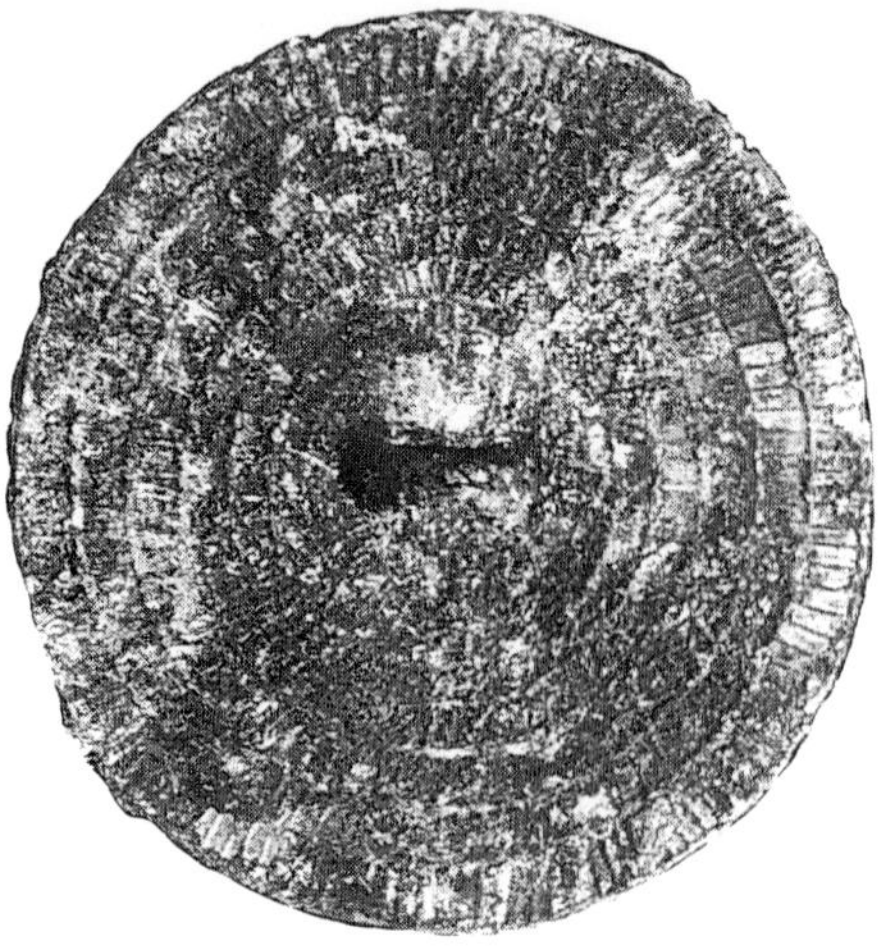

写3　多圏凸弦文鏡
河南省安陽市殷墟婦好墓出土(面径11.8cm)

4　殷周代銅鏡の分類と特徴

(1) 殷代銅鏡

現在、殷代の銅鏡は計五面が発見されている。すべて円形で、鏡面は平坦に近いか、わずかに反る。鏡身は比較的薄く、鏡背中央に一個のアーチ状の弓形鈕（橋形鈕）をもつ。鏡背文様から、三種類に分類できる。

葉脈文鏡　二面。一面は面径一二・五センチ、厚さ〇・四センチ、鈕の長さ三センチ、鈕高一センチ、重さ二五〇グラム。鏡面はわずかに反る。鏡背には圏線を三周めぐらせる。内側の第一周目の圏線は鈕の周りをめぐり、第二・三周目は縁部をめぐる。第一・二周目の圏線の間は、鏡背の中心をなす区画（内区）であり、均等に四分割され、各区画ごとに二組の葉脈文を配する。縁部をなす第二・三周目の圏線の間には規則的に小乳を五一個配列する〔図2―1、写2〕。他の一面は、面径一一・七センチ、厚さ〇・二センチ、鈕高〇・七センチ、重さ二〇〇グラムをはかる。文様は前者とよく似ているが、縁部の小乳の一部がすでに錆びて脱落し、両面には錆がはなはだしい。縁部がわずかに反り、やや変形している。

多圏凸弦文鏡　二面。一面は面径一一・八センチ、厚さ〇・二センチ、鈕高〇・八センチ、重さ二〇〇グラム。鏡面はわずかに反る。鏡背には圏線を六周めぐらし、圏線の間に放射状に短い直線文を密に配している。正背両面ともに緑青《ろくしょう》が生じている〔図2―2、写3〕。もう一面は面径七・一センチ、厚さ〇・二センチ、鈕高〇・四センチ、重さ五〇グラムをはかる。背面は圏線を五周めぐらし、圏線の間は斜行短線文で密に埋める。縁部の一部はすでに変形しており、正背両面はかなりの緑青で覆われてる。

この四面の鏡は、いずれも河南省安陽小屯の殷墟婦好墓（または五号墓と呼ばれている）から

写4　平行線文鏡
河南省安陽市侯家荘1005号墓出土（面径6.7cm）

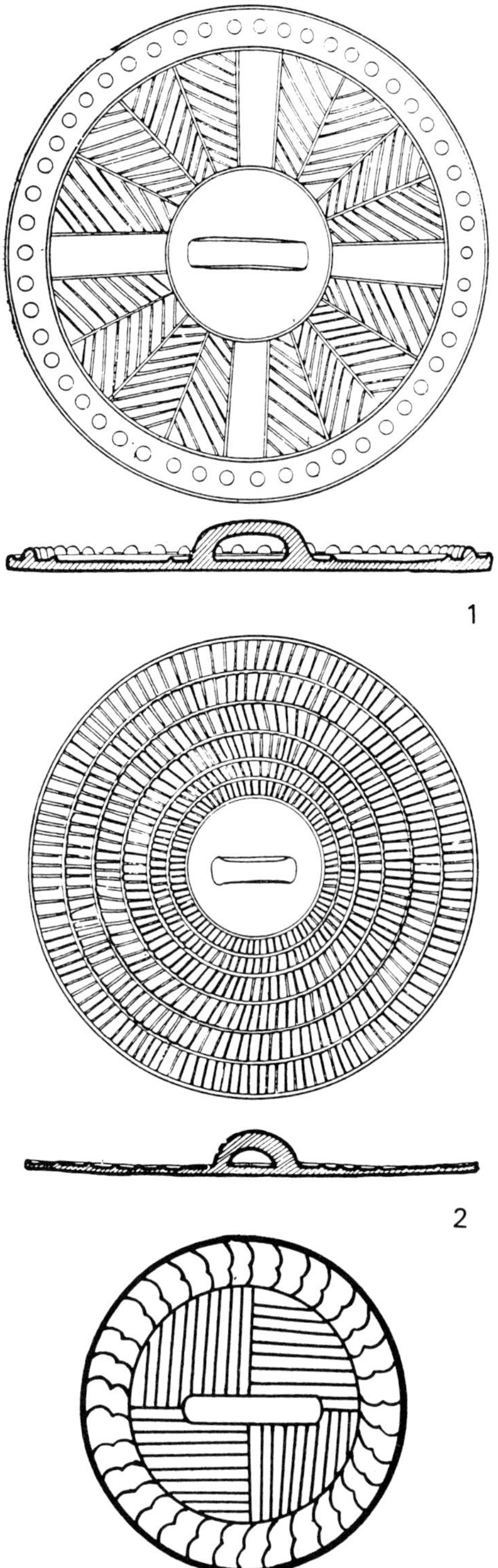

図2　殷銅鏡
1＝葉脈文鏡　河南省安陽市殷墟婦好墓（面径12.5cm，1/2大）
2＝多圏凸弦文鏡　河南省安陽市殷墟婦好墓（面径11.8cm，1/2大）
3＝平行線文鏡　河南省安陽市侯家荘1005号墓（面径6.7cm，2/3大）

出土した。一面は木槨内から、他の三面は墓壙の上面から深さ五・六メートル、木槨直上の中央部から南に片寄った所で出土した[7]。

平行線文鏡　一面。鏡面の径六・七センチ、背面の径六・五センチ、厚さ〇・二―〇・三センチ、鈕は長さ三センチ、幅〇・六センチ、高さ一センチで、重さ六四・九グラム。鏡面はわずかに反る（反りの最大の部分は中央にあり、縁部では約三・五ミリ外反する）。鏡背はわずかに内側に凹み、鏡面とくらべやや小さく、鏡身断面は弧状を呈する。鈕の外周と縁部に二周の圏線がめぐり、〇・八センチの間隔をもつ圏線の間を三四本の節状の凸線で満たす。節状凸線の間は約〇・四センチをはかる。中心となる区画は四等分され、各区画には不揃いな長さの凸線が一〇条あり、隣の区画の平行凸線と互いに直交する〔図2―3、写4〕。この鏡は安陽洹《えん》河北岸の侯家荘第一〇〇五号墓から出土した。出土時、銅鏡は墓室の西壁沿いの床面にあった。鏡の大部分は薄く緑青で覆われ、わずかに縁部が平滑で光沢を保つ「白銅色」を呈していた。緑青の上には、三カ所に少量の朱砂が付着しており、一部には織物の痕跡が残存していた。もともと織物で包まれていたのであろう。

すでに述べたように、この銅鏡が一九三四年に出土して以来、鏡とみなすか否かについて対立する見解があった。報告ではそれを「円板具鈕器（鈕をもつ青銅円板）」と呼んだが、梁思永・高去尋・梅原末治などは殷代の銅鏡と考えた[13]。高去尋は前述した「殷代的一面銅鏡及其相関之問題」という論文の中で、大きさ、厚さ、外縁、文様、正面、鈕などの六つの点で、「淮式鏡」と比較を行った。その結果、銅鏡の条件を十分に満たし、明らかに殷代の銅鏡であると考えた。我々も、婦好墓の銅鏡と対比してみたが、鏡身断面が弧状を呈することを除き、基本的には婦好墓出土の四面の銅鏡と近いと判断した。たとえば、この銅鏡は面径、厚さ、重量の点で、大形の多圏凸弦文鏡と共通している。文様配置は葉脈文鏡とよく似ている。つまり鏡背は中心になる区画（内区）と縁部との二つの部分に分けられる。内区は四等分され、各区画は上下対称で、いずれも不揃いな条線で満たされている。このように殷代の銅鏡であることは疑いなかろう。

華覚明らの研究によれば、殷代銅鏡は高温焼成の陶笵で鋳造されている。銅鏡を鋳造する時には、正背二片の陶笵をひとつに合わせ、直立させて、縁部から少しずつ溶銅（湯）を注入する。そして溶銅が冷えた後に、ふたつの陶笵をひらき、鋳込まれた銅鏡を取り出したのである[(8)]。

上述した五面の銅鏡は、すべて殷代後期の都城遺跡として著名な殷墟から出土している。盤庚の遷都（紀元前一三〇〇年頃）以後、奴隷制社会の経済・文化は空前の発展を遂げた。とくに手工業の中の青銅器鋳造業は急速に発展し、さまざまな器物が鋳造され、その文様は精密である。当時の銅器の鋳造数は非常に多く、これまでに出土した殷代の青銅容器の数は数千点の多くに達し、兵器、工具、車馬具は万を数えるという。このように青銅器文化が発達した殷代であれば、斉家文化期の銅鏡よりも、造型と文様が精美なこれらの鏡の鋳造は十分に可能なことであろう。

しかし、莫大な青銅容器、工具、武器とくらべ、銅鏡の出土量はきわめて少ない。数千基の殷墓の中で、二基の墓葬から五面が発見されたにすぎないのである。言い換えれば、銅鏡が出土した墓葬は、これまでに発掘された墓葬総数の一〇〇〇分の一にも満たない。当時の銅鏡は一般的に使用されていたのではなく、かなり稀なものであったと考えられる。

殷代の銅鏡はわずかに五面しか発見されていないが、中国鏡の発展史上、それのもつ意義はきわめて大きい。かつて、中国鏡（淮式鏡を指す）の発生はスキタイ文化（紀元前六、七世紀）の影響をうけたとする見解もあった。しかし、現在、殷代の武丁期の墓葬から紀元前一二世紀の鏡が発見され、スキタイ文化より数百年も古い。さらに、殷代の銅鏡の文様も独自の様式を具えている。このような文様の様式は、同時に出土する他の器物にもみられる。たとえば銅鏡の圏線や小乳文（乳釘文）は、殷代の銅鼎・銅簋《き》によくみられる[14]。婦好墓出土の二個の方鼎は、腹部に数条の小乳文をもつ。銅鏡の節状の文様（あるいは蛇文と呼ばれる）も、殷代の玉器、骨器にみられる。婦好墓出土の龍形の玉璜も、これらの文様をもっている。こうしてみると、中国鏡の起源に関する「外因説」は成立しがたい[15]。

以前には戦国鏡およびそれ以前の銅鏡は鏡面がすべて平直で、漢代にいたって凸面鏡となったとする見解もあった。現在では殷代の遺跡から凸面鏡が発見され、その出現は一〇〇〇年近く繰り上げられたのである。凸面鏡に関しては、すでに宋の沈括が『夢渓筆談』で「古人は鏡を鋳造するのに、鏡の大形品は平直に、鏡の小形品は凸面にした。すなわち、鏡の凹面は顔を大きく写し、凸面は顔を小さく写す。小形の鏡では顔をすべてみることができないから、わずかに凸面にして顔を小さくして写す。そうすれば、鏡が小さくても顔をすべて写すことができる」と指摘している。殷代の人びとは、面径の小さい鏡は凸面に鋳造して、顔を写すという原理を理解していたのであろう。

これまで「素鏡」が中国でもっとも古く現われた鏡と考えられていた。しかし、近年の考古資料からみると、この見解は検討すべきである。なぜなら、二面の斉家文化期の銅鏡は一面が素鏡であるが、他の一面は文様をもつ。また五面の殷代の銅鏡はいずれも文様をもっている。当然、発掘調査の進展にともない、いずれは殷代の素鏡が発見されるであろう。しかし現状では、少なくとも発生期の銅鏡には文様をもつものが大きな比重を占めている。素鏡が必ずしも中国で最初に出現した鏡ではないといえよう。

(2) 西周代銅鏡

現在までに西周代の銅鏡は計一六面が発見されている。すべて円形のものである。鏡面は平直あるいはわずかに反る。鏡身は比較的薄い。鏡鈕には橄欖（オリーブ）形、弓形、半環式、長方形など多種がある。素鏡、重環文鏡、鳥獣文鏡の三種類に分けることができる。

素鏡 鏡の背面に文様のない鏡を指す。計一四面が発見されている。

一九三三年に河南省濬県辛村四二号墓で一面が出土している。面径一〇センチ、鏡身は平直であるが、中央部がやや厚く、背面には細長い鼻鈕をもつ(9)。

一九七五年に陝西省鳳翔彪角公社新庄河大隊で一面が出土している。面径七・二センチ、鈕の長さ〇・八センチをはかる。鏡面はわずかに凸状に反り、鏡身は比較的薄い。つくりは粗雑である〔図3—1〕。一九七六年に、この銅鏡が出土した地点で、直線的にのびる把手と円柱状の脚をもち、小乳文（乳釘文）をめぐらせた銅鼎と、小乳文をもつ銅簋が再び発見された。時代は殷周の境と判断される。したがって、この銅鏡の時期も、殷代末期から西周早期である可能性が強い(10)。

一九五八年に、陝西省宝鶏市区の西周墓で一面が出土している。面径六・五センチをはかる。鏡背に橄欖形の細長い鈕をもつ。鏡面は平直で、つくりは粗雑である〔図3—2、写5〕。銅鏡とともに円柱状の脚をもつ裆の分かれた鼎を含む四点、小乳文をめぐらせた簋一点、短かく孔をもたない戈一点が出土した。伴出の遺物から判断して、この鏡は西周早期に属するであろう(11)。

一九七九年に陝西省鳳翔南指揮西村の周墓で三面が出土している。一面は面径七センチ、他の一面は面径七・二センチをはかる。鏡背の中央に橄欖形の鈕をもつ。つくりは粗雑で、鋳造時の気孔がみられる。前者の銅鏡と伴出したものには、直立する把手をもって、深目の腹部に円柱状の脚がつく銅鼎、小乳文をめぐらせた銅簋、三角形の銅戈、先端の尖った脚をもつ陶鬲がある。

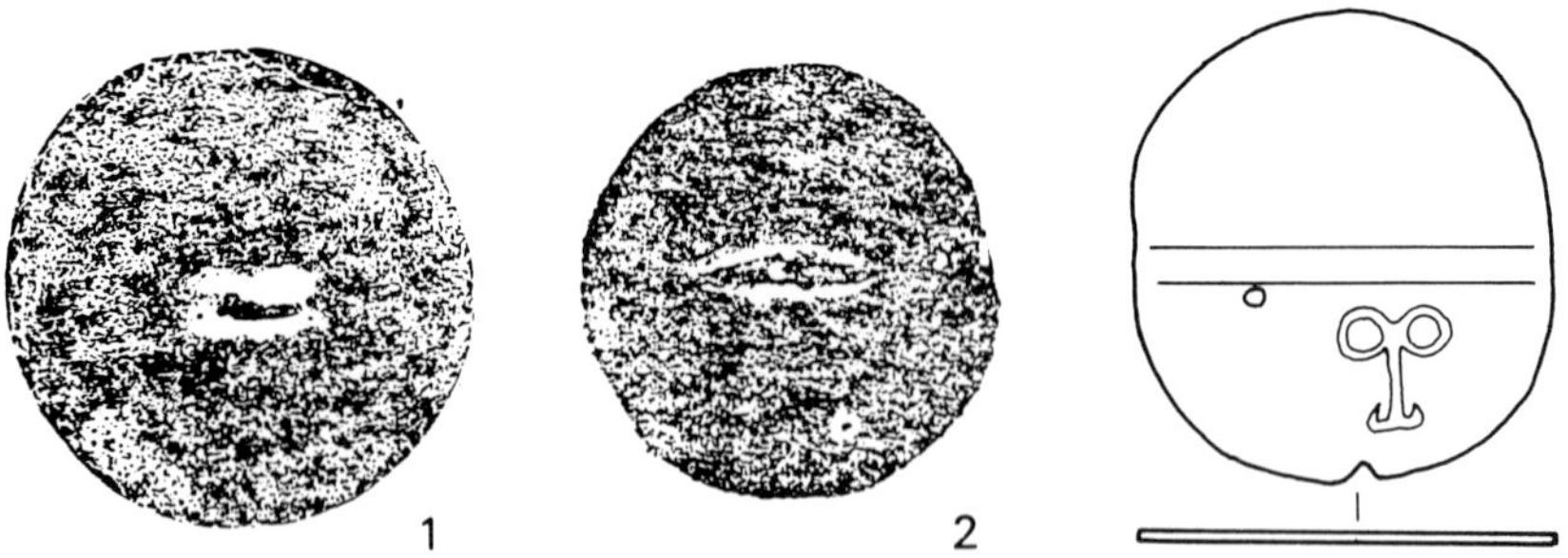

1　2　3

図3　西周素鏡（1/2大）
1＝陝西省鳳翔県彪角（面径7.2cm）
2＝陝西省宝鶏市（面径6.5cm）
3＝陝西省鳳翔県南指揮46号周墓（面径7.1cm）

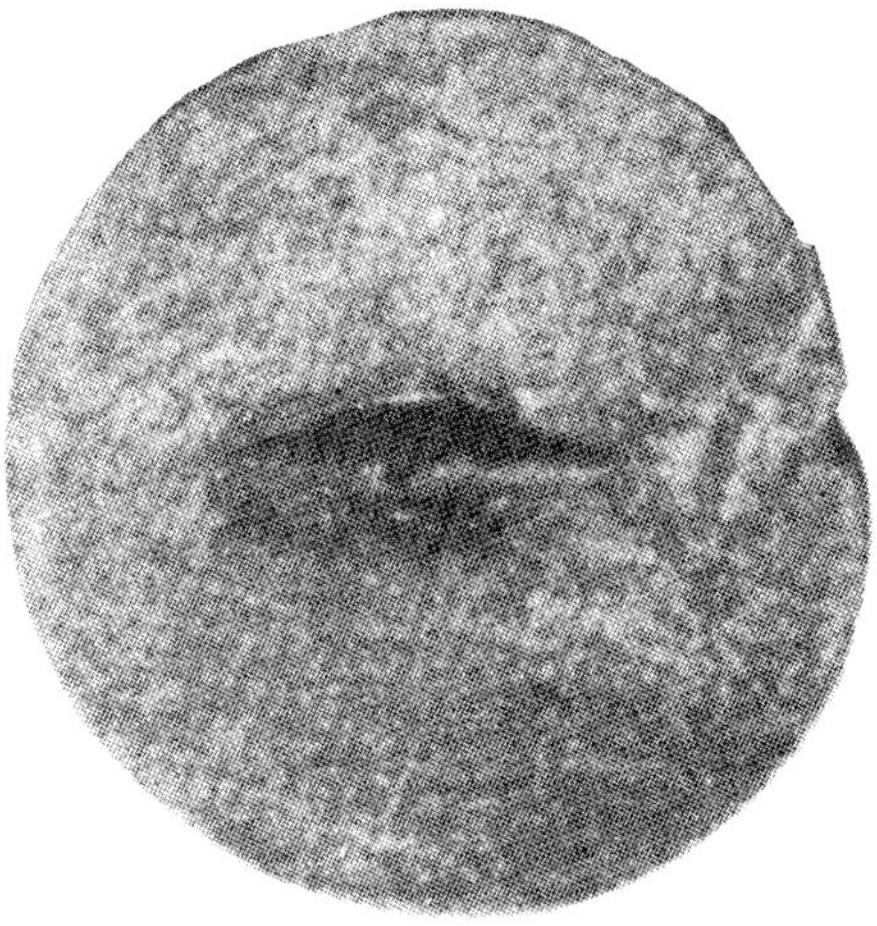

写5　素鏡　陝西省宝鶏市出土（面径6.5cm）

後者の銅鏡は先端の尖った脚のつく陶鬲だけをともなっている。銅器や陶鬲から推測すれば、その時期はほぼ殷周の境、あるいは西周早期である。さらにもう一面あり、面径七・一センチをはかる。鈕は無く、幅〇・五ミリの凸線二条が背面の中央を横切り、下方に銘文一文字を鋳出している〔図3―3〕。出土時には、長方形の漆器に納められていたが、漆器はすでに腐朽していた。伴出した先端の尖った脚をもつ陶鬲の形式から、西周早期に属すると推測される(12)。

一九八〇年に陝西省淳化史家塬の西周一号墓から一面が出土している。この鏡は出土した時にはすでに破損していた。鏡背に弓形鈕をもつ。墓葬中から出土した銅鼎の形式は菫鼎・大盂鼎に類似しており、これから西周早期に属すると推測される(13)。

一九七五年には、北京市昌平白浮の西周の二基の木槨墓から二面が出土している。一面は面径九・九センチをはかる。鏡面はわずかに凹み、鏡背には半環式鈕をもつ。他の一面も同じ形状で、鈕はすでに朽ちていた。面径九・五センチをはかる。両墓で出土した銅鼎、簋、戈の形式は、陝西省西周早期墓の出土例と類似しており、銅鏡の年代も西周早期に属する(14)。

一九五七年に河南省上村嶺虢《かく》国墓地一六五〇号墓から二面が出土している。一面は面径五・九センチ、鏡身の厚さ〇・二センチ、縁部の厚さ〇・二五センチ、鈕の長さ一・七センチ、幅〇・七センチ、高さ〇・五五センチをはかる。他の一面は面径六・四センチ、鏡身の厚さ〇・二五センチ、縁部の厚さ〇・三―〇・三五センチ、鈕の長さ一・九センチ、幅〇・五センチ、高さ〇・七センチをはかる。この二面は鏡身が平直で、縁部がわずかに突起し、鏡背の中央に一個の弓形鈕をもつ。出土した時には、両鏡は遺骸の胸部に重ねて置かれていた。一六五〇号墓は西周晩期ないし春秋時代早期に属し、銅鏡の時期もほぼこれと近い(15)。

一九六三年に内蒙古自治区寧城南山根[16]の二基の石槨墓から三面が出土している。一〇一号墓からは二面が出土し、一面は面径六・六センチをはかり、縁部が突起し、鏡背の中央に鈕をもつ。一面は面径約八・四センチ、鏡身はやや薄く、縁部は蒲鉾状にわずかにふくらむ。これはすでに壊れていた。一〇二号墓から出土した一面は面径七・八センチをはかり、遺骸の腰部に置かれて

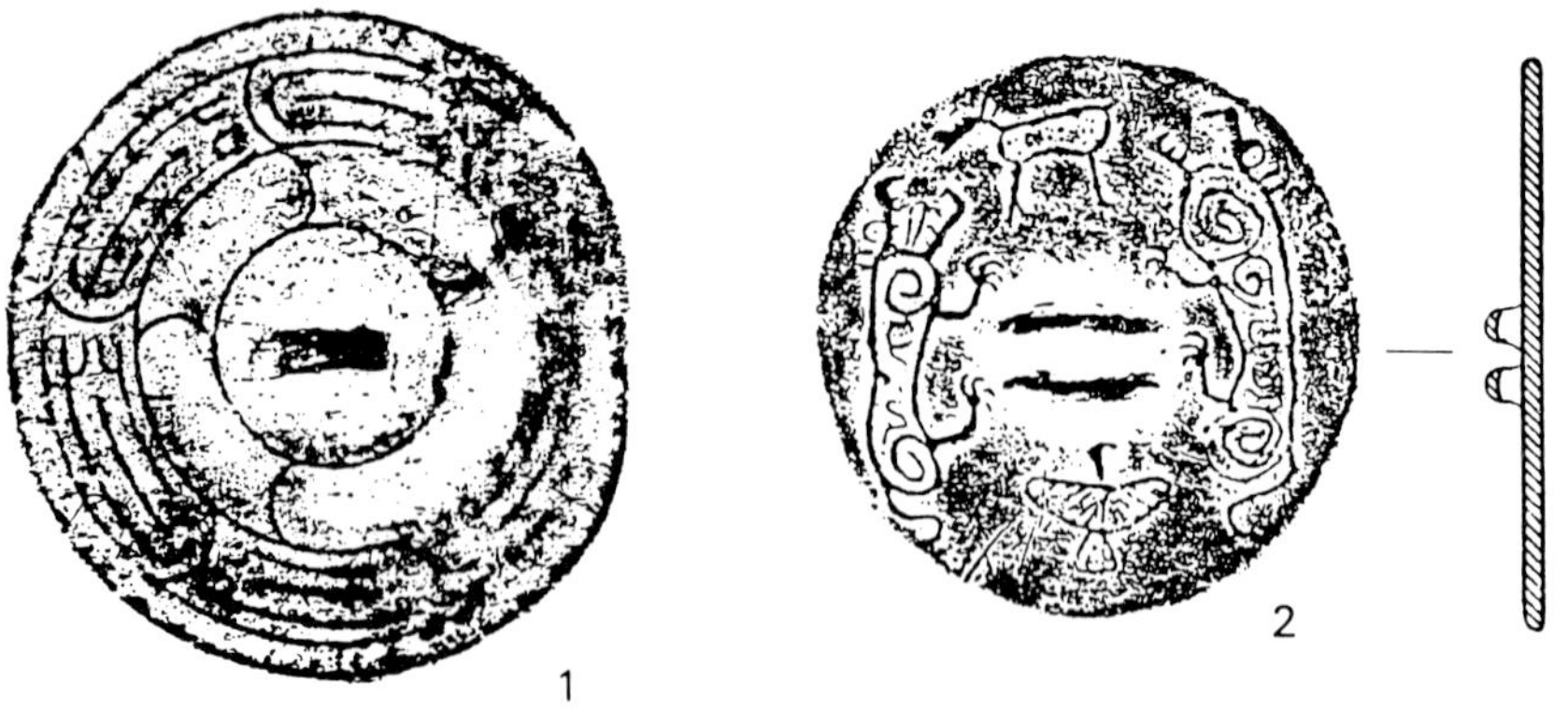

図4　西周重環文鏡・鳥獣文鏡(2/3大)
1＝重環文鏡　陝西省扶風県王太川村(面径8.0cm)
2＝鳥獣文鏡　河南省三門峡市上村嶺1612号墓(面径6.7cm)

いた。一〇一号墓から出土した銅鼎、簋《き》、簠《ほ》などの器物の形状・文様から、この両墓は西周晩期ないし春秋時代早期に属し、銅鏡の時期もほぼそれに近い[16]。

重環文鏡　一面。一九七二年、陝西省扶風王太川村北方で土取り工事中に発見された土壙から出土した。面径八センチをはかる。鏡面の中央がわずかに凹む。鏡背には弓形鈕をもち、重環文で飾る〔図4―1〕。銅鏡と伴出したものには銅甬鍾や轄などがある。それらの形状および重環文が西周中・晩期の銅器に一般的にみられることから、この鏡も同時期と推測される[17]。

鳥獣文鏡　一面。一九五七年に河南省三門峡上村嶺虢国墓地一六一二号墓から出土した。面径六・七センチ、厚さ〇・三五センチ、鈕の長さ二・一センチ、幅〇・四五センチ、高さ〇・二五センチをはかる。鏡身は平直で、鏡背には二個の平行する弓形鈕をもつ。鈕の上辺には鹿の文様があり、下辺には翼をひろげた鳥文がある。鈕の左右両辺には虎の文様を配している。虎の身体は文様で満たされ、足にはするどい爪をもち、大きな口をあけ、中央の鹿を呑みこもうとしている。鹿、鳥、虎の文様は単線で描出され、その表現は単純・素朴である〔図4―2、写6〕。伴出した二点の銅鼎のうち、一点は腹部がやや浅く、直立する把手、円柱状の脚をもち、腹部を饕餮文で飾る。他の一点は腹部が深く、短足で、腹部を曲折文と鱗状文で飾る。その時期は西周晩期に属し、銅鏡もこれにほぼ近いとみられる。

西周銅鏡の数は殷代銅鏡とくらべやや多く、分布も広い。合計して一六面の銅鏡が発見されている。陝西省鳳翔南指揮西村で発見された周墓二一〇基の中の三基の墓から銅鏡が出土し、墓葬総数の一・四パーセントを占める。河南省三門峡上村嶺虢国墓地で発見された西周晩期ないし春秋時代早期の墓葬二三四基の中の二基から銅鏡が出土し、墓葬総数の一・八五パーセントである。また殷代銅鏡は殷墟のみで発見されているが、西周銅鏡は陝西省・河南省・北京市・内蒙古自治区などで発見され、出土地域は殷代にくらべ広い。

西周銅鏡はすべて円形を呈し、やや小ぶりで、面径六―八センチのものが多い。鏡面が平直な

写6　鳥獣文鏡
河南省三門峡市上村嶺1612号墓出土(面径6.7cm)

ものと凸面のものの二種がある。鏡背には鈕座をもたず、殷代銅鏡と似ている。しかし鈕の形式は多様化し、弓形を除けば、橄欖形、半環式、長方形などは殷代の銅鏡にはみられないものである。

西周時代は素鏡が主流である。とくに西周早期の例は、現在のところすべて素鏡である。西周中期以後になると鏡背に文様をもつ鏡が現われる。文様は殷代以来の伝統的な幾何学文をモチーフとしている。ところが西周晩期にいたり、鏡背の文様に変化がみられる。新たに動物文様が登場し、伝統的な様式を打ちやぶる。

西周中期以前の銅鏡の縁部はすべて平坦であるが、西周晩期になると凸起したり蒲鉾状にふくらんだりする。

西周以前には、銅鏡をおさめる容器はみられない。西周中期(陝西省鳳翔南指揮西村四六号墓)に、銅鏡をおさめた長方形の漆器があり、鏡奩《れん》の前身であろう。

II 中国鏡の発展と流行

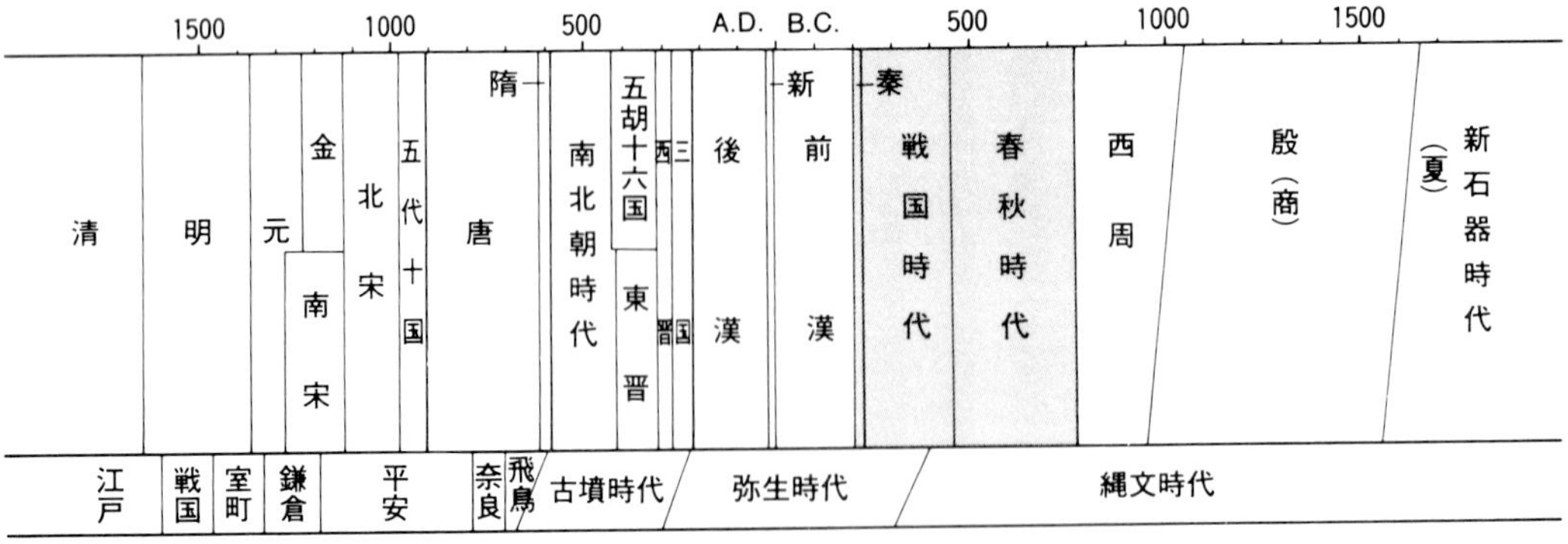

春秋戦国時代は中国古代社会の激しい変革の時代である。生産力は急速に発展し、思想の面でもきわめて活発で、文化芸術は空前の繁栄をみる。農業・手工業の発展にともない、さまざまな工芸も豊かに成熟する。精巧に鋳造された戦国時代の銅鏡は、当時の青銅工芸の高度な水準を表し、華麗多彩な殷周青銅器とともに高く評価され、人々の記憶にとどめられている。

1　春秋戦国代銅鏡の名称の変遷

現在では、戦国鏡の大量の出土によって春秋戦国時代の銅鏡の分類と特徴はいっそう明確になってきている。しかし研究史を振り返ると、そこには長い曲折した歴史があったことがわかる。北宋の『博古図録』、清の梁廷楠の『藤花亭鏡譜』[1]などには戦国鏡が収録されているが、漢・唐代の鏡と識別していない。一九二〇年代以後、戦国鏡にはさまざまな名称が与えられてきた。たとえば、「秦鏡」、「淮式鏡」、「楚式鏡」、「先漢式鏡」などである。高去尋は「評漢以前的古鏡之研究并論〝淮式〟之時代問題」の中で、これらの名称の来歴と変遷の概略をまとめている(1)。名称の違いと変遷の背後には、研究者の認識の相違が読みとれるのである。また、中国人民が自らの運命を決する前、つまり解放前の中国において、多くの歴史的な文物や古跡が破壊され、多くの宝物が国外に持ち去られたという辛酸な歴史も反映している。一九二五年から一九二九年にかけて梅原末治は欧米に赴き、中国の古器物を調査した際、彼の実見した中国古鏡は千数百面におよんだ。その中には多くの戦国鏡が含まれていた。これが戦国鏡のさまざまな名称を産み出した歴史的背景といえよう。したがって、春秋戦国鏡を分類する前に、これらの名称の来歴を紹介しておく必要があろう。

秦の銅鏡の伝説はたいへん著名である。『西京雑記』には次のように記載されている。

「(漢)高祖初入咸陽宮、周行庫府……有方鏡、広四尺、高五尺九寸、表裏有明……秦始皇常

以照宮人、胆張心動者則殺之。」〔漢の高祖が咸陽宮に初めてはいり、周行庫府には……方鏡があった。幅四尺、高さ五尺九寸。表裏ともに明があって、……秦の始皇帝は常にこれをもって宮人を照し、〔邪心などがあって〕緊張したり動揺するものがいれば、これを殺した。〕

これは当然、秦の始皇帝を非難するために作られた話である。しかし、本当の秦鏡はいったいどんなものであったろうか？　富岡謙蔵は蟠螭鏡の文様が先秦銅器の文様と類似していることから、比較的古い鏡と考えた[2]。一九二三年に山西省渾源李峪村で多数の銅器が出土し、一部がフランスの骨董商のワニエック(L. Wannieck)により国外へ持ち出された。ワニエックは村民の言い伝えを根拠に、これらの銅器は秦始皇帝二十九年〔紀元前二一八〕に北岳を祭ったもの[2]と考え、ヨーロッパで「秦銅器」として大いに宣伝した。それが欧米の古物蒐集家に中国銅器ブームを引き起こした。これを機に「秦銅器」、「秦式」および「秦鏡」といった名称が相次いで現れ、一時、漢代以前の銅鏡を呼ぶ名称として流行した。梅原末治は『漢以前の古鏡の研究』で、「所謂秦式鏡」一四〇余面を紹介している。梅原は「所謂」の二字をつけることで、この名称に対して態度を保留している。しかし、一部の研究者は、「秦式鏡」をもって、漢代以前の古鏡を呼ぶ名称として適当であると主張した。

これと前後して、安徽省寿県を中心とする淮河流域一帯で出土した銅器も、陸続として国外へ流出した。スウェーデンのカールベック(O. Karlbeck)は、一部をヨーロッパまで持ち帰り、漢以前の古鏡であると紹介した。淮河流域出土の銅器の国外流出にともない、たとえばスウェーデンのシレン(O. Siren)のように、外国の研究者の著作の中に「秦式」、「楚式」の区別が現れはじめた[3]。一九三三年、スウェーデンで開かれた第一三回芸術史国際大会の際、ストックホルムの東洋美術博物館は、中国から蒐集された古器物の説明を「秦式」から「淮式」に改めた。その後、「淮式」、「淮式鏡」の名称も流布するようになった。

また淮河流域出土の銅鏡の国外流出にともない、戦国鏡は「楚式鏡」とも呼ばれるようになった。一九二六年、カールベックは「中国古銅鏡雑記」〔Notes on Some Early Chinese Bronze Mirrors, China Journal of Science and Arts Vol. IV. No.1）で、淮河流域出土の銅鏡を楚の銅鏡と呼んでいる。新中国が成立した後に、河南省南部・湖北省・湖南省・安徽省などの楚墓から多くの銅鏡が出土した。それらの様式は互いに類似しており、楚の工芸を代表するものと考えられた。そのため、中国では、これらの鏡を「楚鏡」あるいは「楚式鏡」と呼んでいる研究者も少なくない。[4]

さらに、これらの銅鏡は流行した期間が長く、戦国時代・前漢前期にも発見され、漢鏡との関係が深いために、梁上椿や、とくに外国の研究者は、「先漢式鏡」とも呼んだ。しかし、中国ではこの名称はあまり用いられていない。

これらの名称が登場した経緯からみて、いずれもさほど的確とは思えない。現在、発見されている漢代以前の銅鏡は、少数の春秋時代以前と秦代のものを除き、ほとんどは戦国時代に属する。その分布地域は広く、一〇余省におよぶ。また「秦式」、「淮式」、「楚式」の範疇にあてはまらないものも含んでいる。そして、「先漢式」の名称もあいまいで、歴史上の区分に合わせた名称を用いることが適当であろう。樋口隆康は『古鏡』で、「春秋式鏡」と「戦国式鏡」とに細分している。発掘調査による出土資料の状況から、本書では「春秋戦国鏡」と呼ぶが、それは戦国鏡が主体である。

2　春秋戦国代銅鏡の分類

春秋戦国鏡の分類はまず外国の研究者によって進められた。梅原末治は『漢以前の古鏡の研究』で、純地文鏡類と変様羽状獣文地諸鏡、細地文鏡および蟠螭文鏡、透文鏡その他に三大別し、さらに一二類に細分している。その後、梁上椿は、「地文および主文の組合せを縦糸、その地文と主文それぞれの変化を横糸とする[3]」という原則で、一〇類に分類した。[5] 中国の一九五〇年代以降に発表された銅鏡の図録と著作の中でも、分類の基準は一定していない。『湖南出土銅鏡図録』[6]

（以下、『湖南鏡』と略す）では、鏡背の主文様で分類を行っている。雷従雲は地文を横糸として四類に分け、各類をまた地文上の主文を縦糸としていくつかの型式に細分している[(4)]。[7] 分類の基準が一定していないので、結論は当然異なっている。ただしこれらの分類を検討してみると共通点が多く、異なる点は少ない。つまり意見の異なる点はさほど問題とはならない。そこで本書では主題文様により分類するという原則で、特種な工芸鏡を除き、主に春秋戦国鏡を主題文様の図案から一三類に分けた。

（1）素鏡類	全素鏡・弦文素鏡・寛弦文素鏡
（2）純地文鏡類	羽状地文鏡・雲雷地文鏡
（3）花葉鏡類	葉文鏡・花弁鏡・花葉鏡
（4）山字鏡類	三山鏡・四山鏡・五山鏡・六山鏡
（5）菱文鏡類	折畳式菱文鏡・連貫式菱文鏡
（6）禽獣文鏡類	饕餮文鏡・獣文鏡・鳳鳥鏡・禽獣文鏡
（7）蟠螭文鏡類	蟠螭文鏡・四葉蟠螭文鏡・蟠螭菱文鏡
（8）羽鱗文鏡類	
（9）連弧文鏡類	素地連弧文鏡・雲雷文地連弧文鏡・雲雷文地蟠螭連弧文鏡
（10）彩絵鏡類	
（11）透雕鏡類	蟠螭透文鏡・禽獣透文鏡
（12）金銀錯鏡類	金銀錯狩猟文鏡・金銀錯虺龍文鏡
（13）多鈕鏡類	雷文縁鏡・三角鉤連雷文鏡・蛛網文鏡

（1）素鏡類

鏡背が無地かあるいは圏線をめぐらせるもので、三型式に細分することができる。

全素鏡　鏡背にはいかなる文様もない。円形と方形の二者があるが、円形のものが一般的であ

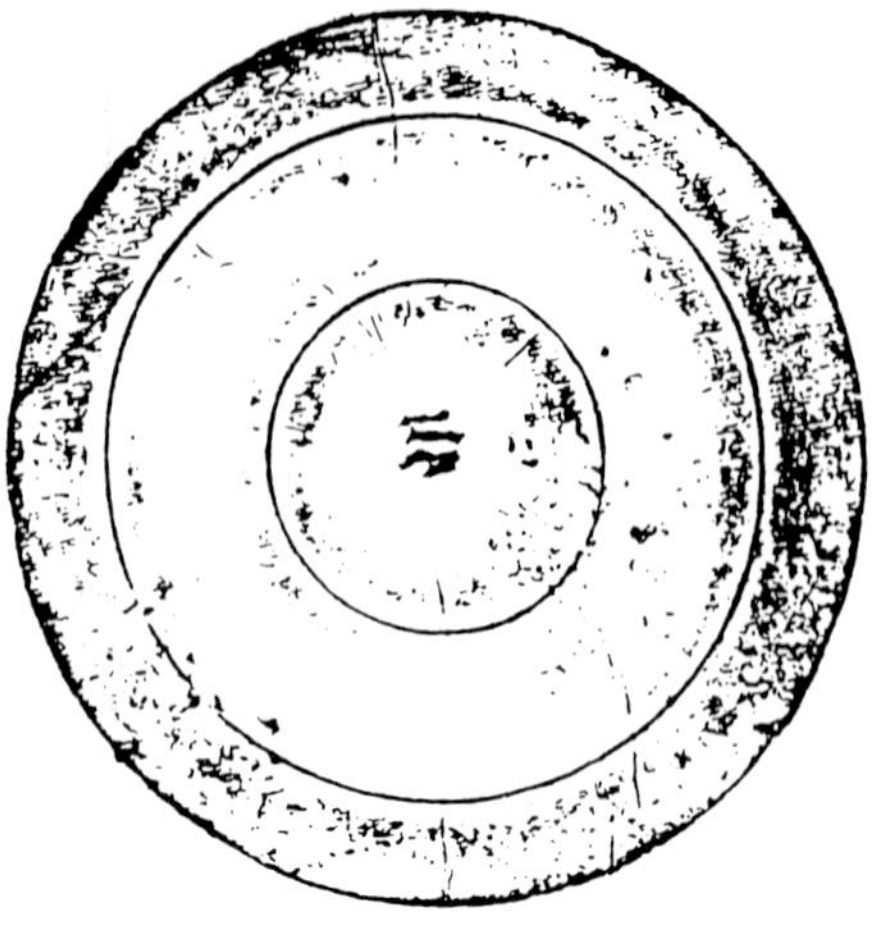

図5　戦国弦文素鏡(1/2大)
四川省成都市羊子山(面径13.0cm)

写7　素鏡
湖南省長沙市龍洞坡826号墓出土(面径8cm)

る。円形鏡は鈕を弓形、円粒形、菱角形、三稜式などにつくり、鈕座はない。鏡身は比較的薄く、厚さは〇・一―〇・二センチのものが多い。質はあまり良くなく、縁部をつくらない〔写7〕。比較的小さく、面径はほとんど七―一〇センチであるが、わずかながら一〇センチ以上のものもある。方形素鏡は発見例が少ないが、一辺の長さ七―八センチ、厚さ〇・一―〇・二センチのものがみられる。

弦文素鏡　いずれも円形を呈する。鏡背に一周あるいは二周以上の細い圏線をめぐらす。もっとも多いものは五重に圏線をめぐらせる。鈕は弓形や三稜式などにつくり、鈕座をもたないものと小円形の鈕座をもつもの〔図5〕がある。鏡身の厚さは〇・一―〇・二センチのものが多い。鏡背に一周のみ圏線をめぐらせる例は比較的小さく、面径は一般に一〇センチ以下である。二―五周の圏線をもつものはやや大形で、多くは一〇センチ以上である。

寛弦文素鏡　『巌窟蔵鏡』では重輪素地鏡、三輪素地鏡と呼んでいる。すべて円形を呈し、三稜鈕で、鈕上の三条の稜線のうち中央の稜線がやや高い。鏡背には二周あるいは三周する幅広の、両側がわずかに盛り上がる凹面圏帯をもつ〔写8〕。比較的大形で、面径は一八―二二センチのものが多く、つくりは比較的精緻である。

全素鏡の出現がもっとも早く、盛行する時期も長い。湖南省長沙龍洞坡八二六号墓の全素鏡は、陶鬲、鉢と伴出し、時代は春秋時代晩期に属する。[8] 山東省臨淄郎家庄一号墓でもこの型式の鏡が発見された。墓葬の時期は春秋時代晩期ないし戦国時代早期に属する。[9] 戦国時代晩期の河南省鄭州二里崗一〇号空心塼墓からも、全素鏡が出土している。[10] 春秋時代晩期―戦国時代早期の全素鏡は小形で、鈕座をもたず、つくりは粗雑である。戦国時代晩期の全素鏡は、類例がはなはだ少ないが、前者にくらべ若干大形で、鈕は二稜鈕あるいは三稜鈕をもつ。

弦文素鏡の中では、鏡背に一周の圏線をもつ鏡が比較的早く登場する。湖南省長沙烈士公園六号墓から一面の単圏弦文素鏡が出土した。[11] 伴出の陶器に鬲、鉢、壺があり、春秋時代晩期に属する。三ないし五周の圏線をもつ例は現在のところ戦国時代中・晩期に現れる。もちろん、単圏あ

写8　寛弦文素鏡
伝安徽省寿県出土（面径18.4cm）

写9　渦粒状羽状地文鏡
河南省洛陽市中州路2719号墓出土（面径10.8cm）

るいは多圏の弦文素鏡は、戦国時代晩期および前漢の初めにも引き続きみられるが、数量は少ない。たとえば、湖北省宜城楚皇城三号墓では、鏡背に五周の凸圏線をめぐらせる銅鏡が発見されたが、その墓葬の年代は秦末―前漢初である[12]。戦国時代晩期の弦文素鏡は、早期のものとくらべ大きく、面径は一般に一〇数センチ以上である。

寛弦文素鏡の出現の時期は比較的新しい。陝西省臨潼上焦村一一号秦墓では、三周の幅の広い圏線（圏帯）をめぐらせる例が一面発見された[13]。この種の鏡はやや大形で、面径は一八センチ以上のものが多く、秦ないしは前漢の初めに流行する。

(2) 純地文鏡類

鏡背は基本的に一種類の文様から構成される。ただし縁部の圏帯に別の文様をもつ例も少数ながらある。地文の上に他の文様をもたないものが一般に純地文鏡類と呼ばれ、地文にさらに主題文様を加えるものとは構図が異なっている。この鏡類は、羽状地文鏡と雲雷地文鏡の二型式に分けることができる。

羽状地文鏡　いわゆる羽状地文は、羽状・渦粒状に変化した蟠螭の体軀の一部分を、長方形に分割して文様単位としたものである[14]。文様単位は前後左右に反復して配され、鏡背全面を満たしている。梅原末治はこの種の文様を「変様羽状獣文」と呼んでいる(5)。梁上椿は「獣文」あるいは「変形獣文」と呼んでいる。羽状地文鏡の文様には多種類があるが、もっともよくみられるものは次の二種である。

第一種は渦粒状羽状地文鏡で、円形を呈し、半環式の小鈕の周りに小さな円形鈕座をもつ。鏡身は平直で、鏡背の全面に渦粒状羽状文を配する。轂文（車輪文）あるいは蟠螭文とも呼ばれている。鏡背の文様を内外二区に分ける無文圏帯を一周めぐらす例や、縁部に一周の貝殻文をめぐらせる〔写9〕。この種の銅鏡は、鏡身が厚さ〇・一五センチ前後と比較的薄く、面径約一〇センチをはかる。

写10　変形羽状地文鏡
黒川古文化研究所蔵（面径10.0cm）

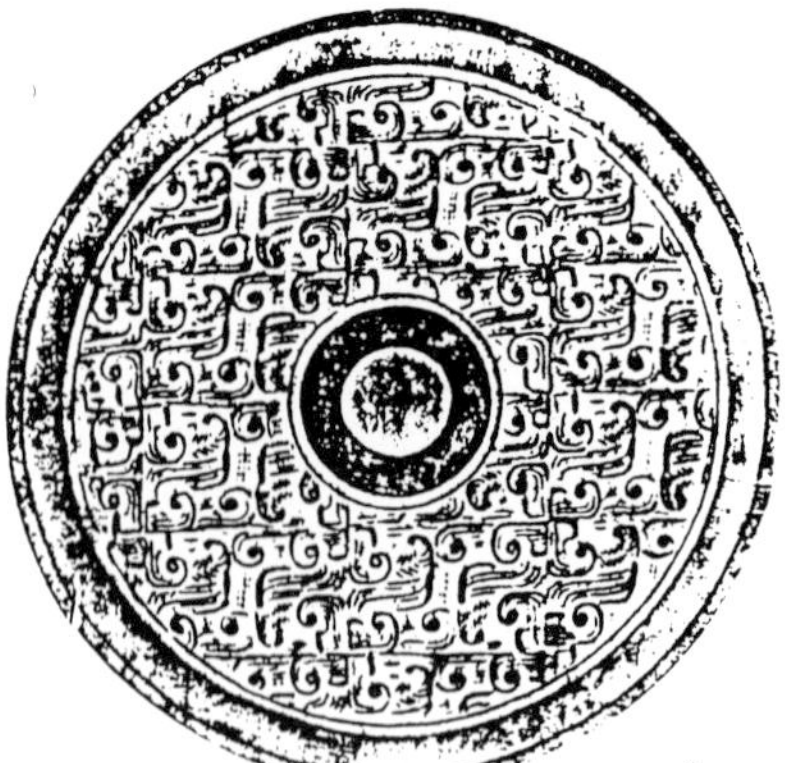

1

2

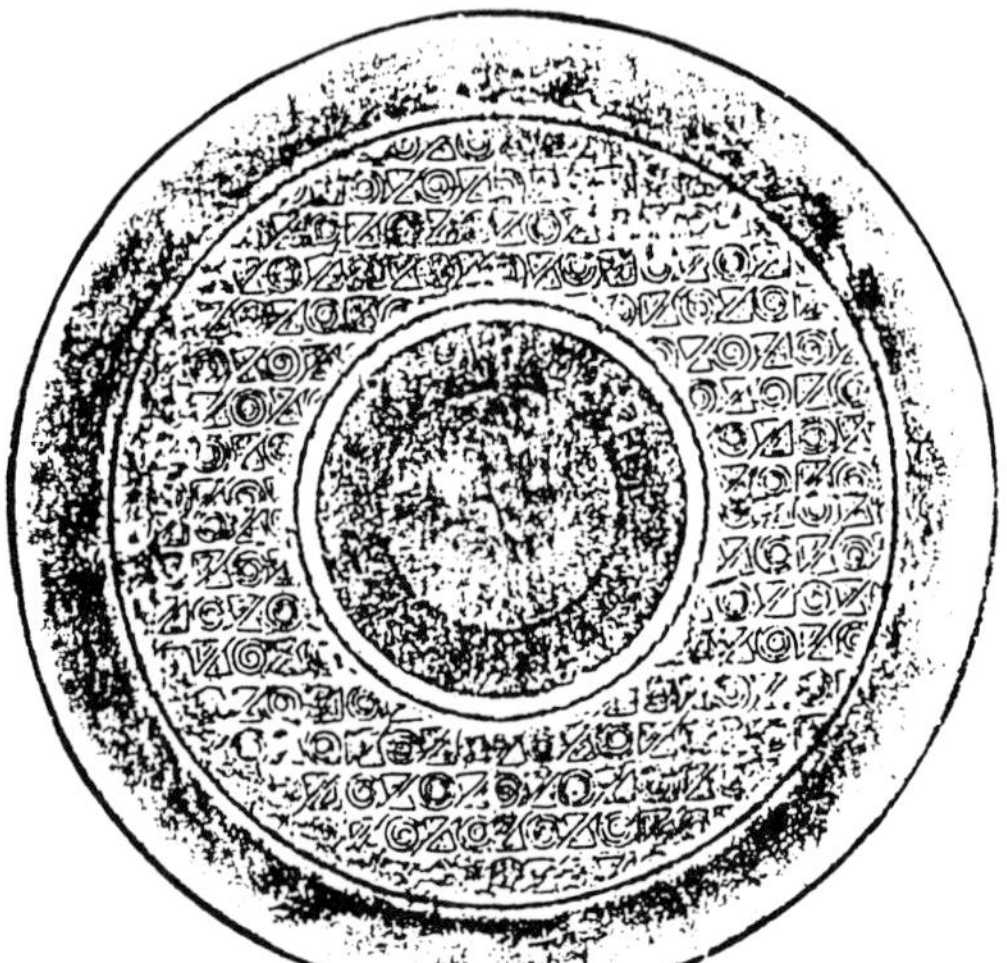

3

図6　戦国純地文鏡類（1/2大）
1＝羽状地文鏡　伝安徽省寿州（面径約10.9cm）
2＝　同前　　　河南省鄭州市二里崗94号墓（面径11.3cm）
3＝雲雷地文鏡　東京国立博物館蔵（面径14.2cm）

第二種は変形羽状地文鏡で、円形を呈し、三稜鈕をもつ。鈕座には円形と方形の二者があり、鈕座の外側に凹面圏帯を一周めぐらす。羽状地文は、渦粒状地文の文様とくらべ、やや大きい。縁部は無文の平縁で、面径もほとんどが一〇センチ前後である〔図6―1・2、写10・11〕。

雲雷地文鏡　雲雷文は渦巻状の文様を繰り返しならべた幾何学的図形である。すべて円形を呈する。鏡背文様のヴァリエーションから三種に分けることができる。

第一種は円圏鈕座の中心に単稜鈕をもち、鈕座の外側には三周の凸線をめぐらす。文様は二条の凸線で斜方格をつくり、格内に雲文（あるいは渦文と呼ばれる）を満たして構成する。無文で低い匕縁[15]をもつ。この種の鏡は、比較的小さく、面径は一〇センチ以下である。[16]

第二種は三稜鈕で、円形鈕座の外側に凹面圏帯を一周めぐらす。文様は、雲文と三角形ふたつからなる雷文を交互に配列して、雲雷文とする。文様は比較的細かく、無文で幅狭の匕縁をもつ〔図6―3、写12〕。

写11　変形羽状地文鏡
湖南省長沙市絲沖１区168号墓出土（面径10.5cm）

写12　雲雷地文鏡
湖南省長沙市年佳湖896号墓出土（面径11cm）

第三種は三稜鈕の中央の稜線がやや高く、稜線間を縄状の文様で満たす。円形の鈕座で、鈕座の外側には一周の凹面圏帯をめぐらす。雲雷文の型式は第二種とよく似ているが、文様はやや大きい。鈕座の外側および縁辺近くに、おのおの一条の縄状の文様をもつ凸線をめぐらし、無文で高くつまみ上げたような匕縁である。

純地文鏡上の雲雷文は、殷周銅器上によくみられる文様である。羽状地文も春秋戦国時代の銅器によくみられる。たとえば、蔡侯墓の鐘と鎛、「呉王光鑑、王孫遺者」銘の鐘[17]、河南省洛陽金村の嗣子壺[18]の文様は、渦粒状羽状地文鏡の文様とよく似ている。この種の銅鏡の縁部の子安貝の腹部を模した貝殻文も、洛陽中州路[19]二七一七号墓で出土した銅鼎の胴部にみられる。

純地文鏡類の出現は素鏡とくらべやや新しい。湖南地区の羽状地文鏡および雲雷地文鏡を出土する墓葬は、陶鼎、敦、壺をともない、ほぼ戦国時代早期に属する。渦粒状羽状地文鏡を出土した河南省洛陽中州路二七一九号墓では鼎、豆、壺をともない、やはり戦国時代早期に属している。この鏡類は戦国時代早期に流行し、晩期には少なくなる。雲雷地文鏡の出土数は羽状地文鏡とくらべきわめて少ない。主に河南省・安徽省・湖南省などの地で発見されている。羽状地文をもつ二種類の鏡の流行する地区は異なっている。第一種の渦粒状羽状地文鏡は河南省洛陽・河北省邯鄲・陝西省西安などの地で発見され、第二種の羽状地文鏡は湖南省・湖北省・安徽省など、楚の文化が分布する地域に多くみられる。その他の地域で発見される例は少ない。

（3）花葉鏡類

純地文鏡は普通一種類のみの文様をもつが、その後、地文の上に主文を加え、地文と主文が互いに結びつく多種の文様をなす銅鏡が登場する。花葉鏡類はそうした形式の鏡である。地文には羽状文と雲雷文とがあり、その上に葉文あるいは花弁文を配する。両者が併存するものもある。主文の差違から、さらに葉文鏡、花弁鏡、花葉鏡の三型式に細分できる。

葉文鏡　三葉鏡、四葉鏡、八葉鏡を含む。

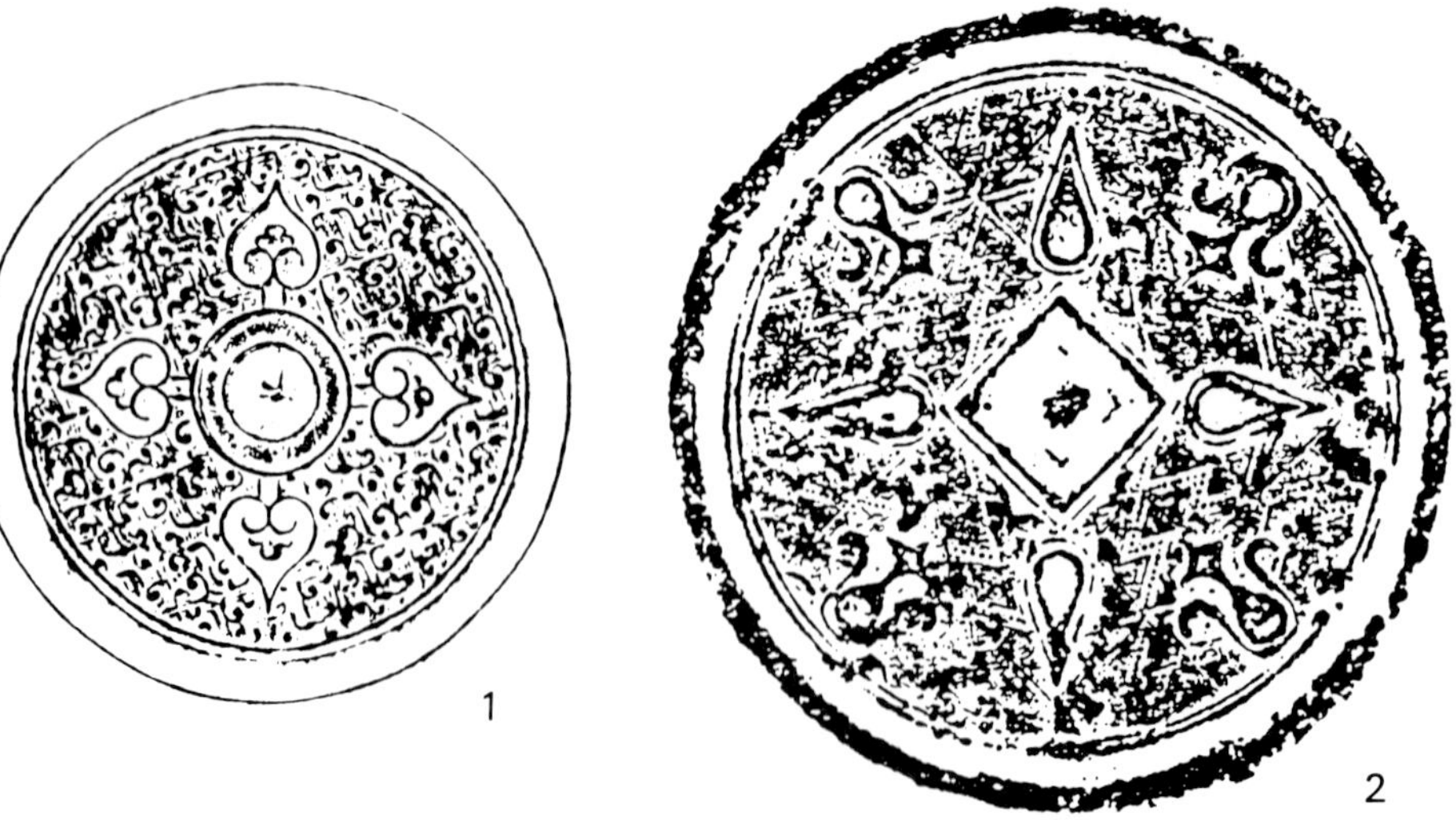

図7　戦国花葉鏡類(1/2大)
1＝葉文鏡　湖南省常徳市徳山楚墓(面径11cm)
2＝花弁鏡　山西省孝義県張家荘23号墓(面径14cm)

写13　四葉文鏡
湖南省長沙市月亮山18号墓出土(面径12.2cm)

三葉鏡は円形を呈し、三稜鈕のまわりに二重の円圏鈕座をもつ。羽状文が地文で、鈕座から外側に向かって等間隔に三枚の長い葉文がのび、無文の低い匕縁をもつ。比較的小形である。[20]

四葉鏡は葉文鏡の大部分を占める。円形を呈し、三稜鈕をもつ。鈕座には方格のものと円圏のものとがある。羽状文を地文とする。鈕座から外側に向けて、四枚の葉文がのびる。葉の形には、うちわ状のもの〔写13〕や桃状のもの〔図7—1〕がある。

八葉鏡は円形を呈し、三稜鈕と、二重にめぐらされた円圏鈕座をもつ。地文はS字形の雲文と回字状の文様で、鈕座から外側に向かって四枚の葉文がのびる。縁部からも内側に向かって四枚の葉文がのび、あわせて八枚の葉文をもつ。無文の匕縁である。[21]

花弁鏡　円形を呈し、四花弁鏡、八花弁鏡、十二花弁鏡の三型式に分けることができる。

四花弁鏡は単稜鈕と、小さく二重にめぐらされた円圏鈕座をもつ。変形した羽状地文を地文とし、鈕座から外側に向かって四枚の花弁がのびる。無文で高い匕縁をもつ。[22]

八花弁鏡は三稜鈕と、二重の円圏鈕座をもつ。列点文、雲文および菱形文で構成される細かい雲雷文を地文とし、鈕座から外に向かって、二弁が一組をなす連貫式の四組の花弁がのびる。計八花弁である。無文で低い匕縁をもつ。

十二花弁鏡は四稜鈕と、二重にかこむ方格鈕座をもつ。地文はやはり列点文、雲文、菱形文を組み合わせた雲雷文である。鈕座の四隅から外側に向かって八花弁鏡と同様な四組の連貫式の花弁がのびる。さらに縁部から中心に向かって四枚の花弁がのび、計十

写14　花弁鏡
伝河南省汲県出土（面径9.4cm）

写15　花葉鏡
辰馬悦蔵旧蔵（面径9.4cm）

二花弁を数える。無文の低い匕縁をもつ〔図7―2、写14〕。

花葉鏡　円形を呈し、三稜鈕と、二重にかこむ方格鈕座をもつ。地文は細かい雲雷文である。主文は八花葉と十二花葉の二種に分けられる。

八花葉鏡は、鈕座の四角から外側に向かって四枚の竹葉状の細長い葉文がのび、四枚の葉文の間に四個の花を配する。無文の匕縁をもつ〔写15〕。

十二花葉鏡は、鈕座の四角から外側に向かって四枚の竹葉状の細長い葉文が、鈕座の四辺の中央から四枚の花弁がのびる。縁部から蔓状の文様を左右に配する四花弁がのび、計八花弁と四葉である。無文で低い匕縁をもつ[23]。

花葉鏡類のうち、四葉鏡は戦国時代早期にすでに現れている。湖南地区で出土する四葉鏡は、いずれも鼎、敦、壺を伴出する。雲雷文地の花弁鏡や花葉鏡はほとんど伝世品である。しかし、その文様がかなり複雑であることからみて、時期は四葉鏡よりやや新しいと推測され、ほぼ戦国時代中期に属しよう。以後、花葉鏡はおとろえてしまう。この鏡類が流行する地域は、主に安徽省や湖南省の一帯である。河南地区でも発見されはするが、数量は少ない。一九七四年に甘粛省平涼地区の戦国墓から円形を呈し方格鈕座をもつ羽状地文の四葉鏡一面が出土した[24]。その型式は長沙楚墓の同類の鏡とよく似ているが、その墓葬の年代は、すでに戦国時代晩期にいたっている。

（4）山字鏡類

『藤花亭鏡譜』、『小檀欒室鏡影』[25]では山字鏡と呼ばれ、梅原末治などは丁字鏡と呼んでいる[6]。また欧米ではT字鏡と呼ぶ者もいるが[26]、中国で山字鏡の名称を使うことが多い。その主要な特徴は、羽状地文上に三―六個の「山」の文字に類似した文様が主題文様を構成している点にある。「山」字の間は、普通、花弁文や葉文、縄状の文様で飾られる。山字鏡はすべて円形を呈し、鈕座には方格のものと円圏のものとがある。鈕座の外に配される「山」字には、左まわりのものと右まわりのものの二者がある。「山」字の数から、三山鏡、四山鏡、五山鏡、六山鏡の四型式に

写16　三山鏡
フランス・パリ個人蔵（面径18.2cm）

写17　四山鏡
湖南省長沙市仰天湖25号墓出土（面径11.6cm）

分けることができる。

三山鏡　四稜鈕と、二重にかこまれた円圏鈕座をもつ。三個の「山」字と三獣（二匹の鹿と一匹の犬）を交互に配する。縁部は幅が広く、無文の匕縁である〔写16〕。

四山鏡　主文様のヴァリエーションから、普通、以下の五種に細分できる。

第一種は三稜鈕と、二重にかこまれた方格鈕座をもつ。「山」字は太くて短い。「山」字の下画は方格鈕座の各辺と平行し、鈕座の各角から二弁一組の連貫式の花弁がのびる。上下左右は直交する。無文で幅の狭い匕縁である〔写17〕。

第二種は「山」字の字画がやや細長い。方格鈕座の各角から四枚の花弁がのびる。それぞれの花弁は一つの丸い花蘂《はなしべ》につながり、花芯の先端から長い葉文がのびる。「山」字の左脇にも、丸い花芯と長い葉文が対称的に配され、花弁と花芯の間は、縄状の文様でつながれている。合計して四枚の花弁、八個の花芯、四枚の長い葉文をもつ〔図8—1〕。さらに、四個の「山」字の間に一二枚の花弁と四枚の長い葉文をもつ例もある。

第三種は、文様の基本は第二種とよく似ているが、方格鈕座の各角からのびる四枚の花弁は、おのおの、輪状の花芯と四弁からなる花につながる。「山」字の右側にも一枚の花弁をもつ。したがって計四花と八弁になる〔図8—2〕。

第四種は上述の三種の鏡と異なる特徴をもつ。これまでの四山鏡は、「山」字の下画が、いずれも鈕座の一辺と平行する。ところが第四種の山字鏡は方格鈕座をもつものの、四枚の花弁は鈕座各辺の中央から外側にのび、「山」字の下画は鈕座の四つの角と向かい合う。この種の四山鏡は、「山」字の間に花葉文をもたないもの、四枚の花弁文、八枚の花弁文、八枚の葉文をもつものなどの数種がある。

第五種は三稜鈕と、二重にめぐらされた円圏鈕座をもち、鈕座から外側に向かって四枚の花弁がのびる。

五山鏡　三稜鈕と、二重にめぐらされた円圏鈕座をもつ。鈕座の外側に五個の「山」字をもつ。

写18　五山鏡
湖南省長沙市月亮山15号墓出土（面径12.6cm）

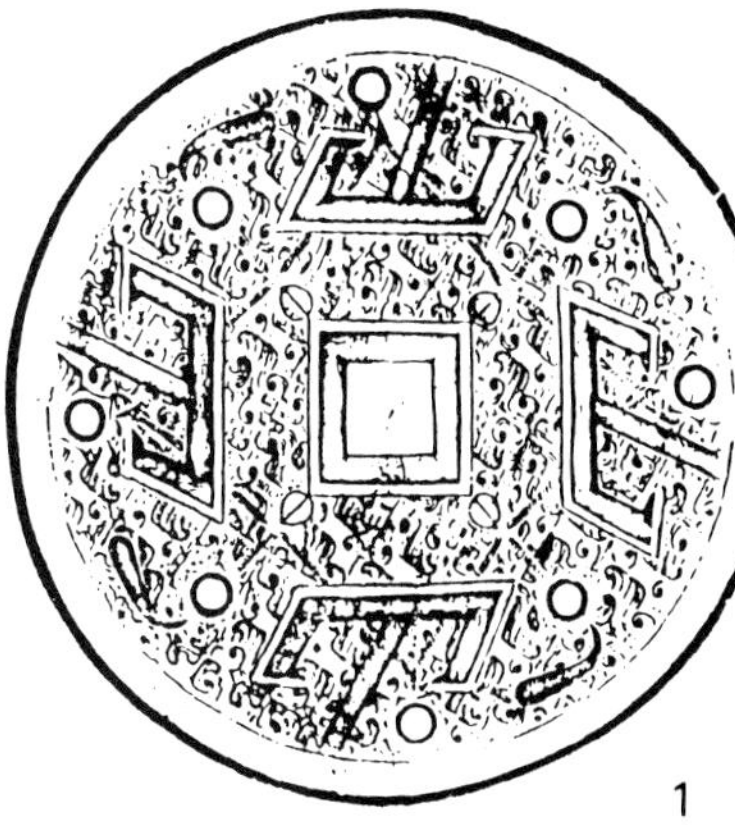

1

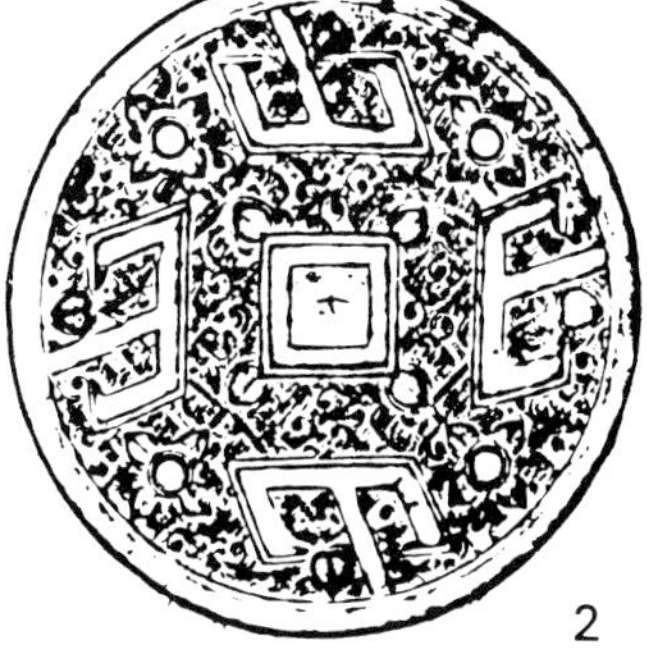

2

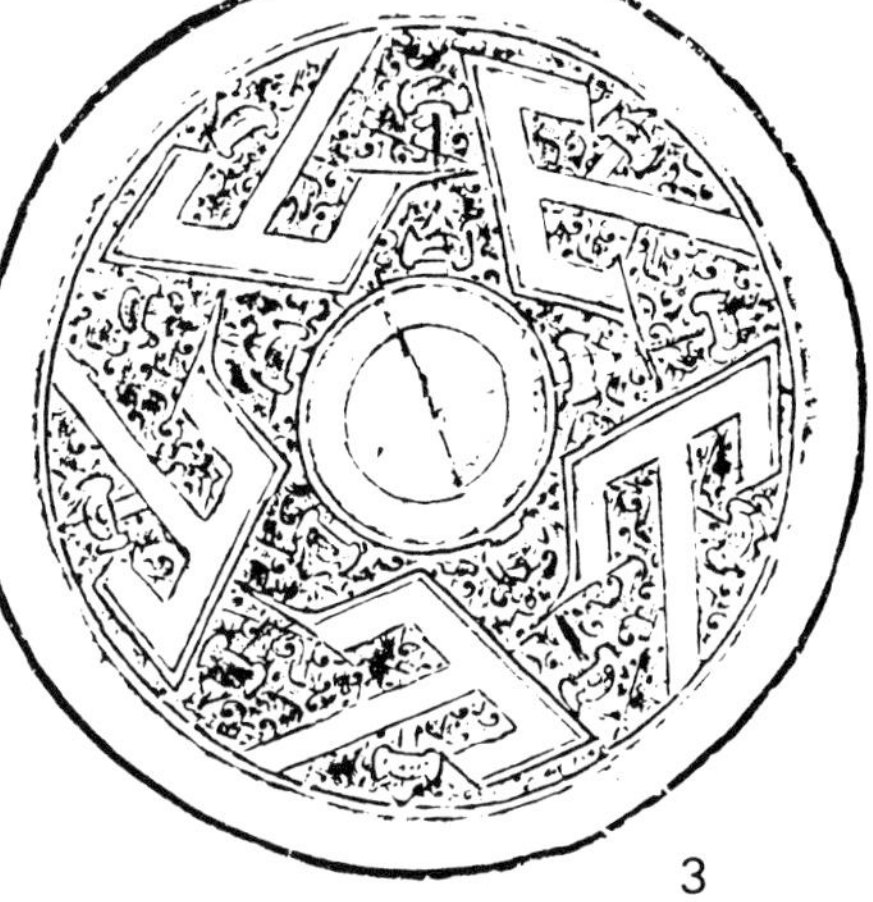

3

図8　戦国山字鏡類（1/3大）
1＝四山鏡　湖南省長沙市黒石渡8号墓（面径16.9cm）
2＝ 同前　湖南省常徳市徳山楚墓（面径13.5cm）
3＝五山鏡　湖南省常徳市徳山7号楚墓（面径19.0cm）

四山鏡とくらべ、「山」字の字画は細く、その縦画と横画の傾斜がやや強い〔図8―3、写18〕。「山」字の下画は、隣の「山」字の斜辺と斜めに向かい合う。「凵」部の上端は流れ星が尾をひくような形（星芒形）となっている。「山」字の間に花弁をもたないものや、鈕座の外側に五枚の花弁あるいは一〇枚の花弁がのびる五山鏡もある。

六山鏡　三稜鈕と、二重にめぐらした円圏鈕座の外側に六個の「山」字をもつ。字体は五山鏡よりさらに細くなり、「山」字の中央にある縦の一画も長くなる。縦画と横画の傾斜はさらに強まる。各「山」字の下画は隣の「山」字の斜辺と斜めに向かい合う。「凵」部の上端は六個の星芒形につくられる。六山鏡も二種に細分できる。

第一種は「山」字の間に花葉文をもたず、大きさは一般に四山鏡に近い。

第二種は鈕座より外側に向かって六枚の花弁が等間隔でのび、各「山」字の右側にも一枚の花弁が配され、計一二枚の花弁をもつ。文様は精緻で美しい。比較的大形で、面径が二三センチに達するものもある〔写19〕。

写19　六山鏡
中国歴史博物館蔵（面径23cm）

山字鏡は戦国時代に盛行した鏡で、とくに四山鏡の出土量がもっとも多い。湖南地区で発掘された楚墓では、銅鏡の約七〇―八〇パーセントを占める。三山鏡、六山鏡は、現在のところ、著作や図録に掲載されたものと伝世品だけで、その数は少ない。五山鏡は湖南省長沙でも出土しているが、やはり少ない。

　発掘資料からみて、各種の山字鏡は主に戦国時代早・中期に流行するが、戦国時代晩期の例もある。四山鏡は比較的古く現われ、とくに字体が太く短くて、文様が比較的単純な例は、ほとんど春秋時代晩期にすでに登場している。湖南省湘郷四号東周墓で出土した四山鏡は、鉢、罍（罐）、豆と伴出している。[27]衡陽《こうよう》楚墓では陶鬲と共伴している。[28]字体が細長く、文様の複雑な四山鏡は比較的新しく、多くが鼎、豆、壺を伴出し、戦国時代中期に属する。四花八弁の四山鏡はさらに新しい。長沙燕山嶺一七号墓でも鼎、合碗式の敦、壺と伴出している。[29]また、長沙楊家湾六号墓でも鼎、盒、鈁が共伴している。[30]その流行の時期は戦国時代中期以降である。五山鏡の出現も比較的新しい。長沙月亮山一五号墓では五山鏡は鼎と敦、壺とが共伴し、時期はおおよそ戦国時代中期に属する。[31]

　山字鏡の分布する地域はかなり広い。解放前には安徽省・江蘇省・河南省洛陽で出土したといわれ、解放後には湖南・湖北・四川・広西・広東・陝西の各省でも発見され、ことに湖南省でもっとも多く出土している。さらに、河北省易県では山字鏡の鏡笵が発見された。[32]この他に朝鮮半島[33]やソビエト連邦のアルタイ山西麓およびパズイルクなどの地でも発見されている。[34]

　ところで、河北省易県で出土した鏡笵は四山鏡を主とするものの、いまだ発見されたことのない型式であった。しかも四山鏡の出土する他の地域では、いまだに鏡笵が発見されていない。このことは注目すべきである。解放前のことであるが、山字鏡は「燕で鋳造をされ、楚で用いられた」と主張した研究者がいた。[35]この見解は検討すべき余地がある。そこで河北省易県の四山鏡笵と、四山鏡の出土のもっとも多い湖南地区の銅鏡との比較検討を行いたい。

『巌窟蔵鏡』などに収められた河北省易県の四山鏡笵は、三型式に分けられる。

図9　河北省易県出土の四山鏡鏡笵

第一型式は上述した第一種である。[36] すなわち「山」字の下画が方格鈕座の一辺と平行する四山鏡である。この種の銅鏡は湖南地区でも発見されるが、通常、面径は易県の鏡笵とくらべやや大きい。

第二型式は第五種の円圏鈕座をもつ四山鏡で、これは易県に特有の鏡式であり、今まで湖南省および他の地域では発見されていない。[37]

第三型式は第四種で、「山」字の下画が鈕座の四角と対峙する四山鏡である[38]〔図9〕。この型式の四山鏡は湖南地区でも発見されている。しかし、詳細に文様をみると、湖南省長沙月亮山二五号墓出土の羽状地四山鏡[7]は、「山」字の間に花葉文をもたないが、易県にはこのような鏡笵はみられない。長沙月亮山四六号墓出土の例[8]は、鈕座の四角が四個の「山」字の下画と対峙し、鈕座の四辺から外側に向かって四枚の葉文（位置は中央ではない）がのびる。外縁から内側に向かってのびる四枚の葉文とは対峙しない。これに対して、易県の鏡笵は、『巌窟蔵鏡』一集一五のように、鈕座の四辺の中央から外側にのびる四枚の花弁が、外縁から内側にのびる四枚の花弁と対峙している。湖南省常徳徳山楚墓出土の四山鏡には、鈕座の四辺中央から外側に向かって、二弁を一組とする連貫式の八枚の花弁がのびるものがある。[9] 易県の鏡笵とは異なっている。

以上、述べてきたところを総合すると、易県で出土した鏡笵は、湖南省で出土する四山鏡の図案と第一型式のみが似ているにすぎない。他の二型式の鏡笵は長沙で出土した四山鏡とは異なっている。さらに湖南省出土の四山鏡のほとんどは比較的大形である。また文様の複雑な型式は易県では現在のところ出土していない。このように、我々は湖南地区の楚墓で出土した四山鏡は河北省易県で鋳造されたのではなく、湖南地区で鋳造されたものと考える。

山字文の意味について、『藤花亭鏡譜』は一面の四山鏡を掲載して、四つの山を彫り、四岳を象徴しようとして、それを「山」字で代用したものである、と考えている。梅原末治は丁字鏡と呼んだが、その意味を解釈していない。駒井和愛は鏡の縁部からみると丁字文ともいえるが、鈕座を中心としてみれば山字文と呼ぶべきであるとしている。この文様をもつ鏡のうちには鈕座か

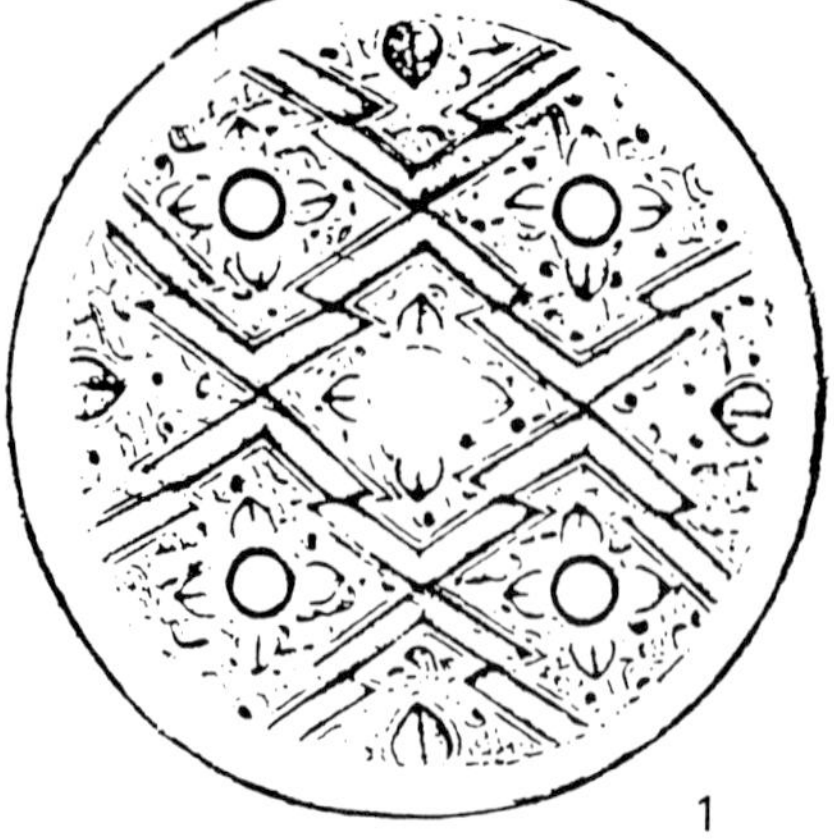

1

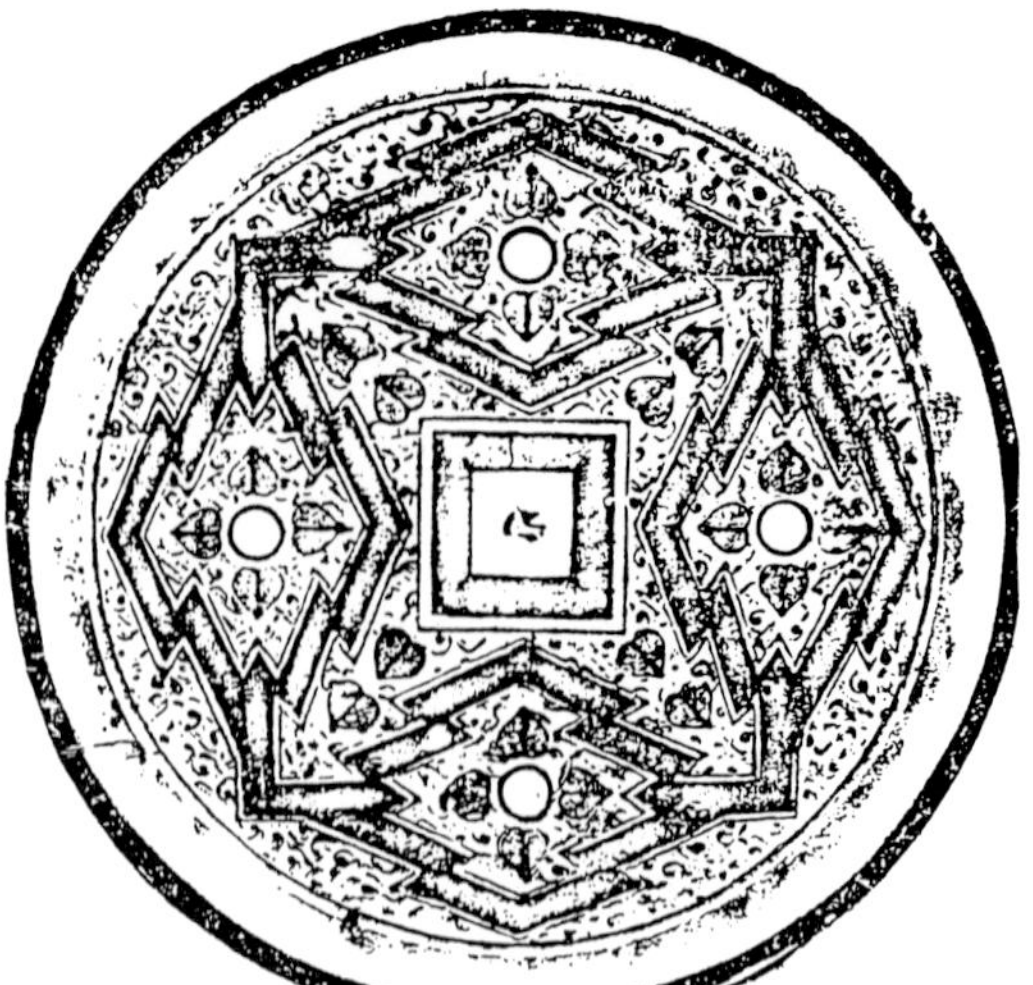

2

図10　戦国菱文鏡類
1＝折畳式菱文鏡　湖南省長沙市沙湖橋23号戦国墓（面径11.6cm，1/2大）
2＝連貫式菱文鏡　湖北省宜昌市前坪23号戦国墓（面径21.2cm，1/3大）

ら四枚あるいは五枚の花弁が派生しているものがあるので、文様は鈕を中心として配置されたというべきであり、したがって鈕座を中心に山字文としてみるべきであると述べている。さらに、彼は梁廷楠の見解に賛意をあらわし、銅鏡によくみられる雷文の変形である凹形が変化したものと考えた。「山」字は金文では、♛あるいは山形で表され、秦漢以後は今日の「山」の字とほとんど変わらない。中国古代においては山は不動、安静、養物などの観念に結びつけられた。したがって、銅鏡に大きく「山」の図形を使って山字を表すのは、福、寿、喜などの字と同様に、吉祥の意味を含んでいると考えたのである。[10] 梁上椿は山字文は「獣文の一部が変化したようである」と述べている。[39]

我々は、銅鏡の山字文は春秋戦国時代の「山」の字の書き方と異なっており、その点当時の「山」の字ではなく、それが四岳を象徴する、あるいは吉祥の意味を含んでいるとは考え難いと思う。その構図からみると、殷周銅器にみられる鉤連雷文と関係があるのではなかろうか。しかし、その本来の意味は今なお未解決の問題であり、今後いっそうの検討が進められることを期待する。

（5）菱文鏡類

『湖南鏡』では方連文鏡と呼ばれる。羽状文を地文とし、主文は幅の広い凹面条帯が組合う菱形文である。この鏡類はほとんどが円形を呈し、方形のものがごく少数ある。文様のヴァリエーションによって、折畳式菱文鏡と連貫式菱文鏡の二型式に分けられる。

折畳式菱文鏡　円形で、三稜鈕と、小さく二重にめぐる円圏鈕座をもつ。羽状文を地文として、幅広の凹面条帯が折畳式（ジグザグ状）の対称的な菱文をつくり、鏡背は九つの菱形の小区画に分割される。中心の菱形の四辺に隣接する四つの区画には、それぞれに輪状の花芯と四枚の花弁からなる花文が配される。中心の菱形の四角に対置される四つの区画内には、外縁から内側へのびる一枚の花弁を配す

写20　折畳式菱文鏡
湖南省長沙市廖家湾38号墓出土（面径11.9cm）

写21　連貫式菱文鏡
伝陝西省西安市出土（面径11.2cm）

る。無文で低くつくられた匕縁をもつ〔図10—1、写20〕。

連貫式菱文鏡　三種に細分できる。

第一種は円形を呈し、三稜鈕と、二重にとりまく方格鈕座をもつ。鏡背には、幅広の凹面条帯で鈕座に平行する大きな正方形をつくる。その各辺の中央は途切れており、そこに菱形を入れ、対称的に連貫する菱文を構成する〔写21〕。

第二種は基本的には第一種と同様であるが、鈕座の四角から、連貫式の二弁一組の花弁がのびる。また四個の菱文内におのおの花芯と四弁からなる花文が配される。無文の低い匕縁である〔図10—2〕。この種の銅鏡は比較的大形品が多く、精緻で美しい。

第三種は方形を呈し、三稜鈕と、二重につくられた八弧の連弧文からなる鈕座をもつ。文様は第二種の連貫式菱文鏡と基本的には同じであるが、鏡縁の四隅から、茎と二葉からなる一本の花がのびる。その両脇にはおのおの一枚の花弁が配される。[40]

菱文鏡の出現は四山鏡より新しい。長沙廖家湾三八号墓、長沙南門広場三号墓ではいずれも菱文鏡が鼎、敦、壺と伴出し、戦国時代中期に属すると考えられる。[41]この鏡類は湖南省・安徽省・湖北省などの楚文化が広がった地域でよくみられ、時として四川省や陝西省でも発見される。

（6）禽獣文鏡類

地文には羽状文と細かい雲雷文の両者がある。主文には獣文、鳳鳥文などがある。主文の違いから饕餮文鏡、獣文鏡、鳳鳥鏡、禽獣文鏡の四型式に分けることができる。

饕餮文鏡　円形のものと方形のものの二種類がある。円形鏡は三稜鈕で、鈕座はない。細かい雲雷文を地文とし、その上に凸線でふたつの目、粗い眉、大きな鼻をもつ平面な獣面文二組を描き、鈕を中心として上下対称に配する。無文で幅の広い平縁である〔図11—1、写22〕。方形の饕餮文鏡の文様も円形鏡と似ている。しかしその数はきわめて少なく、ほとんどが伝世品である。

饕餮文鏡の構図は河北省易県の燕下都で出土した饕餮文の半瓦当とよく似ている。[42]

写22　饕餮文鏡
伝河南省洛陽市金村出土(面径10.3cm)

図11　戦国禽獣文鏡類
1＝饕餮文鏡　河北省邯鄲県周窯１号墓(面径14.0cm，1/2大)
2＝獣文鏡　山西省長治市分水嶺53号墓(面径8.2cm，2/3大)
3＝鳳鳥鏡　四川省成都市羊子山(面径11.0cm，1/2大)
4＝禽獣文鏡　江蘇省揚州市鳳凰河前漢墓(面径23.8cm，1/3大)

写23　双圏獣文鏡
山西省長治市分水嶺126号墓出土（面径11.0cm）

写24　双圏獣文鏡
山西省長治市分水嶺53号墓出土（面径8.2cm）

饕餮文は一種の図案化された獣面文であり、殷周青銅器によくみられる文様のひとつである。この文様がもつ意味については、長い間流布した説として『左伝』文公十八年（紀元前六〇九）の条[43]があり、杜預の注によれば、

「貪財為饕、貪食為餮。」〔財を貪るを饕といい、食を貪るを餮という。〕

とある。『呂氏春秋』先識には、

「周鼎著饕餮、有首無身、食人未咽、害及其身。」〔周の鼎に饕餮が著わされている。首はあるが身体がない。人を食べて、まだ呑みこまないうちに、害がその身に及んでくるほどである。〕

とあり、古代の伝説に出てくる人を食らう凶悪な野獣であるとされている。銅器に描かれた饕餮は、貪欲さを戒めるために用られていた。しかし、丁山は、『呂氏春秋』のいうところの饕餮は他の文様を指し、普通、饕餮は一種の「吉祥文」であると考えている[11]。また李沢原は「それはある面では恐怖の化身であり、それと同時に別の面では守護神でもある。それは異なる氏族・部落に対して威嚇の意味をもち、自らの氏族・部落に対しては自らを守護する神力を備えている」としている[12]。さらに劉敦願は「獣面を据え付けることは、猛々しさ、勇敢さ、公正さなどを象徴するのであろう」とも言っている[13]。どの見解もそれなりの説得力をもつが、なお定説とはなっていない[44]。我々は邪を除き幸福を祈る禎祥の意味を込めて用いられたものと考えている。

獣文鏡　この鏡は禽獣文鏡類の中で数量の多いもののひとつである。文様の違いから三種に細分できる。

第一種は双圏獣文鏡で、円形を呈する。鏡背の中央に無文の圏帯を一周めぐらし、文様を内外の二区に分けている。鏡身は平直である。一例では、内区に六枚の蓮弁文を配し、各弁の中に渦粒状に変化した獣面を入れる。外区には首をまわす一二個の虺龍文を環繞式に配する、体軀の各部分はやはり渦粒化している。縁部には絡縄文を一周めぐらして装飾性を高めている〔写23〕。また、他の例では内区に首をまわして尾を巻いた三獣、外区には五頭の虎形の獣を配する。八頭の体軀は粟粒文で満たされている〔図11―2、写24〕。

写25　獣文鏡
湖南省長沙市竿笠坡744号墓出土（面径19cm）

写26　獣文鏡
フランス・パリ個人蔵（面径14.5cm）

第二種は羽状地文獣文鏡である。円形、方形の二種類があるが、円形鏡のものが非常に多い。三稜鈕と、二重にめぐる円圏鈕座をもつ。鈕座の外側には三―五個の獣文が置かれるが、四獣のものがもっともよくみられる。獣の形態は変化に富む。多くは、狐面・鼠耳で長く尾を巻く怪獣であり、口を開きふり返って後方をみている。後脚の片方は円圏鈕座の外圏を踏み、他の片脚は鏡の縁部を踏んでいる。また、前脚の爪で隣の獣の長い尾をつかんでいる〔写25〕。この他に、抽象化が進み獣形がくずれた変形獣文があり、例も比較的多い。方形鏡は三稜鈕で、八弧からなる連弧文鈕座の外側に四頭の鹿・狐などの獣形文を配する。

第三種は雲雷地文獣文鏡で、いずれも円形を呈し、三稜鈕をもつ。三重にめぐる円圏鈕座をもち、主文は尾の長い三匹の怪獣である〔写26〕。また、方格鈕座をもち、主文が四匹の対称的な螭形の怪獣のものもある。

鳳鳥鏡　いずれも円形を呈する。地文は細かい雲雷文であり、主文は鳳鳥である。三種に細分できる。

第一種は四稜鈕と、二重にめぐる方格鈕座をもつ。主文は四鳳文で、鳳の間には折畳式の菱形文を配する〔写27〕。

第二種は半環鈕と、八弧からなる連弧文鈕座をもつ。鈕座の外側には四葉がのび、鏡背を四区画に分け、各区画に一羽ずつの鳥を配する。45

第三種は四稜鈕と、二重にめぐる方格鈕座をもつ。鈕座の四角に対称的に四鳳文を置く。鳳文の間に四鳥を配し、鈕座の四辺と対置させる。鳥は縁部から内側にのびる折畳式の菱形文の頂点にとまっている〔図11―3〕。

禽獣文鏡　円形を呈し、三稜鈕あるいは半環鈕をもつ。二重にめぐる円圏鈕座をもち、地文は細かい雲雷文である。鈕座の外側に四葉文を置き、葉間には二個の螭形の怪獣および二羽の鳳を交互に配列させ、縁部に一二弧の内向する連弧文をめぐらせるものがある〔写28〕。また、鈕座の外側に描いた十字形の四葉で鏡背を二区に分け、内区に四獣、外区に二獣二鳳を配するものも

写27　鳳鳥鏡
辰馬悦蔵旧蔵（面径9.7cm）

写28　禽獣文鏡
伝陝西省西安市出土（面径18.4cm）

ある〔図11―4〕。

禽獣文鏡のいくつかの文様も戦国時代の銅器にみられる。たとえば双圏獣文鏡の文様配置は、無文圏帯で内外区に分け、獣を配する。この文様配置の手法は山西省長治分水嶺五三号墓の銅鼎の蓋にもみられる。[46]長治一二六号墓で出土した双圏獣文鏡〔写23〕は内区に蓮弁文がみられるが、[47]同様の文様は河南省汲県山彪鎮一号墓から出土した銅鼎の蓋にもみられる[48]〔図12〕。これらは銅鼎の文様をまねて造られたものであろう。

双圏獣文鏡は山西省長治分水嶺五三・一二六号戦国墓から出土している。伴出した銅器に鼎、豆、壺、鑑[49]などがあり、戦国時代早・中期に属することが知られる。羽状地獣文鏡は多くが湖南省や安徽省などで発見されている。伴出の陶器には鼎、敦、壺があり、やはり戦国時代早・中期に属する。饕餮文鏡、鳳鳥鏡、禽獣文鏡の出現は戦国時代中期以後で、獣文鏡よりやや新しく、戦国時代晩期に流行する。

禽獣文鏡類の分布する地域はかなり広く、河南・山西・湖南・湖北・四川・陝西・河北の各省などで出土している。

（7）蟠螭文鏡類

いわゆる蟠螭文は、龍文とも呼ばれ、とぐろをまく龍や蛇の図案を指す。[50]これも春秋戦国時代青銅器によくみられる文様のひとつである。蟠螭文鏡はいずれも円形を呈する。地文は雲文と直線あるいは斜線三角形文が組み合わさって雲雷文をつくる。主文は大多数が蟠螭文であり、他に少数ながら鳳鳥文もある。一括してそれらは蟠螭文と呼ばれている。蟠螭文の配列の方法には纏繞式と分離式の二者がある。文様の違いから、蟠螭文鏡、四葉蟠螭文鏡、蟠螭菱文鏡の三型式に分けられる。

蟠螭文鏡　二種がみられる。

第一種は三稜鈕と、円圏鈕座をもち、鈕座の外側に幅の広い凹面圏帯が一周する。整った雲雷

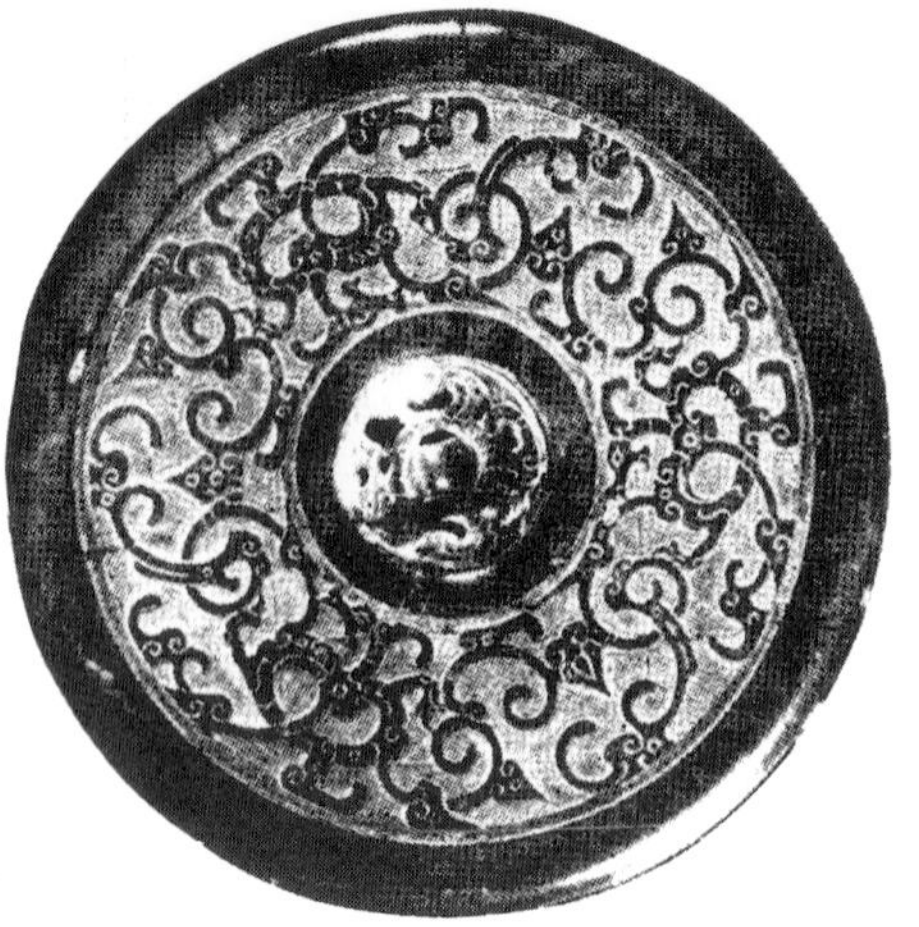

写29　蟠螭文鏡
湖南省長沙市子弾庫15号墓出土（面径不詳）

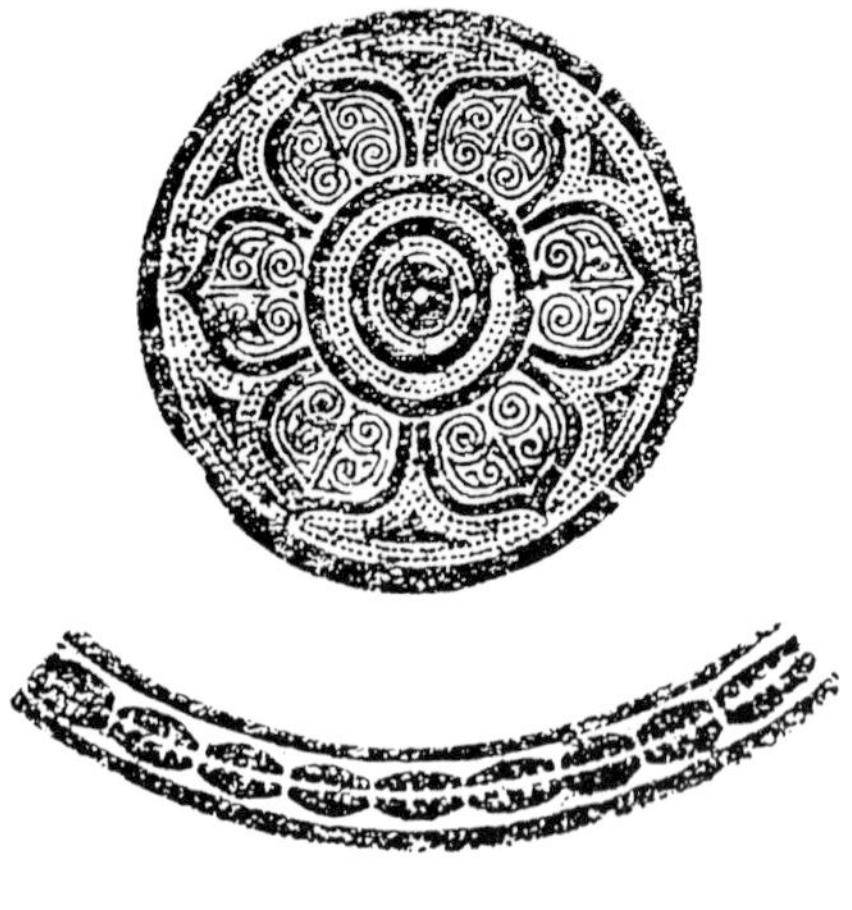

図12　河南省汲県山彪鎮1号墓出土銅鼎蓋上の蓮弁文（4/5大）

文の上に、三対の蟠螭がからみあってめぐる〔図13―1・2〕。蟠螭は幅の広い凸線で描かれる。無文で幅広の匕縁である。

第二種は中空で半球形の鈕をもち、円形の鈕座に透彫りがみられる。鈕座の外側には凹面圏帯が一周する。地文は模糊としてあいまいだが、主文は互いにからみあってめぐる三対の蟠螭である。蟠螭の間には変形した蟬の文様が入れられている〔写29〕。

四葉蟠螭文鏡　三稜鈕と、二重にめぐる円圏鈕座をもつ。地文は細かい雲雷文であるが、それほど明瞭でない。鈕座の外圏から葉が四方にのび、四つの区画をつくる。各区ごとに一対の変形した蟠螭を入れる。無文で幅広の匕縁である〔図13―3〕。

蟠螭菱文鏡　地文は細かい雲雷文でそれほど明確でない。その上の蟠螭の体軀と尾部には菱形をジグザグに入れる。三種が普通みられる。

第一種は三稜鈕で、幅の広い凹面圏帯と凸状圏線をおのおの一周させて鈕座をつくる。主文は三対の大形の蟠螭である。その体軀の一部が菱形に折れ曲がり、相互にからみあってめぐる。無文で幅広の低い匕縁である〔図13―4、写30〕。

第二種は三稜鈕で、鈕の外側に凸線文と絡縄文[51]をそれぞれ一周させる。さらに、その外側に幅の広い凹面圏帯をめぐらして鈕座とする。主文は三匹の螭と三羽の鳳であり、螭と鳳の尾部は菱形文にともに結びついている[52]。

第三種は三稜鈕と、二重にめぐる円圏鈕座をもち、鈕座の外側および縁部に絡縄文を一周させる。主文は双線で表わされる四対の蟠螭である。蟠螭の尾部が巻き、尾の下からジグザグに折れ曲がる菱形文がのびる。さらに、各蟠螭の間を、渦巻文で満たす〔写31〕。

蟠螭文鏡類の出現と流行の時期に関しては、梅原末治と高去尋がさまざまな見解を紹介している[53]。まず富岡謙蔵がこの鏡は漢代より古くから現れ、王莽代まで継続して用いられたと提唱した[54]。後藤守一は地文のあるものは戦国時代末から前漢代に、無地文で蟠螭の形式化したものは前漢末から後漢代に盛行したと考えた[55]。カールベックは楚の鏡とみている[56]。これらの見解には賛否

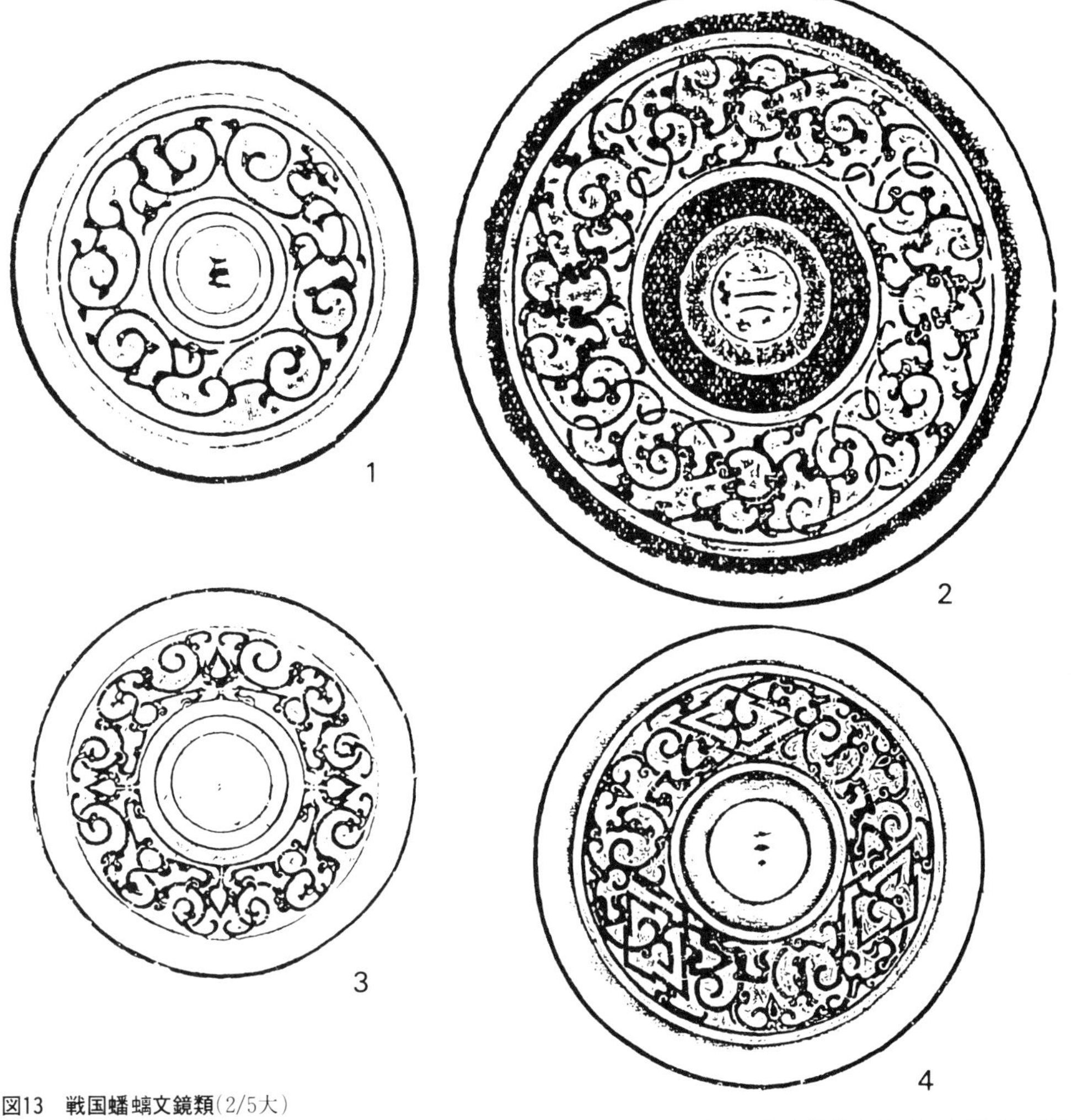

図13　戦国蟠螭文鏡類(2/5大)
1＝蟠螭文鏡　湖北省雲夢県睡虎地34号秦墓(面径12.8cm)／2＝同前　江蘇省揚州市鳳凰河木槨墓(面径19.3cm)／3＝四葉蟠螭文鏡　湖南省長沙市沙湖橋24号戦国墓(面径12.3cm)／4＝蟠螭菱文鏡　湖北省雲夢県睡虎地35号秦墓(面径14.1cm)

両論があった。富田幸次郎[57]、梅原末治とドイツのキュンメル[58](O. Kümmel)は紀元前二世紀、つまり前漢代の鏡と考えた。郭沫若は「寿県所出楚器之年代」の中で「その鏡の銘をもつものを考えるに、銘文は〝大楽富貴、千秋万歳、宜酒食魚〟であり、〝魚〟字は図形に似て、その他は篆書と隷書の中間で隷書に近く、文辞も漢の人の語に類似している[(14)][59]」と説き、漢代に帰属させている。高去尋は前漢の淮南王劉安の時代、あるいはその前後と考えている。

この三〇年来、多くの蟠螭文鏡類が発見された。とくにこの鏡類を出土する墓葬の年代が明らかになったことから、それらの時期および変遷過程をかなりはっきりと理解できるようになった。湖南省長沙侯家塘一三号墓から、三稜鈕をもち、地文が精緻で、主文を単線で描いた蟠螭をもつ第一種に属する蟠螭文鏡が出土している[60]。鼎、豆、壺と伴出し、戦国時代中期に属する。透彫りの鈕をもつ蟠螭鏡、四葉蟠螭鏡、蟠螭菱文鏡を含む、地文が模糊としてははっきりしない蟠螭文鏡は、出現がやや新しい。湖南省の墓葬では多くは鼎、

写30　蟠螭菱文鏡
湖南省長沙市容園864号墓出土（面径14.5cm）

写31　蟠螭菱文鏡
陝西省鳳翔県高庄46号墓出土（面径9.6cm）

合碗式の敦、壺、あるいは鼎、盒、壺と共伴することが多く、戦国時代晩期に属すると考えられる。双線の蟠螭文鏡はさらに遅れて出現する。たとえば、双線の蟠螭菱文鏡が陝西省鳳翔高庄四六号秦墓から出土している[61]。蟠螭文鏡類は秦―漢初にも依然として流行してはいるが、地文が稚拙となり、主文は単線表出から双線あるいは三線表出に変わり、かつ銘文が現れる、といった新たな特徴をもつようになる。

蟠螭文鏡類の分布はかなり広く、陝西・河南・湖南・湖北・安徽・江蘇・四川・広東の各省などで、出土している。

（8）羽鱗文鏡類

いずれも円形を呈する。地文は雲雷文で、主文は羽文あるいは鱗文などである。文様配置の違いにより二種類に分けることができる。

第一種は四稜鈕と、二重にめぐる凹面圏帯からなる円圏鈕座をもつ。地文は大きさの異なる雲文と三角形雷文が組み合った雲雷文で、主文は羽文と鱗文である。羽文の中に同心円を満たすものもある。幅広の無文の匕縁である〔図14〕。

第二種は四稜鈕と、二重にめぐる方格鈕座をもつ。方格の四辺中央から四方に葉がのびる。地文は第一種と同様である。鏡背は、四つの部分からなり、各部分には二条の斜線で挟まれた三角形雷文帯が配される。上と下、左と右の図案は相似している。上下に配される羽文は同じ方向に巻き込まれ、左右に配される羽文は反対方向に巻き込まれる[62]〔写32〕。

これらの銅鏡の出土は非常に少なく、湖南省や四川省の戦国墓にみられるのみである。その出現の時期は戦国時代中期に属するのであろう。

（9）連弧文鏡類

『博古図録』では六花水浮鑑と呼び、漢鏡としている。この鏡類はいずれも円形を呈し、背面

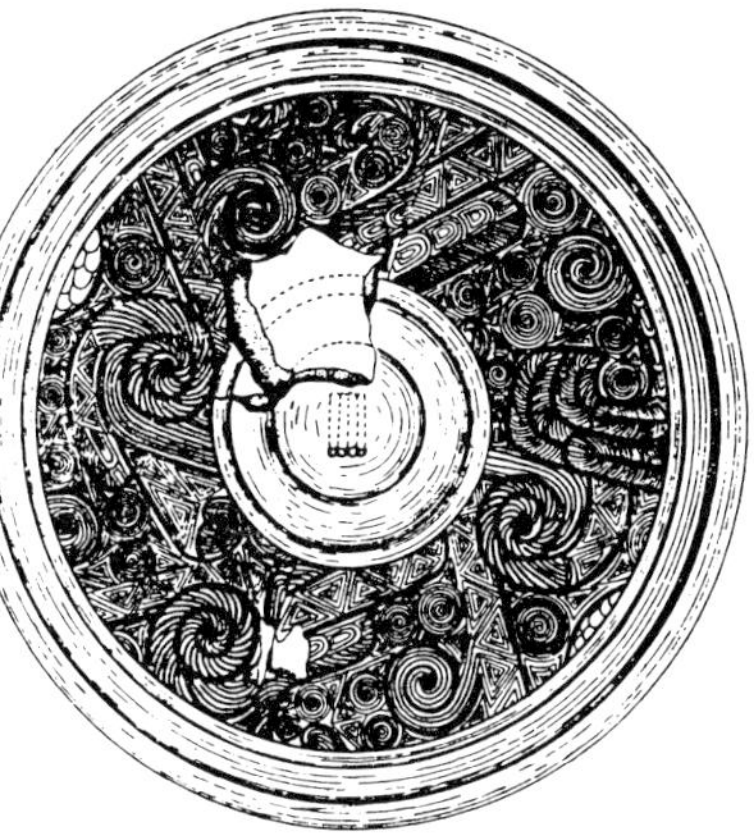

図14　戦国羽鱗文鏡類(2/3大)
四川省成都市羊子山172号墓(面径8.8cm)

写32　羽鱗文鏡
湖南省長沙市出土(面径10.9cm)

に弧線あるいは凹面の幅の広い弧帯で連弧文をつくり、主文としている。弧数は六―一二弧などがあるが、八弧のものがもっとも多い。連弧文鏡類も素地連弧文鏡、雲雷文地連弧文鏡、雲雷文地蟠螭連弧文鏡の三種類に分けられる。

素地連弧文鏡　鏡背の地は無文で、その上に連弧文がある。次の二種がよくみられる。

第一種は三稜鈕で、中央の稜がやや高く、凹面圏帯の円圏鈕座をもつ。鈕座の外周には一一弧の単線表出された内向きの連弧文がめぐる。縁部はやや幅が広く、低い匕縁である[63]。

第二種は三稜鈕で、凹面圏帯をめぐらす円圏鈕座をもつ。凹面の幅広い帯状の六弧または八弧からなる連弧文が鈕座をとりまく[64]。

雲雷文地連弧文鏡　三稜鈕と、凹面の圏帯のめぐる円圏鈕座をもつ。雲文と三角形雷文が組み合わされる雲雷文を地文とし、その上に七弧あるいは八弧の内向きの凹面の弧帯からなる連弧文を配する。連弧文端部の交点は縁部に接する。鈕座の外側と縁部内側に絡縄文を一周させた例もある〔写33〕。無文の縁部はやや幅広で、低い匕縁である。

雲雷文地蟠螭連弧文鏡　細かい雲雷文地の上に蟠螭文を配し、さらに凹面の幅広の弧帯からなる連弧文を飾る。鏡背の文様は三層を形成し、精緻で美しい。次の二種がよくみられる。

第一種は三稜鈕と、凹面圏帯でかこまれる円圏鈕座をもつ。地文はあまりはっきりしない雲雷文で、主文は八弧の内向きの凹面の連弧文である。鈕座の外側と縁部内側におのおの絡縄文を一周させる。連弧文の交点は縁部内側の絡縄文に接する。連弧文の内外には大小八対の蟠螭がある。蟠螭文を表す条線の高さや幅は一定しない。無文で幅の広い匕縁である〔図15―1・2、写34〕。

第二種は三稜鈕で、中央の稜がやや高い。小形の円圏鈕座をもち、その外側に凸線が二周する。鈕座と縁部との間には、凹面圏帯がめぐり内外二区に分けている。内区は六弧からなる連弧文で、外区は互いにからみあう蟠螭文である。凹面圏帯の外側と縁部の内側にはおのおの絡縄文が一周する[65]。

連弧文鏡類の中の素地連弧文鏡と雲雷文地連弧文鏡は戦国時代中期に出現している。湖南省長

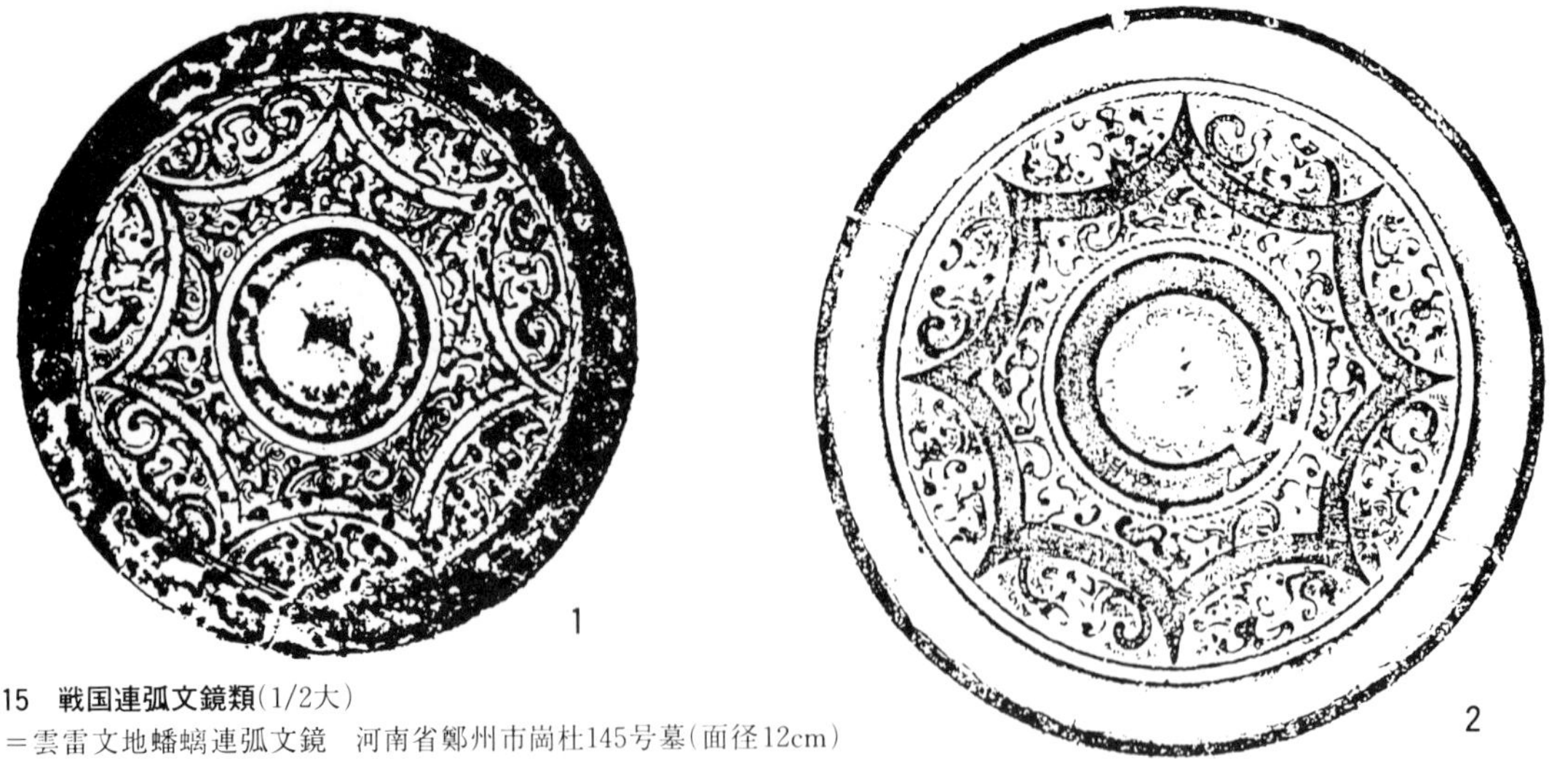

図15　戦国連弧文鏡類(1/2大)
1＝雲雷文地蟠螭連弧文鏡　河南省鄭州市崗杜145号墓(面径12cm)
2＝　同前　　湖南省益陽市桃花崙１号楚墓(面径14.2cm)

写34　雲雷文地蟠螭連弧文鏡
湖南省長沙市陳家大山２号墓出土(面径16.0cm)

写33　雲雷文地連弧文鏡
湖南省長沙市南門広場９号墓出土(面径14.9cm)

沙絲茅衝一区二四号墓の素地連弧文鏡[66]や長沙南門広場九号墓の雲雷文地連弧文鏡〔写33〕はいずれも鼎、敦、壺と伴出している。三層構造の文様をもつ雲雷文地蟠螭連弧文鏡は戦国時代晩期に出現し、長沙陳家大山二号墓の例〔写34〕は陶鼎、盒、壺と共伴している。連弧文鏡類の各型式の出現の時期は前後するが、いずれも戦国時代晩期ないしは前漢初に流行する。

　連弧文鏡類の分布は、戦国時代中・晩期には湖南省長沙・安徽省寿県・河南省洛陽一帯を中心に分布している。戦国時代末から前漢初には分布が広がり、四川省・陝西省・山東省・内蒙古自治区・湖北省・広東省などで出土するようになる。さらに朝鮮半島でも素地連弧文鏡の破片が発見されている。[67]

(10) 彩絵鏡類

　無地の鏡背に彩色して各種の文様を描く。出土例は少ないが、二種類に細分できる。

　第一種は高くつくられた二稜鈕と、小形の円圏鈕座をもつ。鈕座の外側と縁部の内側に二周の細い凸線がめぐり、鏡背を内圏・外圏と縁部に分けている。内圏には白いパテで一二個の星

写35　彩絵鏡
河南省信陽県長台関２号楚墓出土（面径14.1cm）

写36　彩絵鏡
河南省信陽県長台関１号楚墓出土（面径13.9cm）

芒を描き、外圏には紅、白、緑などの顔料で蟠龍形を描く。縁部には紅彩で正反する丁字形を連続して描く。[68]

第二種は半環鈕で、鏡背の図案は漆で描かれている。夔鳳文をからませたもの〔写35〕や蕨手状に頭部を巻き込む対称的な巻雲文のもの〔写36〕もある。

この鏡類の出現と流行の時期はほぼ戦国時代早・中期である。なぜなら第二種を出土した河南省信陽長台関の楚墓が、伴出した銅器、土器、漆器の分析によって、ほぼ戦国時代早・中期と考えられるからである。[69]

(11) 透雕鏡類

夾層透文鏡とも呼ばれる。鏡面は薄い白銅片、鏡背は透雕（透彫り）図案の青銅片で、両者は別々に鋳造され、一枚に合わされている。[70] 文様の違いから蟠螭透文鏡、禽獣透文鏡に分けられる。

蟠螭透文鏡　方形と円形の二種類がある。小形の半環鈕、円圏鈕座がよくみられる。鈕座の外側には透彫りの蟠螭文を配するが、螭の体軀はS字形にまるくちぢまり、互いにからみあう。無文の平縁である〔写37〕。

禽獣透文鏡　やはり方形と円形の二種類がある。

方形鏡は四隅に乳釘状のリベットを打つ。双龍文がよくみられ、その龍の体軀はS字状に曲げられて、対称的に配される。その表現は太く力強く、そして生き生きとしている。嵌石透文鏡もみられる。鏡背には四個の夔形を配し、夔の体軀には鱗文および細緻な短い条線をほどこし、夔文の間にトルコ石を埋め込んでいる〔写38〕。

円形鏡は半環鈕と小形の円圏鈕座をもち、鈕座の外側に双龍双鳳文を透彫りにしている。独角龍が羽を広げた鳳と互いに争う姿は生き生きと表現されている。この鏡は「四川涪陵地区小田溪戦国土坑墓清理簡報」では漆奩の蓋と報告されている。[15] 樋口隆康は透雕鏡と考え、我々もこの見解に同意する。

写38　禽獣透文鏡
伝河南省洛陽市出土（辺長９cm）

写37　蟠螭透文鏡
アメリカ・ニューヨーク個人蔵（面径17cm）

1

2

図16　狩猟文鏡とその図文
１＝伝河南省洛陽金村出土金銀錯狩猎文鏡（写39）の部分拡大
２＝狩猎文鏡　湖北省雲夢県睡虎地９号秦墓（面径10.4cm，1/2大）

図18　戦国金銀錯虺龍文鏡（1/3大）
伝河南省洛陽市金村出土（面径18.5cm）

図17　河南省輝県琉璃閣59号墓出土銅壺にみられる狩猟文図
（1/3大）

写39　金銀錯狩猟文鏡
伝河南省洛陽市出土（面径17.5cm）

写40　狩猟文鏡
湖北省雲夢県睡虎地９号秦墓出土（面径10.4cm）

透雕鏡類は春秋時代晩期に出現し、戦国時代中・晩期にも流行している。たとえば、透雕蟠螭文鏡（原報告では鏤空龍文鏡と呼ばれている）を出土した湖南省長沙黄泥坑八四号墓では春秋時代晩期に属する陶鬲と陶鉢が伴出している。[71] 長沙楓樹山一一号墓ではほぼ戦国時代中期に属する陶鼎、敦、壺を伴出している。[72] 四川省涪陵小田溪二・三号墓は副葬の銅器や兵器から、時期はほぼ戦国時代晩期に属するとされている。しかし透雕鏡類は、戦国時代以後途絶えてしまう。

　この鏡類は湖南省・湖北省・河南省・四川省などで発見されるが、出土数はかなり少ない。

(12)　金銀錯鏡類

金糸、銀糸を銅鏡の背面に象嵌して文様を描く鏡であり、つくりは非常に精緻である。文様の違いから、金銀錯狩猟文鏡と金銀錯虺龍文鏡の二型式に分けられる。

金銀錯狩猟文鏡　河南省洛陽金村出土と伝えられる一面がある。[73] 円形を呈し、正・背二枚の銅板を合わせたもので、背面の外縁が鏡面を包み込む。小形の鈕と、二重にめぐる円圏鈕座をもつ。六組の文様からなり、その中の主要な三組は絵画的な図文である。一組は兜をかぶり甲を着た騎士が、片手に剣をもち、片手で手綱をとって馬にまたがり、正面の猛虎を刺突し捕えようとする様子を描いている。猛虎は口をあけ牙をむきだし、首をまわし噛みつこうとしている〔図16—1〕。二組目は二匹の怪獣が格闘している。一匹は手をひろげ足をあげて攻撃しようとする熊形の獣であり、もう一匹は身体を曲げ抵抗する怪獣である。三組目は一羽の翼を広げた鳳鳥で、葉状の文様の上に立っている。これらの描線には、いずれも「金錯」の細線を用いている。主要図文の間には、双龍渦文が三組配される。各双龍渦文はふたつの変形龍文を左右対称のS字形につくり、互いにからませた体軀を「金錯」で象嵌している。その周囲にも、「銀錯」の小渦文を若干配している〔写39〕。

　狩猟の図文は金銀錯鏡類だけではなく、他の銅鏡にもみられる。湖北省雲夢睡虎地九号秦墓から出土した例は円形を呈し、中央の稜がやや高い三稜鈕と、二重にめぐる方格鈕座をもつ。列点

写41　金銀錯虺龍文鏡
伝河南省洛陽市金村出土（面径18.5cm）

文と鉤連雷文を組み合わせる細かい雲雷文地の上に、狩猟文が描かれる。兜をかぶり上半身裸で素足の二人の武者が、片手に盾、片手に剣を持ち、今にも二匹の豹と格闘しようとしている。一匹の豹は頭をもたげて跳ね上がり、もう一匹は振り返った状態で、武者は豹を追撃する姿勢をとる。画面は生き生きとして力がみなぎっている〔図16—2、写40〕。この文様は河南省輝県琉璃閣五九号墓で出土した狩猟文銅壺の第三層の文様とよく似ている〔図17〕。

金銀錯虺龍文鏡　小形の鈕と、円圏鈕座をもつ。主文はからみあう六匹の虺龍で、体軀に「金銀錯」で文様を象嵌している。縁部には交差する渦文帯がめぐる〔図18、写41〕。

金銀錯鏡類は河南省洛陽金村で出土し、時期はほぼ戦国時代中期に属する。

青銅器上の金銀象嵌技法は、春秋時代中期の銅戈の内《ない》に最初に現れ、戦国時代早期には、容器にも施されるようになる。戦国時代中期にいたると、広い地域、とくに両周三晋地区[74]でかなり流行する。たとえば、洛陽金村で出土した銅鼎、簋、壺などの青銅礼器および若干の銅鏡は金銀錯の図文をもつ。しかし、南方の湖北・湖南省地区では、この鏡類はいまだ発見されていない。

(13)　多鈕鏡類

いずれも円形を呈する。鏡背に二—四個の鈕をもつ。文様は幾何学文で、ほとんどが重厚なつくりである。鏡背の文様の違いから雷文縁鏡、三角鉤連雷文鏡、蛛網文鏡の三型式に細分できる。

雷文縁鏡　鏡身はわずかに反る。やや凹む鏡背の中央には文様がなく、縁部に雷文が二周めぐる。内周に回文、外周に斜線文を加えた変形回文を配する。縁部の内側に接するように三—四個の半環鈕があり、三角形あるいは方形に配列される〔図19—1〕。

三角鉤連雷文鏡　鏡面は平直で、鏡身は重厚である。鏡背には幅の広い条帯で描かれる三角形の鉤連雷文が配され、雷文の間を短い平行線で埋める。二—三個の鈕をもち、いずれも鏡の上半部に配列される。二鈕鏡は無文縁だが、三鈕鏡の縁部には幅の狭い雲雷文の条帯をめぐらす〔写42〕。

写42　三角鉤連雷文多鈕鏡
遼寧省朝陽県十二台営子1号墓出土（面径22.5cm）

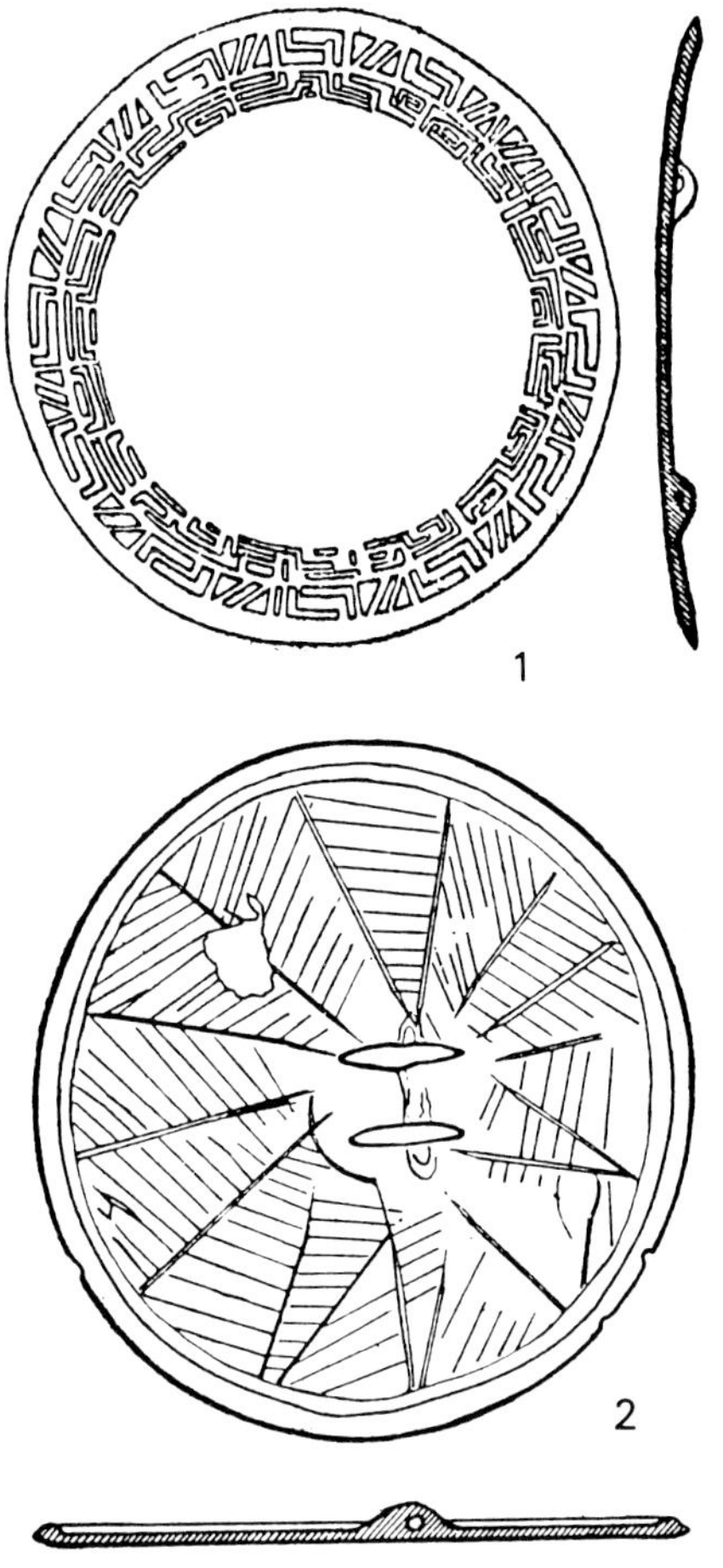

図19　多鈕鏡類
1＝雷文縁鏡　遼寧省朝陽県十二台営子1号墓
（面径20.4cm，1/4大）
2＝蛛網文鏡　吉林省果安県太平公社積石墓
（面径13.9cm，2/5大）

蛛網文鏡　鏡面は平直で、縁部が凸起する。鏡背は蛛網文（蜘蛛の巣状の文様）で飾られ、中央に二個の半環鈕をもつ〔図19―2〕。

多鈕鏡類の出現は比較的古い。遼寧省朝陽十二台営子一・二号墓からは雷文縁多鈕鏡、三号墓からは三角鉤連雷文鏡が出土している。この三基の墓葬の時期を、報告者は春秋時代晩期から戦国時代早期としている。[75] また伴出した遼寧式銅剣、銅斧、双翼式銅鏃、銅泡の形制・文様から、その時期を西周晩期ないし春秋時代早期とする見解もある。[76] 我々はほぼ春秋時代中期と考える。[77] この鏡類は戦国時代にも流行する。たとえば、遼寧省瀋陽鄭家窪子六五一二号墓から双鈕式の三角鉤連雷文鏡が出土しており、伴出の青銅短剣などの型式から判断して、春秋時代晩期ないし戦国時代早期に属する。[78] また吉林省集安の積石墓で出土した双鈕式の蛛網文鏡は戦国時代中・晩期に属している。[79]

形体の重厚な多鈕鏡類は、遼寧省・吉林省などのほかに、朝鮮半島の平壌地区でもみられる。この鏡類は、造形・文様などの面では、上述した一二の鏡類のいずれとも明らかに異なっている。林寿晋は銅鏡と伴出する短剣、動物文の透彫りを施した銅牌などから、雷文多鈕鏡を出土する墓葬をつくった民族を東胡と考えている。[80] また、張雪岩は蛛網文多鈕鏡を出土した墓と穢貊族との関連を考えている。[81]

以上、春秋戦国鏡の分類、特徴、流行の時期について述べてきた。発掘資料からみて、春秋戦国鏡は三期に分けることができる。

第Ⅰ期　春秋時代中・晩期から戦国時代早期。この時期に出現し流行する鏡類には、素鏡類（全素鏡、単圏あるいは双圏の凸弦文素鏡）、純地文鏡類、花葉鏡（羽状地文の葉文鏡）、四山鏡（「山」字が太く短く、その間の花弁が比較的簡単なもの）、透雕鏡類、多鈕鏡類などがある。

第Ⅱ期　戦国時代中期。この時期の銅鏡の種類は非常に多い。第Ⅰ期に出現した鏡類や鏡式も引き続き流行するが、文様は変化する。たとえば、花葉鏡類の中の葉文鏡は、簡単な三―四葉から八葉へ変化し、さらに雲雷文地の花弁鏡、花葉鏡が出現する。四山鏡の「山」字は細長くなり、間に配される花弁文・長葉文・絡縄文はかなり繁縟となる。さらに五山鏡と六山鏡が出現する。この時期には新たに、菱文鏡類、禽獣文鏡類、蟠螭文鏡類、羽鱗文鏡類、連弧文鏡類（素地連弧文鏡、雲雷文地連弧文鏡）、金銀錯鏡類、彩絵鏡類が登場する。

第Ⅲ期　戦国時代晩期から秦末。この時期には、純地文鏡類の雲雷地文鏡、花葉鏡類、金銀錯鏡類、彩絵鏡類、羽鱗文鏡類、多鈕鏡類、禽獣文鏡類の饕餮文鏡や双圏の獣文鏡などは次第に消え、あるいは絶えてしまう。素鏡類（多圏弦文素鏡、寛弦文素鏡）、純地文鏡類の羽状地文鏡、透雕鏡類、菱文鏡類、禽獣文鏡類（鳳鳥鏡、禽獣文鏡、狩猎文鏡）、山字鏡類も、引き続き流行するが、前五類の出土量は少なくなり、すでに主体的地位を占めていない。蟠螭文鏡類、連弧文鏡類は、第Ⅱ期とくらべ大幅に増加し、文様にも新しい変化がみられる。蟠螭文鏡類の地文はかなりあいまいになり、四葉蟠螭鏡、蟠螭菱文鏡が新たに出現する。連弧文鏡類の中には精緻な三層構造の文様をもつ雲雷文地の蟠螭連弧文鏡が新たに出現する。

3　怪異で奇巧な造形と文様

春秋戦国時代の歴史を振り返るとき、中国の青銅芸術が衰微する中にあって、春秋戦国鏡が絢爛多彩な文様と、精緻軽巧な形態で、当時の青銅工芸の高峰に達したことはまさに驚くべきことである。この時期の銅鏡は数量も多く、種類も豊富である。それ以前、斉家文化期から西周末期までの銅鏡の出土例は総数三〇面にも達していない。それに対し、春秋戦国時代(とくに戦国時代)になると、すでに一〇〇〇面を上回っているのである。また数が多いだけでなく、種類も豊富で、少なくとも数十種ある。本書では一三鏡類三三型式に分け、『湖南鏡』では一一類四〇数種に分けている。もし、我々が、文様の差でさらに細分していけば、その種類はさらに多くなり、繁雑になりすぎるだろう。

この時期の銅鏡の多くは円形で、方形のものが少数みられる。鏡背には鈕と鈕座がある。鏡面は平坦で、縁部は平縁あるいは匕縁である。鈕の形には弓形鈕、半環鈕、中空の鈕、稜鈕などがある。前二者は主として春秋時代晩期・戦国時代早期に現れ、中空の鈕は戦国時代中・晩期にみられる。この三者の鈕は少ない。春秋戦国時代を通じて普通にみられるものは稜鈕である。その特徴は中央部が狭く、両端の付け根はやや広くなっている。上面には一条から四条の凸線の稜が弓をならべたように走る。三稜鈕がもっとも多い。殷代・西周代の銅鏡には鈕座はない。

春秋戦国時代では、全素鏡、饕餮文鏡、多鈕鏡など少数が鈕座を欠くほかは、皆鈕座がある。春秋時代晩期から戦国時代早期にかけては、小形の円圏鈕座、凹面帯がめぐる円圏鈕座、凹面帯で囲む方格鈕座、二重に凹面帯がめぐる円圏鈕座、二重に凹面帯で囲む方格鈕座がある。戦国時代中・晩期にはこれらに加えて、数重に圏線をめぐらす鈕座、透彫りの円形鈕座が現われ、戦国時代末期には少数にではあるが八個の連弧文をめぐらす連弧文鈕座も現れる。

また、春秋戦国時代の銅鏡の縁部は、無文の平縁もあるが、大多数は無文の匕縁(低いものと高いものとがある)で、幅にも広狭がある。さらに戦国時代晩期には、内向きの連弧文縁が出現する。

鏡体は薄くて軽い。春秋時代晩期から戦国時代早期では、東北地方の多鈕鏡類が厚さ〇・三—一センチであるのを除いて、多くが〇・一—〇・二センチ前後である。重量は面径一〇センチ以下の小形品では一〇〇グラム以下、面径一一—一四センチの中形品では一〇〇—二〇〇グラム、面径一五—二〇センチの大形品では三〇〇—四〇〇グラムをはかる。この種の薄くて軽い鏡はとくに戦国時代晩期に流行する。一方で、戦国時代中・晩期には大形で身の厚い鏡もみられる。たとえば、『巌窟蔵鏡』一集二七記載の雲雷文地連弧文鏡は面径二三・七センチ、重さ七七〇グラム、一集九四記載の寛弦文素鏡（重輪素地鏡）は面径二二・六センチ、重さ七五〇グラムをはかる。『巌窟蔵鏡』補遺一四記載の六山鏡は面径二三・一センチ、重さ一五四〇グラムに達する。

文様の題材と表現手法は多岐にわたり、主文と地文とが組み合わさって、調和がとれている。鏡の題材とされる文様は豊富・多彩で、幾何図文（雲雷文、鉤連雷文、山字文、菱形文、絡縄文）、植物文（葉文、花弁文、花文）、動物文（饕餮文、羽状文、獣文、鳳鳥文、蟠螭文）、人物図像（狩猟文）などがある。文様表現の技法も多様化し、浅浮彫り、高浮彫り、透彫り、金銀錯、象嵌、彩絵などがある。浅浮彫りが一般的にみられるが、平板な印象を与えることはない。図案文様の多くが、地文によって主題文様をひきたてる手法を採用している。細線の地文と太線の主文とが組み合わさり趣きのあるものとなり、全体として完成され調和のとれたものになっている。地文と主文との組み合わせによる文様は、春秋時代晩期ないし戦国時代初頭にすでに出現しており、戦国時代中期に盛行する。この手法は戦国鏡を他の時代の銅鏡と区別する主要な特徴のひとつである。戦国時代晩期になると、雲雷文地蟠螭連弧文鏡など一部の銅鏡には三層に文様を重ねる構成が採用される。各層ははっきりしており、主題文様を浮き立たせている。一方では、春秋時代晩期・戦国時代初頭に流行した純地文鏡類のように、一種あるいは多種の文様を、単層かつ緻密に配置しているものもある。

春秋戦国鏡の文様構成には双圏式、対称式、環繞式の三種がよくみられる。双圏式は鏡背の中央に一圏の素文帯があり、文様を内外二圏に分けている。このようなものに山西省長治出土の双圏獣文鏡、河北省邯鄲百家村出土の渦粒状羽状地文鏡がある。対称式の鏡背図案は、饕餮文鏡や双龍文をもつ禽獣透文鏡などのように、対称的にふたつの部分に分けられている。また鏡背の主文が四等分され、上下、左右が対称になっているものもある。四山鏡、四葉鏡、連貫式菱文鏡な

表1　戦国鏡の金属成分

本書の名称	原著名称	銅(%)	錫(%)	鉛(%)
?	?	71.74	19.623	2.69
?	?	66.33	21.992	3.363
鳳鳥鏡	細文地四鳳鏡	71.19	7.90	16.88
獣文鏡	細文地夔龍文双帯鏡	57.23	20.51	0.45
?	細文地虺龍鏡	61.57	20.88	1.38
四山鏡	羽状変様獣文地丁字鏡	70.59	26.88	0.79
葉文鏡	細文地四葉鏡	74.84	20.80	1.94
四葉蟠螭鏡	禽獣文鏡	56.64	22.95	6.42
蟠螭鏡	蟠螭鏡	66.65	20.67	10.04
蟠螭鏡	重圏蟠螭鏡	68.87	21.64	6.82

どがこれに含まれる。環繞式の配置は主題文様が連なるように鈕を中心に配列されている。五山鏡、六山鏡、獣文鏡、蟠螭文鏡類などがある。

楚はおそらく戦国時代における重要な鋳鏡の中心地であったろう。発掘資料によれば、解放後、湖南省長沙地区で発掘された楚墓は二〇〇〇基近くあり、出土した銅鏡は四七〇余面に達する。つまり約四分の一の楚墓から発見されているといえる。その他の地域での銅鏡の出土数は、たいへん少ない。河南省鄭州二里崗で発掘された二一二基の戦国墓から二面、陝西省西安半坡の一一二基の戦国墓からは五面、河南省洛陽焼溝の五九基の戦国墓から一面、また河北省邯鄲百家村でも四九基の戦国墓からわずかに一面、そして湖北省江陵雨台山で発掘された五〇〇余基の戦国墓から九面が出土しているにすぎない。[82] このような地方差は湖南地区が、当時、鋳鏡業がもっとも発達した地区であった可能性を示している。それとも他の地方の鋳鏡業も発達していたが、風俗習慣の違いから、副葬品として用いられなかったのであろうか。

前述したように、戦国鏡の大きな特徴は薄くて軽いことである。このような薄い鏡の背面に細密で精美な文様を表現するには、高度な鋳鏡技術が必要である。梁上椿は『古代鋳鏡技術之研討』の中で、荒木宏がかつて一〇〇回近い実験を行ったが、戦国時代、秦代、漢代の古鏡とまったく同じ物を再現できず、とくに戦国鏡の模倣が難しかったという事例をあげている。[16] これは当時、戦国鏡の鋳造技術が十分に理解されていなかったことと密接に関係している。だからこそ戦国鏡の鋳造技術の研究も、中国の古代冶金技術の完成度を考える上で、重要な分野のひとつなのである。本書では、国内外の研究成果から、戦国鏡の金属成分についてみておきたい。

『考工記』に「金有六斉……金錫半、謂之鑑燧之斉」〔金に六斉あり……金錫半ばするに、之を鑑燧の斉と謂う。〕とあるが、これは本当なのだろうか。表1に中国内外で行われた化学分析の結果を挙げておく。

表1の一〇面のうち、上から二面は湖南省楚墓出土のもの（『湖南鏡』五ページ参照）、残り八面は日本に流出した戦国鏡である。[17] これらの銅と錫の比率は、ほとんどが三対一であり、『考工記』

の「金錫半」（一対一）とは大きく異なる。また、これらの数値は、戦国の銅・錫・鉛の比率が一定していなかったことを示している。とくに鉛の含有量の差は著しく、最高が一六・九パーセント、最低が〇・五パーセントである。

戦国鏡は中国鏡の発展史上で重要な位置を占めている。それは、あらゆる点で、中国鏡の輝かしい発展の基礎と、基本的な特徴がこの時代に確立されたからである。

5001

東洋史アジ

客注

客注専用短冊

冊数 1冊

図説中国古代銅鏡史

海鳥社

孔祥星

復刻

ISBN978-4-87415-334-5／中国書店
187280300009X
C3020 ¥8000E
9784874153345
B1021119762B

本体 8000円

受注No.119762
受注日25年10月21日

2001134

*

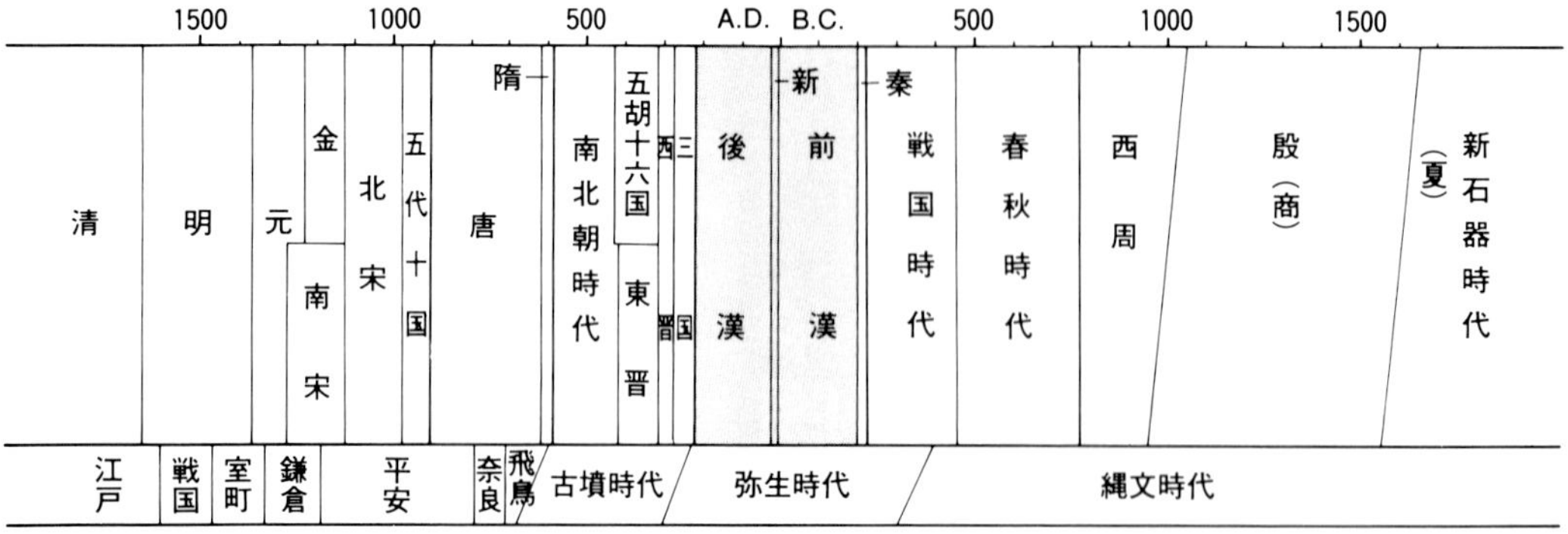

多民族の中国が統一された漢代は封建国家として勢いの盛んな時代であり、封建経済は空前の繁栄の様相を呈した。農業生産の発展、鉄器の広汎な利用にともない、手工業生産の規模と水準はきわめて大きな発展と高揚を遂げ、金属器の鋳造技術はますます進歩し続けた。銅鏡は漢代の青銅器の中でもっとも多い製品である。漢代は多くの青銅製日用品が次第に漆器と陶瓷器に取ってかわられる時期にあたるが、その一方で、銅鏡は著しい発展を遂げたのであった。

1　漢代銅鏡の分類

新中国の建国以後、漢代の考古学的調査は偉大な成果をおさめた。墓葬の一項だけをとりあげても、概算で二、三万基が発見され、正式な発掘調査と整理が行われたものは数千余基にのぼる[1]。その中のかなりの発掘報告では系統的に墓葬を時期区分し、編年を試みている。発掘調査を担当した研究者は、両漢代墓の時期を陝西省西安では四期、河南省では六期、湖南省長沙では四期に、それぞれ時期区分している。このほか、広東省広州市の前漢墓を三期、後漢墓を二期に時期区分している[2]。

河南地区は『洛陽焼溝漢墓』[3]（以下『焼溝漢墓』と略称する）を例にとれば、この六期の墓葬の時期区分と暦年代を以下のように考えている。

第一期・第二期―前漢中期およびそれよりやや新しい時期
第三期前期―――前漢晩期
第三期後期―――王莽およびそれよりやや新しい時期
第四期―――――後漢早期
第五期―――――後漢中期
第六期―――――後漢晩期

広州地区では広州漢墓の編年を基準として五期に分けられている。[4]

前漢前期――第一段落＝秦始皇帝二十八年（紀元前二一九）から前漢代文帝（紀元前一八〇―一五七）と景帝の間（紀元前一五七―一四一）

第二段階＝文帝と景帝の間から武帝の元鼎六年（紀元前一一一）まで

前漢中期――武帝の元封元年（紀元前一一〇）から元帝（紀元前四九―三三）と成帝（紀元前三三―七）の間

前漢後期――元帝と成帝の間から後漢劉秀の建武初年（紀元二五）まで

後漢前期――建武初年から章帝の建初年間（紀元七六―八四）の前まで

後漢後期――建初年間を境として後漢末年（紀元二二〇）まで

漢墓の編年の確立は、漢代銅鏡の分類、形制の変化と時間的位置付けを考える上で、信頼にたる基準を提供してくれた。[5] 反面、漢代銅鏡は漢墓の時期を判断する基準のひとつであり、これは他の時代の銅鏡には例をみない。漢墓の発掘は多く、発表資料は豊富であるので、他の時代の銅鏡とくらべ漢代銅鏡の研究も著しい展開をみせている。

漢代には、前代より引き続き用いられた戦国鏡を除き、盛行した銅鏡として以下の一五の鏡類がある。

（1）蟠螭文鏡類　纏繞式蟠螭文鏡・間隔式蟠螭文鏡・規矩蟠螭文鏡

（2）蟠虺文鏡類　方格四虺文鏡・連弧蟠虺文鏡

（3）草葉文鏡類　四乳草葉文鏡・四乳花弁草葉文鏡・規矩草葉文鏡

（4）星雲鏡類

（5）連弧文銘文鏡類　日光連弧文鏡・昭明連弧文鏡・清白連弧文鏡・銅華連弧文鏡・日有熹連弧文鏡

（6）重圏銘文鏡類　日光重圏鏡・昭明重圏鏡・宜佳人重圏鏡

（7）四乳禽獣文鏡類　四乳四虺鏡・四乳禽獣文鏡・四乳四神鏡

写43　纏繞式蟠螭文鏡　湖南省長沙市五里牌馬王堆１号漢墓出土（面径19.5cm）

写44　纏繞式蟠螭文鏡
河北省満城県竇綰墓出土（面径25.4cm）

（8）規矩文鏡類　四神規矩鏡・鳥獣文規矩鏡・幾何文規矩鏡・簡化規矩鏡
（9）多乳禽獣文鏡類　多乳四神禽獣文鏡・多乳禽鳥文鏡・多乳禽獣文鏡
（10）連弧文鏡類　雲雷連弧文鏡・長宜子孫連弧文鏡・素連弧文鏡
（11）変形四葉文鏡類　変形四葉獣首鏡・変形四葉夔文鏡・変形四葉八鳳文鏡
（12）神獣鏡類　重列式神獣鏡・環繞式神獣鏡
（13）画像鏡類　歴史人物画像鏡・神人車馬画像鏡・神人禽獣画像鏡・四神禽鳥画像鏡
（14）夔鳳（双夔）文鏡類　直行銘文双夔（鳳）文鏡・双頭龍鳳文鏡
（15）龍虎文鏡類　龍虎対峙鏡・盤龍鏡

（1）蟠螭文鏡類

円形を呈し、稜鈕あるいは獣鈕と、蟠螭文鈕座あるいは無文の円圏鈕座をもつ。文様は主文と地文から構成される。多くの場合、主文は三個あるいは四個の蟠螭文からなり、地文は雲雷文である。鈕座の外側に数重の同心円圏帯をめぐらすものと、方格で囲むものとがある。幅の狭い内圏帯の中に銘文を配するものが少なくなく、無文の匕面のものもある。外圏は蟠螭文を配する。主文の表現手法は多くが双線式、または三線式である。無文の縁部をもつ。戦国時代に流行した蟠螭文鏡の特徴を多く留めているが、一方で新しい形式と手法が登場してくる。主要な特徴は、双線式あるいは三線式の主文の表現手法、内圏帯に銘文を配置する構図にある。纏繞式蟠螭文鏡、間隔式蟠螭文鏡、規矩蟠螭文鏡に分けることができる。

纏繞式蟠螭文鏡　稜鈕と、無文の円圏鈕座をもつ。鈕座をめぐる圏帯は無文の匕面である。主文は三個あるいは四個の相互にまつわりつく蟠螭文である。蟠螭の体軀の上を幅広の圏帯が横断し、その圏帯上に四個の小乳あるいは四枚の葉文を飾るものもみられる〔図20―1～4、写43・44〕。

写45　間隔式蟠螭文鏡
湖南省長沙市子弾庫41号墓出土（面径18cm）

間隔式蟠螭文鏡　稜鈕と、蟠螭文で飾る鈕座をもつ。鈕座の外側は一般に銘帯である。外区には双線式と三線式の蟠螭文を配する。ごく少数は縁部の内側に銘帯を一周させる。蟠螭文の間には四枚の草葉文を配することが多い〔図20―5、写45〕。銘文の結句には一個あるいは二個の魚文がよく配されている。よくみられる銘文には次のようなものがある。

1　「大楽貴富　千秋万歳　宜酒食（魚文）」〔大いに貴富なるを楽しみ、千秋万歳、宜しく酒食すべし。〕

2　「大楽貴富　得所好　千秋万歳　宜酒食（魚文）」〔大いに貴富なるを楽しみ、所、好きを得て、千秋万歳、宜しく酒食すべし。〕

3　「大楽未央　長相思　願毋相忘（魚文）」〔大いに楽しみ、未だ央《つ》きず、長く相思い、願わくは相忘るなからんことを。〕

4　「脩相思　煩毋相忘　大楽未央」（双魚文）〔修めるを相思い、わずらわしさを相忘れることなく、大いに楽しみ、未だ央きず。〕

5　「内請（清）質以昭明　光輝象夫日月　心忽（内圏帯銘）」〔内は請（清）質にして以て昭明なり、光輝は日月に象たり、心は忽ち……。〕

「揚而願忠　然壅塞而不泄　懐靡美之窮嘻　外承驩之可説　慕窈窕之霊泉　願永思而毋絶（外圏帯銘）」〔揚りて忠を願う、[6]然れども壅塞して泄らず、靡美の窮嘻を懐い、承驩の説ぶべきを外にし、窈窕なる霊泉を慕う、願わくは、永えに思いて絶ゆるなからんことを。〕

この中で最初の銘文がよく用いられている。

規矩蟠螭文鏡　円形を呈し、稜鈕と蟠螭文の鈕座をもつ。鈕座の外側を双線式の方格で囲み、方格内に銘文を配する。方格の各辺中央から外に向って双線のT字形がのび、それに対置して双線のL字形を配する。また方格の四角に対置して双線のV字形を置く。この三種の字形を中国の研究者は一般に規矩文と呼んでいる。方格と規矩文は、鏡の背面を整然と四大区あるいは八小区に区画し、その間に主題文様の蟠螭文を配置する。蟠螭文も双線式と三線式のものがある。銘文

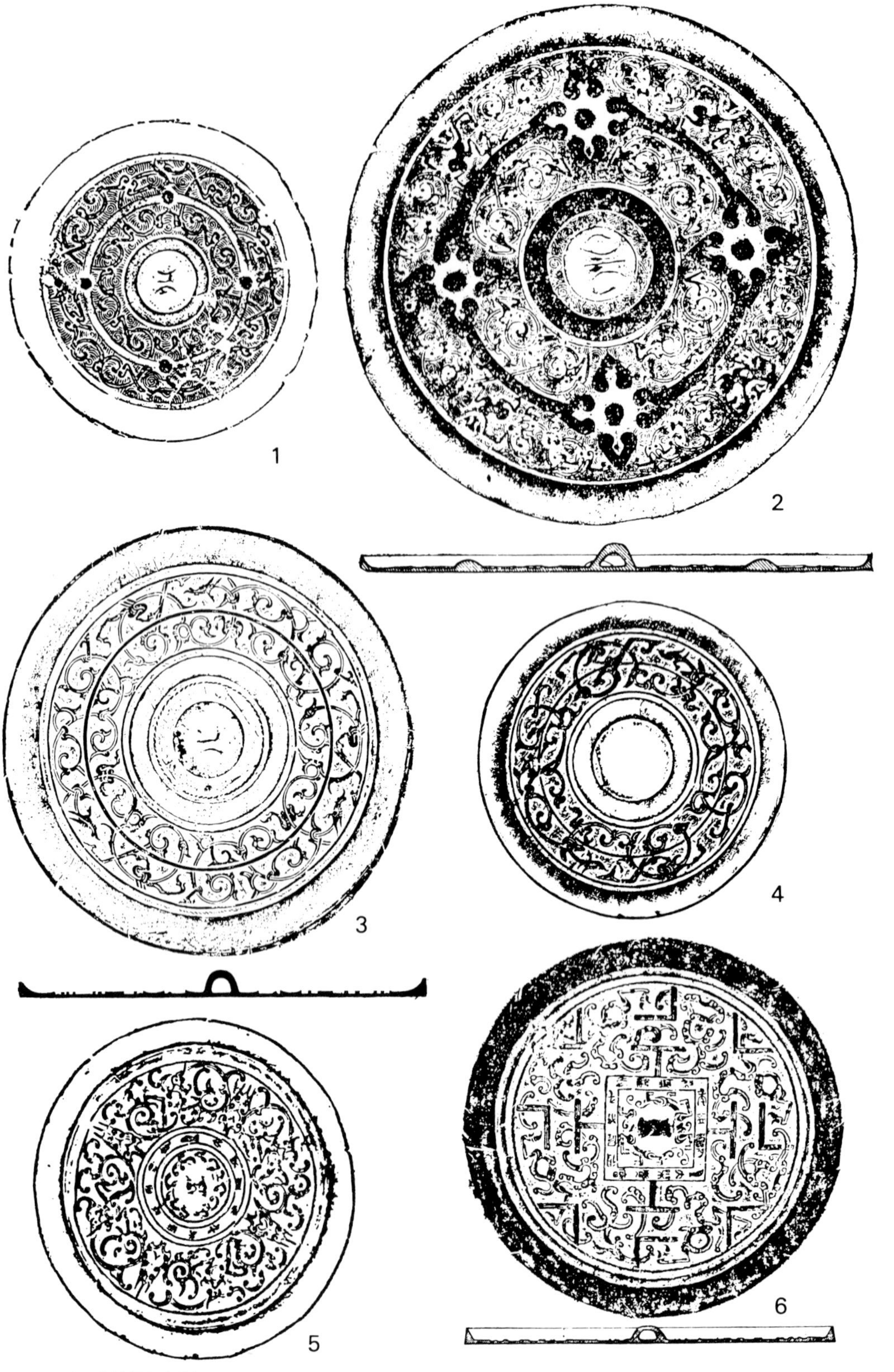

図20　漢蟠螭文鏡類(1/3大)

1＝纏繞式蟠螭文鏡　広東省広州市三元里広州1010号漢墓(面径14.6cm)／2＝同前　河北省満城県竇綰墓(面径24.5cm)／3＝同前　湖南省長沙市馬王堆1号漢墓(面径19.5cm)／4＝同前　四川省成都市羊子山(面径14.7cm)／5＝間隔式蟠螭文鏡　湖南省長沙市紙園冲14号墓(面径不詳，他例からみて約14cm)／6＝規矩蟠螭文鏡　河北省満城県竇綰墓(面径18.4cm)

写46　規矩蟠螭文鏡
河北省満城県竇綰墓出土（面径18.4cm）

写47　方格四虺文鏡
広東省広州市先烈路広州1174号漢墓出土（面径8.8cm）

は多く、

「大楽貴富　得所好（あるいは得長孫）　千秋万歳　延年益寿」〔大いに貴富を楽しみ、所、好きを得、（あるいは長孫を得）、千秋万歳、年を延ばし、益々寿なり〕

である〔図20—6、写46〕。

蟠螭文の流行の年代については前章ですでにふれた。発掘資料は前漢前期にも依然として流行していることを証明している。『長沙馬王堆一号漢墓』[7]の報告によれば、蟠螭文鏡は五個の小形の盒をいれた奩の中に納められ、鈕には二条の濃赤色の絹紐が結ばれていた。二号墓と三号墓[8]の年代は、墓の被葬者が没した前漢の文帝十二年（紀元前一六八）の数年後と推測される。また『満城漢墓発掘報告』[9]によれば、一号墓から蟠螭文鏡二面が出土している。一面は蟠螭文の体軀を四個の小乳と四枚の草葉文をもつ幅広の圏帯が両断する纏繞式蟠螭文鏡である。他の一面は規矩蟠螭文鏡である。被葬者の中山国靖王の妻竇綰は武帝の太初元年（紀元前一〇四）より前に葬られたらしい。このほかに湖南省長沙、湖北省光化・江陵、江蘇省揚州、広東省広州、浙江省紹興などの前漢墓からも出土している。

（2）蟠虺文鏡類

円形を呈し、三稜鈕座をもつ。鈕座の周りには円圏帯あるいは方格が配される。方格の枠内に銘文を配するものもある。地文には基本的に二種類ある。ひとつは円形の渦文地、他のひとつは線条文地であり、いずれも比較的粗雑である。主文は蟠虺文であり、四虺のものが多い。いわゆる蟠虺文は、蟠螭文と類似しているが、図案は簡素化され、比較的鮮明な文様である。方格四虺文鏡、連弧蟠虺文鏡が多い。

方格四虺文鏡　円形を呈し、三重にめぐる円圏鈕座をもつ。円形の渦文地で、鈕座の外側を方格で飾る。方格内に銘文を配置するものがある。方格の四角または四辺中央の外側に小乳文を各一個配する。四角に草葉文を飾るものもある。四虺は方格の上下左右に配置される。多くの場合、

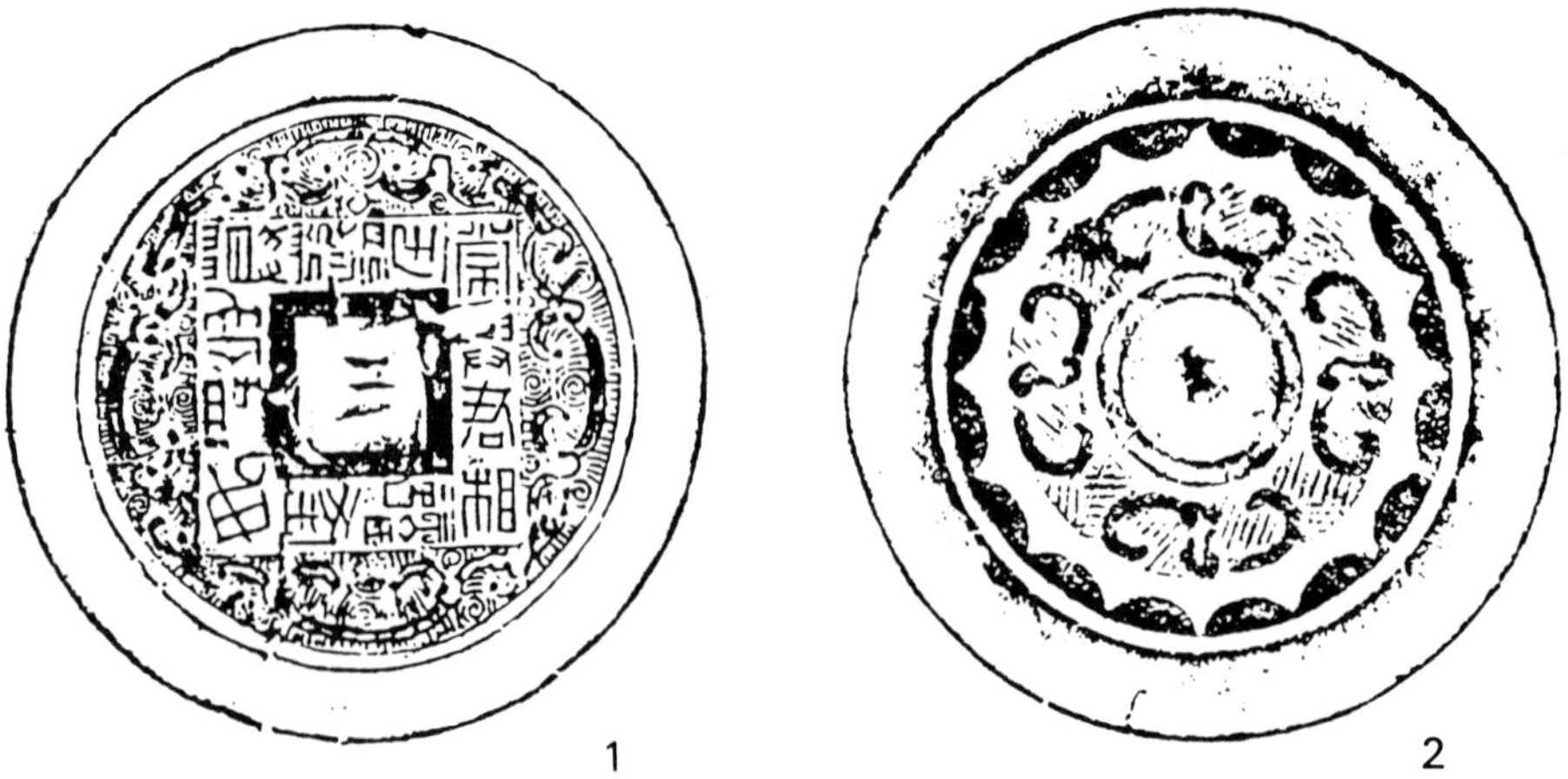

1　　2

図21　漢蟠虺文鏡類(2/3大)　1＝方格四虺文鏡　広東省広州市先烈路広州1174号漢墓(面径8.8cm)
2＝連弧蟠虺文鏡　河南省新安県鉄門鎮37号漢墓(面径9.0cm)

虺文の体軀はC字形へ変化する傾向が顕著にみられる。幅広の無文の縁部をもつ。銘文には次の例がある〔図21―1、写47〕。

1　「常相思　毋相忘　常貴富　楽未央」〔常に相思い、相忘るることなかれ、常に貴富あり、楽しみ未だ央きず。〕

2　「常與君　相讙幸　毋相忘　莫遠望」〔常に君とあり、相幸いを讙び、相忘るることなかれ、遠くを望むことなかれ。〕

3　「見日之光　所見必当」〔日の光あらわれれば、見る所必ず当る。〕

連弧蟠虺文鏡　円形を呈し、三稜鈕をもち、鈕の周りには二重あるいは数重の圏線がめぐる。地文を平行線条文で描くが、葉脈文につくるもの、対置式につくるもの、数組の平行線条文を交互に直交させるものなど、がある。[10] 主文は簡素で、C字形とS字形の二種に分けることができる。前者はC字形を裏返しにして囲繞させ連環させる。後者は普通間隔を置いて配する。虺文間に四個の小乳文を飾るものもある。主文と縁部の間を内向きの連弧文圏で飾る。それはこの種の鏡の顕著な特徴のひとつでもある（当然、連弧文をもたないものもあるが、本書では細分していない）。無文で幅広の低い匕縁をもつ〔図21―2、写48〕。

この鏡類は、『広州漢墓』によれば前漢前期の墓葬から、『洛陽出土古鏡』[11]〔以下『洛陽鏡』と略称する〕によれば前漢初期あるいは中期の墓葬から出土している。このほかに湖北省宜昌・江蘇省揚州、湖南省長沙、四川省成都の前漢墓でも出土例が知られている。

(3) 草葉文鏡類

半球式の円鈕で四葉文鈕座のものと、稜鈕あるいは伏螭鈕で鈕座のないものとがある。鈕あるいは鈕座の外側を一般に大形の方格銘帯がとり囲むが、方格のみで銘帯を欠くものもある。銘文は字数の多少はあっても、方格の四辺に均等に配される。方格の外側には草葉文が配置される。縁部は内向きの連弧文で、一六弧のものがもっとも多い。その構成と文様から四乳草葉文鏡、四

写48　連弧蟠虺文鏡
河南省洛陽市29工区345号漢墓出土(面径9.2cm)

写49　四乳草葉文鏡
陝西省西安市紅慶村64号漢墓出土(面径13.8cm)

乳花弁草葉文鏡、規矩草葉文鏡に分けられる。

四乳草葉文鏡　大形の方格銘帯の角から一組の葉文がのび、縁部との間を四区画に分けている。各区画は一個の小乳を中心として、その左右におのおの対称的に麦穂状の草葉文が配される。四区画で合計四乳八組の草葉文をもつ。これが通常草葉文鏡と呼ばれる文様とその構成である。装飾は華やかで美しく、配列は整然としており、調和のよくとれた様式をそなえている〔図22—1、写49〕。

四乳花弁草葉文鏡　鏡背の分区と構成の基準は四乳草葉文鏡と同じである。しかし小乳を中心として外側に三角形の葉弁四枚をめぐらすことから、全体として小乳を花芯とする一房の図案化された花弁をつくる。つまり鏡背には四房の花弁が方格の四方に配される〔図22—2・3、写50〕。

規矩草葉文鏡　方格の四辺の中央から外に向かって双線のT字形をのばし、双線のL字形と対置させる。方格の四角と双線のV字形とが向かいあう。規矩文の間には麦穂状の草葉文が配置されている〔図22—4〕。

草葉文鏡類の銘文は簡単明瞭で、大雑把に数えても二〇余種ある。

1　「見日之光　天下大明」〔日の光あらわれれば、天下大いに明らかなり。〕
2　「見日之光　長毋相忘」〔日の光あらわれれば、長く相忘るることなかれ。〕
3　「見日之光　長楽未央」〔日の光あらわれれば、長く楽しみ、未だ央きず。〕
4　「見日之光　天下大明　服者君卿」〔日の光あらわれれば、天下大いに明らかなり。服するは君卿なり。〕
5　「見日之光　天下大陽」〔日の光あらわれれば、天下大いに陽なり。〕
6　「見日之光　天下大陽　所言必当」〔日の光あらわれれば、天下大いに陽にして、言う所必ず当る。〕
7　「見日之光　天下大陽　服者君卿　所言必当」〔日の光あらわれれば、天下大いに陽なり。服すること君卿なり、言う所必ず当る。〕

図22　漢草葉文鏡類(1/3大)
1＝四乳草葉文鏡　古鏡図録(面径約14.0cm)
2＝四乳花弁草葉文鏡　四川省成都市羊子山(面径16.0cm)
3＝　同前　河北省満城県満城1号漢墓(面径20.7cm)
4＝規矩草葉文鏡　四川省成都市羊子山(面径18.1cm)

8　「常貴富　楽未央　長相思　不(母)相忘」〔常に貴富あり、楽しみ未だ央きず、長く相思い、相忘るることなかれ。〕

9　「日有憙　宜酒食　長貴富　楽毋事」〔日に憙びあり、宜しく酒食すべし、長く貴富ありて、楽しみをこととするなかれ。〕

10　「君行卒　予志悲　久不見　侍前稀」〔君行きて卒す。予志を悲しむ。久しく見えず。前に侍すること稀なり。〕

11　「心思美人　毋忘大王」〔心に美人を思い、大王を忘るることなかれ。〕

12　「長毋相忘　長楽未央」〔長く相忘るることなかれ、長く楽しみ、未だ央きず。〕

13　「願長相思　久毋見忘」〔願くば、長く相思い、久しく見忘することなかれ。〕

14　「願毋相忘　長楽未央」〔願くば、相忘るることなかれ、長く楽しみ、

写50　四乳花弁草葉文鏡
四川省成都市羊子山出土（面径16cm）

未だ央きず。」
15 「與天相寿　與地相長」〔天と相寿び、地と相長らえよ。〕
16 「天上見長　心思君王」〔天上を見るに長く、心に君主を思う。〕
17 「天下大明……」〔天下、大いに明らかなり……。〕

右に引いた銘文はほとんど意味が同じであり、ただ若干の字句を増減、あるいは入れかえているだけである。さらに銅鏡を載せた諸書から六〇面近くの草葉文鏡類の銘文を検討したところ、前述の第1種の銘文がもっとも多く、第2・8・9の三種が続くことが認められる。『四川省出土銅鏡』[12]〔以下『四川鏡』と略称する〕には一〇面の草葉文鏡類が収録されているが、うち九面に銘文がある。その中の六面の銘文（前述の第3・11—14種）は他の地域では少ないものである。

草葉文鏡類は漢代に流行した主要な鏡のひとつであり、そのうち四乳草葉文鏡類が大多数を占める。この鏡類は河南省洛陽焼溝漢墓では第一期の墓葬から出土し、広州地区漢墓では前漢前・中期墓から出土している。『洛陽鏡』に載せられた草葉文鏡類には、時期が前漢初期に属するものが四面、中期のものが二面、王莽代のものが一面ある。『四川鏡』に発表されたこの鏡類は一〇面あり、いずれも前漢代に属している。

『満城漢墓発掘報告』によれば、一号墓から一面の草葉文鏡が出土している。半球式の円鈕で、四葉文鈕座をもち、鈕座の外側を二重の方格で囲む。二重の方格の間には銘文十六文字が配される。

「長富貴　〔楽〕無事　日有熹　常得所喜　宜酒食」〔長く富貴あり、（楽しみを）こととするなし。日に喜びあり、常に所喜びをえ、宜しく酒食すべし〕

方格の外側には四乳と草葉文が対称的に配列され、縁部は連弧文縁である。この鏡は前述の四乳草葉文鏡であり、銘文も草葉文鏡類に一般的に採用される銘文のひとつである。報告者にしたがえば一号墓の被葬者である中山靖王劉勝は前漢武帝の元鼎四年〔紀元前一一三〕に没しており、この鏡の使用された時期を決定する重要な根拠となっている。

写51　星雲鏡
江蘇省連雲港市海州区南門大隊侍其繇墓出土（面径不詳）

満城中山靖王劉勝の妻竇綰の墓（二号墓）の中から、一面の四乳獣文鏡が出土している。それは三稜鈕と、円圏鈕座をもつ。粗い渦文地で、主要文様は四乳四葉文と凹面圏帯で二区に分けられている。報告者がいう四乳四葉文は、前述した四乳花弁草葉文鏡中の四個の小乳と三角形状の葉弁が組み合わされ図案化された花弁のことである。竇綰は前漢武帝の太初元年（紀元前一〇四）以前に葬られている。

これらの資料により、草葉文鏡類は前漢前・中期に盛行したと考えられる。

発掘資料からみれば、中国各地で出土する草葉文鏡類は基本的には同じであるが、細かな違いもみられる。たとえば上述の『四川鏡』の一〇面の銘文は他の地域ではあまりみられない。また一〇面中七面が稜鈕あるいは伏螭鈕であり、二面は蝙蝠状の四葉文鈕座をもち、一面のみが半球式の円鈕と四葉文鈕座をもつ。これと河南省・山東省・安徽省などで出土する例が半球式の円鈕、四葉文鈕座を主要な形式とする点でも異なっている。これらの情況は時期差のほかに、地域差もあることを表しているといえよう。これらの差違の分析は各地における銅鏡の鋳造とその使用を考える上での手懸りとなる。

(4)　星雲鏡類

『博古図録』は百乳鑑・素乳鑑[13]と名付け、多くの著作がそのまま用いているが、星雲百乳鏡ともよばれる。[14]連峰式の鈕（博山爐式の鈕とも呼ばれる）で、円圏鈕座をもつ。鈕座の周りに多くは内向きの一六弧の連弧文を、その外側には星雲文帯をめぐらしている。いわゆる星雲文は座をもつ四乳を四方に配し、乳の間には小乳をならべ、それらを曲線でつなげるものである。ひとつの星雲文を構成する小乳の数は一定しておらず、少ない鏡で三個、多い鏡では一〇数個をもつ〔図23、写51〕。そこから五星式、六星式、多星式星雲鏡の呼称がある。[15]その形状が天文図象と似ていることから星雲の名がある。いわゆる星雲は、蟠螭文から次第に変化してつくり出されたもので、小乳は蟠螭の骨節が変化したものであり、雲文は蟠螭の体軀の化身であると考える研究者

1

2

図23　漢星雲鏡類
1＝四川省成都市羊子山（面径11.1cm，1/2大）
2＝四川省成都市東北郊28号墓（面径16.2cm，1/3大）

もいる。[16] 縁部を内向きの連弧文で飾る。

現在報告されている資料からみると、河南省・陝西省・江蘇省などの地で比較的多く発見され、湖南省・湖北省・四川省・北京市などの地がそれに次ぎ、河北省・山西省・山東省・安徽省・内蒙古自治区・遼寧省・広西壮族自治区・雲南省などの地でも発見されている。しかし、『広州漢墓』ではこの鏡類はみられない。

河南省洛陽焼溝漢墓の中で、星雲鏡を出土した墓葬はいずれも武帝と昭帝の五銖銭のみを伴出しており、この鏡類はほぼ武帝・昭帝の時期の鏡であることがわかる。『焼溝漢墓』では、第一期の墓から総数五面の銅鏡が出土しているが、その中の四面が星雲鏡である。したがって、焼溝漢墓の第一期を星雲鏡の盛行時期とみることができる。

『洛陽鏡』に載せられた六面の星雲鏡は、いずれも前漢中期の墓から出土している。

北京市大葆台の前漢木槨墓から、四乳間に七個の小乳が連結して星雲文を形成する鏡が一面出土した。この墓からは「廿四年五月丙辰丞」の毛彫りを施した漆器片が出土している。報告者はこれを燕王劉旦の在位二十四年、武帝の太始三年（紀元前九四）であろうと考えている。[1]

江蘇省揚州市邗江胡場五号漢墓でも星雲鏡一面が出土し、伴出の木簡には「卌七年十二月丙子朔辛卯」の紀年銘が記されていた。調査者は歴王劉胥四十七年、すなわち前漢宣帝の本始三年（紀元前七一）であると考えている。[2]

江蘇省揚州市邗江胡場一号漢墓から出土の星雲鏡は宣帝代の五銖銭と伴出した。[3]

江蘇省連雲港市海州の前漢霍賀墓から出土の星雲鏡は剪辺五銖銭を伴出しており、前漢晩期に属する。[4]

以上の資料から、星雲鏡は前漢中期の武・昭・宣帝の時代に主に盛行したことがわかる。

（5）連弧文銘文鏡類

ここでいう連弧文鏡は二類型に大別される。第一類の特徴は内区の連弧文帯と、外区の銘帯を

写52　日光連弧文鏡
陝西省西安市紅慶村11号墓出土（面径８cm）

あわせて主題文様を構成することである。第二類の特徴は、内区連弧文が鏡背の主題文様となることである。前者には日光連弧文鏡、昭明連弧文鏡、清白連弧文鏡、銅華連弧文鏡など、後者には素連弧文鏡、雲雷連弧文鏡、長宜子孫連弧文鏡などがあり、連弧文鏡類として後述する。

日光連弧文鏡　半球式の円鈕と、円圏鈕座をもつ。鈕座の外側を内向きの連弧文が一周する。連弧文は八弧のものが多い。鈕座と内区をめぐる連弧文の間には数本の短線で表わされた記号状の文様が配される。外区は銘帯であり、銘文間には「◎」あるいは「⊕」形の記号を挟む。無文で幅広の平縁である〔図24―1・2、写52〕。この種の鏡は面径が六―八センチの間にあり、一般的にやや小形である。現在、一般にいわれている日光鏡には、本鏡式のほかに、鈕座の外側の内向する連弧文を欠くものもある。しかし、その他の特徴は連弧文をもつ日光鏡と同様である。この種の日光鏡の数は比較的少なく、本書ではその特徴から重圏銘文鏡類に分類している。

日光連弧文鏡の銘文は二種に分けられる。

第一種　1　「見日之光　天下大明」
第二種　1　「見日之光　長不相忘」
　　　　2　「見日之光　長毋相忘」
　　　　3　「見日之光　長夫毋忘」

銘文の字体は細長く、篆書でも隷書でもなく、略字が非常に多い。この二種の銘文のうち第一種が多用されている。「洛陽西郊漢墓発掘報告」（以下、「洛西漢墓」と略称する）などから我々は六三面の日光鏡の統計をとってみたが、四八面の銘文が第一種であり、六面が第二種1であった[5]。日光連弧文鏡は漢鏡の中で出土数が多く、流布した範囲も広い鏡式のひとつである。中国の各地の省・市・自治区で発見されるが、河南省洛陽からの出土量がもっとも多い。「洛西漢墓」に載せられた一七五面の銅鏡の中で、日光鏡は三六面を占める（その中の多くが、日光連弧文鏡である）。『焼溝漢墓』に発表された一一八面の銅鏡中、日光鏡は二〇面を占める。出土銅鏡の総数の一五―二〇パーセントを占めている。

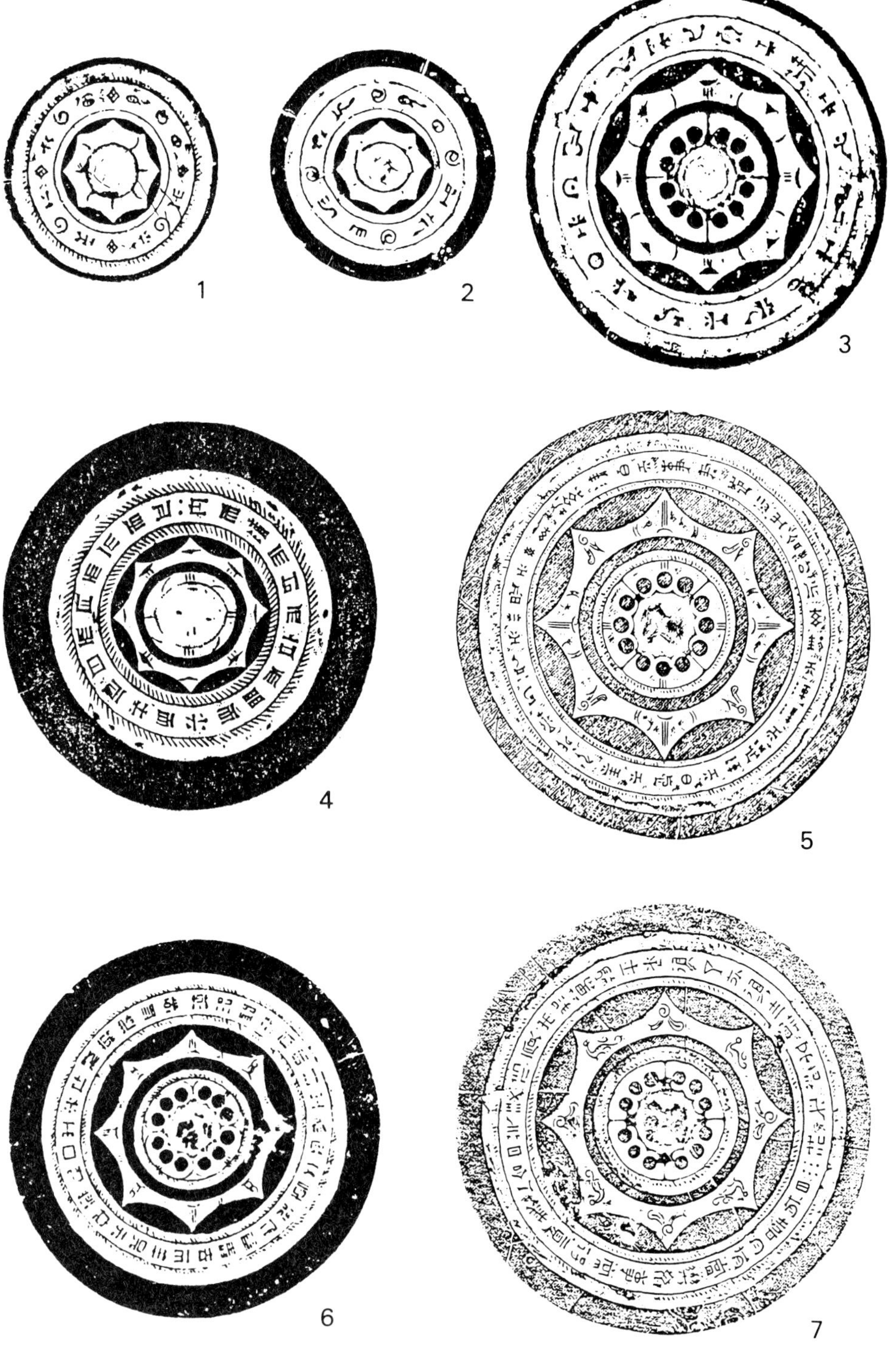

図24　漢連弧文銘文鏡類（1―4…1/2大，5―7…1/3大）
1＝日光連弧文鏡　河南省洛陽市焼溝7号漢墓(面径6.5cm)／2＝同前　四川省成都市羊子山(面径6.5cm)／3＝昭明連弧文鏡　河南省洛陽市焼溝136A号漢墓(面径10.6cm)／4＝同前　広東省広州市小港路広州3031号漢墓(面径10.6cm)／5＝清白連弧文鏡　日本・福岡県飯塚市立岩堀田35号甕棺墓(面径18.5cm)／6＝銅華連弧文鏡　小檀欒室鏡影(面径約16.2cm)／7＝日有熹連弧文鏡　日本・福岡県飯塚市立岩堀田10号甕棺墓(面径18.2cm)

写53　昭明連弧文鏡
陝西省西安市紅慶村出土（面径12.4cm）

『焼溝漢墓』によれば、日光鏡を出土した墓葬はすべて昭帝・宣帝以後の五銖銭を出土し、その時期は武帝から新の王莽代にいたる。『広州漢墓』によれば、前漢中・後期墓からおのおの一面の日光鏡が出土している。江蘇省の日光鏡を出土した数基の墓葬の時期は前漢晩期である。日光連弧文鏡は前漢の武帝以後王莽の時期にかけてもっとも盛行したことがわかる。

昭明連弧文鏡　半球式の円鈕と、円圏鈕座あるいは連珠文鈕座をもつ。鈕座の外側には内向する連弧文を一周めぐらせ、連弧文と鈕座の間には日光連弧文鏡と同様の線状、渦文状などの簡単な文様を配する。外区は銘帯からなる。銘文の書体の一部は日光連弧文鏡と同じであり〔図24―3、写53〕、一部の字体は角張ったゴチック体である〔図24―4〕。銘文には略字、誤字、当字が非常に多く、そのうえ字句を略することが多い。無文の平縁で、幅の広いものと狭いものとがある。書体がゴチック体のものの多くは幅の広い平縁である。鏡の面径は一般的に日光鏡より大きく、ほとんど八―一二センチの間にある。

昭明連弧文鏡の銘文の字句数は鏡の大きさによってきまり、常に脱字がみられ、時には明らかに意味が通じないことがある。しかし、総合的に言うと、脱字も一定の規範内にある。完全な銘文は、

「内清質以昭明　光輝象夫兮日月　心忽揚而願忠　然壅塞而不泄」〔内は清質にして以って昭明なり。光輝は夫の日月に象たり。心は忽ち揚りて忠を願う。然れども壅塞して泄さず。〕

であろう。

洛陽出土の昭明鏡の第一句は、基本的には「内清以昭明」であり、「質」の字を欠いている。第二句は「光象夫日月」で、「輝」と「兮」の字がない。第三句からは規範がくずれ、かなり多くの脱字減句がはじまる。たとえば、「内清以昭明　光象夫日月　心忽不泄」のようであり、はなはだしい例にいたっては「内清以昭明　光象夫日月　不」である。脱字減句はかなり便宜的なものである。当時、銘文に対する完璧さはさほど厳密には求められていなかったのであろう。

さらに、各字間に「而」の一字（「天」の字とも解釈されている）[17]を挟む。たとえば、

「内而青而以而昭而明而光而夫而日而月而」

のようである〔図24―4〕。「而」は文字数の不足を補うためであり、実際には意味をもたない。

昭明鏡は出土数がもっとも多く、流布の範囲ももっとも広い。「洛西漢墓」に発表された一七五面の銅鏡中、昭明連弧文鏡は四一面を数え、最多である。『焼溝漢墓』に載せられた一一八面の銅鏡中に昭明鏡は二四面あり、やはりもっとも多い。『広州漢墓』に発表された前漢中・晩期の二九面の銅鏡（その内二面は鏡式不明）の中で三面の重圏昭明鏡を除き、昭明鏡は計一四面、全体の二分の一を占める。

昭明連弧文鏡の盛行の時期については、北京市大葆台の武帝太始三年〔紀元前九四〕墓で、昭明鏡と星雲鏡とが伴出している。広州地区の漢墓では書体が日光連弧文鏡の細長い字体と同じ書体の鏡は、その盛行の時期も前漢中・後期にある。書体がゴチック体の昭明鏡は前漢後期に属し、この種の鏡が前者より遅れて出現することを示している。『焼溝漢墓』によれば、第二期墓から三面、第三期前期墓から一〇面、第三期後期墓から六面が出土している。その情況は前述した日光連弧文鏡と同様であり、武帝以後王莽代にいたる時期にあたる。昭明連弧文鏡は前漢中・後期に流行し、前漢後期に盛行すると考えられる。

清白連弧文鏡　半球式の円鈕と、連珠文鈕座あるいは円圏鈕座をもつなど、多くの点が昭明連弧文鏡と共通し〔図24―5〕、銘文は後述する重圏清白鏡の銘文と同様である。羅振玉の『古鏡図録』[18]、銭玷の『浣花拝石軒鏡銘集録』[19]は、いずれも外区にある四八文字の「清白」鏡銘を収録している。梁上椿はそれぞれの鏡を総合的に検討して、その完全な銘文を、

「絜清白而事君　惌陰驩之弇明　煥玄錫之流澤　恐疎遠而日忘　懐靡美之窮嗐　外承驩之可説　慕窔姚而霊泉　願永思而毋絶」

であると解釈した。一般的にいって出土した清白鏡は、前四句が比較的整っている。たとえば、第一句の多くは「絜清（精）而事君」あるいは「絜清白而事君」である。第二句には「之弇明」の三字があり、第三句はほとんど「玄錫之流澤」であり、第四句はほとんど「而日忘」である。

しかし、第五句から後は最後の「思毋絶」の三字を除き、その他の字句が任意に取捨されている。鏡銘の字句は銅鏡の大きさによって決定されたのである。

銅華連弧文鏡　つくりは清白連弧文鏡と同じ〔図24―6〕で、銘文の前三句

「湅冶銅華清而明　以之為鏡而宜文章　以延年而益寿去不祥」〔銅華を湅冶せり、清にして明らかなり。これをもって鏡を為《つく》り、文章を宜す。もって年を延べ、ますます寿《いのちなが》く不祥を去けん。〕

はほぼ一致している。第三句以後は、異なるものが多い。たとえば、

「見夫□□而日光」

「與天無極　如日之光　長未央」〔天と極りなし、日の光の如く、長く未だ央きず。〕

「長夫毋忘而日月光　千秋万歳」〔長く夫れ忘るることなかれ、而して日月の光を、千秋万歳。〕

「與天無極長未央」〔天と極りなし、長く未だ央きず。〕

である。

日有熹連弧文鏡　つくりは前二者の鏡と同様で〔図24―7〕、銘文は、

「日有熹　月有富　楽毋事　常得意　美人会　竽瑟侍　賈市程　萬物平」〔日に喜びあり、月に富あり。毋事《ぶじ》を楽しみ、常に意を得。美人会して、竽瑟侍す。賈市程々にして、万物平らかなり。〕

である。「程」を「利」と誤って考えた研究者もいる。「萬物平」の句の後にさらに「老復丁復生寧」の句が続く例や、「竽瑟侍」までの六句の例もある。

これらの三種の銘文をもつ連弧文鏡の面径は日光・昭明鏡より大形で、一般に一四センチ以上である。昭明鏡と同様に、銘文の字体がゴチック体のものもある。

それらの盛行した時代であるが、洛陽焼溝漢墓群では第三期後期墓から出土し、広州地区の漢墓では前漢中期墓から出土している。『陝西省出土銅鏡』によれば、この類の銅鏡は前漢中・晩期に属する。広西壮族自治区・湖南省・陝西省・江蘇省のいくつかの考古資料でも、前漢晩期墓に属するものが多い。つまり、これらの鏡式は前漢晩期に主に盛行したと考えられる。[20]

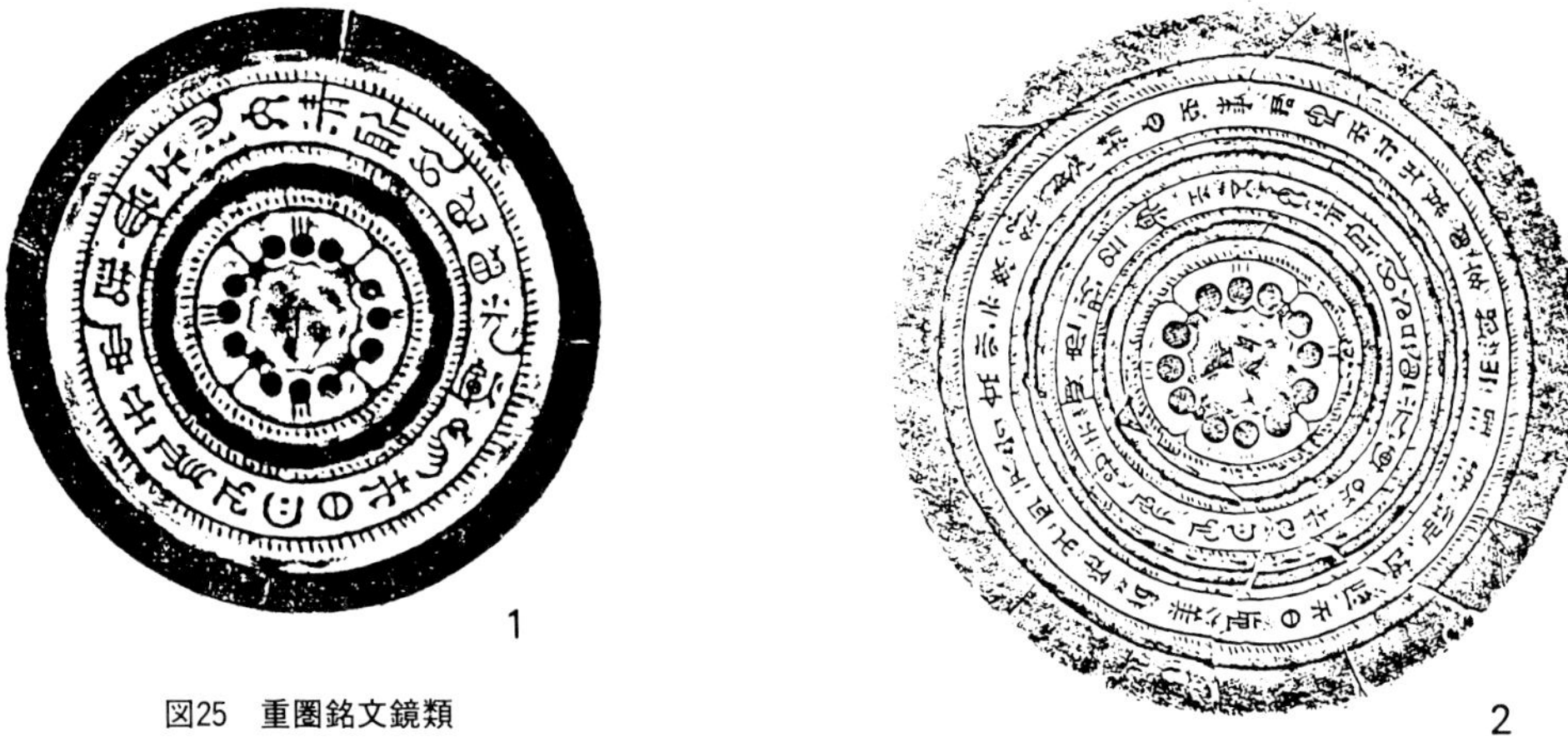

図25　重圏銘文鏡類
1＝昭明重圏鏡（単圏銘帯）　四川省成都市羊子山（面径10.2cm，1/2大）
2＝　同前　（双圏銘帯）　日本・福岡県飯塚市立岩堀田10号甕棺墓（面径17.8cm，1/3大）

（6）重圏銘文鏡類

半球式の円鈕と、一二個の珠文がならんだ連珠文の鈕座あるいは円圏鈕座をもつ。多くは無文で幅の広い平縁である。この鏡類の主要な特徴は、鈕座の外側を一条あるいは高さ・幅の等しい二条の圏帯がめぐり、鏡背を内・外両区に分けていることである。各区の構成の特徴から二類型に分けられる。

第一類型は内区が簡単な雲雷文、渦文あるいは幾何学文様であり、外区が銘帯である。

第二類型は内・外両区がいずれも銘帯、すなわち重圏銘文鏡と呼ばれるものである（図25―2、写54）。

当然、重圏鏡類に属するものにも、外区に雲雷文などの文様をもち、内区が銘帯である例もある。また、内区が一二個の珠文の連珠文円圏鈕座に置き換えられ、そのまわりに銘帯をめぐらし、単圏となっている例もある（図25―1）。しかし、いずれの構成であっても、その特徴は銘帯を主とすることである。つまり、この鏡類も前述の連弧文銘文鏡類と同様であり、銘文の内容によって細分することができる。

日光重圏鏡　銘文には「見日之光　長毋相忘」、「見日之光　天下大明（陽）」などがある。日光連弧文鏡の銘文とは反対に、「見日之光、長毋相忘」が多い。この鏡式は比較的小形で、半球式の円鈕、円圏鈕座をもつが、まれに連珠文および四葉文鈕座がみられる。

昭明重圏鏡　二種に分けることができ、第一種は単圏の「昭明」銘帯（図25―1）で、第二種は双圏の銘帯をもつ（図25―2、写54）。第二種の双圏銘帯の構成には一定の規範があり、主要な配列法は二通りある。ひとつは内区が「日光」銘で外区が「昭明」銘のもの、もうひとつは内区が「昭明」銘で外区が「清白」銘のものである。出土した昭明重圏鏡一五面のうち、「日光―昭明」銘の鏡に属するものが一一面ある。そのうち七面の「日光」銘は「見日之光　長毋相忘」である。「昭明―清白」銘は三面ある。昭明重圏鏡は、「日光―昭明」銘の組み合わせが多いと考えられる。加えて、「日光」銘は日光重圏鏡銘と同様に「見日之光　長毋相忘」が多い。これは偶

写54　重圏銘文鏡　五島美術館蔵（面径17.8cm）

然の一致ではなく、連弧文銘文鏡と重圏銘文鏡は銘文が同じであるにもかかわらず、どの銘文を主銘とするかは鏡類によって選択されている。前者では「見日之光　天下大明」を主銘としてもち、後者では「見日之光　長母相忘」が主銘とされる。第二種はほとんどすべて一二個の珠文の連珠文鈕座をもつ。

宜佳人重圏鏡　この型式の重圏銘文鏡は多くが雲雷文と組み合っている。内圏が銘文、外圏が雲雷文のものと、その逆のものがある。銘文は、

「清冶銅華以為鏡　照察衣服観容貌　絲組雑遝以為信　清光宜佳人」〔銅華を清冶して、もって鏡を為れり。衣服を照察し、容貌を観る。糸組雑遝し、もって信となす。清光佳人に宜からん。〕

である。半球式の円鈕と、一二個の珠文の連珠文鈕座をもつ。

重圏鏡には以上のほかに、さらにその他の銘文をもつものがみられる。単圏の銘帯のものには、たとえば「家常富貴」、「長楽未央」などがある。双圏の銘帯のものには、たとえば、

（内圏）「久不相見　長毋相忘」

（外圏）「常宜子孫兮日番昌　千秋万歳楽未央　宜吏□精明光兮□□」〔常に子孫に宜しく、日は繁昌、千秋万歳、楽しみ未だ央きず、宜しく……〕

などがある。他にも例はあるが、省略する。出土資料からみると、重圏銘文鏡類は銘帯を二重にめぐらす昭明重圏鏡がもっとも多く、日光重圏鏡がこれに次ぎ、そのほかは少ない。

日光鏡と昭明鏡は文様の配置・構成からみて、連弧文鏡と重圏鏡に分けられるが、鈕・鈕座・銘文および縁部のつくりの点では、いずれもが共通する鏡であると考えた。両者は使用される時期も同様である。『広州漢墓』に載せられた三面の昭明重圏鏡はすべて前漢中期に属する。『洛陽鏡』に載せられた二面の銅鏡はいずれも前漢中期から王莽代の墓葬から出土している。江蘇省揚州市邗江胡場五号漢墓出土の一面の重圏「久不相見」銘鏡は、前漢宣帝の本始四年（紀元前七〇）以前である。

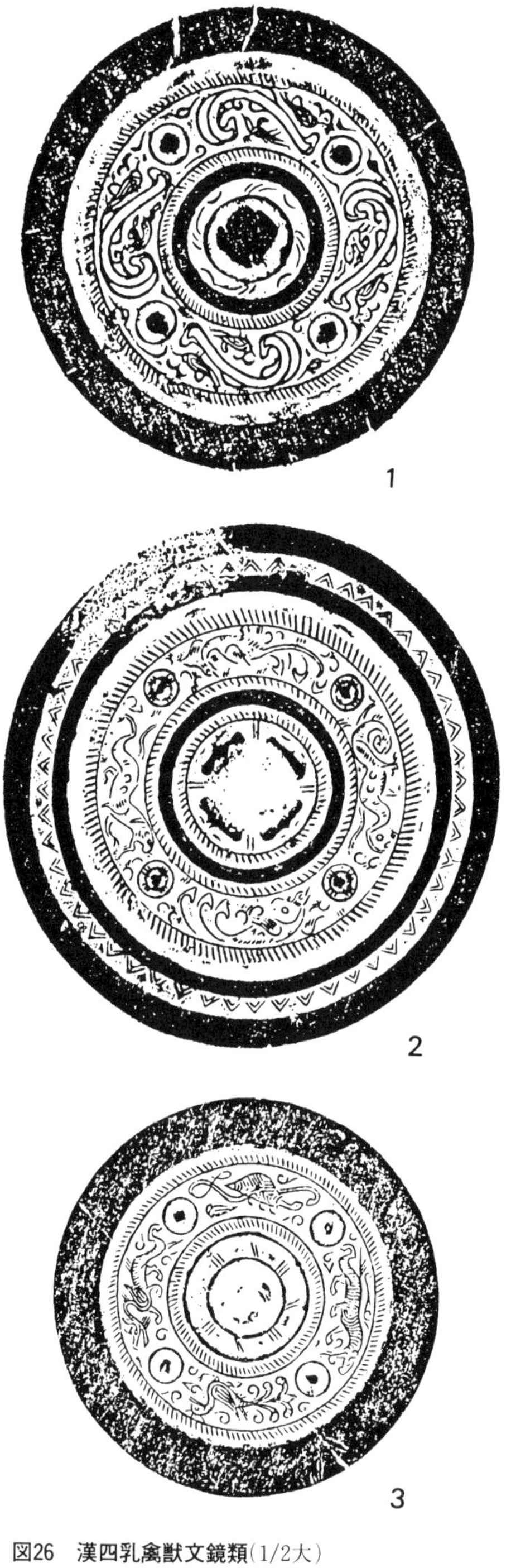

図26　漢四乳禽獣文鏡類(1/2大)
1＝四乳四虺鏡　河南省洛陽市焼溝38Ａ号漢墓（面径11.5cm）
2＝四乳禽獣文鏡　広東省広州市登峰路広州3029号漢墓(面径13.0cm)
3＝四乳四神鏡　広東省広州市先烈路広州4014号漢墓(面径10.1cm)

写55　四乳四虺鏡
河南省洛陽市焼溝82号漢墓出土(面径10.2cm)

（7）四乳禽獣文鏡類

『博古図録』は四乳鑑と呼び、多くの研究者がそれをそのまま用いている。この鏡類の主要な特徴は鈕座の外側の四乳間に螭（虺）、禽鳥、獣、四神などをめぐらすことである。無文の幅広の平縁をもつものと、三角鋸歯文を一周めぐらす縁部、あるいは二重以上に三角鋸歯文、波文をめぐらす縁部、および幅の狭い縁部をもつものとがある。両者のつくりにはわずかながら差違がみとめられるが、主題文様が比較的一致することを考慮して、ひとつの鏡類にまとめた。四乳間にめぐる文様の異同によって四乳四虺鏡、四乳禽獣文鏡、四乳四神鏡に分けることができる。

四乳四虺鏡　『広州漢墓』では四虺文鏡と呼び、『焼溝漢墓』では変形四螭文鏡と名付け、多くの研究者がその名称を用いている。また四螭鏡とも呼ばれている。半球式の円鈕と、円形鈕座のものがもっとも多く、ほかに四葉文鈕座、連珠文鈕座のものがある。鈕座の外側に四虺（螭）形文が配される。虺の腹背両面には様々の文様を配するが、それらは禽鳥が多く、四神の頭部、兎などの図文を配している鏡もある。いずれも無文で幅の広い平縁である〔図26―1、写55〕。

写56　四乳四神鏡
広東省広州市先烈路広州4014号漢墓出土（面径10.1cm）

四乳四虺鏡は各地域で出土している。「洛西漢墓」に収録された一七五面中の二二面、『焼溝漢墓』収録の一一八面中の一七面がこの鏡式である。その中には日光鏡、昭明鏡と伴出する例があり、その盛行期は同じであろう。ほかに二面の虎頭と兎を配するものがあるが、規矩鏡および後漢代の五銖銭と伴出している。広州漢墓では前漢後期および後漢前期の墓葬から出土している。前述した北京市大葆台の前漢武帝の太始三年の明確な紀年をもつ一号墓では、この鏡式と昭明鏡、星雲鏡が伴出し、その盛行期の判断に貴重な資料となっている。四乳四虺鏡は前漢の武帝代から後漢前期まで引き続き用いられたと考えられる。

四乳禽獣文鏡　四乳間に禽鳥または走獣を配したり、両者をともに配したりする。無文で幅広の縁部をもつ四乳八鳥鏡が比較的多くみられる。八鳥は二羽ずつ互いに向かい合うが、かなりデフォルメされている。無文で幅広の縁部をもつ四乳四獣鏡もあるが、四獣が双龍双虎ないしは同形の四虎である。そのほかに、三角鋸歯文縁をもち、四乳間に形状の異なる青龍・白虎・朱雀・禽鳥・走獣などの文様を配したものがある〔図26—2〕。『洛陽鏡』ではこの類の銅鏡は前漢晩期墓から出土し、広州地区では前漢晩期、後漢前期の墓葬から出土している。それらの盛行期は前漢晩期およびそれ以後であろう。

四乳四神鏡　四乳間に青龍・白虎・朱雀・玄武を配する。無文で幅広の縁部あるいは三角鋸歯文縁をもつ〔図26—3、写56〕。広州地区では後漢前期墓から出土している。

（8）規矩文鏡類

この鏡のもっとも主要な特徴は、鏡背文様中に前述の規矩蟠螭文鏡や規矩草葉文鏡にみられた規矩文の三つの記号をもつことである。多くの研究者はTLVと呼び、T「L形の記号と呼ぶ研究者もいる。これらの名称に反対する研究者もいる。[21] 現在では一般にこの三種の記号を合わせて規矩文と呼び、この類の銅鏡も規矩鏡と名付けている。規矩文鏡類はその文様内容により、四神規矩鏡、鳥獣文規矩鏡、幾何文規矩鏡、簡化規矩鏡に分けられる。

写57　四神規矩鏡
陝西省西安市賀家村1号墓出土(面径20.3cm)

四神規矩鏡　半球式の円鈕と、四葉文鈕座あるいは円形鈕座をもち、鈕座の外側に方格を配する。方格内に十二支銘を配するものもある。方格の各辺の中央から外方にT字形がのびてL字形と向かい合い、さらに方格の四角《すみ》とV字形とが向かい合う。つまり、規矩文によって内区は八区画に分けられる。青龍・白虎・朱雀・玄武の四神がそれぞれ一区画を占め、その他の四区画には鳥・獣・羽人などが配される。四神がTとL字形の間に配され、東西南北四方にうずくまる姿勢をとり、禽獣が空白部分に補塡される例もある。外区には銘帯がめぐる。縁部の文様はかなり複雑で、三角鋸歯文（重複歯状文）、水波雲文（双線波文）、流雲文（連続雲藻文）が主である。[22]主題文様と縁部装飾とが結び付き、端正で秀麗な画面をつくっている〔図27―1～3、写57〕。

　四神の中で、玄武の図像は主に亀と蛇の合体形であるが、少数ながら亀と蛇が分離したり、蛇のみで亀がいないものもある。

　四神規矩鏡の主要な銘文は「尚方」銘であり、基本的には次の二種がある。

　第一種「尚方御竟大毋傷　巧工刻之成文章　左龍右虎辟不祥　朱鳥玄武順陰陽　子孫備具居中央　長保二親楽富昌　寿敝金石如侯王兮」〔尚方鏡を御し、大にして傷なし。巧工これに刻して文章を成す。左龍右虎ありて不祥を避けん。朱鳥玄武ありて陰陽を順にせん。子孫備具して中央に居らん。長く二親を保ち楽しみて富昌ならん。寿《いのちなが》きこと金石の敝く、侯王に如《いた》らん。〕

　第二種「尚方作鏡真大好　上有仙人不知老　渇飲玉泉飢食棗　浮游天下敖四海　寿如金石為国保」〔尚方鏡を作れり。真にして大いに好し。上に仙人ありて老ゆるを知らず。渇けば玉泉を飲み、飢れば棗を食らう。天下を浮游し、四海に敖し。寿は金石の如く、国の保（宝）とならん。〕

　出土した四神規矩鏡の「尚方」銘は、第二種が大半を占めている。また伝世品などを含めてもやはり第二種の銘文が多い。銘文は前述の鏡類と同様に、脱字減句と改字・改詞がみられる。第二種の「尚方」銘は、全文が五句からなるが、三句、あるいはさらに数文字を加えたものが一般的である。第五句の後に「宜侯王」あるいは「宜官秩」をさらに加えることもあるが、これはきわめて特殊な例である。

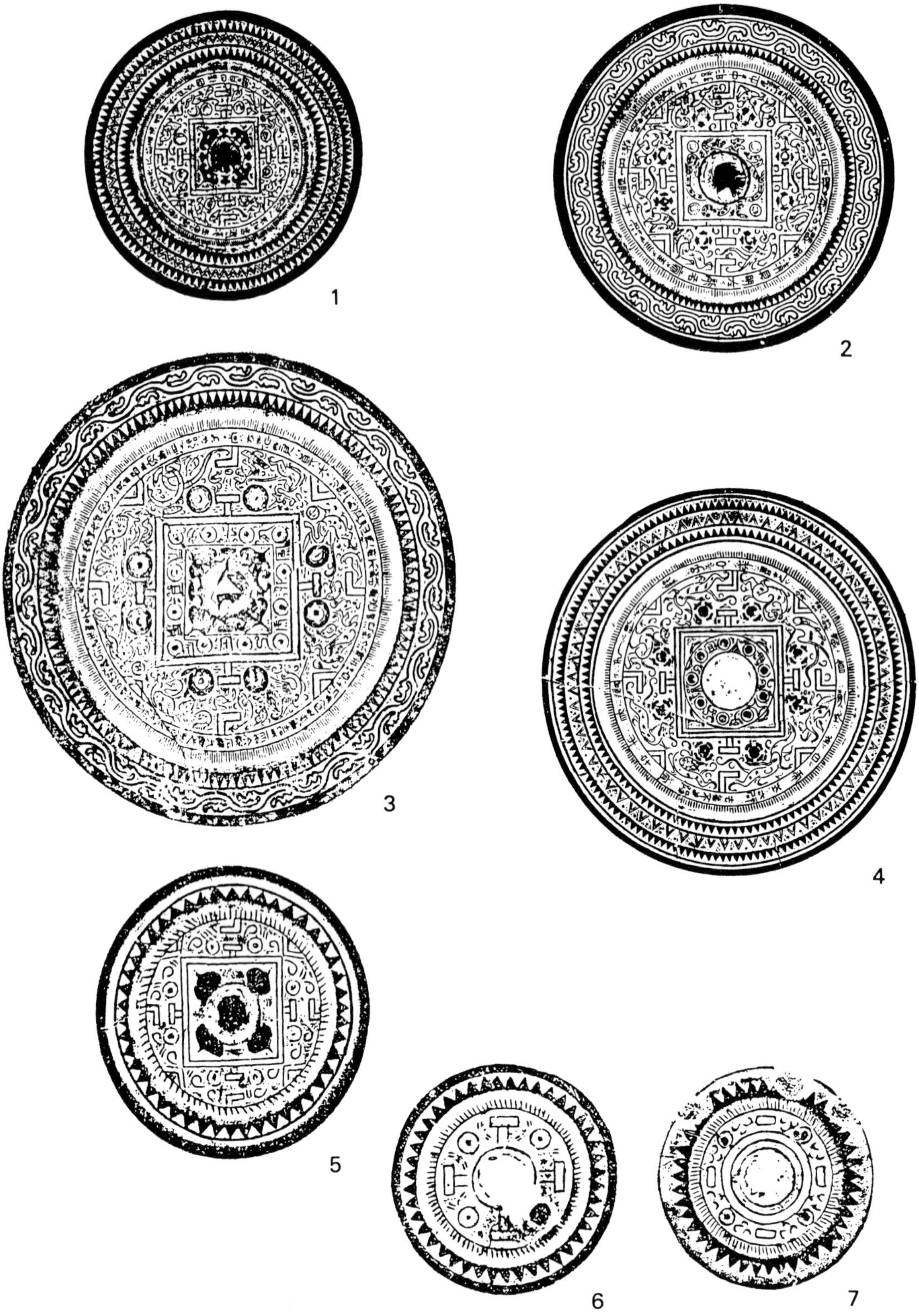

図27　漢規矩文鏡類（１―４…1/3大，５―７…1/2大）
１＝四神規矩鏡　古鏡図録（面径約13.7cm）／２＝同前　古鏡図録（面径約16.6cm）／３＝同前　河南省洛陽市西郊10025号漢墓（面径23.2cm）／４＝鳥獣文規矩鏡　広東省広州市先烈路広州5036号漢墓（面径18.4cm）／５＝幾何文規矩鏡　江西省南昌市丁１号墓（面径10.0cm）／６＝簡化規矩鏡　河南省洛陽市焼溝25号漢墓（面径8.0cm）／７＝同前　広東省広州市東山竹絲崗広州5028号漢墓（面径7.4cm）

改字・誤字については、たとえば「好」を「巧」に、「仙人」を「山人」に、「作鏡」を「佳鏡」にすることが多いが、ここでは省略する。

「尚方」銘四神規矩鏡は方格内に十二支銘「子丑寅卯辰巳午未申酉戌亥」を配置することが多い。『広州漢墓』収録の後漢前期墓出土の十二支銘をもつ五面の銅鏡の中で、三面の外区には「尚方」銘があり、一面は不明である。『巌窟蔵鏡』中の十二支銘をもつ銅鏡六面のうち四面の外区に「尚方」銘がみられる。[23]

「尚方」銘以外にも多様な銘文がみられる。まず「善銅」銘は、

「新有善銅出丹陽　和以銀錫清且明　左龍右虎主四彭　朱爵玄武順陰陽」（新に善銅有りて、丹陽に出ず。和るに銀錫をもってせり、清にしてかつ明なり。左龍右虎ありて、四彭（旁）を掌らん。朱爵（鳥）玄武ありて、陰陽を順にせん。）

が完文である。「新有善銅」は「漢有善銅」、「漢有名銅」とされるものもある。一般にこの銘をもつ銅鏡は四句とも完全なものが多く、あるものは第四句の後にさらに「八子九孫治中央」と続ける。湖南省零陵出土例は第二句を欠き、第四句の後に「八子十二孫治中央　法象天地　如日月之光　千秋万歳　長楽未央兮」と続けている。「善銅」銘は完全な銘文の内容からみて、「尚方」銘第一種の系統に属している。

「佳鏡」銘は、

「此有佳鏡成独好　上有仙人不知老　渇飲礼泉飢食棗　游天下敖四海　寿如金石為国葆」

「作佳鏡成真大好　上有仙人不知老　渇飲玉泉飢食棗　寿如金石」

を完文とする。「佳鏡」銘は「尚方」銘第二種の系統に属すであろう。

「来言」銘は、

「来言之紀従鏡始　長保二親和孫子　辟除不祥宜古市　従今以往楽乃始」（来言之紀鏡より始る。長く二親と孫子を保つ。不祥を避除し、古（賈）市するに宜からん。今より往楽をもってすなわち始まる。）

が完文である。「来言」を「柰（七）言」と解釈する研究者もいる。[24]

上述した銘文のほかに、さらに姓を記した銘文がある。

「王氏」銘：「王氏作鏡真大好　上有仙人不知老　渇飲玉泉飢食棗　浮游天下敖四海　寿如金石之国保」

明らかに、これは「尚方」銘第二種の系統に属し、単に「尚方」を「王氏」に改めたのみである。

「朱氏」銘：「朱氏明鏡快人意　上有龍虎四時宜　常保二親宜酒食　君宜官秩家大富　楽未央宜牛羊」〔朱氏明鏡、人意を快くす。上に龍虎ありて、四時に宜からん。常に二親を保ち、酒食に宜からん。君官秩たる宜し、家大いに富む。楽しみいまだ央《つ》きざらん。牛羊に宜し。〕

「杜氏」銘：「杜氏作竟（鏡）四夷服　多賀新家人民息　胡虜殄滅天下復　風雨時節五穀熟　長保二親受大福　伝吉後世子孫力　官位高」〔杜氏鏡を作れり、四夷服さん。多いに新家を賀し、人民息はん。胡虜殄滅し、天下復さん。風雨時に節い、五穀熟さん。長く二親を保ち、大福を受けん。後世に伝告すれば、子孫力せん。官位高からん。〕

以下の銘文はほとんどみられないが、漢鏡の銘文に若干の新資料を補充してくれる。ここに若干の例を記しておく。

「福禄」銘：「福禄進兮日以前　天道得物自然　参駕蜚龍乗浮雲　白虎失　上大山　鳳鳥下見神人」〔福禄進みて日以って前とす。天道物を得るに自ら然り。蜚龍に参駕し、浮雲に乗ず。白虎失いて、大山に上る。鳳鳥下りて、神人に見みゆ。〕

「福熹」銘：「福熹進兮日以萌　食玉英兮飲澧泉　駕文龍兮乗浮雲　白虎□兮上泰山　鳳凰舞兮見神仙　保長命兮寿万年　周復始兮八子十二孫」〔福憙進みて日以って萌ゆる。玉英を食いて、澧泉を飲む。文龍に駕して、浮雲に乗ず。白虎……て泰山に上る。鳳凰舞いて神仙に見みゆ。長命を保ちて万年を寿こぶ。周また始りて八子十二孫。〕

「金之青」銘：「金之青　視吾形　見至□　長思君　時来游　宜子孫　楽無恐」〔金これ青なり。

写58　鳥獣文規矩鏡
広東省広州市建設大馬路広州4008号漢墓出土（面径13.6cm）

写59　鳥獣文規矩鏡
湖南省長沙市伍家嶺211号墓出土（面径18.7cm）

吾が形を視る。至□に見《ま》みえ、長く君を思う。時に来游す。子孫を宜し。楽しみて恐るること無からん。〕

鳥獣文規矩鏡　つくりと文様構成の面では上述した四神規矩鏡と同じであるが、四神を四方に配さず、青龍・白虎・朱雀・小鳥・鳳凰・鹿・奔馬・羊・怪獣・羽人などの飛禽・走獣・怪神を配する。銘文には「尚方」銘、「来言」銘、「善銅」銘などのほかに、さらに次に示すような「大山」銘、「佳鏡」銘がある〔図27―4、写58・59〕。

「上大山　見神人　食玉英　飲澧泉　駕交龍　乗浮雲　君宜官秩保子」〔大山に上りて、神人に見みゆ。玉英を食して、澧泉を飲む。交龍に駕し、浮雲に乗ず。君官秩たる宜し、子を保たん。〕

「吾作佳鏡自有尚　工師刻像主文章　上有古守（獣）辟非羊（祥）、服之寿考宜侯王。」〔吾佳鏡を作れり、自から尚有り。工師像に刻して、文章を主す。上に古獣ありて、祥を避非す。これを服せば、寿考侯王たる宜し。〕

幾何文規矩鏡　文様の四神・禽獣などの図文が菱形・条線などの幾何学文様にかえられ、銘文を配することは非常に少ない〔図27―5〕。しかし、次のような「佳鏡」銘をもつものもある。

「調治佳鏡子孫息　長保二親得天力　伝入後世楽無極」〔佳鏡を調治したり、子孫息はん。長く二親を保ち、天力を得たり。後世に伝入すれば、楽しみ極り無からん。〕

簡化規矩鏡　いわゆる簡化規矩鏡には、普通、規矩文のＴＬＶ記号のすべてが共存することはなく、一種あるいは二種のみである。文様構成と内容もこれにともない簡略化し、円形鈕座の外側に四個のＴ字形、四乳と簡単な線文だけをもつもの〔図27―6〕や、方格の外側に四個のＴ字形・Ｖ字形および簡単な線文だけのものがある。さらに、わずかに「□」形記号にまで簡略化されたものがある〔図27―7〕。大多数が銘文をもたず、縁部に三角鋸歯文を一周めぐらすのみである。また、規矩文は完全ではないが、主題文様として鳥獣・羽人などを配するものが少数みられる。

規矩文鏡類は漢代に盛行した鏡類のひとつである。「洛西漢墓」で報告された前・後漢墓出土の銅鏡、計一七五面中のうち規矩鏡が四七面を占め、その中の多くは四神規矩鏡である。『広州漢墓』で報告された後漢前期墓出土の銅鏡は三二面あるが、規矩鏡が一七面を占める。後漢後期墓出土の三四面の銅鏡中、規矩鏡は一六面を占める。つまり広州漢墓では規矩鏡が出土銅鏡の二分の一を占めている。この三三面の規矩鏡の中で四神規矩鏡は一五面あり、やはりもっとも多い鏡式である。

　伝世した四神規矩鏡の中には、王莽の始建国天鳳二年の紀年銘、すなわち、

「始建国天鳳二年作好鏡　常楽富貴荘君上　長保二親及妻子　為吏高遷位公卿　世々封傳于毋窮」〔始建国天鳳二年、好鏡を作れり。常に楽しみて富貴ならん、君上を壮さん。長く二親および妻子を保たん。吏高遷して、位公卿にいたらん。世々封伝して、窮することなかれ。〕

をもつものがある。[25] 天鳳二年は紀元一五年である。

　上海文物保管委員会所蔵の規矩禽獣文鏡は、規矩文が不完全であるが、主題文様の羽人・端獣はかなり精緻である。無文の半球式の円鈕と円形鈕座をもつ。鈕座の外側には七個の小乳がめぐり、小乳間には四枚の草葉および「宜子孫」銘が配される。外区の四乳と四個のT字形およびV字形の間には禽獣・羽人が配される。縁部に配される銘文は、

「唯始建国二年新家尊　詔書数下大多恩　賈人事市不躬嗇田　更作辟雍治校官　五穀成熟天下安　有知之士得蒙恩　宜官秩　葆子孫」

とある。[26] 始建国二年は紀元一〇年にあたる。この二面の紀年銘をもつ規矩鏡はいずれも王莽代のものである。

　「洛西漢墓」では、その第三類の墓葬の時期を新の王莽代あるいはそれよりやや後としているが、この類型の墓葬では新の王莽銭を主とする銭貨が共伴し、銅鏡は規矩鏡と四乳文鏡とが新たに出現する。第四類の墓葬の時期は後漢早期であるが、伴出する銭貨は後漢の早・中期の五銖銭が多く、銅鏡は規矩鏡を主体に、昭明鏡、日光鏡、四螭文鏡が少数の墓葬中にみられる。こうした情況から、規矩鏡の出現および盛行の傾向をうかがえよう。

『焼溝漢墓』では、四神規矩鏡の出現は王莽以前、最盛期は王莽代、その下限は後漢の中葉で

あろうと考えている。幾何文規矩鏡は四神規矩鏡から変化したものであり、その年代は王莽代あるいは後漢初頭であろう。簡化規矩鏡は四神規矩鏡の退化したもので、ほぼ後漢初頭から後漢中葉にかけてであろう。

『広州漢墓』で報告された後漢前期墓出土の一七面の規矩鏡中には四神規矩鏡が一一面、鳥獣文規矩鏡が四面、幾何文規矩鏡が一面ある。後漢後期墓出土の一六面の規矩鏡には四神規矩鏡が四面、鳥獣文規矩鏡が三面、幾何文規矩鏡が一面、簡化規矩鏡が八面ある。この鏡式の広州地区での盛行期は中原地区とくらべややくだるのであろう。

中国の各地における規矩鏡の出土状況から、四神規矩鏡、鳥獣文規矩鏡、幾何文規矩鏡は王莽代および後漢前期に盛行し、簡化規矩鏡は後漢中・晩期に盛行することがわかる。

規矩鏡は漢代に盛行した銅鏡であり、鏡背の図文、とくに規矩文については関心が高い。その起源と意味《モチーフ》の問題に関して、多くの見解が出されている。梁上椿、林巳奈夫、樋口隆康の諸氏が総括的な見解を発表している[27]。

中山平次郎は、早くも一九一八年に「古式支那鏡鑑沿革」で、規矩文は前漢中・後期の草葉文鏡・葉文鏡の草葉文が変化したものであると考えた[28]。後藤守一もこの説に賛意を示している[29]。そのほかに、カールベックは規矩文は純地文獣文鏡の獣文が変化したものとした。梁上椿は中山などの見解に同意せず、これは山字文鏡の「山」字、細地文鏡の細文および蟠螭文などが変化したものと考えた。さらに、それらは規矩蟠螭→規矩草葉→規矩四神と展開することを具体的に示した。

このような変遷過程の仮説に反対する研究者もいる。たとえば鈴木博司は、方格とＴＬＶの組み合わせは、戦国時代後期（前漢前半期を含む）の銅鏡中にすでに完全な形で出現していることを指摘している。円形、方形、およびＴＬＶを組み合わせた円形は、先行する何らかの銅鏡の文様が変化した結果ではなく、独立して存在したものであり、それゆえに鏡に採用されたのである。戦国時代から漢代へと、時代とともに規矩文は龍文、葉文、草葉文、四神など異なった文様と組み合わせられたとするのである。[30]

一九三七年、カプラン(Sidney M. Kaplan)が、TLVの形式は方形を基調としたものに適合し、円形の鏡には適合しないとの見解を発表した。[31] 梅原末治は王盱墓出土の占星盤に同じ文様があることから、規矩文は占星盤に起源をもつと説いた。[32]

イエッツ(W. P. Yetts)などは、端方旧蔵[33]の例や、その他漢代の日時計と考えられるものの一部に規矩鏡と似たTLV字形の文様があることを根拠として、TLVは天文学的な意味をもつと考えている。方格規矩文鏡を「日時計鏡」と名付け、日時計を根拠にLとVは時間を示す図文であり、Lは夏至、秋分、冬至、春分を表し、Vは四季の始めを示し、Tは空間の意味をもっていると推測している。[34]

しかし、多くの研究者は、規矩文は六博図文と関連があり、六博[35]に起源をもつと考えている。中山平次郎はすでに古く両者の関係に注目している。さらに、カプランはTLVは円形の鏡には合わず、六博の方形盤にふさわしいと考え、それが六博の図文から変化したものだろうと推測している。楊聯陞は漢代画像石上に現れたTLV図文の方形物は六博盤であると考え、銅鏡がその図案を借用したという見解を提出している。[36] 熊伝新は馬王堆漢墓などから出土した六博（陸博）の盤面の図案〔図28〕が銅鏡の規矩文と同じであることから、規矩文鏡は「博局文鏡」と呼ぶべきであると提言している。[(6)] これらの見解に対しても、いろいろの批判がある。

規矩文が宇宙の図式を象徴しているという見解は、中国以外の研究者、特にヨーロッパの研究者の間に一般的である。カンマン(Schuyler Cammann)は次のように考えている。[37] つまり、鈕の周囲の方形は大地をあらわし、Tは四方の空間を、四隅のVは四海を象徴し、Lは沼沢地を限る柵の門である。曲がったLを用いるのは、悪魔が真直ぐにはいりこむことを防ぐためである（一説では、T字形は大地の四辺の入口の両側にある楼門を象徴し、Tの縦線は通路を表しているという）と考えている。中心の鈕は宇宙の中心である中国を、鈕座の八個の乳は天を支える柱を表す。この図式の目的は、漢代の思想や考え方に基づくもので、自己を宇宙に置くことを表し、そ

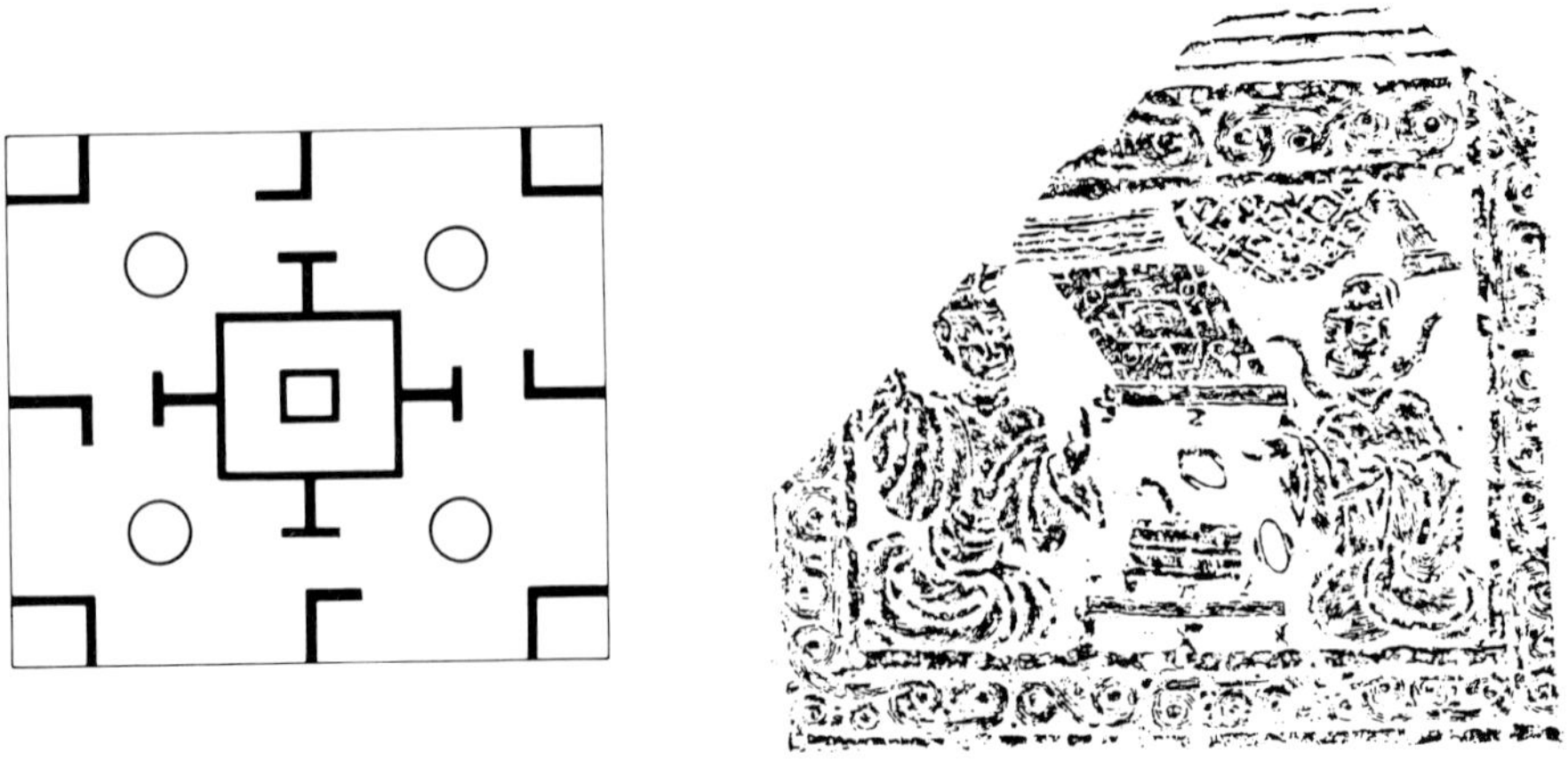

図28　江蘇省銅山県台上村出土の漢六博画像石（左は六博文の復原）

れゆえに銘文に「子孫備具居中央」とあり、宇宙とともに動き、不老長寿、高官厚禄を求める意味をもつ。このカンマンの視点には一部の研究者が賛意を示してはいるが、その解釈についてては受け入れ難い。

古代には、人々は天は円いもの、地は方なるものとみ、それらに規と矩とを配するという思想が一般的であったと、駒井和愛は考えた[38]。彼は、規矩文のTとLはそれぞれ地と天の東西南北の四方を表し、Vは天から地を吊り下げる四隅の綱を表すとして、したがってTLVを「規矩隅角文」と呼ぶべきであろうと考えた。しかし、なぜTとLが、地と天を表しているか、彼は説明を加えていない。

ビュリング(A. Bulling)は規矩文と敦煌石窟、高句麗古墳、とくに天王地神塚と比較検討して、方格は天井の梁框であり、Tは天井中央で交叉する十字形の梁の先端部が残ったもので、VとLは斗栱、鈕は中心の柱で宇宙の軸を表し、方格内の一二個の小乳は小柱、内区の八個の小乳は四方の門であると考えた[39]。

林巳奈夫は、『論衡』談天の、「共工は顓頊と天子になることを争い、敗れた。そこで怒って、角で（昆崙山の西北にあるという）不周山を突き、天を支える柱を折り、地をつないだ綱を絶った。そこで女媧は（それを修繕するために）煉石を熔かして、蒼天の穴を補って、鼇（大亀）の足を切って、四極に立てた。」という伝説と結びつけて、方形の枠組みは大地を表し、T字形は東西南北の四方の果てに立てられた柱を象徴し、T字形の記号の横線は梁（棟木）、縦線は梁を支える柱であり、これで天を支えているとした。また『淮南子』天文訓により、方形の枠外の円形は天を象徴するが、天は球形ではなく蓋《きぬがさ》形であると考えた。十二支銘の子午、卯酉は真北、真南と真東、真西であり、それをつなぐ線は「縄」と呼ばれ、その先端にL字形を配して「縄」をかたどる。V字形は丑寅（東北）、辰巳（東南）、未申（西南）、戌亥（西北）を連接する方角である[40]。

以上の日時計説・六博説・古代思想の三つの見解のほかに、労榦は規矩の図文は中国古代の亞字形宮室に似ていると考えた。正方形は中庭あるいは大部屋、T字形はそれをとりまく小部屋であるとした[41]。

要するに、規矩文についての見解は諸説があり、とくに古代の神話的世界観に結びつける考え方は想像力に富んではいるものの、根拠不足であって現在では受け入れ難い。

これまでの発掘資料からみて、河北省平山の中山王の陪塚（戦国時代中期の後半）出土の石板が規矩文をもつ最古の例である[42]（この石板が六博であるかどうかは、学界で意見が分かれている）。しかし、発掘された前漢代のいくつかの六博博局図は、確かに銅鏡の規矩文と同じである。つまり規矩文は銅鏡ばかりではなく、六博盤にもみられるのである。両者の文様が同じである以上は、今、銅鏡にみられる規矩文を六博局文と呼ぶことも可能である。しかし、日用品の銅鏡の背面に、どうして遊び道具の六博の構図を用いたのであろうか？　これについての適当な解釈はない。六博と銅鏡に同時に現れる規矩文は、この文様自らがその意味をもち、当時流行したなにがしかの思想を示し、それゆえに人々の日常生活の中で多く用いられたというべきである。

見解は多岐にわたっているが、①規矩文は王莽代および後漢前期に広く用いられたこと、②その多くは方位を示す四神とともに組み合わされて完全な図案となること、③この文様をもつ鏡の銘の中に「子丑寅卯辰巳午未申酉戌亥」の十二支が往々にして現れていること、④「左龍右虎主四方　朱鳥玄武順陰陽」、「上有仙人不知老　渇飲玉泉飢食棗」の銘が現れること、などの要素を考えると、前漢末王莽代の讖緯学説、神仙思想、陰陽五行説の盛行と関連させるべきであろうし、その起源は古く前漢代にあろう。

（9）多乳禽獣文鏡類

半球式の円鈕と、円形鈕座あるいは四葉文鈕座をもつ。鈕座の外側に五―八個の乳をもつ。その数は一定していないが、七乳がもっとも多い。乳間に配された禽獣文の主題文様は鈕を中心にめぐり、幅の狭い文様帯となっている。そのために、それらを禽獣帯鏡、獣帯鏡と呼ぶ研究者が

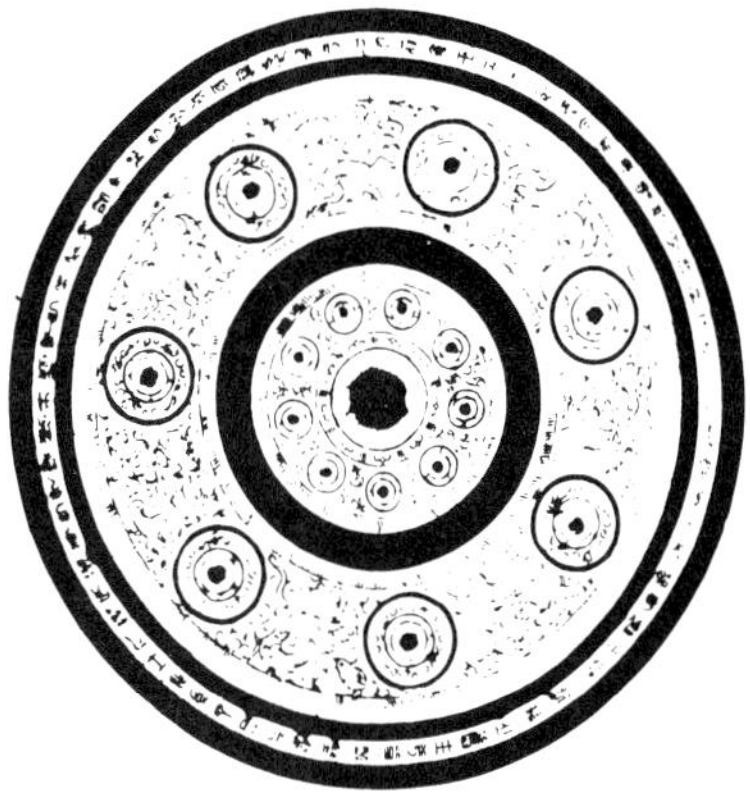

図29　漢多乳禽獣文鏡類
多乳四神禽獣文鏡（出典・面径不詳）

写60　七乳四神禽獣文鏡
陝西省西安市出土（面径不詳）

多い。縁部の文様は三角鋸歯文、双線波文あるいは双線三角文、流雲文などが多くみられ、ことに四乳禽獣文鏡中に無文の幅広の縁部はみられない。多乳四神禽獣文鏡、多乳禽鳥文鏡、多乳禽獣文鏡に分けられる。[43]

多乳四神禽獣文鏡　半球式の円鈕と、円形鈕座をもつ。鈕座の外側には一般に八あるいは九個の小乳がめぐり、内区には七乳を配する例が多い。乳の間に四神、羽人および禽獣文をいれる。主題文様の外側に一周の銘帯をめぐらすものがある。鋸歯文、流雲文縁をもつ（図29、写60）。『博古図録』では七乳のものを四霊三瑞鏡と呼ぶ。四霊は青龍・白虎・朱雀・玄武で、三瑞は具体的でない。富岡謙蔵は、朱鳥、鼓瑟吹竽、豢龍、亀游蓮葉、天禄、白虎白鹿、蛤蟆の七項目に分け、漢代に盛行した瑞祥であると考えている。[44] 梁上椿は、四霊を除き、その他三種を山人・鳳鳥・山羊、綿羊・犀牛・一角獣、仙人・綿羊・鹿、仙人・羊・鹿、蟾蜍・綿羊・鹿、青蛙・蟾蜍・綿羊などと分けて呼んでいる。ほとんどが現実生活でよくみられる動物の図像である。我々は規矩鏡の文様と同様にこれらの禽獣は神話伝説の題材と関連があろうと考えている。漢代にはそれらは特定の名称と寓意をもつ動物であり、瑞祥と関連した瑞獣であったために、好んで題材として用いられたのであろう。

銘文には「尚方」銘がある。四神規矩鏡と同じであるが、若干の字句に異同や増減がある。たとえば「尚方」銘第一種の第七句の後に「女為夫人男為郎」の一句を加えている鏡銘がある。そのほかに「内而光　明而清　湅石華　為之菁（鏡）　見下上（？）　知人請（情）　心喜得　早発生」の銘もあるが、あまりみられない。

多乳禽鳥文鏡　円形の小乳間に同じ形の禽鳥を配する。たとえば、五乳五禽、五乳一〇禽、六乳六禽、七乳七禽鏡などがある。その中の多くの禽鳥はひな鳥を形どっている。縁部は三角鋸歯文、双線波文などで飾られる。

多乳禽獣文鏡　円形の乳の間に活発に動きまわる禽獣や羽人といった各種の図像を配置する。『巌窟蔵鏡』では仙人、鳳鳥、ひな鳥、猿猴、青龍、白虎、狐狸、蟾蜍などと解釈している。こ

写61　七乳禽獣文鏡
広西壮族自治区梧州市旺歩出土（面径18.8cm）

写62　八乳禽獣文鏡
守屋孝蔵旧蔵（面径23.3cm）

の類の鏡の中で、七乳七禽獣文鏡の文様は複雑で、その彫りは精緻である〔写61・62〕。『博古図録』などではこれを七乳鑑と名付けている。禽獣文のほかに、鏡背を流雲文縁、三角鋸歯文縁で飾っている。主文だけでなく銘帯をもつ例もある。銘文は「尚方」銘のほかに、以下のような姓氏銘などもある。

「呂氏」銘：・「長宜子孫」（内）

「呂氏作鏡自有紀　長保二親□孫子　辟去不祥宜古市　為吏高升官人右　寿如金石」（外）

・「宜子孫」（内）

「呂氏作鏡自有紀　九子九孫楽可喜　長相保□凶□日　□来者□□□」（外）

「侯氏」銘：・「宜侯王　□未央」（内）

「侯氏作鏡大毋傷　巧工刻之為文章　左龍右虎辟不陽（祥）　七子九孫居中央　夫妻相保如威央兮」（外）

「元和三年」銘：「元和三年　天下太平　風雨時節　百（以下一一字不祥）　尚方造竟（鏡）在于民間　有此竟（鏡）延寿未央兮」

「二姓合好　□如□□　女貞男聖　子孫充実　姐妹百人　□□□□　夫婦相□　陽□□月吉日造此信物」

「蓋作竟自有紀　辟去不祥宜古市　長保二親」

多乳禽獣文鏡類は比較的精緻で、とくに多乳四神禽獣文鏡と多乳禽獣文鏡の両型式には精品が多い。多乳四神禽獣文鏡は広州地区の後漢前期と後期の墓葬から出土している。『巌窟蔵鏡』、『漢三国六朝紀年鏡図説』（以下『紀説』と略称する）には浙江省紹興古墓出土と伝えられる七乳四神禽獣文鏡一面が収録されている。そのつくりや文様は発掘調査で出土した鏡と基本的に同じである。銘文がみられ、

「永平七年九月造　真尚方作竟大毋傷　巧工刻之成文章　左龍右虎辟不祥　朱鳥玄武順陰陽

写63　雲雷連弧文鏡
広東省広州市先烈路広州5045号漢墓出土（面径10.3cm）

上有佚人不知老　渇飲玉泉飢食棗」

とある。この銘文は「尚方」銘第一種と第二種が結び付いたものである。この種の銘は「尚方」銘では多くはみられない。漢明帝の永平七年は紀元六四年にあたる。『四川鏡』には、成都市天廻山崖墓出土の五乳一〇鳥文鏡が収録されているが、この墓葬からは「光和七年広漢工造……」銘の金錯刀が出土している。光和七年は後漢の霊帝の年号で紀元一八四年にあたる。前に述べた元和三年銘鏡は広西地区の梧州市旺歩出土である[45]。元和は後漢の章帝の年号であり、紀元八六年にあたる。湖南省常徳一号漢墓では多乳禽獣文鏡二面と禽獣規矩鏡、後述する雲雷連弧文鏡、直行銘双夔鏡とが伴出している[46]。後二者の鏡が盛行する時期は主に後漢中・晩期であることから、多乳禽獣文鏡類は後漢中・晩期に主に盛行したと考えられる。

（10）連弧文鏡類

この鏡類の特徴は内向する連弧文を主題文様とすることであり、銘文は従的な地位にある。その文様構成の特徴から雲雷連弧文鏡、「長宜子孫」連弧文鏡、素連弧文鏡に分けられる。

雲雷連弧文鏡　円形鈕座あるいは四葉文鈕座をもち[47]、内区には八弧の連弧文、外区には雲雷文と圏線を配する。雲雷文はふつう八個からなり、数重の小円圏であったり、中心点をもつ同心円であったり、渦文であったりする。その間を斜線文（松葉文）あるいは圏線（平行線文）で埋める。幅広の無文縁をもつ〔写63〕。鈕座の四葉文の間に「長宜子孫」あるいは「長生宜子」の四字の銘をもつものがある〔図30―1〕。鈕座銘のほかに、八弧の内向する連弧文の間に「寿如金石」、「寿如金石　佳且好兮」のような銘をもつ例もある。全体的には銘文をもつものは少ない。『焼溝漢墓』に報告された四面のうち銘文をもつものはわずか一面だけである。『広州漢墓』に載せられた五面はいずれも銘文をもたない。

「長宜子孫」連弧文鏡　半球式の円鈕と、ほとんどが蝙蝠形の四葉文鈕座であり、その外側に八弧の内向する連弧文で構成される圏帯をもつ。外区には雲雷連弧文鏡にみられた雲雷文帯はな

図30　漢連弧文鏡類

1＝雲雷連弧文鏡　小檀欒室鏡影（面径約16.6cm，1/3大）

2＝長宜子孫連弧文鏡　河南省洛陽市焼溝148号漢墓（面径19.2cm，1/3大）

3＝素連弧文鏡　河南省陝県劉家渠11号漢墓（面径9.4cm，1/2大）

写64　“長宜高官”連弧文鏡

河南省洛陽市焼溝147号漢墓出土（面径12.8cm）

い。無文で幅広の平縁である。蝙蝠形の四葉文座間には四字の銘がよく配されるが、「長宜子孫」銘がもっとも多く、そのために「長宜子孫」鏡と呼びならわされている〔図30—2〕。ほかに「長（君）宜高官」〔写64〕、「長生宜子」の銘もみられる。字体は脚の長い篆書体で、きわめて秀麗である。連弧文の間に「位至三公」、「寿如山（金）石」、「君如金石寿宜官秩[48]」などの銘をもつ例もある。

素連弧文鏡　半球式の円鈕と、円形鈕座をもつ。鈕座の外側に内向する連弧文をめぐらし、幅広の無文縁をもつ〔図30—3〕。銘および雲雷文帯をもたないことから素連弧文鏡とよばれ、上述の鏡と区別されている。

以上の三型式の連弧文鏡の中で、「長宜子孫」連弧文鏡が比較的多い。中原と北方地区、とりわけ河南省・山東省・陝西省などでは「長宜子孫」連弧文鏡と雲雷連弧文鏡が盛行し、前者つまり「長宜子孫」連弧文鏡はさらに広く分布する。南方のいくつかの省では雲雷連弧文鏡が多い。『焼溝漢墓』に載せられた一一面の連弧文鏡類の中で「長宜子孫」連弧文鏡が七面あるのに対し、前述のように『広州漢墓』の雲雷連弧文鏡はいずれも銘をもたない。湖南省でも雲雷連弧文鏡がかなりの数出土している。

　連弧文鏡類は漢代の代表的な鏡類のひとつであり、『焼溝漢墓』によれば雲雷連弧文鏡は後漢中期に、「長宜子孫」連弧文鏡は後漢晩期に盛行する。河南省陝県劉家渠では、後漢前期墓からは雲雷文連弧文鏡と素連弧文鏡が、後漢晩期墓からは「長宜子孫」連弧文鏡がそれぞれ出土している。[7]『広州漢墓』では雲雷連弧文鏡はいずれも後漢晩期墓から出土している。

『紀説』に雲雷連弧文鏡一面が収録されているが、鈕座銘は「宜三百竟」であり、雲雷文と斜線文の間に「永平七年正月作」と「公孫家作竟」の二組の銘がある。後漢明帝の永平七年は紀元六四年にあたる。江蘇省徐州の後漢墓から「長宜子孫」連弧文鏡が「建初二年蜀郡西工官王愔造五十湅……」銘をもつ鋼剣と伴出しているが、後漢章帝の建初二年は紀元七七年にあたる。[8]河南省襄城茨溝の画像石墓から「長宜子孫」鏡一面が出土したが、その墓の中室北壁に「永建七年正月十四日造〔塼〕工張伯和……」の題辞があった。[9]後漢順帝の永建七年は紀元一三二年にあたる。河北省武清の後漢鮮于璜墓で「長宜子孫」連弧文鏡一面が出土している。墓碑の記載から墓主は後漢安帝の延光四年つまり紀元一二五年に没している。[10]江蘇省揚州甘泉山劉元台墓出土の「長宜子孫」連弧文鏡は後漢霊帝熹平十五年、すなわち紀元一七六年の買地券を伴出している。49河北省定県北庄漢墓の素連弧文鏡は「建武卅二年二月」銘の弩を伴出している。[11]光武帝の建武三十二年は紀元五六年である。同墓では石室の天井石として使用された長方形の石塊に文字を刻んだものがあり、その中に章帝の章和年間に改名される以前の県名がみられ、下限を示している。これらからこの墓の年代は後漢光武帝の末年（紀元五六）から章帝の章和末年（紀元八八）の間に確定できる。

　紀年銘鏡と、伴出した紀年銘をもつ遺物から判断して、連弧文鏡類は雲雷連弧文鏡が後漢中葉に出現し、「長宜子孫」連弧文鏡はやや遅れて後漢晩期に盛行する。

写65　変形四葉獣首鏡　中村不折旧蔵（面径13cm）

（11）変形四葉文鏡類

半球式の円鈕あるいは獣形鈕と、円形鈕座をもつ。この鏡類の特徴は、鈕座から外に向かって放射状にのびた蝙蝠形の四葉文が、鏡背の中心に位置を占め、内区を四区画に分けることである。四つの区画内には、獣首、夔文、鳳文などの文様を配置する。その文様から変形四葉獣首鏡、変形四葉夔文鏡、変形四葉八鳳文鏡に分けられる。

変形四葉獣首鏡　半球式の円鈕あるいは獣形鈕をもち、変形四葉内の四隅に一字あるいは三字を入れ、四字銘あるいは十二字銘をなすものがある。四つの区画内には一個の獣首を配する。獣首の髪・毛は渦状に巻き、口、鼻、眉毛ははっきりと表現されている。外区には銘帯と内向する連弧文帯が一周する。縁部は連珠で囲まれた菱形をつないだ文様で構成されることが多い。菱形の中はさまざまの文様で埋められている〔図31—1～3、写65〕。

四葉内の隅に配される銘は、四隅に各一字の場合には「君（長）宜高官」、「位至三公」、「長宜子孫」などがある。三字の場合には「富且昌　楽未央　師命長　宜侯王」、「□□□　師命長　長宜官　宜侯王」などがみられる。

外区の銘帯の銘には次のような「尚方」銘がある。

元興元年紀年「尚方」銘：「元興元年五月丙午日　□□広漢西蜀造作尚方明鏡　幽湅三商　長楽未　宜侯王　富且昌　位至三公　位師命長」〔元興元年五月丙午日。□□広漢西蜀なり、尚方の明鏡を造作せり。三商を幽湅せり。長く楽しみていまだ（つきざらん）。侯王たる宜し。富かつ昌たり。位三公に至らん。位師の命長からん。〕〔図31—1〕

建寧元年紀年「尚方」銘：「建寧元年九月九日丙午造作尚方明鏡　幽湅三商　上有東王父　西王母　生如山石　長宜子孫　八千萬里　富且昌　楽未央　宜侯王　師命長　買者大吉祥　宜古市君宜高官　位至三公　長楽央□」〔建寧元年九月九日丙午。尚方の明鏡を造作せり。三商を幽湅せり。上に東王父西王母有り。生は山石の如し。長く子孫に宜からん。八千万里。富かつ昌たり。楽しみいまだ央きず。侯王たる宜し。師の命長からん。買う者は大吉祥ならん。古（賈）市するに宜からん。君高官た

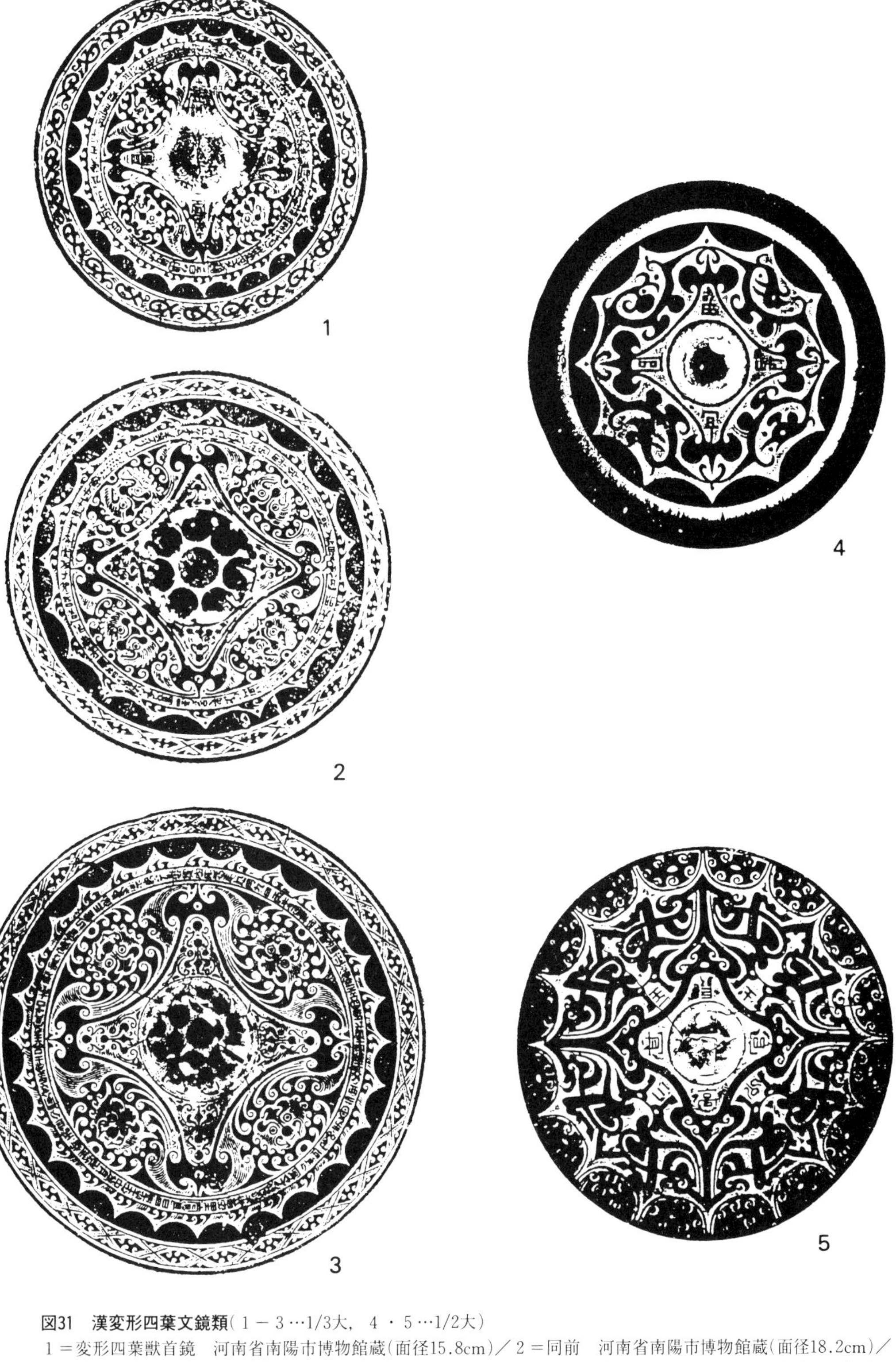

図31　漢変形四葉文鏡類（1－3…1/3大，4・5…1/2大）
1＝変形四葉獣首鏡　河南省南陽市博物館蔵（面径15.8cm）／2＝同前　河南省南陽市博物館蔵（面径18.2cm）／3＝同前　河南省南陽市博物館蔵（面径21.5cm）／4＝変形四葉夔文鏡　古鏡図録（面径約11.3cm）／5＝変形四葉八鳳文鏡　古鏡図録（面径約12cm）

写66　変形四葉夔文鏡
伝安徽省北部出土（面径13.9cm）

る宜し。位三公に至らん。長く楽しみ……。」〔図31—3〕

中平四年紀年「尚方」銘：「惟中平四年　太歳在丁卯　吾造作尚方明鏡　広漢西蜀　合浦□黄□利無敬　世得光明　買此鏡人　尚歓虞家　当臣□師侯太吉祥」〔惟中平四年太歳在丁卯。吾尚方の明鏡を造作せり。広漢西蜀なり。□黄を合浦し、□利極り無し。世得（聖徳）光明なり。此の鏡買う人、なお虞家を歓せり。当臣□師侯大いに吉祥ならん。」〕〔図31—2〕

以上は河南省南陽市博物館蔵の紀年銘をもつ変形四葉獣首鏡である。[50]『紀説』の中には漢代の紀年銘獣首鏡八面が収録されている。これらの銘文の内容は、頌寿を祈る詞のほかに、永寿二年銘鏡の「広漢造作尚方明鏡」、熹平三年銘鏡の「広漢西蜀合湅白黄」のように鋳造場所を列記していることが多い。そのほか、銅鏡の質を誇るものや、「買此鏡者家富昌」、「買人大富」、「買者長宜子孫」、「買者延寿萬年」、「買者長命宜孫子」、「買者大利家富昌」、「買者大富長子孫」などのような、鏡を買うことで吉祥がもたらされるという語句をもつものが多い。八面中の六面がこの類の銘文を鋳出しており、銅鏡を民間の工房でつくることがますます盛んになったと考えられる。

変形四葉夔文鏡　単夔鏡とも呼ばれる。この鏡式は半球式の円鈕、円圏鈕座をもつ。四葉文の内側四隅に銘を配置する例もある。四区画内の文様は前述した獣首鏡類とくらべやや多く、夔龍、夔鳳がある。一般にはこの文様は夔龍夔鳳と呼ばれるが、実際は、ほとんどの文様は幾何学文を呈し、夔文は雲雷文あるいは渦文に似た図文に簡略化されている。外区と縁部の文様の組み合わせには二種類がある。ひとつは内向する一六弧の連弧文帯と、菱文帯あるいは渦文帯をめぐらし、その外側に無文で幅の狭い縁部をもつ〔図31—4、写66〕。もうひとつは主題文様の外側にすぐに無文で幅広の縁部、あるいは内向する連弧文縁がめぐる。四葉内の銘には「位至三公」、「長宜子孫」などがある。

変形四葉八鳳文鏡　日本の研究者は夔鳳鏡あるいは鳳文鏡と呼んでいる。[51]半球式の円鈕、円圏鈕座をもつ。四葉内に銘文を配置するものもある。四つの区画内には、デフォルメされた秀麗な二羽の鳳を配している。二羽の鳳は頭を高い鶏冠で飾り、互いに嘴《くちばし》をつけている。その外側に

写67　変形四葉八鳳文鏡
伝朝鮮民主主義人民共和国・平壌市大同江区出土（面径13.0cm）

は大きめの内向する連弧文縁をもつ。鏡背全体の文様は平彫りされていて、図案は切り紙細工のように対称的に配置されている。四葉内の銘には、「長宜子孫」、「位至三公」、「君宜高官」などがある〔図31―5、写67〕。

変形四葉文鏡類の中で、獣首鏡の銘文には紀年銘が多い。今まで発見された紀年銘鏡中に獣首鏡の占める割合は相当大きいとみられる。和帝の元興元年（紀元一〇五）、桓帝の永寿二年（紀元一五六）、延熹七年（紀元一六四）、延熹九年（紀元一六六）、永康元年（紀元一六七）、霊帝の建寧元年（紀元一六八）、建寧二年（紀元一六九）、熹平三年（紀元一七四）、光和元年（紀元一七八）、中平四年（紀元一八七）があり、桓帝・霊帝代に集中している。変形四葉八鳳文鏡にも和帝の元興元年（紀元一〇五）の紀年銘をもつ例がある。後漢霊帝の光和二年（紀元一七九）に比定される洛陽の王当墓から二面の「位至三公」銘をもつ変形四葉夔文鏡が出土していて、[12]前述の伝世紀年銘鏡を裏付ける傍証資料となっている。変形四葉文鏡類は後漢晩期の桓帝・霊帝の時代に主に盛行したと考えられる。

⑿　神獣鏡類

いわゆる神獣鏡は浮彫り（半肉彫り）の手法で主題文様の神像、龍虎などの題材を表現した銅鏡である。今までの文様が主に線描であることに反して、文様は隆起突出している。神獣鏡の分類に関しては、研究者によって、神獣の配列の方法から階段式・放射式・対列式に分けたり、あるいは「心対称式（求心式）」、「軸対称式（鏡の背面の直径を軸に対称的に文様を割り付ける方法）」の二類に概括できると考えたりしている。さらに、特徴的な文様やその構成から「半円方格帯神獣鏡」、「画文帯神獣鏡」などに分けられたりもする。[52]本書では、その文様構成法により、重列式神獣鏡と環繞式神獣鏡の二型式に分類している。

重列式神獣鏡　階段式神獣鏡とも呼ばれている。主題文様は上から下に配列され、前述の「軸対称式」で割り付けられる。その中でもっとも有名な一群がいわゆる建安重列式神獣鏡である。

図32　重列式神獣鏡内区の主題文様
（林巳奈夫「漢鏡の図柄二、三について」より。訳註27参照）

半球式の円鈕、円圏鈕座をもつ。神獣は上から下へ五段に分かれている。林巳奈夫や樋口隆康は銘文の中にある「五帝天皇　白牙弾琴　黄帝除凶　朱鳥玄武　白虎青龍」および「上應星宿　下辟不祥」などの字句から次のように考えている。つまり、神像中〔図32〕の、

第一段（最上段）　朱雀とならんで中央に南極老人がいる。

第二段　伯牙弾琴の像で、伯牙は膝の上に板状のものをもっており、その傍の像は鐘子期である。

第三段　鈕の両側に東王公（東王父）と西王母が分置されている。

第四段　人首鳥身の怪物は長寿を司る句芒で、彼とならんで黄帝がいる。

第五段（最下段）　玄武とならぶ像は北極星を表す天皇大帝である。

第一段から第五段までの間に適宜五帝の神像が置かれている。この五帝は北極星の周辺に青・赤・黄・白・黒の五色で表される五帝座を意味している。神仙像の周辺には朱雀・玄武・青龍・白虎が鈕の左右に配置されるが、体軀が数段にまたがるものがある。鈕の上下の長方形の枠内に、縦書きの「君宜官」などの銘をもつ〔図33―1・2、写68〕。縁部近くに銘帯をもつ。

樋口隆康の『古鏡』によれば、重列式神獣鏡の中には建安紀年銘鏡が合計一四面ある。建安七年（紀元二〇二）、八年、二十四年が各一面、二十二年が二面、その他は建安十年の紀年である。主に「吾作明鏡」銘で、たとえば建安十年銘の例は、

「吾作明竟　幽湅宮商　周羅容象　五帝天皇　白牙単琴　黄帝除凶　朱鳥玄武　白虎青龍　君宜高官　子孫番昌　建安十年造大吉」〔吾明鏡を作れり。宮商を幽湅し、周く容象を羅ねたり。五帝天皇あり。伯牙は琴を弾じ、黄帝は兇を除く。朱鳥玄武、白虎青龍あり。君高官たる宜し。子孫繁昌せり。建安十年造れり。大いに吉ならん。〕

写68　重列式神獣鏡
安徽省蕪湖市赭山102号墓出土（面径12.7cm）

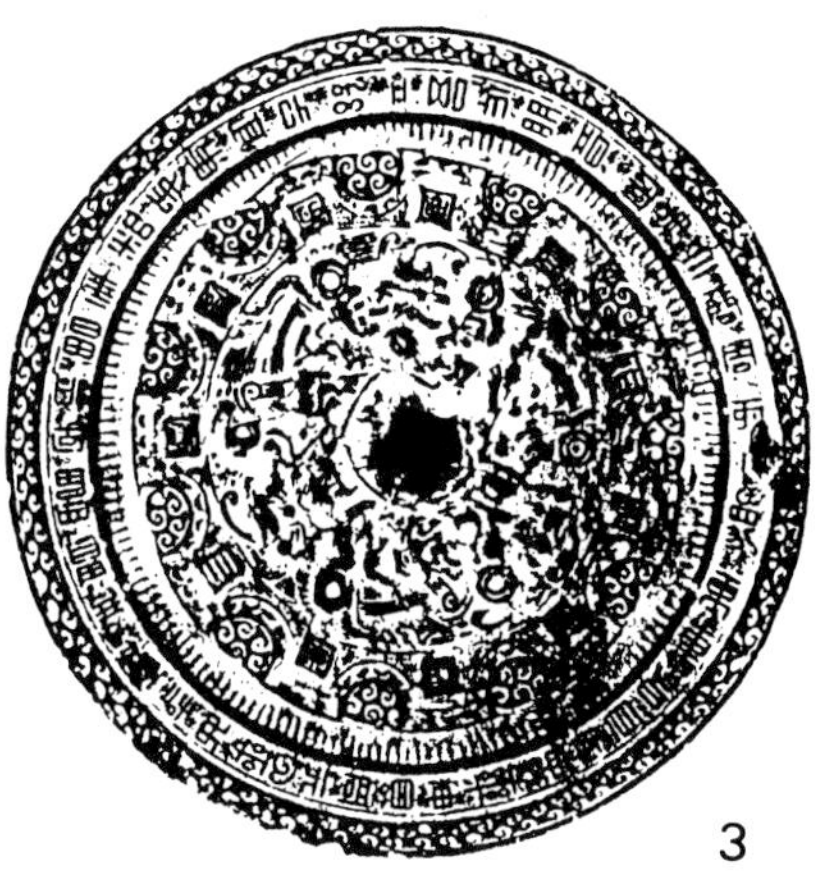

図33　漢神獣鏡類（1/2大）
1＝重列式神獣鏡　古鏡図録（面径約11.7cm）
2＝同前　安徽省蕪湖市赭山102号墓（面径12.7cm）
3＝環状乳神獣鏡　古鏡図録（面径約11cm）

である。他の数面は、「白虎青龍」の後の字句にやや差違がある。たとえば、「建安七年造　君宜高官」、「君宜高官　位至三公　子孫蕃昌　建安十年朱氏造大吉羊」の如くである。このほか二例ほど紀年銘を挙げておこう。

建安二十二年銘：「建安廿二年十月辛卯朔四日甲午太歳在丁酉時加未　師鄭豫作明鏡　幽湅三章　以而清眼（？）　服者大得高遠　宜官位為侯王　家□□富□居日□□孫子也」

建安二十四年銘：「建安廿四年六月辛巳朔十七日丁酉□　吾作明竟宜侯王　家有五馬千頭羊官高位至車丞　出止□人命当萇生　安□日月以衆」

環繞式神獣鏡　放射式神獣鏡とも呼ばれている。半球式の円鈕、円圏鈕座をもつ。神獣はいずれも鈕を中心として環繞式に配列される。つまり前述した「心対称式（求心式）」に配置されるのである。したがって、この鏡では、正面を向いてあぐらをかいた神獣が縁部のどの方向からでもみることができる。

環繞式神獣鏡はさらに環状乳神獣鏡、対置式神獣鏡、求心式神獣鏡の三種に細分される。

写69　環繞式神獣鏡
上海博物館蔵（面径16.2cm）

写70　環繞式神獣鏡
江蘇省江都県彬州郷出土（面径14.3cm）

環状乳神獣鏡——三組あるいは四組の神獣を鈕のまわりにめぐらせる。環状乳は天禄、辟邪などの獣形の骨節部にあたる。獣首は龍形あるいは虎形につくられ、右を向いて環繞するものが多い。東王公、西王母および伯牙弾琴、黄帝などの群像のほかに、侍神をそえている。神獣の外周には半円方格帯があり、外区は銘帯あるいは画文帯である〔図33―3、写69〕。画文帯の文様は複雑で、ある例では二神がおのおの円形のものと、六匹の龍をかかえている。これを太陽が六龍を駕し、羲和が車を御するという神話の故事に題材をとったものと推測する研究者もいる[53]。

対置式神獣鏡——その主要な特徴は正座する二体の神像が鈕を挟んで対置され、各神像の両側には神仙の方を向く獣が置かれる。一神二獣がひとつの文様単位となっている。その間には二体の神像と二体の神獣が各一組配置され、さらに神獣、禽鳥をいくつか配するものがある。対置された神像は東王公と西王母であり、上方には伯牙と鐘子期がいる。神像の外周には半円方格帯があり、さらにその外側は銘帯である〔写70〕。

求心式神獣鏡——前述した神像と獣とが組み合って一個の文様単位を構成する対置式神獣鏡とは異なり、各々の神像が独立して一個の文様単位をなしている。四神四獣が交互に配置され、神像は東王公、西王母、伯牙などである。神獣の外側に半円方格帯があり、外区は画文帯である。

環繞式神獣鏡の中には紀年銘鏡が多い。ここでは数例を挙げておこう。

元興元年紀年銘：「吾〔作〕〔明〕鏡　幽湅三商兮」（方格帯）

「元興元年五月丙午日天大赦　広漢造作尚方明竟　幽湅三商　周得無極　世得光明　長楽未央　富且昌　宜侯王　師命長　生如石　位至三公　寿如東王父　西王母　仙人子　立至公侯」〔元興元年五月丙午日、天に大赦す。広漢にて尚方の明鏡を造作せり。三商を幽湅せり。周得極り無し。世得（聖徳）光明なり。長く楽しみいまだ央きず。富かつ昌たり。侯王たる宜し。師の命長からん。生は石の如し。位三公に至らん。寿きこと東王父・西王母・仙人子の如し。位公侯に至らん。〕（銘帯）

永康元年紀年銘：「永康元年正月午日　幽湅黄白　旦作明竟　買者大富　延寿命長　上如王父　西王母兮　君宜高位　立至公侯　長生大吉　太師命長」〔永興元年正月午日。黄白を幽湅せり。旦

（吾）明鏡を作れり、買者大いに富まん。寿きことを延べ命長からん。上は（東）王父・西王母の如し。君高位たる宜し。位公侯に至らん。長生は大いに吉ならん。太師の命長からん。〕

建安二十四年紀年銘：「建安廿四年六月辛巳朔廿五日乙巳奇　吾作明竟宜侯王　豪(家)富日貴□有千万長生之寿　日月和楽□□己」〔建安廿四年六月辛巳朔廿五日乙巳奇。吾明鏡を作れり。侯王たる宜し。家富み、日貴し。千万長生の寿有り。日月和楽……。〕

神獣鏡は後漢代に登場する銅鏡である。その主題文様、つくりと半肉彫りの技法は、中国鏡が新しい段階に入ったことを示している。『焼溝漢墓』で一面、『広州漢墓』で三面報告されているこの鏡類は、いずれも後漢晩期墓から出土している。漢鏡のうちで神獣鏡の紀年銘鏡がもっとも多く知られており、『古鏡』には和帝の元興元年（紀元一〇五）、桓帝の延熹二年、三年（一五九、一六〇）、永康元年（一六七）、霊帝の熹平元年、二年（一七二、一七三）、中平四年（一八七）、献帝の建安元年、七年、八年、十年、十四年、二十一年、二十二年、二十四年（一九六、二〇二、二〇三、二〇五、二〇九、二一六、二一七、二一九）、延康元年（二二〇）の例が紹介されている。神獣鏡は後漢中期以降に出現し、次第に流行していったと考えられる。

現在の発掘資料をみると、『焼溝漢墓』で報告された一一八面の銅鏡中、浮彫りの手法をもつ神獣鏡はわずか一面のみである。河南省およびそのほかの黄河流域で発掘された漢墓からも神獣鏡は発見されていない。これに対して長江流域などでは比較的多く発見されている。『紀説』に収録された一〇数面の神獣鏡の出土地はいずれも浙江省と伝えられている。『浙江出土銅鏡選集』[54]と梅原末治の『紹興古鏡聚英』[55]にも数多くの神獣鏡が収録されている。このほか、発掘調査による神獣鏡出土の漢墓も江蘇省・安徽省・湖北省・広東省・広西壮族自治区・江西省などに分布している。後漢中期以後、神獣鏡は長江流域および中国南方地区で広く流布していたといえる。

（13）画像鏡類

画像鏡も、浮彫りの手法で神像、歴史上の人物、車馬、歌舞、龍虎、瑞獣などを図案の題材とする銅鏡である。[56] 神獣鏡とくらべて文様はやや扁平で、立体感にとぼしい。また神獣鏡とくらべ紀年銘をもつものは少ない。しかし、その主題文様は変化に富み、浮彫りの技法は巧みで、神人の姿態は絵画的手法で生き生きと描かれ、独自の様式をもっている。その豊かな題材、奥深い寓意、巧みな構想は、この鏡をすばらしい作品としている。画像鏡の文様は、四個の乳で四区画をつくり、環繞式に配置されることが多い。鈕座の外側には連珠文あるいは方格をめぐらせ、縁部は三角鋸歯文、流雲文、禽獣文などで飾っている。銅鏡の面径もかなり大きい。文様の内容によって歴史人物画像鏡、神人車馬画像鏡、神人禽獣画像鏡、四神・禽獣画像鏡に分けられる。

歴史人物画像鏡　半球式の円鈕、連珠文鈕座をもつ。鏡背の四個の乳で区分される四区画に環繞式に画像を配する。その画像の題材には伍子胥の故事がよく用いられている。一組は二人の人間が地に坐し、話し合っており、「越王」、「范蠡」と銘《しる》している。一組は非常に長い裙（スカート）を着て立っている二人の女性であり、「越王二女」あるいは「玉女二人」と銘している。一組は一人の男が幔幕の中に座しており、「呉王」と銘している。一組は一人の男が鬚と眉を怒りで逆立て、目を見開き歯をくいしばっている。手には長剣をもち、頸にあてており、「忠臣伍子胥」と銘している。この画面は、春秋時代の終わり、越王が范蠡と呉を陥れる策をめぐらし、玉女二人を賄賂として呉の太宰嚭に贈り、呉王がのんびりと満足してしまい、政《まつりごと》をかえりみなかったため、伍子胥が憤慨して自刎した故事を描いている。[57] 外区に銘帯をもつものがあり、銘文は、

「騶氏作竟四夷服　多賀国家人民息　胡虜殄滅天下復　風雨時節五穀熟　長保二親得天力　傳告後世楽無極」

である〔図34―1〕。

伍子胥画像鏡に関しては、早くも宋の姚寛が『西溪叢語』で次のように紹介している。「近頃一枚の鏡を得た。つまみが大きく、これを叩くと中はうつろである。冠と剣をもった四人の人物がおり、一人は忠臣伍子胥、一人は呉王、一人は越王、一人は范蠡と銘している。また、二人の

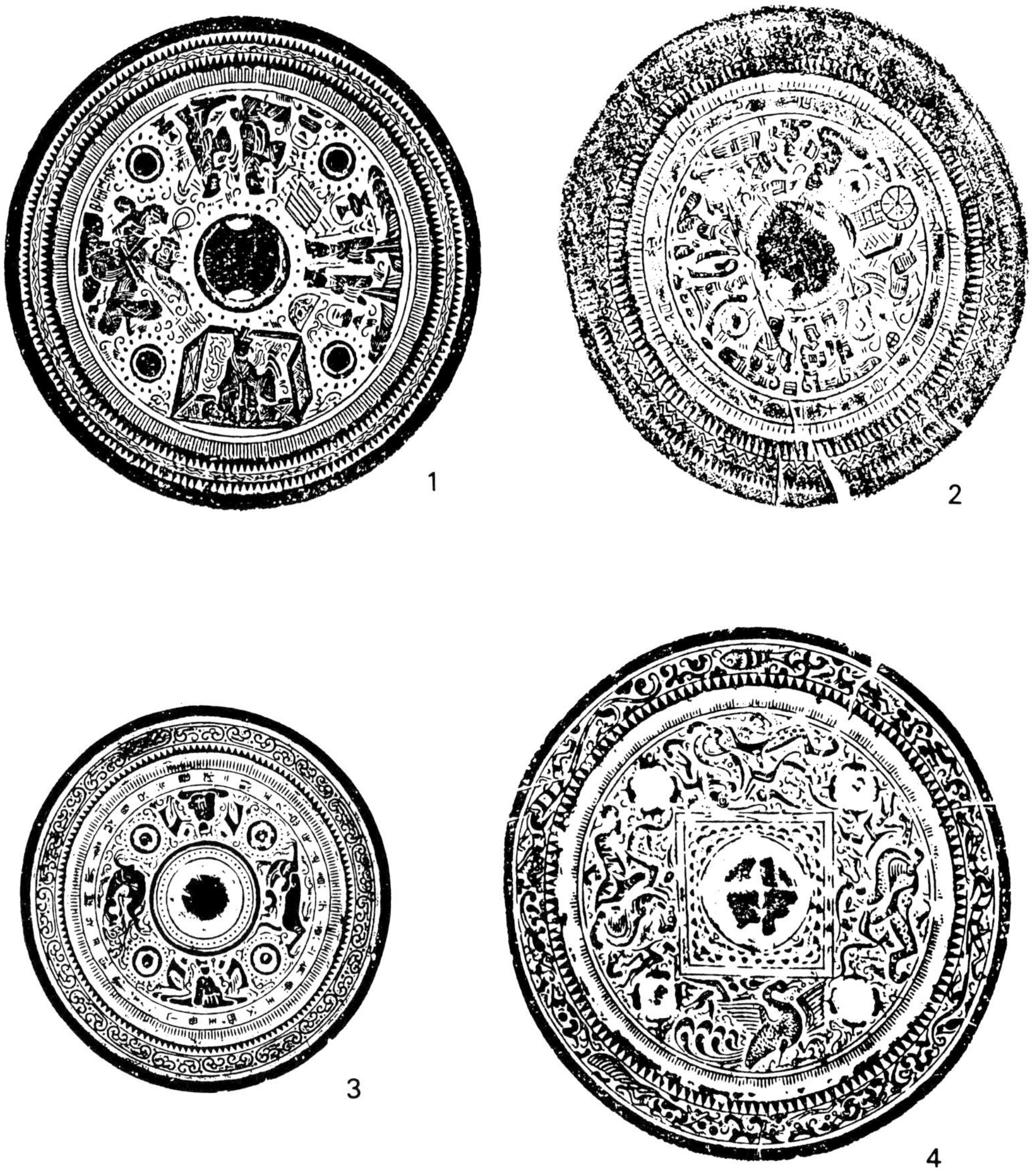

図34　漢画像鏡類（1/3大）
1＝歴史人物画像鏡　上海市文物保管委員会蔵（面径19.6cm）
2＝神人車馬画像鏡　河南省淇県高村（面径19cm）
3＝神人禽獣画像鏡　古鏡図録（面径約14.8cm）
4＝四神・禽獣画像鏡　浙江省紹興市漓渚（面径20.8cm）

写71　神人車馬画像鏡
伝浙江省紹興出土（面径22.9cm）

写72　神人車馬画像鏡
伝浙江省紹興出土（面径20.0cm）

婦人は越王の二女と云う。銘はいずれも小さな隷書体で、つくりは古い。」これは現在知られている伍子胥画像鏡とほぼ一致しているが、ただ銘文が若干異なっている。

神人車馬画像鏡　半球式の円鈕と、連珠文鈕座をもつ。座をもつ四個の乳が内区を四区分し、各区画に神人車馬を分置する。主題文様の構成は変化に富んでいる。たとえば、浙江省出土の神人車馬画像鏡の中には、一区に一二頭の駿馬が疾走し、一区に四頭の馬が車を引いて走っており、他の二区には神人と左右の侍者が静かに坐している例がある。またほかには二区に四頭の馬がならんで車を引いて走り、他の二区には神人と侍者、羽人を配している例もある。『紹興古鏡聚英』には多くの神人車馬画像鏡が収録されている。その構図はいずれも二区画に神人と侍者を対置し、他の二区画に馬車あるいはそのほかの文様を配している。車を引く馬の頭数は、三、四、五頭と一定しない。坐している神人の形は一般に大きめに表現されている。神人の傍に「東王公」と「西王母」と題款されているものがあり、日本の研究者の多くは、このふたつの大きめの神人は題款がなくとも東王公と西王母を描いたものと考えている。馬車の形態は多様で、馬車の両側に立てられた被《おお》いは高く、いろいろな形の小窓があけられている。たくましい駿馬が車の後に風にひるがえる長帛をひいて、馬車を馳駆させる場面を生き生きと描いている。画面の動と静との対比は際立っている。外区には銘帯、三角鋸歯文・双線波文の圏帯と縁部がめぐる。面径は一般に二〇センチ以上である〔図34―2、写71・72〕。

銘文は「尚方」銘第二種のほかに、「尚方」銘の第四種、つまり、

「尚方作竟四夷服　多賀国家人民息　胡虜殄滅天下復　風雨時節五穀熟　長保二親得天力」

がある。その他に「田氏」銘、「呂氏」銘、「騶氏」銘（銘文前掲）などの姓氏銘があるが、いずれも「尚方」銘第四種の「尚方」の二字を姓氏に変えただけであり、その他の字句はほぼ同じで、わずかに字句の増減がみられる。

神人禽獣画像鏡　半球式の円鈕と、連珠文鈕座あるいは双線の方格鈕座をもつ。また主題文様は四個の乳で分けられた四区画にそれぞれ配される。その内容は神人、龍虎、瑞獣などで、二区

画に神人を対置させる。たとえば図34―3に示したように、各区画には端座した神人と左右の侍者、牙をむき出し爪をふるう青龍、端座した神人と左右の侍者、頭をもたげ駆けまわる白虎が左回りに配置されている。この端正な姿の二人の神人の傍に「東王公」、「西王母」の題款をもつものがある。このほかに、銘帯と、三角鋸歯文・双線波文・流雲文の圏帯と縁部がめぐるものが少数ある。

西王母は画像鏡の主題文様と銘文中に頻繁に現れるが、それは偶然のことではない。漢代において西王母はすでに神話伝説上の中心的な人物になっていた。文献によれば、彼女は不老長寿の仙人であり、「西王母は道を体得している。西の果てにいて、いつ生まれ、いつ老衰するかなどは分からない（永遠の若さを保ちながら、人の世の生命をつかさどっている）。」[13]という。また、彼女は病難と刑罰をつかさどり、「西王母は、その姿は人間のようで、豹の尾をもち、虎のような歯で、よく咆哮していて、蓬髪に勝（玉製のかんざし）を載せている。この神は天の厲と五残とをつかさどっている。」という。郭璞の注によれば、「災害・五刑などの殺害の気を主として文配する。」[14]という。西王母のところには不死の薬があり、「羿が不死の仙薬を西王母に請い受けたところ、妻の姮娥がそれを盗み出して（飲むとたちまち仙人となって）月に逃げた。」[15]という。さらに西王母は子孫繁栄と家の興隆をもたらし「西の果てにいる王母に逢えば、我が九子を慈しみ、ともに王孫が万戸となって繁栄するのをよろこぶ。」[16]という。このほかにも西王母に関する伝説はたいへん多いが、ここではいちいち引用しない。もし、西王母の性格を漢鏡の銘文中の内容とつきあわせると、この題材が当時広く用いられた理由も十分に理解できよう。漢鏡の銘文には、不老長寿を求め、家の興隆を祈る内容が非常に多い。たとえば、「長宜子孫」、「子孫備具居中央」、「八子九孫治中央」、「子孫蕃息長相保」、「寿如金石為国保」、「保長命兮寿万年　周復始兮八子十二孫」、「上有仙人不知老　渇飲玉泉飢食棗」などである。不死の薬をもつ西王母を題材に用いることは、人びとの「朝夕美しく良くあれ」という願いを表している。このように、鏡の文様に現れる西王母の図像は、まさに当時の神仙思想の芸術面での典型的な反映である。

写73　禽獣画像鏡
伝浙江省紹興出土（面径19.7cm）

四神・禽獣画像鏡　構成やつくりは前述の画像鏡と同じではあるが、四神あるいはそのほかの禽獣を主題文様とする。四神のうち龍と虎が多く用いられ、その他の瑞獣がさらに配置される〔図34—4、写73〕。

現在の出土資料からみて、画像鏡は浙江省紹興での出土例がもっとも多い。『紹興古鏡聚英』の序言で、かつて紹興から出土した画像鏡は総数三〇〇面以上に達したといわれている。紹興以外にも浙江省杭州、江蘇省揚州・南京市、湖北省鄂城で画像鏡が出土している。しかし、黄河流域での出土はきわめて少ない。一九七七年に河南省淇県で一面の画像鏡が出土した（17）〔図34—2〕。その四乳間に配される文様は幌付の車、盤舞、侏儒を欺く東方朔、射覆《せきふく》と考えられている。[58] 銘文は、

「尚方作竟真大巧　上有仙人不知老」

で、面径は一九センチをはかる。この画像鏡は中原地区で唯一の出土例と考えられる。画像鏡は主に南方で盛行したとみられる。

画像鏡は紀年銘が少なく、加えて中原地区の出土がきわめて少ないために、その盛行の年代を確定することはむずかしい。その題材はほとんどすべて東王公や西王母などという神仙思想の内容をもち、このような思想が盛行するのは文献からみると六朝時代であることから、この鏡類は漢代よりやや降るとする見解がある。[59] これに対し、鏡銘に「王氏作竟」銘があることから、王氏は王莽を指すと考え、王莽代の鏡であろうとする考え方もある。[60] また漢末三国代に流行したとみる立場もある。[61] さらに、後漢中期以前の各種の銅鏡と比較して、新たに現れた神獣鏡と画像鏡とは文様の題材と製作技法に一定の共通性があること、画像鏡には紀年銘が少ないが、鏡のつくり、文様および出土状況から、その出現期をほぼ神獣鏡と同じであると考える研究者もいる。[62] 我々は最後の見解に同意する。後漢中期以後には神獣鏡が登場し、次第に流布してきており、したがって画像鏡の出現もほぼこの時期であろう。

（14）夔鳳（双夔）文鏡類

半球式の円鈕、円圏鈕座をもつ。この鏡類の主な特徴は、①二匹の夔が鈕を挟んで逆方向をとりつつ左右に対置される、いわゆる「軸対称」の文様構成をとることであり、②銘文が鈕の上下に縦方向に直行して配列されることである。無文の縁部をもつ。直行銘文双夔（鳳）文鏡と、双頭龍鳳文鏡に分けられる。[63]

直行銘文双夔（鳳）文鏡　銘文の内容から「位至三公」鏡、「君宜高官」鏡などとも呼ばれている。半球式の円鈕で、円圏鈕座をもつかあるいは鈕座をもたない。双夔（鳳）、もしくは二頭の龍鳳が鈕を挟んで配置され、鈕の上下には同じ字数の縦方向の銘文がみられる。少ない場合は各一字、多い場合は各四字で、たとえば「高（上）官（下）」、「位至（上）三公（下）」、「長宜（上）子孫（下）」、「君宜（上）高官（下）」「君宜高官（上）長宜子孫（下）」などである。そのほか内向する連弧文の圏帯をめぐらす例があり、無文の幅広の縁部をもつ〔図35―1・2、写74〕。

双頭龍鳳文鏡　半球式の円鈕と、円圏鈕座をもち、二条の屈曲した夔鳳（一端は夔首、一端は鳳首である）を対置している〔図35―3・4、写75〕。銘文をもたず、連弧文の圏帯をめぐらし、無文の幅広い縁部をもつものもある。

写74　直行銘文双夔文鏡
陝西省西安市緯十三街1号墓出土（面径9.6cm）

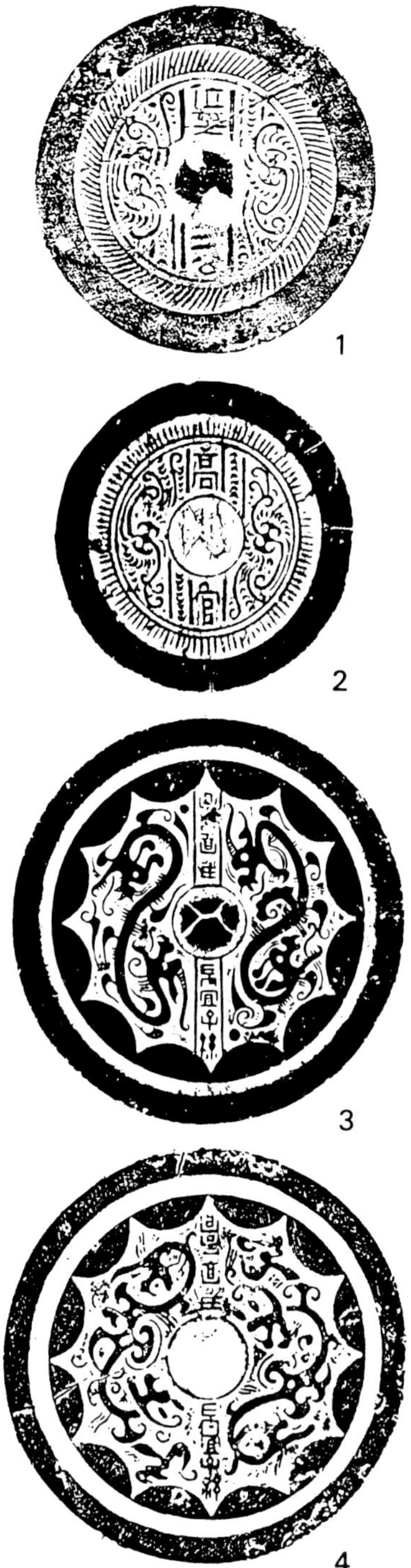

1
2
3
4

図35　漢夔鳳（双夔）文鏡類
1＝直行銘文双夔(鳳)文鏡　湖北省房県城関鎮二龍岡2号漢墓（面径8.8cm，1/2大）
2＝同前　古鏡図録（面径約7.7cm，1/2大）
3＝双頭龍鳳文鏡　古鏡図録（面径約14.7cm，1/3大）
4＝同前　河南省洛陽市焼溝120号漢墓（面径15.2cm，1/3大）

写75　双頭龍鳳文鏡
河南省洛陽市焼溝120号漢墓出土（面径15.2cm）

写76　盤龍鏡
広東省広州市先烈路広州5052号漢墓出土（面径11.8cm）

夔鳳文鏡は新たに登場した「軸対称」に文様を配列する鏡群の中でもよく知られている鏡類のひとつである。現在発見されている資料からみて、中国華北地方の河南省・河北省・陝西省・山東省などに主に分布し、さらに湖南省・湖北省でも出土している。

『焼溝漢墓』では、双頭龍鳳文鏡の時期は後漢中葉、直行銘文双夔文鏡は後漢晩期としている。「洛西漢墓」で報告された直行銘文双夔文鏡の時期は後漢晩期である。河北省武清鮮于璜墓から一面の直行銘文双頭龍鳳文鏡が出土しており、「長宜子孫」連弧文鏡が伴出している。[64] 鮮于璜は後漢安帝の延光四年（一二五）に没している。湖南省常徳一号後漢墓からは二面の直行銘文双夔（鳳）文鏡が出土したが、規矩鳥獣文鏡一面、多乳鳥獣文鏡二面、雲雷連弧文鏡一面、獣文鏡一面を伴出している。[65] これらはいずれも後漢晩期に盛行した銅鏡である。したがって、この鏡類は後漢中・晩期に盛行したのであろう。

(15) 龍虎文鏡類

半球式の円鈕、円圏鈕座をもつ。この鏡類の特徴は、厚く大きな鈕が多く、中心部に大きく位置を占めることであり、鈕座が主要な文様の一部となっているものさえある。主題文様は半肉彫りの龍虎あるいは龍文である。龍虎対峙鏡と盤龍鏡の二型式に分けられる。

龍虎対峙鏡　大きな半球式の円鈕をもち、龍虎各一体が鈕を挟んで口を開いて対峙する。龍虎の首の間と尾の部分に鳥獣、羽人、銭文などを配するものがある。外区に銘帯、櫛歯文・波文の圏帯をめぐらせる。無文縁である〔図36―1〕。

銘文には「青蓋」銘がある。

「青蓋作竟四夷服　多賀国家人民息　胡虜殄滅天下服　風雨時節五穀熟　長保二親得天力」

これは明らかに「尚方」銘第四種の系統に属し、「尚方」の二字が「青蓋」の二字に変えられているのみである。「呂氏」銘、「李氏」銘もあり、その範疇に属するが、字句に増減がみられる。

盤龍鏡　霊鼉鏡、鼉龍鏡とも呼ばれる。半球式の円鈕で、円圏鈕座をもつ。主題文様は半肉彫

図36　漢龍虎文鏡類（1/2大）
1＝龍虎対峙鏡　河南省陝県劉家渠８号漢墓（面径9.9cm）
2＝盤龍鏡　広東省広州市先烈路広州5052号漢墓（面径11.8cm）

りされた盤龍で、龍身は起伏に富み、口を開き身をよじりくねらせている。鈕と鈕座は龍身の一部をなす。鳥文、銭文、三角鋸歯文、波文あるいは獣文をめぐらせた縁部をもつ例がある〔図36―2、写76〕。少数ながら、

「張氏作竟大毋極　長陽保長楽未央」

のような銘文をもつ例もみられる。

この鏡類は「河南陝県劉家渠漢墓」の後漢晩期墓から出土している。[66]「紹興漓渚漢墓[18]」では後漢末期墓から、『広州漢墓』では後漢晩期墓から出土している。したがって後漢晩期に盛行したと考えられる。

以上、漢鏡の各鏡類のつくり、文様、銘文および盛行した時期について述べてきた。現状では漢鏡の変遷の傾向を次のように分析できる。まず、『洛陽鏡』の付表にまとめられた各期の鏡類および数量をみると、表2のようになる。また『広州漢墓』にも各期出土の銅鏡の統計表がつけてあり、参考になる。『焼溝漢墓』も六期に区分された墓葬からの出土数を表にしている。これらの資料と前述した各鏡類の盛行した時期をあわせて、我々は漢鏡の概要を以下のようにまとめてみた。

①　前漢初期には蟠螭文鏡類、蟠虺文鏡類、草葉文鏡類が用いられる。
②　前漢中期には草葉文鏡類が前代に引き続き用いられるとともに、星雲鏡、日光鏡、昭明鏡が新たに登場する。
③　前漢晩期および王莽代には日光鏡、昭明鏡が盛行し、その前半期に出現する四乳四虺鏡も多い。規矩文鏡類、四乳禽鳥鏡が新たに登場する。
④　王莽代および後漢早期には規矩文鏡類がもっとも主要な鏡である。
⑤　後漢代に入ると、前漢中・晩期に普遍的にみられた日光鏡、昭明鏡、四乳四虺鏡は次第にほかの鏡類にとってかわられる。

表2　『洛陽鏡』にみる各期の鏡類と出土数

時代／名称	前漢			王	後漢			本書の分類名称
	初	中	晩	莽	初	中	晩	
草葉文鏡	4	2		1				草葉文鏡類
蟠螭文鏡	4(3)	2						蟠螭文鏡、蟠虺文鏡
百乳鑒		6						星雲鏡
日光鏡		4	4	5				連弧文銘文、重圏銘文鏡類
昭明鏡		2	10	4				連弧文昭明鏡
連弧文鏡			1	1				連弧文銘文鏡類
四乳四螭鏡			3	1				四乳四虺鏡
四乳八禽鏡			2					四乳八禽鏡
四乳四禽鏡			1		1	1		四乳四禽鏡
四乳四獣鏡				1				四乳四獣鏡
規矩文鏡			3	5	7(1)	3		規矩文鏡類
変形八螭文鏡						1		多乳禽獣文鏡類
内連弧弦帯文鏡						2		雲雷連弧文鏡
長宜子生鏡						(1)		雲雷連弧文鏡
長宜子孫鏡						(1)		長宜子孫連弧文鏡
長宜高官鏡							1	長宜子孫連弧文鏡
変形四葉鏡			1				3	変形四葉文鏡類
人物画像鏡							1	神獣鏡類
夔文鏡						(1)2	1	夔鳳文鏡類
獣文鏡							1	龍虎鏡類

⑥後漢中期には規矩文鏡類が引き続き用いられる。連弧文鏡類、夔鳳文鏡類はすでに出現していて、盛行の兆しをみせる。南方の長江流域では神獣鏡と画像鏡が現れ、広く流布し始める。

⑦後漢晩期には連弧文鏡類（主に「長宜子孫」連弧文鏡）、夔鳳文鏡類および南方の神獣鏡類、画像鏡類が依然として盛行する。それ以外に晩期前半から登場する変形四葉文鏡類や龍虎文鏡類も流布する。

2　鏡背文様の題材と構成の大きな変化

漢代は中国鏡発展史の中でも重要な位置を占める時代である。中国鏡の中でも漢鏡の出土数はもっとも多く、中国各省、直轄市、自治区のほとんどすべてで発見されている。とくに河南省洛陽で出土した資料がもっとも豊富である。『焼溝漢墓』には二五五基の漢墓が報告されており、そのうち九五基から銅鏡一一八面、鉄鏡九面が出土している。「洛西漢墓」では二一七基が報告され、計一七五面が出土しており、銅鏡を出土する墓葬は全体の約二分の一を占めている。『広州漢墓』では四〇九基が報告され、一五七面が出土している。そのうち、前漢代の二七八基中の七七基から計八八面の銅鏡が出土していて、銅鏡を副葬する墓葬は全体の四分の一を超えている。後漢代の一三一基のうち五〇基から六九面の銅鏡が出土し、銅鏡を副葬する墓葬数は全体の三分の一を超える。「広西貴県漢墓的清理」には一二九基の漢墓（前漢墓二五基、後漢墓一〇四基）が報告されているが、銅鏡は一〇三面（前漢鏡一三面、後漢鏡九〇面）である。[19] このように漢墓から多量の銅鏡が出土していることは、漢代（とくに後漢代）において銅鏡がごく一般的な日用品であったばかりでなく、普遍的な副葬品のひとつであったことを示している。

漢鏡の出土数は戦国鏡をはるかに凌駕し、銅鏡を用いる習慣が急速に広がったことを物語っている。その一方で、製作技術と装飾文様の表現手法の点においても大きな発展を遂げている。漢鏡の発展を概観すると、前漢武帝代（つまり前漢中期）、前漢末年―王莽代、後漢中期の大きく三つの画期を認めることができる。

前漢中期　漢代前期の銅鏡には、戦国鏡の様式をそのまま踏襲する鏡類と、若干の型式変化がみられる鏡類とがあるが、全体としては戦国鏡の延長線上に位置付けられる。前者はこの時期に最終段階をむかえ、後者は前漢中期にも引きつづき用いられる。さらに、前漢中期には戦国鏡以来の伝統を濃厚に残しながらも、新たな特徴をもつ鏡類が登場する。これらは以後の中国鏡に大きな影響を与えている。前漢中期に新たに加わった特徴を列挙する。

一　四個の小乳で主題文様を四つの単位に区分する四分法が現れる。つまり草葉文鏡類、星雲鏡類、四乳禽獣文鏡類のうちの四乳四虺鏡などには、四個の小乳で鏡背を四等分し、その間に主題文様を配するという共通した特徴がみられる。星雲鏡類、四乳四虺鏡の四乳と主題文様とは環繞式に配列されている。草葉文鏡類の四乳は方格の四辺の中央にあり、左右対称に草葉文を配列している。四乳を基点とするこの四分法は武帝代に初めて出現したわけではないが、前漢中期に定型化し、広範に用いられるようになる。この文様構成法は後代の銅鏡にきわめて大きな影響をおよぼしている。前漢晩期以降に盛行した四乳禽獣文鏡類、後漢中期以後新たに登場する画像鏡類にも、この種の構成法はよくみられる。

二　主文が強調され、地文が次第に消失する。漢鏡と戦国鏡の明確なちがいのひとつは、地文と主文との区別が完全になくなることである。すなわち、地文がなくなり、主文が銅鏡の単一の図案文様となる。前漢前期には地文は急速に粗雑になる。前漢中期の草葉文鏡類、星雲鏡類、連弧文銘文鏡類、重圏銘文鏡類、四乳禽獣文鏡類では、地文の上に主文を描く表現手法はとられていない。当然のことながら、これは鏡背文様の表現手法の大きな変化であり、漢鏡のいっそうの普及とかかわっている。これ以後、銅鏡の主題文様に各種の文様を重ねる手法は歴史の舞台から消えてしまう。

三　主題文様はシンプルで、図案構成は単純である。前漢中期には、前代にくらべ構成が簡略化し、文様がシンプルになるという特徴が明確に現れる。連弧文銘文鏡類や重圏銘文鏡類では、鏡背文様の中で一圏または二圏の銘帯が大きな位置を占め、四乳四虺鏡では四乳間に極めて簡略化された四虺が描かれているにすぎない。無文で幅広の平縁にも何らの装飾もほどこされておらず、戦国鏡特有の荘重・細密な様式とは相違している。

四　銘文が次第に鏡背文様の一部となってくる。銘文は戦国時代末期にはじまるが、前漢初期でも何らかの文様の一部として配されるにすぎなかった。前漢武帝代前後に、ようやく銘文を銅鏡の主題文様とするようになる。連弧文銘文鏡類の銘文と内向する連弧文とはともに主文の地位にある。重圏銘文鏡類は完全に銘文が鏡背の主体となり、ほかの文様は従属的なものである。

前漢中期の銘文は、主に相思の情や富貴享楽の追求を反映したものである。「日光」銘、「昭明」銘がもっとも流行する。草葉文鏡類の銘文は簡潔で、辞句は比較的整っている。そのほかの鏡類では任意に句を切ったり、字句を減じさせるようなことが平気で行われている。さらに字句に俗字を用いたり、偏や画数を省略したりする上に、誤字もかなり目立つ。こうした傾向は漢代から魏晋南北朝代までみられる。羅振玉は『鏡話』の中でこれについて詳細に分析している[20]。

五　文様配置の変化にともない、新しい鏡類が誕生する。半球形状の鈕は戦国鏡にみられる稜鈕に完全にとってかわり、文様は鈕を中心にして環状に巻きつくような配置をとる。この種の鈕形は以後、中国鏡の鈕の基本形となる。前漢中期には円圏鈕座のほかに四葉文鈕座や、一二個の珠文を並べた連珠文鈕座も流行する。内向する連弧文の図案が広範に用いられる。草葉文鏡類や星雲鏡類の縁部はいずれも連弧文縁であり、一六弧のものが多い。連弧文銘文鏡類は鈕座の外側に内向する連弧文を配置し、その主文を形づくっている。これらはみな前漢中期以後の銅鏡の形式に影響を与えている。四葉文鈕座が発展して蝙蝠形の四葉文鈕座となり、さらに変形四葉文鏡類のように、蝙蝠形の四葉文が銅鏡の主題文様となってくる。このように連弧文銘文鏡類では内向する連弧文の図案は以後内区の主文として発展する。

要するに、前漢中期の銅鏡は、主題文様がやや単純であるとはいえ、前代を承け後代に影響をおよぼしている。さらに日光鏡や昭明鏡などは出土数が多く、広範囲な流布と長期にわたる使用の様相を際立たせている。

前漢晩期—王莽代　前漢晩期、とくに王莽代になると、再び大きな変化が生じる。

一　文様の題材に重要な変化が起こる。つまり四神を中心として様々な禽鳥、瑞獣が主題文様となるのである。連弧文銘文鏡類、重圏銘文鏡類、四乳四虺鏡など銘文を主としたり、図案の簡素な銅鏡が依然として流行している一方で、禽鳥、瑞獣、四神など別種の図案が相継いで出現する。これらは当然、当時の支配者層の思想と意識を反映したもので、中国鏡の発展史上に新たな意義をもたらした重要な意味をもっている。というのも、以後瑞獣や禽鳥は銅鏡の主要な文様のひとつであり続けるからである。

二　四神、動物、禽鳥の描写がさらに写実的になる。この時期、規矩鏡類、小乳をもつ禽鳥文鏡類を問わず、その文様図案には青龍、鳳凰、朱雀や、今日では名付けようのない瑞獣など、当時の人びとの想像や伝説の中の神獣、怪鳥が少なからずある。それらの多くは動物、禽鳥の形態をとっている。これらの図案は、人びとが生活の中で目にする鳥や動物が昇華され、誇張されたものであろう。以前の饕餮文、蟠螭文などのもつ凶暴で恐怖に満ちた雰囲気が一掃されただけでなく、禽獣文様の精巧で生き生きとした様は、強烈な現実感をもっている。これらの写実的に表現され、さまざまな姿態をとる禽獣は後代の銅鏡文様の基礎を形づくっている。

三　銘文の種類は多く、内容が豊富で、文字や字句はかなり融通性をもって配列されている。「尚方」銘がもっとも多く、銅質の良さをうたった「善銅」銘、「佳鏡」銘も次第に現れてくる。「王氏」銘、「朱氏」銘、「杜氏」銘といった姓氏を記した銘（紀氏銘）の登場は、顕著な特徴のひとつである。銘文中の高位高官・子孫繁栄・不老不死を祈る銘辞はもっともよくみられる吉祥句で、封建地主層の人生観を反映し、信仰迷信・神仙思想の流行を物語っている。また、「尚方」銘、紀氏銘や「善銅」銘の出現は、銅鏡の商品化が進んだことを示すとともに、日常生活に広く用いられたことをも意味している。発掘調査によって知られるように、後漢代に銅鏡の副葬が増加することも、このことを裏付けている。

四 この時期に流行した鏡類は主題文様が洗練されてきただけではなく、縁部の文様にも重きを置くようになる。以前は無文で幅広の縁部が多かったのに対して、流雲文、三角鋸歯文や双線波文などの縁部文様が四神、禽獣などの主題文様と結びつく。その結果、実用品としての銅鏡は高度な水準をもつ美術品となってくる。

後漢中期

一 文様の題材は多岐にわたり、その構成が複雑になる。神獣鏡、画像鏡に描かれる題材は中国鏡の発展が新たな段階に到達したことを示している。この時期、建安式重列神獣鏡の列仙図にその典型がみられるように、神仙思想の中でもとくに民間に広く流伝していた西王母、東王公にまつわる伝説がモチーフとして頻繁に採用されている。とくに興味深いのは、神仙世界を表した図案の中に、現実の生活が反映されていることである。たとえば神人車馬画像鏡と神人歌舞画像鏡にみられる生き生きとした駿馬、美しく飾られた馬車、舞い踊る神人、さまざまな姿態の侍者などである。

「漢代の芸術と人々の観念は古くから伝わるさまざまな神話と故事に満ちている。当時それらは欠くことのできない主題または題材となっており、人びとをひきつける大きな力をもっていた。伏羲女媧の蛇身人首、西王母・東王公の伝説とその姿、両腕が翼となった不老不死の仙人である王子喬、さらに赤兎金烏、獅虎猛龍、大象巨亀、猪頭魚尾など各種の奇怪な姿の禽獣は、それぞれ深い寓意と神秘性を具えている。」と李沢厚は説いている。(21) 漢鏡の文様と銘文中に表された神仙世界は、まさに当時の人びとに強い関心がもたれていた題材であったのである。

しかし、こうした神仙世界に対する強烈な思慕によって、人びとは現実の生活への激しい欲求を弱めたり、なくしたりすることはなかった。銘文中の、とどまるところを知らない高官厚禄への祈り、子孫繁栄への渇望、家常富貴への思いや、狩猟・車騎・歌舞の壮大な場面は、折りにふ

写77　居摂元年銘連弧文鏡
朝鮮民主主義人民共和国・平壌市大同江区石巌里出土（面径13.7cm）

れて羽化登仙への憧憬、不老不死の幻想と織りあわされ、封建地主層の世界観を典型的かつ集約的に再現している。[67] 豊富で多彩な神仙世界を理想とし、追求することが銅鏡の小さな空間に凝縮されている。そこに漢鏡の高い芸術性が認められるのである。

二　浮彫り（半肉彫り）技法が開発され、「軸対称」の文様配置方式が採用される。漢鏡の主題文様の表現技法は、前漢から後漢中期まで、草葉文鏡類、重圏銘文鏡類、連弧文銘文鏡類、規矩鏡類、小乳をもつ禽獣鏡類など、いずれも単線で輪郭を描くという手法を用いていた。つまり「線条式」と呼ばれている手法である。[68] 後漢中期以後、神獣鏡類、画像鏡類、龍虎鏡類などでは浮彫り技法が用いられ、主題文様は盛り上がって起伏をもつ。その姿は生き生きとし、躍動感に富んで写実的である。この浮彫り技法によって、文様の視覚的効果は線条式の平面的なものから半立体的へと変化し、後代の銅鏡にみられる肉厚な浮彫り技法が創始されたのである。

後漢中期以後の銅鏡では文様配置において「心対称」式の文様構成を脱却し、「軸対称」式の新様式が現れる。重列式神獣鏡、双頭龍鳳文鏡、直行銘文双夔鏡などは内区文様に重点をおいて構成し、文様の内容と表現の形式とがうまく統一され、完成度の高いものとなっている。たとえば重列式神獣鏡には神仙を階段式に配置する手法が用いられているが、一座一座の神龕が石壁に配列されているかのようで、その層次と配列は明確で、構図は荘重である。

製作年次、製作者の姓氏、製作地を示す銘文および銅鏡を宣伝する内容の銘文はいっそう盛行し、昇官、蓄財、神仙界を願い求める内容が一般的である。

現在のところ紀年銘のもっとも古い例は居摂元年（紀元六）である（写77）。しかし、紀年銘鏡が盛行するのは後漢中期以後であり、神獣鏡類と変形四葉文鏡類にもっとも多い。銘文では「君宜高官」銘、「長宜子孫」銘、「位至三公」銘などの昇官や家族の興隆を望み、祖先の名をあげ、子孫を潤すことを願う内容の短い銘文が流行した。「尚方」銘第三種も少なくなく、その形式（四字一句）および内容は、「尚方」銘第一・二種の形式（七字一句）および内容と明確な違いがみられる。

3　銅鏡鋳造センターの出現と鋳鏡技術の進歩

銘文中に銅鏡の質の優良なことや、それの使用が吉祥をもたらすことをうたったり、鋳造技術および機構、工匠、製作地に関する内容をもつものが現れる。そこから当時の銅鏡鋳造の状況がうかがえる。

鋳造地の問題　銘文中に現れる多くの製作機構（「尚方」鋳鏡）銘、製作者（紀氏）銘、製作地（紀地）銘は、漢代に官営・私営の鋳鏡業が発展し、銅鏡が次第に一般的な商品となったことを示している。

「尚方」は漢代において皇室のために御物を製作した官署で、少府に属する。[69]『漢書』百官公卿表には、少府の下に「尚方」がある。顔師古の注によれば、「尚方は主に禁器物を作る。」とある。『後漢書』百官志には「尚方令は一人、六百石である。本注に曰く、御刀剣やその他もろもろの好器物を工作するための工匠を掌る。丞は一人である。」とある。銘文中によくみられる「尚方作竟真大好」、「尚方御鏡大毋傷」、「尚方作竟四夷服」、「尚方明竟　幽湅三商」などの字句から、鏡鑑の製造が「尚方」の職掌のひとつであったことがわかる。「尚方」銘をもつ銅鏡の文様は精緻で、鋳造技術はおしなべて精巧であり、精品が少なくない。銅鏡の普及とともに「尚方」以外で製作した銅鏡にも「尚方」銘の銅鏡の文様や銘文を盗用する現象が生じた。

このほかに紀氏銘文、たとえば「王氏作竟真大好」、「朱氏明竟快人意」「杜氏作竟四夷服」「呂氏作鏡自有紀」、「侯氏作竟大毋傷」「騶氏作竟四夷服」「田氏作竟四夷服」、「師鄭豫作明竟」、「公孫家作竟」などは、製作者の姓氏を明確にしている。このことは銅鏡が商品として民間でも鋳造されていたことを示し、漢代鋳鏡業の大きな発展を物語っている。

後漢中期には鋳鏡業の発展にともなっていくつかの鋳鏡業の中心地が形成された。

会稽郡治の山陰（現在の浙江省紹興）は、後漢中期以後、江南地方の経済・文化とともに鋳鏡業の中心地でもあった。ここで出土した大量の銅鏡から、その主要な製品が後漢中期以後に新たに現れた神獣鏡、とくに画像鏡類であったことがわかる。

江夏郡（郡治は現在の湖北省安陸）も後漢代の鋳鏡業の重要な中心地であった。ここでは経済の繁栄、交通の発達がみられ、銅鏡の原料である鉱石も豊富に産出していた。鄂城から出土した多くの後漢・三国代の神獣鏡類、画像鏡類がこのことを十分に証明している。[70]

広漢郡（郡治は現在の四川省広漢の北方）、蜀郡（郡治は現在の四川省成都）一帯も主要な鋳鏡地区であった。多くの銘文がここで銅鏡を製造したことを伝えている。たとえば、元興元年「広漢造作尚方明鏡」、永嘉元年「造作広漢西蜀尚方明竟」、永寿二年「広漢造作尚方明鏡」、延熹二年「広漢西蜀造作明竟」、延熹三年「漢西蜀劉氏作竟」、熹平三年「広漢西蜀合湅白黄」などは、ここが官営の鋳鏡業の中心地であることを示している。

各地域で生産された銅鏡はそれぞれ固有の特色をもっており、前漢中期以来全国の銅鏡にみられた画一性がくずれ、つくりや文様に地域色が生じた。北方（黄河流域）では、主に連弧文鏡類、小乳をもつ禽獣文鏡類、変形四葉文鏡類、夔鳳文鏡類が盛行し、神獣鏡類と画像鏡類の出土はきわめて少ない。これに対し南方（長江流域）で神獣鏡類、画像鏡類が独自の発展を遂げたことは、以後重要な意味をもってくる。

漢鏡の金属成分　漢鏡には銅鏡の金属成分を示した銘文がかなりみられる。たとえば「湅冶銅華清而明」、「漢有善銅出丹陽　和以銀錫清且明」、「吾作明竟　幽湅宮商」、「尚方作竟　幽湅三商」「広漢西蜀　合湅白黄」、「煥玄錫之流澤」、「湅冶錫銅去其宰」などである。これは漢鏡の重要な特徴のひとつである。

「幽湅三商」銘はまた「幽湅三岡」、「幽湅宮商」と記される。学界にはその解釈については定説がない。見解のひとつでは、「尚書緯では刻を商という。鄭士昏礼目録を作りていわく〝日入りて三商、昏と為る〟といっている。すべて言葉で数を表している。」とする孔穎達の疏を引用

表3　漢鏡の金属成分

本書の鏡類の名称	原著名称	銅(%)	錫(%)	鉛(%)	亜鉛(%)
蟠螭文鏡	龍文鏡	70.28	26.91	0.54	0.41
連弧文銘文鏡	昭明鏡	70.00	23.36	6.60	未測
？	？	76.93	18.82	3.95	未測
神獣鏡	神獣鏡	66.74	23.06	8.71	0.34
規矩蟠螭文鏡	方格丁字蟠螭鏡	69.03	25.33	3.79	
草葉文鏡	方格四乳葉文鏡	67.13	23.49	5.69	
重圏昭明鏡	重圏清白鏡	68.22	23.38	4.92	
昭明連弧文鏡	内行花文明光鏡	67.22	24.88	4.75	
昭明連弧文鏡	内行花文清白鏡	68.88	23.55	4.97	
四乳四虺鏡	四乳変形夔龍文鏡	68.99	23.34	5.07	
四神規矩鏡	流雲文方格規矩四神鏡	66.70	24.22	5.18	
規矩禽鳥鏡	波文方格規矩禽鳥鏡	68.60	24.70	4.64	
雲雷連弧文鏡	内行花文鏡	68.24	23.75	4.62	
長宜子孫連弧文鏡	長宜子孫内行花文鏡	66.72	23.64	6.86	
長宜子孫連弧文鏡	君宜高官内行花文鏡	69.21	23.01	6.44	
四乳禽獣鏡	波文獣帯鏡	68.87	24.47	4.88	
神獣鏡？	半円方形帯鏡片	67.31	23.52	6.16	
神獣鏡？	画文帯環状乳神獣鏡片	68.08	23.20	6.13	

して、三商を三刻と解する。[71]

他の見解では、「三商」を三金、すなわち三種の金属と解釈している。[72] たとえば、『善斎吉金録』[73]での漢中平六年鏡の注釈に、「漢人、陰陽五行の学を言うを好む。故に仮に商を以て金に代う。……漢有善銅鏡銘に曰う、〃漢に善銅有り、丹陽に出ず、銀錫を以て和するに、清にして明なり〃、鏡を作るに、銅、銀、錫、三種を以て質とし、これを為すを証するに足る。三商を幽涑すとは、即ち、此の三金を幽涑の謂也」といっている。三商を銅、銀、錫の三種の金属と解釈したのである。中国の史籍の記載からすれば、「三商」を三金と解釈するのは妥当である。しかし、本当に銅、銀、錫なのであろうか。現代の成分分析では銅、錫、鉛の三種であることが証明されている。銅鏡の化学成分については内外の研究者により一部の分析結果が公表されており、表3に当時盛行した鏡類の合金成分を挙げておく。

表3に列挙した一八の数値のうち、前四例は『広州漢墓』から、後一四例は梅原末治「古鏡の化学成分に関する考古学的考察」から引用したものである。[22] これらから漢鏡の合金成分の比率は比較的安定していたことがわかる。一般に銅は六六―七〇パーセント前後で、六七―六九パーセントがもっとも多い。錫は二三―二四パーセント前後、鉛は四―六パーセント前後である。

現代からみても、このような銅・錫・鉛の合金比率は銅鏡の鋳造に適したものである。錫は比較的高温（たとえば五五〇度）で銅溶液中において溶解し、鋳型に注ぎこむと急速に冷却する。錫と銅とは一体となって凝固し、その合金は硬質なものとなる。錫の含有量が一七パーセントを超えると、とくに硬質になる。銅鏡に一定量の鉛を入れる目的は、鉛の比重が大きく、冷却の速度がやや遅いため、鏡面の均整化に役立つからである。鉛は溶液の還流状態をよくし、熱が溶液中を平均して伝わるようにする。また、鉛は冷却時に収縮する性質をもたないため、文様と銘文を正確に鋳出することができる。また気泡を減少させることもできる。漢鏡中には少量の亜鉛も含まれているが、それは気泡を減少させ、鋳型に注ぐ際に生じる収縮などの弊害を防ぐためである。

『淮南子』修務訓に「明鏡之始下型、曚然未見形容、及其粉以玄錫、摩以白旃、鬢眉微豪、可得而察。」（明鏡の始下型なり、曚然として未だ形容を見ず、及び、その玄錫を以て粉し、白旃を以て摩す、鬢眉微にして豪なり、而して察するを得る可し。」という記載があり、銅鏡を鋳造した後に研磨しなければならないことがわかる。つまり、これが鏡面に光沢をもたせる技法なのである。漢代の鏡銘中に現れる「煥玄錫之流澤」、「仮玄錫之流澤」は、一般にこの『淮南子』の中の「玄錫でこする」という工程を指すと考えられている。

では、鏡の研磨に用いられる「玄錫」とは一体何であろうか。これについては次のような諸説がある。まず、それを水銀にあてる説である。すなわち、白毛氈に水銀をつけて鏡面を研磨するのである。また、「玄」は黒を意味する語であるが、水銀は黒色ではない。『淮南子』玉篇には「鉛は黒錫となす」とあり、『宋史』食貨志にも「黒錫」と「白錫」とが併記されている。つまり鉛の性質は錫と似ているものの色調が錫よりやや黒いことから、「玄錫」は鉛をさしているとする説がある。[23]「玄錫」を「鉛粉」と「水銀」とを合成した「鉛汞剤」である可能性が高いとする説もある。[24]さらに、「玄錫」は水銀ではなく別の研磨剤であり、それはおそらく「錫石」、つまり純度の高い酸化錫であろうとする見解もある。[74]

銅鏡銘文中にはしばしば「漢（あるいは新）有善銅出丹陽」という句がみられるが、これは鏡の原材料の産出地を伝えている。『漢書』地理志に前漢代の丹陽郡に銅官があったという記載が

写78　透光鏡
上海博物館蔵（面径11.5cm）

ある。また、『漢書』食貨志には、

「金有三等、黄金為上、白金為中、赤金為下。」〔金に三等あり、黄金を上と為し、白金を中と為し、赤金を下と為す。〕

とあり、孟康の注に、

「白金、銀也。赤金、丹陽銅也。」〔白金は銀なり。赤金は丹陽の銅なり。〕

とある。『漢書』呉王劉濞伝でも、呉王濞の時に採銅業が盛んであったことを伝えている。以上のことから丹陽（現在の安徽省当涂）が漢代にもっとも有名な銅鉱山であったことがわかる。もちろん、銅鏡の「漢有善銅出丹陽　和以銀錫清且明」という銘は、材質の優良さを宣伝するものであって、この銘を持つ銅鏡の原料すべてが丹陽産とは限らない。

透光鏡　漢鏡の鋳造技術を語る際、古今内外の注目を集めた「透光鏡」を述べる必要があろう。いわゆる透光鏡とは、鏡面が日光またはほかの光を受けると、背後の壁などに鏡背の文様と銘文が映し出される鏡を指している。[75]

上海博物館には二面の透光鏡が収蔵されている。[25] 一面は日光鏡で、径七・四センチ、重さ五〇グラムをはかる。内区に八弧の連弧文、外区に銘帯をめぐらす。銘文は「見日之光　天下大明」で、二字ごとの間に「◎」または「◇」の記号がある。もう一面は昭明鏡で径一一・五センチ、重さ二八〇グラムをはかる。内区は同心円と八弧の連弧文、外区には銘帯をもつ〔写78〕。

この二面はともに本書の分類では連弧文銘文鏡類に属する。ともに漢代に盛行し、出土量も多く、広範な分布を示す鏡である。主に前漢武帝代から王莽代にかけて流行した。

銅鏡の透光効果および透光現象の原理については、すでに早くから人びとの注意を引き、研究されてきた。『太平広記』の記載では、隋の王度が持っていた透光鏡は「日光をあてて照らすと、反射光の中に鏡背の文様が写し出され、こまかな部分も損われることがない。」とある。[76] 宋の周密の『雲煙過眼録』でも「日光をあてると鏡背の文様が現れる。文様の突起した部分が明るく浮き上がる。」とあり、透光鏡について生き生きとした描写をしている。このほか、金の麻九疇の

『賦伯玉透光鏡』の詩や、明の郎瑛の『七修類稿』などでも、透光鏡についてふれている。さらに、宋の沈括、元の吾丘衍、明の方以智・何孟春、清の鄭復光などが銅鏡の透光効果についてくわしい検討を加えている、一九世紀以来、欧米と日本の研究者もこれについて活発に研究を行い、多くの見解を発表した。ただ、彼らの研究対象は、主に「魔鏡」（日本の透光鏡）であった。

現在、銅鏡の「透光」効果は鏡体の厚さが一定していないことから生じるものという見解が定説となっている。つまり鏡面の各部分に現れる文様は、鏡背の図案の凹凸とそれがもたらす曲率の違いによって生じるとされるのである。[26] しかし、この光の曲率の違いはどのようにして作り出されるであろうか。この点については研究者の間でも見解が異なる。すなわち、①銅鏡の加工過程での不均衡な研磨による、②鋳造過程での冷却速度の違いによる、③急速冷却法で加工する際にできるとする、④鋳造と研磨の際に各種の力が働くことによるとする、⑤製造過程での鋳造・急冷硬化（焼き入れ）・研磨・発光などの工程すべてが銅鏡の透光現象に影響を与えるとする、などの見解がある。これに対し、古鏡の透光現象は意図的なものではなく使用時に偶然発見されたもので、透光効果も鋳鏡と研磨の際に偶然生まれたものとする見方もある。

以上、銅鏡の透光効果に関するいろいろな見解を引用したが、古くから透光鏡が多くの人びとによって注目されていたことは十分に説明したであろう。いまださまざまな問題点があるが、透光鏡は中国古代冶金技術研究のひとつの資料である。銅鏡の透光の原理の究明は中国古代冶金史に重要な成果を必ずやもたらすであろう。

Ⅳ　中国鏡の停滞期

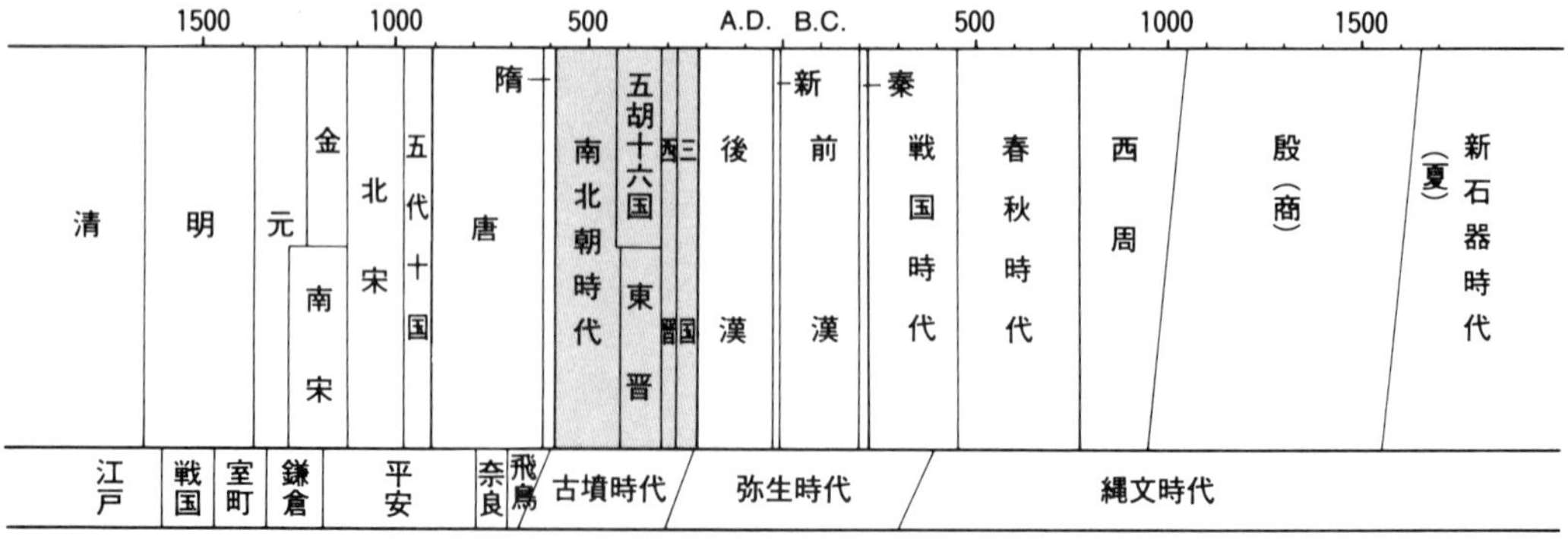

三国鼎立から隋朝の統一まで、中国は動乱の時代を迎えた。戦争が続き、各地は分裂・割拠し、階級矛盾と民族矛盾とが尖鋭化した。この時代、封建経済の発展のスピードは緩慢であったが、ただ南方経済は前代からの発展の勢いを比較的維持していた。そこで手工業の一部門としての鋳鏡業も、南方では盛んであった。しかし、総体的にみてこの時期は中国鏡の停滞期である。

1　魏晋南北朝銅鏡の分類

解放以来、魏晋南北朝期の発掘調査は大きな成果が得られている。墓葬についていえば、中原地区では洛陽地区の資料を中心として四期に編年され、長江中下流域では江浙（江蘇・浙江）地区の資料をもとに五期に編年されている。[1] ただし銅鏡の分類と編年は資料不足により十分な成果は得られていない。さらにつくり・文様・構成が主に漢鏡の系統を引き継いでいるため、これまで後期漢式鏡に含められることが多かった。[2] そのため、三〇〇年以上にわたるこの時期の銅鏡の発展状況は、いまだにはっきりしない。本書は伝世資料と発掘資料をもとに、主要な鏡類を中心として、以下のように分類し紹介していきたい。

（1）神獣鏡類　重列式神獣鏡・環繞式神獣鏡・画文帯仏獣鏡
（2）変形四葉文鏡類　変形四葉鸞鳳鏡・変形四葉仏像鸞鳳鏡・変形四葉獣首鏡
（3）夔鳳（双夔）文鏡類
（4）瑞獣鏡類

（1）神獣鏡類

重列式神獣鏡　半球式の円鈕と、円圏鈕座をもつ。配列の方法は建安重列式神獣鏡とほぼ同じで、五段に分けて神獣が配される。神獣の数は一定していない。七体の神像が配列されている場

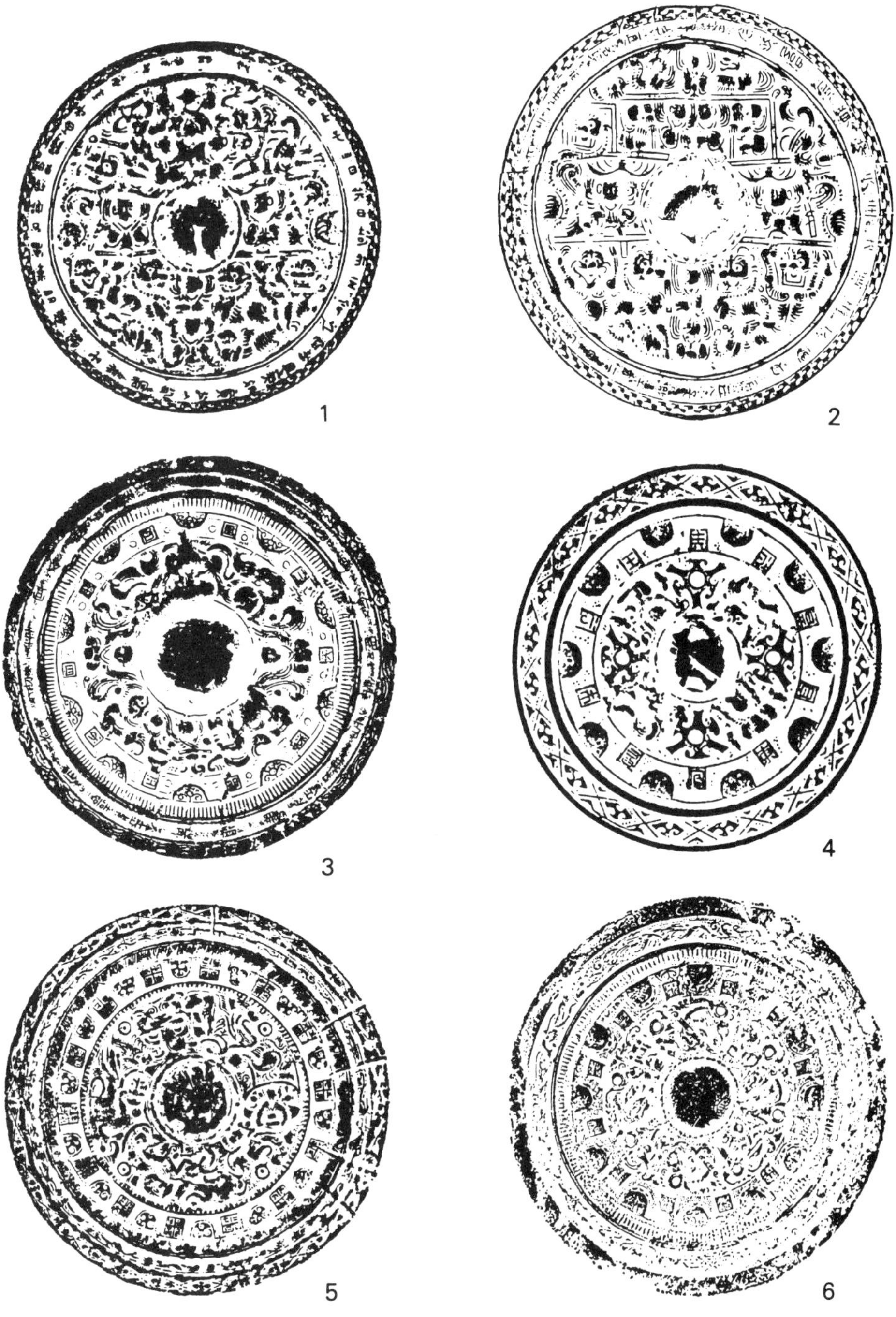

図37　三国両晋神獣鏡類

1＝重列式神獣鏡　小校経閣金文拓本(面径11.6cm, 1/2大), 呉
2＝　　同前　　　広西壮族自治区賀県高中(面径12cm, 1/2大), 呉
3＝環繞式神獣鏡　古鏡図録(面径14.5cm, 2/5大), 呉
4＝　　同前　　　湖北省随県唐鎮３号墓(面径11.2cm, 1/2大), 魏
5＝画文帯神獣鏡　河南省淇県高村(面径17.6cm, 1/3大), 西晋
6＝　　同前　　　江蘇省丹陽県(面径14.4cm, 2/5大), 呉

写80　重列式神獣鏡
広西壮族自治区費県高中出土(面径12.0cm)

写79　重列式神獣鏡
富岡益太郎旧蔵(面径10.9cm)

合、最上段には神像一体とその両側に禽鳥、第二段には神像二体、第三段には鈕を挟んで二体の神像、第四段には神像一体とその両側に怪獣、最下段は神像一体と玄武がそれぞれ配されている。龍、虎は神像の外側に配置され、軸対称をなしている〔図37―1・2、写79・80〕。林巳奈夫はこれらの神像を上から順に、南極老人、神農・蒼頡、西王母・東王公、黄帝、天皇大帝にあてている[3]。

　明確な横線で六段に分け、さらに縦線で小区画に細分し、全部で一九体の神像が配置されている例もある〔図38〕。たとえば写81の永安四年銘鏡では、鈕の上下が第二段と第五段で、それぞ

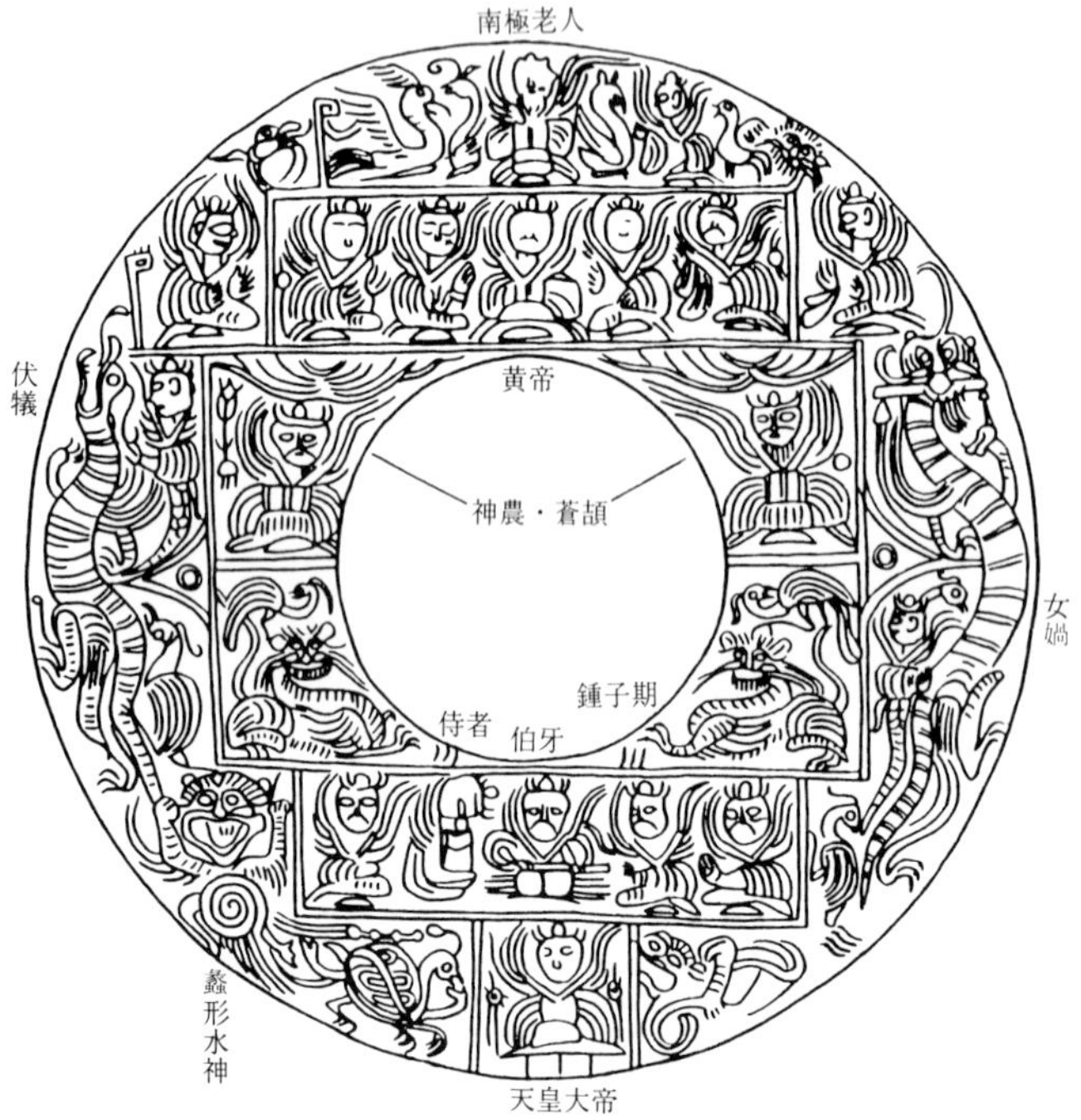

図38　永安四年銘重列神獣鏡内区の主題文様
(林巳奈夫「漢鏡の図柄二、三について」より。訳註3参照)

写81　重列式神獣鏡
五島美術館蔵（面径14.8cm）

れに五体の神像が配され、第二段の区画線外にさらにおのおの一体の神像が配置されている。第三段は鈕の東北、西北にそれぞれ一体の神像、第四段では鈕の東南、西南にそれぞれ一体の怪獣が配されている。最上段と最下段にはそれぞれ一体の神像と朱雀あるいは玄武が置かれる。青龍・白虎も縦方向に配置され、その身体は長く、第三・四・五段にわたって配されている。林巳奈夫はこれらの神像について、第一段を南極老人、第二段の中央のものを黄帝（?）、第三段を神農と蒼頡、第五段の中央を伯牙、右側を鐘子期、左側を侍者とそれぞれみなしている。また青龍、白虎にともなう神像を羲和と常羲（常娥）としている。

他の六段に分けられた神獣鏡では、神獣のほかに、第二段の神像の両側に二羽の朱雀、第六段には玄武、さらに縦方向に第三・四段にわたって左右に青龍、白虎が方位に従って配され、その文様表現はきわめて鮮明である。

上述した幾種かの重列式神獣鏡をみると、その共通した特徴は神獣と四神（青龍・白虎・朱雀・玄武）との組み合わせを主題とする構成内容である。漢代建安二十二年（紀元二一七）以前の重列式神獣鏡と比較してみると、漢鏡では鈕の上下に縦方向の「君宜官」銘文があり、神獣の形態はふっくらとしており、その身体は大きく、比較的密に配列される。それに対して、呉鏡には縦方向の吉祥銘はなく、神獣の形態も一般にやや小さく、配列も雑然としている。また各段は縦横の線で明確に区画されている。神獣の数が増加する傾向がみられる。四神の表現は鮮明で、とくに青龍と白虎は建安末年以来の発展の延長上にあり、その身体は痩長で、縦にのびて大きな部分を占めるようになる。

環繞式神獣鏡　半球式の円鈕で、円圏鈕座をもつ。神獣の構成をみると、四神四獣がこの時期の神獣鏡の基本である。従来、八神六獣、六神六獣、四神六獣、七神四獣、七神八獣、五神八獣など、名称は一定していなかった。しかし実際にはその基本は四神四獣であり、四大神・四大獣の間に若干の小獣と侍神が置かれているにすぎない。たとえば、八神八獣鏡とされていたものは、二大神の間にそれぞれ侍神が、二大獣の間にそれぞれ一小獣が置かれ、そのため八神八獣とされ

写82　環繞式神獣鏡
浙江省紹興出土（面径17.4cm）

たのである。しかし配列される構図の基本はやはり四神四獣なのである。このほか二神四獣鏡もある。二神が対置され、その間に二獣一組を二組配している。また三神四獣一鳳鳥を配したいわゆる神獣鳳鳥鏡がある。これも四神四獣のうち一神が鳳鳥に置き換えられたにすぎない。神人の上に双獣や双禽を配しているものもある。また神獣の外側を半円方格帯が取り巻くものもある。その方格の数は一定していない。方格中にも銘文を有するものがあるが、その銘文の字数は一定でない。外区には一周の銘帯をめぐらす〔図37—3・4、写82〕。

この時期の銘文について、羅振玉は「鏡話」の中で「しかるに文字はとりとめがなく、一字一字を明確にすることはできない」と指摘している。[4]文字の解釈が困難なため、多くの銘文鏡が発見されているにもかかわらず、完全に解釈されたものはきわめて少ない。

神獣鏡には紀年銘を有するものが少なくなく、とくに「黄武」〔紀元二二二—二二八年〕、「黄龍」〔二二九—二三一年〕、「嘉禾」〔二三二—二三七年〕、「赤烏」〔二三八—二五〇年〕、「建興」〔二五二・三年〕、「五鳳」〔二五四・五年〕、「太平」〔二五六・七年〕、「永安」〔二五八—二六三年〕、「甘露」[5]〔二六五年〕、「宝鼎」〔二六六—二六八年〕、「鳳凰」〔二七二—二七四年〕、「天紀」〔二七七—二八〇年〕など呉の年号をもつものが多い。以下、『紀説』およびそのほかの出土銅鏡の紀年銘の一部を列挙する。

黄武六年重列式神獣鏡

「黄武六年五月壬子四日癸丑　造作三命之宜王且侯　服竟之人皆寿歳　子孫衆多　悉為公卿収財数百牛羊而□□□□」〔黄武六年五月壬子四日癸丑。造作す。之を三命す。王かつ侯たる宜し。鏡を服する人皆寿歳、子孫あまた多く、悉く公卿と為り、収財百牛羊を数え、而して□□□□〕

赤烏元年五月半円方格帯神獣鏡

主銘——「赤烏元年五月廿日　造作明竟　百錬清銅　服者君卿　長薬（楽）未（央）　造鏡（?）先師　名為周公」〔赤烏元年五月廿日、明鏡を造作せり。清銅を百錬せり。服する者、君卿たらん。長く楽しみていまだ央きざらん。造鏡（?）の先師、名は周公なり。〕

方格銘――「日月天王之神」
太平元年半円方格帯神獣鏡
主銘――「太平元年　吾造作明鏡　百湅正銅　服者老寿　作者長生　宜公卿□」〔太平元年、吾れ明鏡を造作せり。正銅を百湅せり。服する者老寿ならん。作者長生せん。公卿□たる宜し。〕
方格銘――「天王日月　照四海　正明光。」〔天王日月、四海を照らす、正に明光なり。〕
太平二年半円方格帯神獣鏡
主銘――「太平二年　造作明鏡　可以詔（昭）明　宜侯王　家有五馬千頭羊」〔太平二年、明鏡を造作せり。昭明を以て可とす。侯王たる宜し。家に五馬千頭羊あり。〕
方格銘――「天王日月　天王日月」
永安四年重列式神獣鏡
「永安四年太歳己巳五月十五日庚午　造作明鏡　幽湅三商　上応列宿　下辟不祥　服者高官　位至三公　女宜夫人　子孫満堂　亦宜遮道　六畜潘傷　楽未」〔永安四年太歳己巳五月十五日庚午、明鏡を造作せり。三商を幽湅せり。上は列宿に応じ、下は不祥を辟す。服するは高官、位三公に至る。女は夫人に宜しくし、子孫堂に満つ。亦た遮道を宜しくし、六畜潘傷、楽未〕
宝鼎二年四月半円方格帯神獣鏡
「宝鼎二年四月五日　造作明鏡　百湅清銅　服者老寿」〔宝鼎二年四月五日、明鏡を造作せり。清銅を百湅せり。服する者は老寿ならん。〕
天紀二年重列式神獣鏡
「天紀二年七月七日日中　九湅廿七商　□鏡青（且）（明）　吏人仕患（官）高遷　位三公□□□延年」〔天紀二年七月七日日中、廿七商を九湅せり。□鏡青にしてかつ明なり、吏人官に仕えて高遷せん。位三公□□□延年〕

以上引用したいくつかの紀年銘をみると、内容はほぼ同じであり、「造作明鏡」銘系統ということができよう。第一句は紀年、第二句は一般に「造作明鏡」あるいは「吾作明鏡」、第三句は

写83　画文帯仏獣鏡
日本・大阪府河内金剛輪寺旧蔵（文化庁蔵，面径24.0cm）

「百湅清（正）銅」がもっとも多く、ほかに「幽湅三商」、「九湅廿七商」、「五練九章」などがある。第四句以下は長寿、昇官蓄財、家族興隆などを祈願する内容で「服者長寿」、「服者富貴」などの銘が多い。

神獣鏡の銘文の中には、工匠の名前と鋳造地を銘するものもあり、これについては後節で詳しく述べたい。

これまで発見された考古資料からみると、紹興・鄂城のほかに、江蘇省南京・江都・泰州・無錫、浙江省黄岩・安吉・武義・寧波、江西省南昌、湖南省長沙・瀏陽・常徳、広西壮族自治区全州・賀県、広東省広州などで神獣鏡の出土例が知られている。これらの地域は三国時代には呉の領域である。安徽省合肥、湖北省随県でも発見されており、[6]それらは魏の領域であるが、呉との国境に近い。洛陽、西安でも発見されているが、数はきわめて少ない。王仲殊は、合肥・随県出土の鏡は呉でつくられたものである可能性があり、さらに中原・関中・華北地区出土の神獣鏡や画像鏡もまた南方から輸入されたものと推測している。[7]また、銅鏡のつくり、銘文および出土地点などから、各種の神獣鏡は主として呉鏡であって、魏鏡ではないと論じている。

画文帯仏獣鏡　仏像と仏像を模倣した神仙像が、神獣鏡の神仙像にとってかわったものである。湖北省鄂城寒渓路において呉の中・後期の画文帯仏獣鏡一面が出土している。この鏡は円形で、半球式の円鈕をもつ。内区に四組の神像と四獣が交互に配置されている。そのうち二組はそれぞれ一像であり、東王公と西王母とされる。別の一組は二体の侍神よりなる。残りの一組が二体の仏像であり、一体は坐像、一体は立像である。坐像は蓮華座の上に結跏趺坐し、立像は脇侍であろう。主題文様のほかに半円と方格がおのおの一〇個あり、外区は一周の獣文帯、流雲文をもつ平縁で、直径一五センチをはかる。(1)

中国で報告されている画文帯仏獣鏡はわずかにこの一面であるが、日本では古墳出土例が四面報告されている。[8]樋口隆康の『古鏡』では、これを二式に分けている。

第一式は二面（長野県御猿堂古墳鏡・文化庁蔵鏡）あり、二尊像二組と三尊像二組の計四組の

写84　画文帯仏獣鏡(部分)

仏像が交互に配置されている。二尊像は坐像、立像各一体からなる。主尊の坐像は双髻で円形光背をもち、一尊は蓮華座上に坐り、一尊は二頭の獅子頭座に坐っている。右手を胸の前に置き、施無畏印を結び、左手は前に垂れている。立像は肉髻《にくけい》で円形光背はなく、左手に蓮枝状のものを持ち、開いた蓮華の上に立っている。三尊像は立像一体と坐像二体からなる。立像はともに中央に立ち、双髻、円形光背を有し、開いた蓮華の上に立つ。右側の坐像は、一方は蓮華座上に正坐し、他方は獅子頭座上に坐る。左側の坐像は、ひとつは顔を上に向け、他はうつむいている〔写83・84〕。

第二式の仏像も一式とほぼ同じである。ただ、三尊像の脇侍のひとつが半跏思惟の形をとり、二尊像の脇侍は蓮華座を有さないといった一式との違いがみられる。仏像の間には四つの環状乳にそれぞれまといつく蟠龍が配置されている。第一式では首を長くのばして三尊像中央の立像の頭部にせまっているが、第二式はそれほどでもない。半円方格帯の半円内には円形渦文があり、方格内には「吾作明鏡」、「幽湅三商」の銘文がある。

王仲殊と樋口隆康は画文帯仏獣鏡が中国製で日本に輸入された船載鏡であることをともに認めている(第二式の一面は日本の仿製鏡なので除く)。水野清一は紀元三〇〇年前後の晋代、樋口隆康は紀元四世紀としている。[9]

王仲殊はさらに一歩進めて、これらの銅鏡は黄河流域で鋳造されたのではなく、長江流域の呉鏡であるとしている。彼はそれらの鋳造年代が西晋の可能性もあるが、やはり呉の旧領であり、上述の鄂城出土の呉の中・後期の画文帯仏獣鏡の存在から、呉鏡の系統に属すると考えている。

これにより画文帯仏獣鏡は三国と両晋時代に使用されたことが知られる。

(2) 変形四葉文鏡類

変形四葉文鏡類は後漢後期に現れ、魏晋南北朝時代にも使用され続けている。出土した考古資料からみると、後漢代に流布した三型式のうち、変形四葉八鳳鏡が多くみられる。

写85　変形四葉鸞鳳鏡
江西省南昌市東湖区永外正街１号晋墓出土（面径12cm）

変形四葉鸞鳳鏡　半球式の円鈕をもつ。四葉文の多くは宝珠形をなし、その間に八鳳または四鳳が配される。縁部は内向する連弧文縁および無文の平縁である。四葉および連弧文の中に禽獣文を配置する〔図39—1〕が、鸞鳳の形態は図案化が進んでいる〔写85〕。これに対して、四葉文の間に一鳳を配したものは、生き生きと表現されている。これらは晋代、とくに西晋代に盛行した。河南省・江蘇省・湖南省・江西省・安徽省・浙江省など各省の墓葬から出土している。

変形四葉仏像鸞鳳鏡　形態と構図は前述の変形四葉鸞鳳鏡と同じで、仏像夔鳳鏡とも称される。[10]その特徴は変形四葉文の葉弁あるいは連弧文縁の中に仏像や飛天像をもつことである。近年、湖北省鄂城五里墩から一面出土した〔図39—2〕。半球式の円鈕をもち、四弁の柿の蔕《へた》状の変形四葉文が縁部に向かってのびて、鏡背を四区に分けている。各区画に二羽の向かいあった鳳凰がおり、尾翼をはね上げている。四葉の弁中にはすべて仏像が配され、そのうち三弁にはおのおの一尊の坐像がある。坐像は円形光背をもち、両頭の龍首の蓮華座上に正坐している。残りの一弁中には三尊像があり、中央の主尊像は円形光背をもち、手を顔のところへもちあげ、半跏思惟の形をとり、蓮華座上に側坐している。両側の脇侍は跪像と立像で、頭上に円形光背はない。縁部内側に内向する一六個の連弧文圏帯があり、各連弧文の中に龍・虎または鳳凰が配される。無文幅広の平縁で、直径一六・三センチをはかる。(2)

変形四葉仏像鸞鳳鏡は中国でこれまでの十数年のうちに報告されたものはわずかにこの一例だけである。ただし、鄂城出土の漢末、三国、晋代の夔鳳鏡中には少なからぬ変形四葉仏像鸞鳳鏡があるという。このほか、著作や図録に収録された伝世品が四面あり、日本、アメリカ、ドイツなどの博物館に収蔵されている。[11]東京国立博物館蔵の一面は、四枚の葉弁の中にすべて仏像が配され、うち三弁にそれぞれ一尊坐像、一弁に三尊像がある。アメリカの二面は一枚の葉弁のみに三尊像を置き、中央の仏像は蓮華座上に坐し、両側は立像のようである。ベルリン国立博物館蔵の一面は葉弁中に仏像はなく、連弧文圏帯の中の三弧に一体の仏像または飛天像が配されている。これらはすべて出土地が不明である。水野清一はそれらの年代を三世紀七〇年代から末とした。

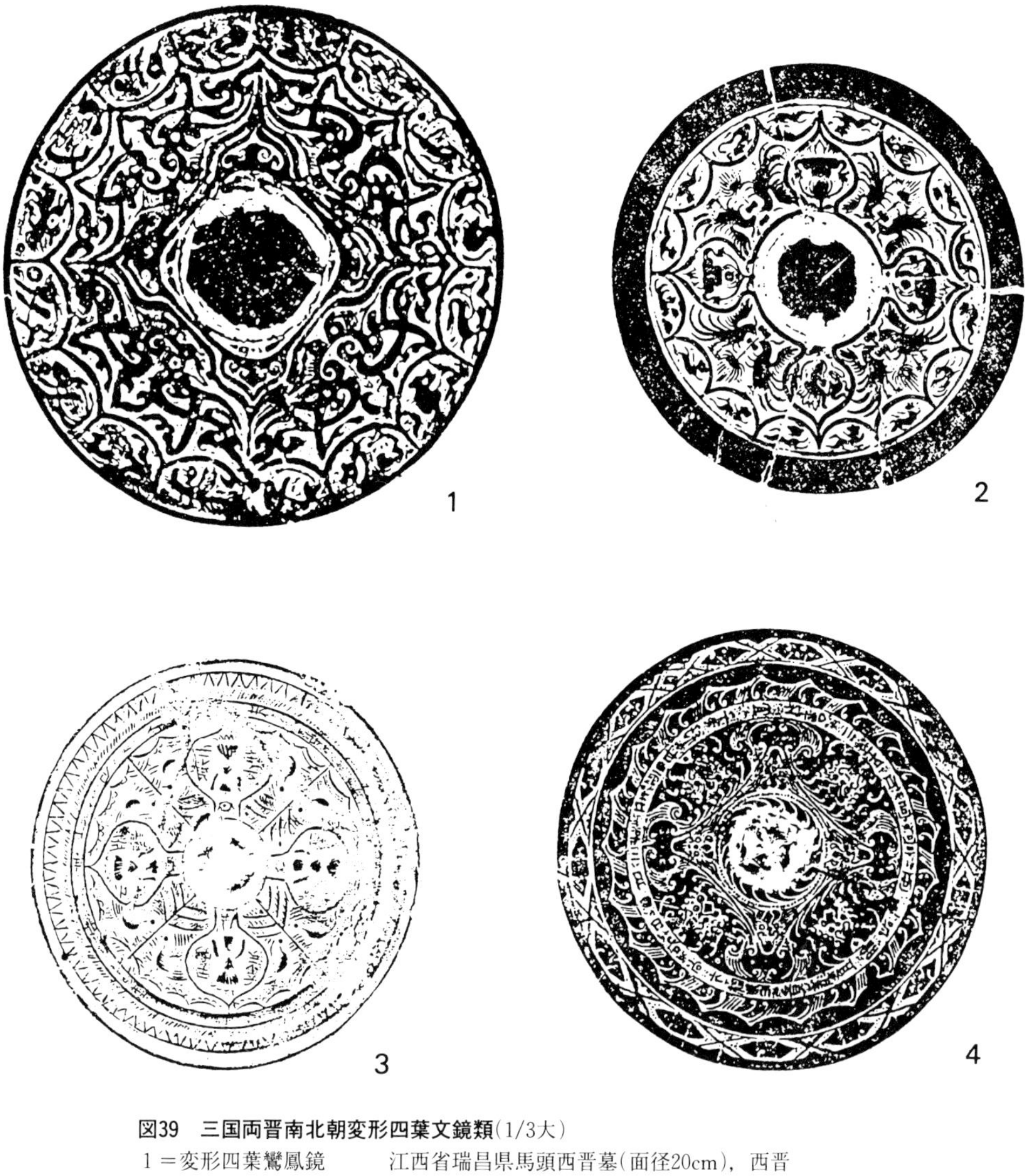

図39　三国両晋南北朝変形四葉文鏡類(1/3大)

1＝変形四葉鸞鳳鏡　江西省瑞昌県馬頭西晋墓(面径20cm)，西晋

2＝変形四葉仏像鸞鳳鏡　湖北省鄂城市五里墩(面径16.3cm)，西晋

3＝変形四葉人物鸞鳳鏡　浙江省金華市古方25号西晋墓(面径約15.3cm)，西晋

4＝変形四葉獣首鏡　中村不折氏旧蔵(面径16.6cm)，魏

写86　変形四葉獣首鏡
黒川福三郎旧蔵（面径16.6cm）

王仲殊は、鄂城出土の変形四葉仏像鸞鳳鏡は西晋鏡ではなく呉鏡であるとして、その製作年代を三世紀中葉としている。呉の都城である鄂城およびその周辺は変形四葉仏像鸞鳳鏡のもっとも重要な鋳造地である。[12]

変形四葉獣首鏡　半球式の円鈕をもち、蝙蝠形の四葉で四区に分けられる。その間に獣首をおく基本形態は、漢代の獣首鏡と同じである。

紀年銘をもつ魏鏡と漢鏡とを比較してみると、内向連弧文のカーブは漢鏡が強く、魏鏡はやや緩やかである〔図39—4、写86〕。四葉内の先端に一字または二字の銘があり、「君宜高官」、「位至三公宜侯王□」などの銘文を配している。主題文様の外側に銘帯が一周する。紀年銘としては、

「甘露四年五月十日　右尚方師作竟清且明　位至三公　□高官　□子宜孫」〔甘露四年五月十日、右尚方の師鏡を作れり。清にしてかつ明なり、位三公に至らん。□高官、□子、孫を宜からん。〕

「甘露五年二月四日　右尚方師作竟清且明　君宜高官　位至三公　保宜子孫」〔甘露五年二月四日、右尚方の師鏡を作れり。清にしてかつ明なり、君高官たる宜し。位三公に至らん。保ちて子孫宜からん。〕

などがある。

紀年銘をもたない銘文には、

「幽湅三商　周氏……東王公　西王母　山人子橋　赤只者　位至三侯　□昌作明鏡」〔幽湅三商、周氏……、東王公、西王母、仙人子橋、赤只者、位三公に至る。□昌明鏡を作る。〕

などがある。

獣首鏡は三国代・晋代に盛行し、伝世品を除くと、江蘇省・陝西省・湖北省・江西省などの墓葬から出土している。

（3）夔鳳（双夔）文鏡類

後漢時代に出現した夔鳳（双夔）鏡類は、魏晋南北朝時代にも引きつづき盛行した。その中で

図40　三国両晋南北朝瑞獣鏡類(1/2大)
四川省昭化宝輪鎮(面径12cm)，南北朝

も直行銘文双夔（鳳）鏡が多い。鈕の上下に縦方向に並ぶ銘文は「位至三公」といった一般的な辞句のほかに、「君宜」、「王至」などもみられる。河南省・安徽省・山東省・湖北省・湖南省・江西省・甘粛省・遼寧省などの墓葬から出土している。河南省洛陽の五四基の晋墓から計二四面の銅鏡が出土したが、「位至三公」夔鳳（双夔）文鏡が八面含まれていた[3]。

（4）瑞獣鏡類

方格銘獣文鏡とも称される[13]。円形を呈する。鈕のまわりを瑞獣と方格とが交互にとりまく例がある。四獣四方格、三獣三方格などの形式もある。方格内には銘があり、四字または一字を配する。このほか、漢代の龍虎対峙鏡と同じ構成をとり、龍虎が鈕を挟んで対峙するものがある。その外側には五つの方格と獣や禽鳥が交互にとりまき、無文の幅広の縁部をもつ〔図40〕。

瑞獣鏡類は漢代に出現し、漢の中平六年（紀元一八九）の紀年銘鏡が発見されている。四獣四方格で、方格内にはそれぞれ「吾作明竟」、「幽湅三羊」、「天王日月」、「位至三公」の銘がある。外区の銘帯には、

「中平六年正月丙午日　吾作明竟　幽湅三羊自有己　除去不羊宜孫子　東王公西王母　仙人玉女大神道　長吏買竟位至三公　古人買竟百倍田家　大吉　天日月」[4]〔中平六年正月丙午日、吾れ明鏡を作れり。三羊（商）を幽湅せり。自ずから紀あり、不祥を除去し、孫子宜からん。東王公西王母、仙人・玉女・大神道。長吏鏡を買うに、位三公に至らん。古人鏡を買うに、田家を百倍せり。大いに吉ならん。天日月。〕

とある。四川省昭化宝輪鎮の南北朝墓出土の前述の二型式の鏡には、主題文様のほかには方格内にそれぞれ一字があるのみで、銘帯はない[14]。

2 南方と北方の不均衡な発展

魏晋南北朝時代には新しい鏡類は出現せず、鋳鏡業は停滞期に入り、生産量は少なく、製作も粗雑であったとする指摘もある。しかし前述したように、公表された考古資料が少ないため、実際には状況ははっきりしていない。現在までに発表された資料と研究成果からみると、この時代には

①銅鏡の種類がいくつかの鏡類に限られてくること
②新たに創案された鏡類が少ないこと
③南北の地域色が依然としてみられること

といった特徴が認められる。

後漢代は銅鏡が隆盛を極めた時代であり、多くの新しい鏡類と文様の題材が現れた。ただし、ある種の鏡類、たとえば神獣鏡類は後漢代に現れているが、魏晋代にいたってようやく盛行したのである。魏晋南北朝時代の銅鏡は基本的に漢鏡の様式を踏襲し、その種類は多くなく、鏡類も限られ、新たに創案されたものはきわめて少ない。この時代、神獣鏡類がもっとも広く流布し、次に変形四葉文鏡類と直行銘文双夔鳳鏡類、さらに連弧文鏡類が多い。変形四葉文鏡類の中では変形四葉八鳳鏡が多い。変形四葉獣首鏡は、出土した紀年鏡からみて、三世紀中葉に最盛期を迎えている。

当然のことながら、まったく変化がなかったわけではない。銅鏡文様に現れた仏像図案がその顕著な例である。後漢以来の神獣鏡類の文様は、東王公・西王母を題材としたものがたいへん多く、民間伝説上の仙人や歴史上の人物も題材として採用されている。三国時代にいたって、仏像図案が次第に銅鏡文様にとりいれられはじめた。この傾向は両晋時代にいたってさらに顕著にな

る。日常的に使用された銅鏡に仏像図案がとりいれられる現象は、長江中・下流域の呉の領内における仏教伝来の状況を考えるのに重要な意味をもっている。

後漢中期以後にみられはじめる南方と北方の鏡類の違いは、魏晋南北朝時代にいたっても依然として明確である。紹興、鄂城を主とした南方の広大な地域で神獣鏡、画像鏡が流行した。たとえば湖北省鄂城では、ここ二〇余年来、発掘された後漢・三国・晋代の墓葬から多くの銅鏡が出土しており、そのうち呉代のものが多い。王仲殊が述べた一〇〇余枚の代表的な銅鏡をみると、そのうち神獣鏡が四〇余枚含まれている。このほか今までに公表された統計的に使える資料では、湖北省・湖南省・江蘇省・浙江省・安徽省・江西省・広東省・広西壮族自治区・貴州省から出土した神獣鏡は四〇余面に達し、各類の銅鏡の中でもっとも多い。これに反して、北方では依然として規矩鏡、連弧文鏡、変形四葉獣首鏡、変形四葉夔文鏡、夔鳳文鏡、盤龍鏡が流行していて、神獣鏡はきわめて少ない。たとえば「洛陽晋墓的発掘」では、五四基の墓葬から二四面の銅鏡が出土したが、神獣鏡はわずかに一面のみで、これが現在までのところ洛陽晋墓出土の唯一の例である。[5] ただし、直行銘文双夔鏡（「位至三公」銘）が八面も出土した。このほかに変形四葉八鳳鏡、「長宜子孫」連弧文鏡、日光鏡、昭明鏡、規矩鏡、禽獣文鏡なども出土している。以上から南北両地区の銅鏡の地域色がはっきりしていることがわかる。

長江中・下流域の鋳鏡業は引きつづき発展した。浙江省紹興は後漢中期以後、鋳鏡の中心であり、呉代にいたって最盛期を迎えた。神獣鏡類の銘文に鋳出された多くの工人名と鋳造地名は、鋳鏡業の発展情況を理解するのに重要な資料を提供している。

鄂城出土の「黄初二年十一月丁卯朔廿七日癸巳」紀年銘鏡二面には、「揚州会稽山陰師唐豫命作竟」（揚州会稽山陰の師唐豫に命じて鏡を作る。）とある。また伝紹興出土例と出土地不明の二面の黄初三年紀年銘鏡にはともに、「師卜徳□合作明金竟」（師卜徳□合わせて明鏡を作る。）という銘文がある。鄂城出土の「黄初四年五月丙午朔十四日」紀年銘鏡と、伝世品の「黄初四年五月壬午朔十四日」紀年銘鏡にはともに「会稽師鮑作明竟」（会稽の師鮑明鏡を作る。）の銘文がある。この

ほかに、

「黄武五年二月午未朔六日庚巳揚州会稽山陰安本里」〔黄武五年二月未朔六日庚巳、揚州会稽山陰の安本里〕

「（黄武六年）会稽山陰作師鮑唐」〔（黄武六年）会稽山陰の師鮑唐作れり。〕（鄂城出土）

「黄武七年七月丙午朔七日甲子紀主治時大師陳世厳作明竟」〔黄武七年七月丙午朔七日甲子、紀主治時、大師陳世厳かに明鏡を作れり。〕

「黄龍元年大歳在己酉九月壬子朔十三日甲子師陳世造三湅明鏡」〔黄龍元年太歳在己酉九月壬子朔十三日甲子、師陳世、三湅して明鏡を造れり。〕

「黄龍元年太歳在己酉七月壬子（朔）十（三）日甲子師陳世造作百湅明竟」〔黄龍元年太歳在己酉七月壬子（朔）十（三）日甲子、師陳世、百湅して明鏡を造作せり。〕

「会稽師鮑作明竟」〔会稽の師鮑、明鏡を作れり。〕

などがある。

これらの銘文から三国時代、会稽郡の山陰（現在の浙江省紹興）は中国でもっとも重要な銅鏡鋳造地区になっていたことがわかる。その製品は会稽の外へ商品として販送され、たとえば鄂城出土の神獣鏡の一部は紹興から輸入されたものである。さらに会稽の工人は紹興以外の地域に行って銅鏡を鋳造している。鄂城出土の黄武六年鏡の銘文にある「会稽山陰作師鮑唐」、「家在武昌思其少」といった語句は、紹興の工人が鄂城におもむいて鏡を鋳造した事実を示している。

湖北省鄂城においても銅鏡鋳造業はかなり大規模に行われていた。鄂城は呉代前期の都城の所在地である。この地の後漢・三国・晋代の墓葬から出土した多くの銅鏡には、前述した神獣鏡のほかに、規矩鏡、連弧文鏡、獣首鏡、龍虎鏡、夔鳳鏡、画像鏡などがみられる。神獣鏡には建安重列式神獣鏡が一〇余面、半円方格帯神獣鏡が二〇余面ある。これらは、先に引用した銘文から、一部は浙江省会稽から運ばれたものであり、残りは地元で鋳造したものであることがわかる。伝長沙出土の黄初二年銘鏡の銘文中に「武昌元作明鏡」とある。かつて梅原末治は「武昌元」を人名としたが、王仲殊は「武昌」は地名であるとした。[15] 彼の見解は妥当であろう。もちろん鄂城で銅鏡を鋳造した工人は会稽出身者である。

北方、黄河流域の魏の地では、右尚方が鋳鏡を掌る重要な官署であった。『通典』に、「秦が尚方令を置き、漢はこれにしたがった。後漢には尚方が御刀剣・玩好器物および宝玉作器を作るのに巧みな工匠を掌った。漢末に尚方を中左右尚方に三分したが、魏・晋はこれにしたがった。」とある。伝世鏡中の甘露四年と五年銘獣首鏡にはともに「右尚方師作竟　清且明」〔右尚方師鏡を作る、清にして明なり。〕とあり、景元四年銘規矩鏡には「景元四年八月七日右尚方工作立」とある。ともに右尚方の製造であることを示している。魏晋の三尚方の中で、右尚方が鋳鏡を掌る官署であったことが知られるのである。[16]

このほか注目すべきことは、日本出土の三角縁神獣鏡一〇余面の銘文に「銅出徐州　師出洛陽」〔銅は徐州に出《い》で、師は洛陽に出《い》ず〕、または「銅出徐州」などの字句がみられることである。たとえば、

「新作明竟　幽律三剛　配徳君子　清而且明　銅出徐州　師出洛陽　雕文刻鏤　皆作文章　左龍右虎　師子有名　服者大吉　長宜子孫」〔新たに明鏡を作れり。三剛を幽律せり。徳を君子に配せば、清にしてかつ明ならん。銅は徐州に出で、師は洛陽に出ず。彫文刻鏤し、皆文章を作《な》す。左龍右虎あり。師子名を有す。服する者大いに吉ならん。長く子孫を宜からん。〕

「吾作明竟　幽律三剛　銅出徐州　彫鏤文章　配徳君子　清而且明　左龍右虎　伝世右名　取者大吉　保子宜孫」〔吾明鏡を作れり。三剛を幽律せり。銅は徐州に出ず。鏤・文章を彫す。徳を君子に配せば、清にしてかつ明なり。左龍右虎あり。世に伝れば、名あらん。取る者大いに吉ならん。子を保ち孫に宜からん。〕

などである。中国においては「師出洛陽」の銘の銅鏡は現在なお未発見であり、わずかに遼寧省遼陽魏晋墓出土の方格規矩鏡の銘文に「銅出徐州」とあるのみである。[(6)]

富岡謙蔵はこれを根拠に三角縁神獣鏡が魏鏡であると推測した。[17] またこれを根拠に徐州が中原

地区の鋳鏡業の中心であった可能性が高いとする見解もある。[18]王仲殊は「銅出徐州」の銘文からだけでは鋳鏡業用の銅が必ずしも徐州産であるとはいえず、ましてや銅のとれない彭城（今の江蘇省徐州）産ではないとした。さらに、「師出洛陽」の銘文も、古人の誇張した虚辞であり、洛陽の工人によってつくられたとするには十分でないとした。[19]王仲殊の見解に従うならば、尚方銘をもつ鏡が必ずしも尚方工官でつくられたとは限らないし、「漢有善銅出丹陽」という銘をもつものが必ずしも丹陽の銅を用いてつくられたとは限らない、ということになると我々は考える。少なくとも「銅出徐州」の銘の出現は、その一帯が銅器を鋳造するのに良質の原料を有していたことを示している。また「師出洛陽」の銘については、日本でのみ発見されていることを考え合わせると、次のふたつの理由が考えられよう。ひとつは、洛陽の鋳鏡工人の技術が卓越しており、ある程度の高い評価を受けていたからこそ、鏡銘中で宣伝できたという可能性である。もうひとつの可能性は、当時の日本人は魏の宮都洛陽で中国を代表させていたので、「師出洛陽」銘によって中国の優秀な工人の手によるものであることを示し、宣伝効果を高めようとしたというものである。これらの銘をもつ鏡が中国においては発見されていないことを考えれば、後者の可能性が高い。[20]

3　日本の銅鏡鋳造に対する中国の影響

日本の古墳（主に紀元四世紀の前期古墳）から、大量の「三角縁神獣鏡」と呼ばれる銅鏡が出土している。三角縁神獣鏡とは、隆起した縁部の端が尖り、断面が三角形を呈する神獣鏡をさす。高橋建自が三角縁神獣鏡と命名して以来、この名称は広く使用されている。[21]その後さらに「仿製鏡」と「舶載鏡」とに分けられた。前者は中国の銅鏡を模倣製造したものをさし、後者は中国から輸入された銅鏡とされた。[22]調査・研究が進展するとともに、舶載とされる三角縁神獣鏡はすで

写87　三角縁二神二獣鏡
伝日本・岡山県備前市香登丸山古墳出土（面径21.6cm）

写88　三角縁三神三獣鏡
日本・福岡県京都郡苅田町南原石塚山古墳出土（面径22.3cm）

に三〇〇余面に達している。樋口隆康は『古鏡』において、これら舶載鏡の特徴として、

①直径が二〇センチを超す大形鏡が多いこと
②外区にはふたつの鋸歯文帯とその間の一本の双線波文帯からなる三本の圏帯があること
③内区のもっとも外側に銘帯・獣文帯・唐草文帯・波文帯・鋸歯文帯・半円方格帯などの圏帯がめぐること
④主題文様は四個あるいは六個の小乳によって分けられ、その間に神獣を配すること
⑤図像の配置は求心式と同向式の二者があること
⑥銘帯上の銘文は八種のグループに分けられること

などの点を指摘している。求心式の配置には四乳式と六乳式がある。四乳式には二神二獣と四神四獣のふたつの基本型式〔写87〕があり、六乳式は三神三獣を基本型式とする〔写88〕。さらにこれらの基本型式が発展して各種の型式が現れる。主題文様は東王公、西王母、龍虎などである。同向式は鈕の上下左右に東王公、西王母、伯牙、黄帝の四組の神像を配し、その間に四獣を配置する〔写89〕。

仿製三角縁神獣鏡は日本で鋳造されてきたもので「倭鏡」[23]に属し、容易に舶載鏡と識別できる。しかし舶載鏡に関しては検討すべき問題点が多い。一般に、学界ではそれらが中国で製造された後、日本に輸入されたと考えられ、かつ魏鏡であるとみなされてきた。しかし近年、三角縁神獣鏡は呉鏡であり、中国南方から日本へ舶載されたものであるという説が登場した。中国と朝鮮半島において三角縁神獣鏡が発見されていないことから、森浩一などは中国製ではないのではないかと疑い、中国の工人が日本に来てから製造したと考えている。[24] 王仲殊は三角縁神獣鏡は日本へ渡った工人が製作したもので、彼らは主に呉の工人で、魏の工人ではないと断定した。[7] 彼らは日本に渡来した後、画像鏡と神獣鏡とを結合させたが、その主要な特徴は依然として神獣鏡のものであった。王仲殊の見解は、三角縁神獣鏡の起源に関する問題を提起しただけでなく、一歩進んで、呉の鋳鏡工人が日本の銅鏡の発展に貢献したという問題をも提起した。呉の工人が日本に渡

写89　三角縁四神四獣鏡
日本・岡山県立博物館蔵（面径22.4cm）

来して銅鏡を製作したとする見解の妥当性はともあれ、呉鏡が日本に舶載されていることは事実である。このことは日本で発見された多くの神獣鏡と画像鏡のつくりや文様が呉鏡の影響を受けていることからもうかがえる。

文献と出土遺物から、呉鏡のほかに、魏鏡もまた日本へ舶載されたことがわかる。『三国志』魏書東夷伝倭人条（いわゆる「魏志倭人伝」）によれば、景初二年（紀元二三八）六月、倭の女王卑弥呼が魏に朝遣した時、魏の明帝曹丕から下賜された品物の中に「銅鏡百枚」がある。この数は決して少なくない。この百枚の銅鏡が一体どのような鏡類のものであったかは、文献から考察する術はない。[25]

日本ではこれまで魏の紀年銘をもつ銅鏡が四面出土している。[26] 一面は大阪府和泉市黄金塚古墳出土の景初三年（二三九）の画文帯同向式神獣鏡で、銘文には、

「景初三年陳是作詺　詺之　保子宜孫」（景初三年、陳是鏡を作り、之を銘す、子を保ち、孫を宜しくす。）

とある。他の三面は三角縁同向式神獣鏡である。そのうち一面は島根県神原神社古墳出土の景初三年銘鏡である。また二面は正始元年（二四〇）銘の同笵鏡で、兵庫県豊岡市森尾古墳と群馬県高崎市芝崎古墳から出土している。銘文は、

「正始元年陳是作鏡　自有経述　本自荊□　杜地命出　寿如金石　保子宜・孫」（正始元年陳是鏡を作る。自づから経述あり、本は荊□より出ず、杜地命出、寿は金石の如し、子を保ち孫を宜しくす。）

とある。一般にこの四面の鏡は魏から倭の女王卑弥呼に下賜された百面の銅鏡の一部であると考えられている。しかし、王仲殊はこの三面の三角縁神獣鏡も、呉の工人が日本で製作したものと考え、さらに黄金塚古墳出土の鏡も同様の疑いがあるとしている。また、魏が贈った鏡は三角縁神獣鏡を除いた日本と中国で確認されている同時期の中国鏡の中から考えられ、神獣鏡と画像鏡は基本的には含めるべきでないとしている。研究者間の見解に相違はあるが、我々は魏と邪馬台国との交流は密接であり、日本に舶載された魏鏡は少なくなかったであろうと考える。

総じてみると、三国から晋代にかけて、魏鏡・呉鏡が日本へもたらされただけでなく、工人も渡来して銅鏡をつくり、技術を伝えたのである。このほか、山崎一雄・室住正世などは三角縁神獣鏡と三角縁仏獣鏡が含む鉛の同位体比を分析し、それらが中国産の鉛に属し、日本のものではないとした。[27] それを中国北方産の鉛に属すると考える研究者もいる。[28] 王仲殊は、たとえそうであったとしても、呉の工人が日本へ渡って魏から運ばれた原料で銅鏡を製作したのだと考えている。もしこの推測が正しければ、鋳鏡用の原料も中国から運ばれたことになる。このように、魏晋南北朝時代の中国は、日本の銅鏡製作に大きな影響を与えている。[29]

V　中国鏡の高度な発展

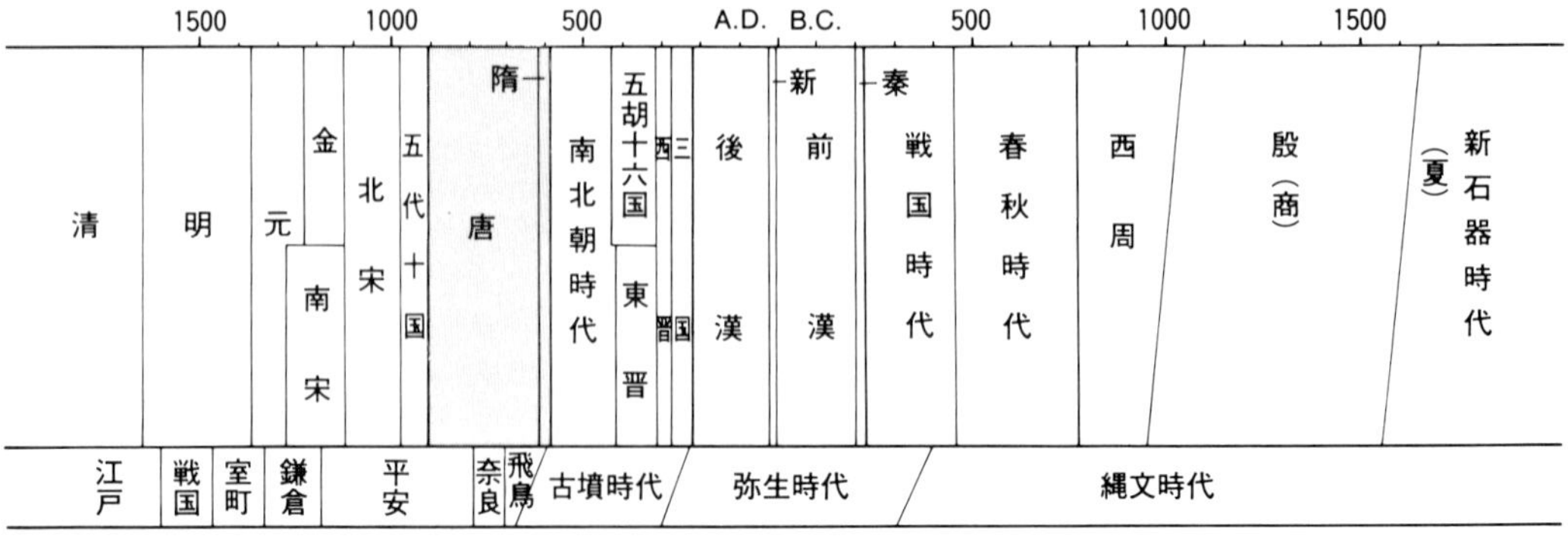

紀元五八一年に建国した隋は五八九年に陳を滅ぼし、三〇〇年以上にわたる南北朝の分裂に終焉をもたらした。続いて興った唐朝は全国を統一し、封建制度のもとで政治・経済・文化は繁栄した。唐代における社会経済の発展の重要な一面として、手工業の発達・隆盛があげられる。その中でも、金属鋳造業、とりわけ鋳鏡業の発達はいちじるしく、多くの優品を生みだした。その造形・題材・鋳造技術は独特の様式をもち、中国の銅鏡史において重要な位置を占めている。

1 隋唐代銅鏡の分類

新中国の成立以来、隋唐代の考古学研究は大きな発展をとげた。西安・洛陽といった唐代の両京を含む中原地区で数千基の墓葬が発掘され、西安地区だけでも二〇〇〇余基におよぶ。南方の各地、とくに湖北省・湖南省などでも、多くの墓葬が発見されている。隋唐墓の総括的な発掘報告もすでに出版され、あるいは出版が予定されている。[1] 数多くの墓葬の発見と整理研究は、考古学における隋唐代の時期区分の決定に確実な根拠を提供してくれた。これまでの研究成果によれば、西安地区の隋唐墓は基本的には次の三期に分けられる。[2]

第一期　隋から唐の中宗の神龍年間（五八一—七〇六年）
第二期　睿宗の景雲年間から玄宗の開元天宝年間（七一〇—七五五年）
第三期　代宗の大暦年間から唐末（七六六—九〇七年）

たとえば中国科学院考古研究所編の『西安郊区隋唐墓』〔以下『考西』と略称〕では隋唐墓を次の三期に分けている。

第一期　隋から初唐（紀元六世紀後半から七世紀末）
第二期　盛唐（紀元七世紀末から八世紀中葉）
第三期　中・晩唐（紀元八世紀中葉から一〇世紀初頭）

隋唐墓の時期区分の設定は、とくに銅鏡を出土する墓葬の一部が墓誌をともなうことによって、隋唐鏡の研究に確実な基礎を与えてくれた。本章では、これらの成果をもとに、隋唐鏡の分類と盛行年代について比較検討を加えてみたい。

隋唐鏡は種類が多く、文様は複雑でつくりも多様であるが、主に盛行した鏡は次の通りである。

（1）四神十二生肖鏡類　十二生肖鏡・四神鏡・四神十二生肖鏡
（2）瑞獣鏡類　瑞獣銘帯鏡・瑞獣花草文鏡
（3）瑞獣葡萄鏡類　葡萄蔓枝鏡・瑞獣葡萄鏡・瑞獣鸞鳳葡萄鏡
（4）瑞獣鸞鳥鏡類
（5）花鳥鏡類　雀繞花枝鏡・対鳥鏡
（6）瑞花鏡類　宝相花鏡・花枝鏡・亞字形花葉文鏡
（7）神仙人物故事鏡類　月宮鏡・飛仙鏡・真子飛霜鏡・三楽鏡・打馬毬鏡・狩猎鏡……
（8）盤龍鏡類
（9）八卦鏡類　八卦鏡・八卦百煉鏡・八卦十二生肖鏡・八卦干支鏡・八卦星象鏡・八卦双鸞鏡
（10）万字鏡類
（11）特種工芸鏡類　金銀平脱鏡・螺細鏡・貼金貼銀鏡

（1）四神十二生肖鏡類

四神とは漢鏡にすでにみられる青龍・白虎・朱雀・玄武のことである。十二生肖とは十二支を漢代の銘文から鼠（子）、牛（丑）、虎（寅）、兎（卯）、龍（辰）、蛇（巳）、馬（午）、羊（未）、猿（申）、鶏（鳥）、犬（戌）、猪（亥）の像に替えたものである。日常生活でよくみられる動物もあるが、伝説上の霊獣もある。この鏡類は十二生肖鏡、四神鏡、四神十二生肖鏡の三型式に細分される。

十二生肖鏡　円形で、半球式の円鈕と、連珠文鈕座をもつ。銘文は、鈕座銘として「光正隋人

写90　十二生肖鏡
陝西省西安市郭家灘93号隋墓出土（面径10.9cm）

写91　四神十二生肖鏡
湖南省長沙市絲茅冲３区39号墓出土（面径22cm）

長命宜新」〔光、正に人に隋い、命を長くし、新を宜しくす。〕がある。内区には変形忍冬文がめぐる。外区は断面三角形に隆起する双線で一二区画に分けられ、各区画内に生肖一体が置かれている。無文で幅の広い縁部をもつ〔図41―1、写90〕。出土例には隋煬帝の大業四年（六〇八）墓[1]、唐太宗の貞観四年（六三〇）墓[2]などがある。このほか、隋文帝の開皇三年（五八三）の劉偉夫婦合葬墓[3]から出土した一面は鏡式を確定できないが、「光正隋人　長命宜新」というこの型式の鏡に共通する銘文をもっている。これらのことから十二生肖鏡は隋から唐初に盛行したと考えられる。

四神鏡　円形で、半球式の円鈕をもつ。鈕座には柿の蔕《へた》形文（漢鏡でいう四葉文のこと。以下同様。）、獣（亀）形文、花弁形文などがある。鏡背は傾斜面を三角鋸歯文で飾る二重の隆起圏帯で内外区に分けられる。内区の配置は〃規矩配置〃、つまり大形の方格とV字形文によって四区画に分けられ、四神が一体ずつ配される〔図41―2・3〕。方格だけのものもあるが、四神は常に〃四方配置〃をとり、鈕座の四方に配される。外区は銘帯である。鏡背が内中外の三区に分けられるものは、中区に銘帯、外区に禽鳥瑞獣文帯がある。縁部の文様には無文・三角鋸歯文・変形雲文・忍冬文などがある。唐鏡には表4のように「昭仁」、「光流」、「清円」、「団団」、「美哉」、「阿房」、「盤龍」などで始まる銘文がみられる。盛行年代は主として武徳・貞観年間（六一八―六四九年）である。伝世鏡には永徽元年（六五〇）の紀年銘をもつ例がある。

四神十二生肖鏡　円形で、半球式の円鈕をもち、鈕座は連珠文、柿の蔕形文、花弁文である。内区の四神はやはり〃規矩配置〃または〃四方配置〃で配される。外区は十二生肖である。変形雲文と点線文の縁部をもつ〔図41―4・5〕。内中外の三区に分かれるものは中区が狭い銘帯で、銘文には「鎔金」、「煉形」などがある〔写91〕。『博古図録』には次の武徳の年号をもつ例が収められている。

「武徳五年歳次壬午八月十五日甲子　揚州総管府造青銅鏡一面　充癸未年元正朝貢　其銘曰上元啓祚　霊鑑飛天　一登仁寿　于万斯年」〔武徳五年歳次壬午八月十五日甲子、揚州総管府青銅鏡一面を造る。癸未の年の元正朝貢に充つ。その銘に「上元啓祚　霊鑑飛天　一登仁寿　于万斯年」という。〕

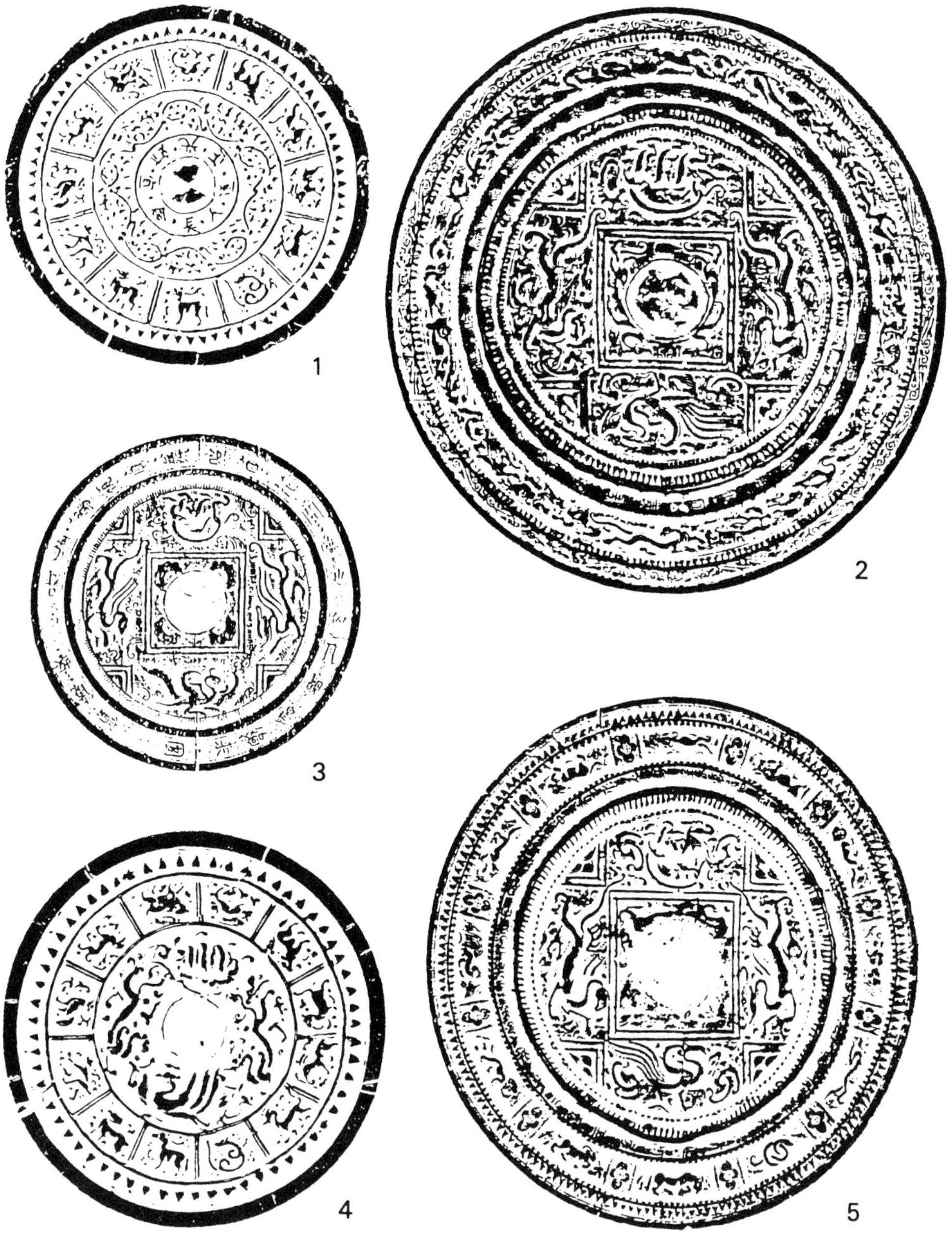

図41　隋唐四神十二生肖鏡類(1/3大)

1＝十二生肖鏡　小檀欒室鏡影

2＝四神鏡　　　陝西省西安市西安郊区600号唐墓(面径24.6cm)

3＝　同前　　　湖南省長沙市隋墓(面径不詳)

4＝四神十二生肖鏡　四川省成都市羊子山(面径16.4cm)

5＝　同前　　　広西壮族自治区興安県興安鎮(面径21.4cm)

この型式の鏡も隋から唐初に流行した。

四神・十二生肖は隋から唐初頭の墓誌の縁部の文様や陶俑にも広く用いられた。『太平広記』王度篇に、隋の汾陰侯が臨終の間際に王度に古鏡一面を贈ったことが、「汾陰侯がこの古鏡を持てば百邪（数々の災い）が遠のくとおっしゃった。そこで度はこの古鏡をいただき、宝とした。鏡の面径は八寸ある。鈕は麒麟がうずくまりながら伏せているように作られていて、まわりを方格で囲み、その各辺に沿って亀・龍・鳳・虎を並べている。さらにその外側には十二支のそれぞれの生肖像を置いている。十二生肖像の外側には二十四字からなる銘文があり、外縁をめぐっている。書体は隷に似ており、点画が揃い、欠けるところがない。」と記されている。この鏡の文様は八卦があることを除けば、前述の四神と十二生肖を題材としている。ただし、ここに登場する鏡は、普通の生活用品としてではなく、人から百邪を遠ざける瑞兆の品物として描かれている。つまり当時の人びとは吉祥を願う気持からこの種の題材を広く採用したのである。

（2）瑞獣鏡類

瑞獣の数によって四獣鏡・五獣鏡などと呼ばれる。『博古図録』や『巌窟蔵鏡』では銘文を基準として分類されている。たとえば『巌窟蔵鏡』では、前述の四神十二生肖鏡とともに駢体銘鏡とされている。[3]それに対して『西清古鑑』では主題文様から瑞獣鏡と名付けられている。鏡形は円形であるが、方形のものがごく少数ある。主題文様とされる瑞獣は各種の形態をとり、四獣が一般的であるが、どのような動物であるかを指摘するのは難しい。したがって、梁上椿はそれらに「似獅」のように「似」字を冠して、それぞれ獅子・虎・豹・馬・狼・羊・鼠などに似ているとしたり、また狐首獅身獣・狐首馬身獣などと称したりした。唐代の服飾には「織成紫瑞獣袄子」[4]、「瑞牛文」・「瑞馬文」[5]袍などといった名称がある。瑞獣鏡は瑞獣銘帯鏡、瑞獣花草文鏡に細分できる。

瑞獣銘帯鏡　円形で、半球式の円鈕をもつ。柿の蔕形文、獣文、連珠文、花弁文および円圏の

1　　　　2

図42　唐瑞獣鏡類
1＝瑞獣銘帯鏡　陝西省西安市西安郊区576号唐墓（面径17.3cm，1/3大）
2＝瑞獣花草文鏡　陝西省西安市西安郊区591号唐墓（面径10.5cm，1/2大）

写92　瑞獣鏡
陝西省西安市郭家灘61号（大業七年）墓出土（面径17cm）

鈕座をもつ。鏡背は一般に傾斜面に二重鋸歯文で飾る隆起圏帯、あるいは二重の隆起圏線によって内外二区に分けられるが、内・中・外の三区に分けられるものもある。内区の瑞獣の形態と配置は一様ではないが、大きく二種に細分できる。

第一種は疾走し跳躍する虎・豹に似た瑞獣が四方に〝規矩配置〟されている〔写92〕。

第二種はふっくらとしつつもしなやかな狐・狼に似た瑞獣が鈕の回りを駆けめぐっている〔図42—1〕。

外区（三区に分けられているものは中区）は銘帯で、「昭仁」、「玉匣」、「霊山」、「窺庄」、「賞得」、「絶照」、「盤龍」、「鎔金」、「仙山」、「光流」、「鏡発」、「照日」、「煉形」、「有玉」、「鑑若」などで始まる銘文がある〔表4〕。三区に分けられるものでは、四獣のほかに、八獣・六獣・五獣が少なくない。外区は禽獣花草文で飾る。縁部には三角鋸歯文、三日月文、水波文、幾何点線文がめぐる。

瑞獣花草文鏡　鏡形は円形であるが、八菱花形のものもごく少数ある。内区の瑞獣の形態は瑞獣銘帯鏡第二種と同じで、狐・狼に似ている。それらはふっくらとしてしなやかで、鈕の回りを駆けめぐっている。外区に銘帯はなく、巻草文、忍冬瑞獣文、流雲瑞獣文、葡萄蔓枝文などで飾られる。縁部は忍冬文、点線文、三角鋸歯文縁である〔図42—2、写93〕。菱花形鏡の場合、各菱辺の中に花枝蜂蝶文を配する。

瑞獣鏡類は隋唐代に盛行した主要な鏡類のひとつであり、出土例もかなり多い。瑞獣銘帯鏡は明らかに隋代とわかる墓葬からの出土例があるが、その中でも陝西省西安の隋大業七年（六一一）墓からは〝規矩配置〟の四獣鏡が一面出土している。[6] 西安郊区の五七六、五七七号墓からも

写93　瑞獣花草文鏡
陝西省西安市韓森寨418号唐墓出土（面径10.9cm）

それぞれ一面ずつ出土している。『考西』によれば、これらの鏡を出土した墓葬の年代は、副葬された陶俑と陶瓷器などから、およそ唐の貞観年間（六二七―六四九年）、高宗代である。

陝西省西安で発見された高宗の咸亨三年（六七二）牛弘満墓出土の瑞獣花草文鏡は、報告には図示されていないが、内区は四獣雲気文、外区は纏枝花草文であるという[7]。玄宗の開元十五年（七二七）墓からも一面出土している[8]。西安郊区の五九一号墓からも一面出土しているが、伴出の武士俑、風帽をかぶった男俑、髪を高く結った女俑の型式から、この墓葬は初唐でもやや新しい時期のようである。

以上のように、瑞獣銘帯鏡は隋・唐初に、瑞獣花草文鏡は高宗代に盛行した。瑞獣鏡類の文様は多様であるが、変化に一定の法則性が読みとれる。つまり、古相のものは多くが柿の蒂形文、連珠文の鈕座をもつ。内区は〝規矩配置〟をとり、虎・豹に似た瑞獣は勢いよく跳躍している。外区には銘帯をもつ。銘文の内容は、長命・高官を願う吉祥句から次第に銅鏡の功能やみやびやかな宮殿・楼閣をたたえる句に変化する。縁部の多くは水波文、三日月文、三角鋸歯文で飾る。これに対し新相のものの多くは無文の円圏鈕座か、あるいは鈕座をもたない。内区の狐・狼に似た瑞獣が鈕の回りを駆けめぐっている。その造形はふっくらとして生き生きとしている。外区の銘文は消失し、これに替わって巻草文、忍冬文、葡萄蔓枝文が登場する。縁部の多くは点線文と花草文で飾り、鏡形においても菱花形が出現する。

(3) 瑞獣葡萄鏡類

この鏡類は『博古図録』では海馬葡萄鑑、『西清古鑑』では海獣葡萄鑑と呼ばれ、ほかに禽獣葡萄鏡、鸞獣葡萄鏡、天馬葡萄鏡など多くの名称があるが、前二者の名称がもっとも一般的に使用されている[4]。鏡形はほとんど円形であるが、方形や菱花形も少数ある。主題文様は四～五体の瑞獣と葡萄の蔓枝・葉・実からなる葡萄文様との組み合わせで、瑞獣の形態は前述の瑞獣鏡類に近い。葡萄蔓枝鏡、瑞獣葡萄鏡、瑞獣鸞鳥葡萄鏡の三型式に細分できる。

表 4　四神十二生肖鏡・瑞獣鏡・団花鏡の銘文（部分）

銘名	銘　　　　文	時代
光正	光正随人　長命宜新	隋
昭仁	昭仁昞徳　益壽延年　至理貞壹　鑒保長全　窺庄益態　辯皀增姸　開花散影　浄月澄圓	隋
窺庄	窺庄益態　韻舞鶯鴦・萬齡永保　千代長存　能明能鑒　宜子宜孫	隋
霊山	霊山孕寳　神使觀爐　形圓曉月　光清夜珠　玉臺希世　紅荘應図　千嬌集影　百福来扶	隋
絶照	絶照覧心　圓輝属面　臧寳匣而光掩　挂玉臺而影見　鑒羅綺於後庭　寫衣簪乎前殿	隋
玉匣	玉匣盼開蓋　輕灰拭夜塵　光如一片水　影照両邊人	隋
団団	團團宝鏡　皎皎昇臺　鸞窺自舞　照日花開　臨池満月　都貌嬌来	隋
武徳	武徳五年歳次壬午八月十五日甲子揚州総管府造青銅鏡一面充癸未年 元正朝貢其銘曰上元啓祚霊鑒飛天一登仁寿于萬斯年	武徳
美哉	美哉圓鑒　覧物称奇　雕鎸合矩　鎔洗應規　仙人累瑩　玉女時窺　恒娥是埒　服御修宜	
仙山	仙山並照　智水齊名　花朝艶采　月夜流明　龍盤五瑞　鸞舞雙情　傳聞仁壽　始驗銷兵	
阿房	阿房照膽　仁壽懸宮　菱臧影内　月挂壷中　看形必寫　望裏如空　山魑敢出　氷質慚工 聊書玉篆　永鏤青銅	
鎔金	鎔金琢玉　圖方寫圓　質明采麗　菱浄花鮮　龍盤匣裏　鳳舞臺前　對影分咲　看鏡若姸	
賞得	賞得秦王鏡　判不惜千金　非関欲照膽　特是自明心	
鏡発	鏡發菱花　浄月澄華	
光流	光流素月　質稟玄精　澄空鑑水　照迥凝清　終古永固　瑩此心霊	
照日	照日菱花出　臨池満月生　官看巾帽整　妾暎點妝成	
盤龍	盤龍麗匣　鳳舞新臺　鸞驚影見　日曜花開　團疑壁轉　月似輪迴　端形鑒遠　膽照光来	
煉形	煉形神冶　瑩質良工　如珠出匣　似月停空　當眉寫翠　對瞼傳紅　綺窗綉晃　俱含影中	
有玉	有玉辞夏　惟金去秦　俱随掌故　共集鼎新　儀天寫質　象日開輪　率舞鸞鳳　奔走鬼神 長懸仁壽　天子萬春	↓
花発	花發无冬夏　臨臺曉夜明　偏識秦楼意　能照点妝成	高宗

註（1）銘文の時代はその銘文をもつ鏡の初出する時期をとっている。
　（2）銘文の配列は時代順を基本にしている。
　（3）分類した各鏡銘を構成する文字は，鏡によって若干の相違があるが，ここではその一種のみをとっている。

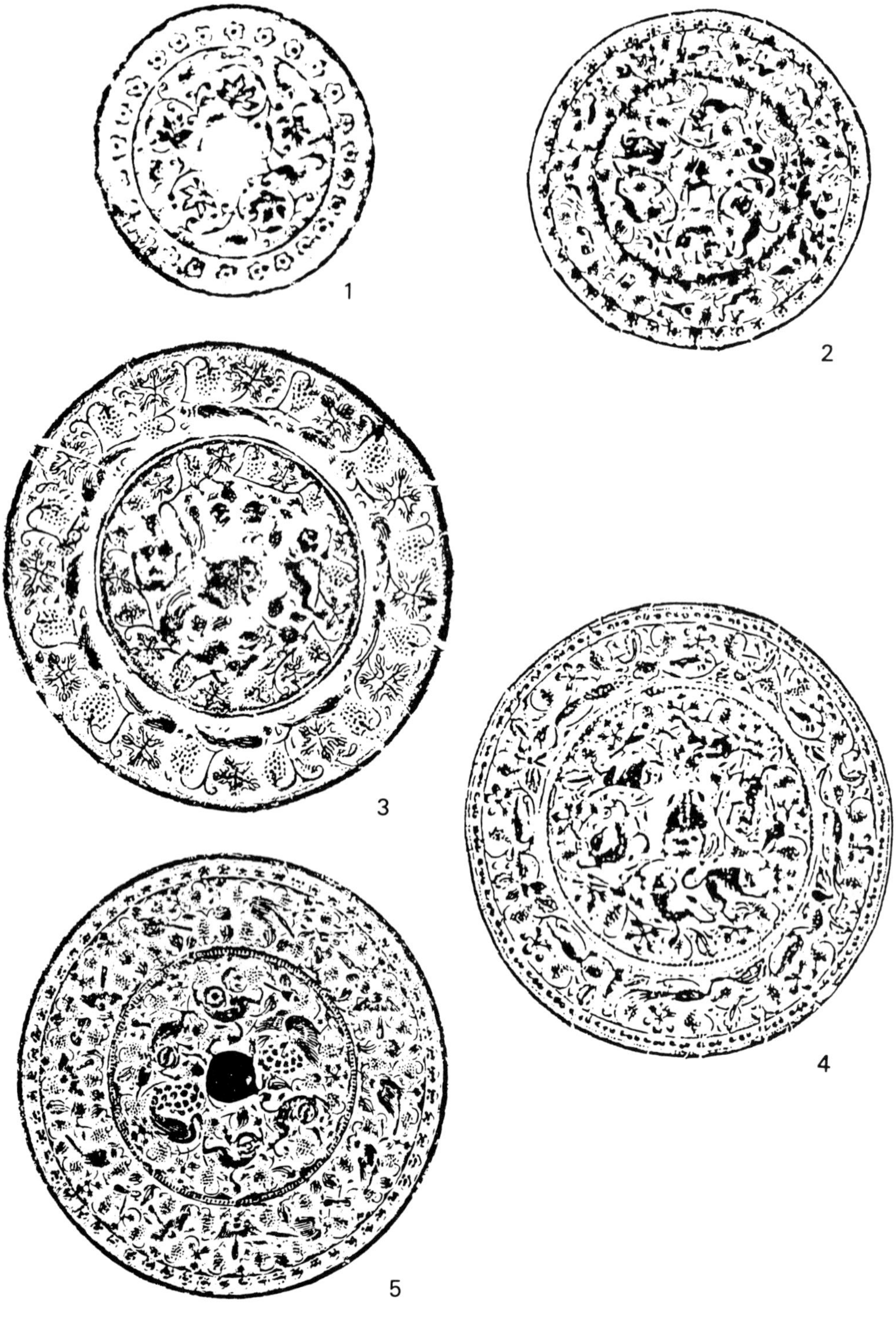

図43　唐瑞獣葡萄鏡類

1＝葡萄蔓枝鏡　蒿雲居蔵鏡集(3/4大)

2＝瑞獣葡萄鏡　陝西省博物館蔵

3＝　同前　　　河南省偃師県杏園村李守一墓(長寿3年[694]葬，面径13.1cm，1/2大)

4＝　同前　　　小檀欒室鏡影(1/3大)

5＝瑞獣鸞鳳葡萄鏡　上海博物館蔵(面径20.0cm，1/3大)

写94　瑞獣葡萄鏡
陝西省西安市韓森寨401号唐墓出土（面径14cm）

写95　瑞獣鸞鳳葡萄鏡
伝河南省洛陽市出土（面径23.5cm）

葡萄蔓枝鏡　円形で半球式の円鈕、円圏鈕座をもつ。高く隆起する圏帯によって内外二区に分けられる例もある。内区は葡萄文様で満たされ、さまざまな形態をとる〔図43―1〕。外区は銘帯のもの、連雲文や忍冬文のものがある。内区が花葉文で、外区が葡萄文様のものも知られている。さらに内区の葡萄の蔓葉がのび広がり、外区を覆ってしまい、鏡背が全体としてひとつの画面をなす例もある。

瑞獣葡萄鏡　瑞獣と葡萄文様が主題となっている。この型式は大まかに二種に細分される。

第一種　半球式の円鈕で、円圏鈕座をもつ。傾斜面を二重鋸歯文で飾る圏帯、あるいは隆起する二重圏線が鏡背を内外二区に分けている。内区は四～五体の瑞獣が鈕の回りを駆けめぐっている。瑞獣の形態は瑞獣銘帯鏡第二種や瑞獣花草文鏡と同じであるが、瑞獣の間に葡萄文様が現われる。外区は飛禽と葡萄文様で飾られる。

第二種　いわゆる海獣葡萄鏡と呼ばれるものの典型である。多くが獣鈕である。高く隆起する圏帯が内外二区に分け、内区は各種の形態の瑞獣が葡萄の蔓をよじ登っており、瑞獣が鈕のまわりをめぐる第一種とは明らかに異なる。瑞獣の数は一定しておらず、一〇数体に達するものもある。葡萄の蔓葉がのび、圏帯上あるいは外区にまでおよぶ例もある。外区は葡萄文様、飛禽（あるいは走獣）、蜂や蝶が交互に配されている。縁部の文様には三疊雲文、流雲文、巻葉文などがある。葡萄のやわらかくのびた蔓、広がる葉、熟した果実と、生き生きとした瑞獣、飛び交う禽鳥や蜂蝶が、魅力あふれる一組の図案を構成しているのである〔図43―2～4、写94〕。

瑞獣鸞鳳葡萄鏡　円形で、獣鈕をもつ。連珠文で飾られた圏帯により内外二区に分けられている。内区は瑞獣と葡萄文様で構成され、鸞鳳や孔雀などの文様が加わっている。その他の要素は瑞獣葡萄鏡と同じである〔図43―5、写95〕。

瑞獣葡萄鏡類は、『博古図録』では漢鏡とされ、『西清古鑑』にもこの説が採用されている。以後、数百年にわたってこれらは漢鏡と誤認されていた。しかし、近代になって古鏡研究の深化、考古学的な発掘調査の成果によって、この鏡類の盛行年代に対する認識がようやく明確になってきたのである。

一方、早くも銭玷は瑞獣葡萄鏡を唐代の鏡と考えた（9）。また、明治三十年（一八九七）、三宅米吉も「古鏡」において、これらを漢鏡に含めることに疑問の目を向けた。[6] つづいて、高橋健自は正倉院収蔵の瑞獣葡萄鏡について詳細な検討を加えるとともに、瑞獣葡萄鏡にともなう遺物に年代の古いものがないことから、これを唐代の鏡と断定している。[7] 原田淑人は瑞獣葡萄鏡は六朝末・唐初から唐玄宗年間に発達し、とくに玄宗代前後に最盛期を迎えたと考えた（10）。この原田の見解は学界で定説化していた。

こうして瑞獣葡萄鏡を唐鏡とすることには疑問がなくなってきた。しかし、その初源がはたして隋代にまでさかのぼるのか、盛行期が玄宗代を前後する時期であるのか、については検討の余地がある。というのも、一九七二年に日本の奈良県高市郡明日香村の高松塚古墳から一面の瑞獣葡萄鏡が出土した後、瑞獣葡萄鏡の盛行年代をめぐる問題が新たな局面を迎えたからである。[8] 中国の研究者は隋唐代の発掘調査の新資料をもとに、この鏡類が七世紀末あるいは八世紀前期の文物であろうと指摘した（11）[9]。岡崎敬は七世紀後半から八世紀前半に流行し、隋代までは遡りえないと述べた（12）。樋口隆康は高松塚古墳出土鏡は「中唐の前半、すなわち七世紀後半期」の製作と考えた（13）[10]。これらの説はいずれも根拠のあるものである。以下、我々は墓葬から出土した瑞獣葡萄鏡と伴出した墓誌を検討し、それらの盛行年代をみておきたい。

墓誌をともなう瑞獣葡萄鏡を出土した墓には次の例がある。

① 陝西省礼泉県　高宗麟徳元年（六六四）墓（鄭仁泰墓（14））
② 陝西省西安市　高宗麟徳二年（六六五）墓（劉宝墓（15））
③ 河南省洛陽市　武則天垂拱元年（六八五）墓
④ 河南省温県　武則天長寿元年（六九二）死去後、睿宗景雲二年（七一一）合葬墓（楊履庭墓（16））
⑤ 陝西省西安市　武則天天冊万歳元年（六九五）墓

⑥　河南省洛陽市　武則天万歳通天二年（六九七）墓

⑦　陝西省西安市　武則天万歳通天二年死去後、神功二年（六九八）再葬墓（独孤思貞墓[17]）

⑧　河南省洛陽市　中宗景龍三年（七〇九）墓（安菩夫婦墓[18]）

①から出土した瑞獣葡萄鏡は、発掘報告に図がないためその型式は不詳だが、王仲殊によれば古式の瑞獣葡萄鏡に属するという。[19]②は瑞獣葡萄鏡第一種に属する。③～⑧からは瑞獣葡萄鏡第二種が出土している。このほかモンゴル人民共和国の頓那尓伽特、額尓発尼住《エルデニズ》廟墓から出土した瑞獣葡萄鏡一面には、鏡袋と開元通宝を収めた小袋が伴出しており、小袋の表面には武則天大足元年（七〇一）の紀年がある。[20]このほか、発掘担当者によって武則天万歳登封元年（六九六）前後、[21]武則天長安二年（七〇二）前後[22]とされた墓葬からも瑞獣葡萄鏡が出土している。[11]

右の資料では、瑞獣葡萄鏡第一種は唐の高宗代の墓葬から出土し、第二種つまり典型的な瑞獣葡萄鏡は武則天代の墓葬から出土している。これは決して偶然の所産ではない。瑞獣葡萄鏡第一種と瑞獣花草文鏡外区の葡萄蔓枝文とは大変似ているが、前述したように後者の内区には葡萄の蔓や実はみられない。両者はともに高宗代に属する。このように、文様と時期の二点からみて、瑞獣葡萄鏡第一種は瑞獣葡萄鏡の中でも古式のものであり、高宗代に盛行したといえる。第二種は典型的な成熟した瑞獣葡萄鏡であり、その上限は高宗代で、武則天代に盛行したのである。玄宗代前後においても発見されるが、前代からの継続的な使用にすぎず、その頃には他の鏡類にとってかわられていたのである。

瑞獣葡萄鏡は、森豊によって「謎多き鏡」、「ユーラシア大陸の文明が凝縮して成った鏡」と呼ばれた。[12]その主題文様である瑞獣と葡萄との組み合わせは、それだけでも、十分に人の関心をひくものであるが、さらに『博古図録』以来、海馬葡萄鏡・海獣葡萄鏡と呼ばれるようになり、ますます神秘的色彩を深めた。これらの文様はどのようにして発生したのか、どのような発展を遂げたのか、寓意は何か、東西文化交流においていかなる位置を占めるのかなどなど、唐鏡の中でももっとも多くの問題をもって研究されているのである。

まず「海馬」、「海獣」の名称についてであるが、最初に命名した王黼は何も解釈を加えておらず、その名称の由来を知ることはできない。そのためその後の研究者はいろいろと推測している。古いところでは、ドイツのフリードリッヒ・ヒルト (Friedrich Hirth) は、鏡背の文様に現れていない「海馬」という獣はもともと古代イランの祭祀に関係する伝説上の植物 Haoma であり、東伝して「海馬 Haima」に変わったとした。「海馬」は海外から来た馬という意味であろうとする研究者もいる。また「天馬」が「海馬」になったとする説もある。さらに『隋書』吐谷渾伝に、「周囲千余里をはかる青海の、その中に小山がある。そこには、冬になって氷が張ると、牝馬を放って龍種を得るという習俗がある。吐谷渾はかってペルシャ産の草馬（野生の牝馬）を手に入れて青海に放ったところ、龍種をえて驄駒（駿馬）を生んだ。その馬は一日千里を走り、青海驄（青海の駿馬）とよばれた。」とある。この伝説を根拠に、樋口隆康は「海馬」という名称を「青海之馬」の略称とした。明らかにこれらはすべて文字面だけで解釈した推測であり、根拠はない。鏡背の獣の形態をみると、すべて馬ではなく、これまで指摘したように瑞獣鏡の獣形とよく似ている。[13]

次に、瑞獣と葡萄との組み合った文様の起源と寓意について、『金石索』[14]は「海馬蒲桃鏡、『博古図録』はその意を解釈していない。あるいは天馬は西の果てからもたらされ、張騫が西域に使した時に蒲桃（葡萄）を得て帰ってきたということであろうか。」とした。原田淑人は、この種の葡萄鏡の文様配置は六朝末期すでに中国で流行していた葡萄文様と四神十二辰鏡あるいは四獣鏡・五獣鏡・六獣鏡などの文様とが結合したもので、それらが変化した産物であるとした[23]。さらに唐鏡に与えた西方図案の影響を考える中で、葡萄鏡の図案はペルシャやパルティアなどから伝来し、六朝末唐初の四神十二生肖鏡・四獣鏡・六獣鏡などの文様と融合してできたと再説している[24]。浜田耕作は、葡萄文様が西方から中国に伝来したとき、それとともに鳥獣図案も同時に伝わったとし、禽獣葡萄文は中国で発達したものではなく、その起源は西アジアのペルシャ地方であると考えた[25]。このほか、ギリシャ・ローマの関係ある文様にその起源を求める考えもあるが、[15]

ここでは省略する。

原田淑人の見解は注目すべきものである。史書の記すところでは、葡萄は漢の武帝が張騫を西域に派遣して持ち帰らせ、上林苑に植えたとある。当時の織物の上にすでに葡萄文様があったことは、「霍光の妻が女医の淳于衍に蒲桃錦二十四匹を遣した。」と伝えられていることからもわかる[26]。梁の詩人劉孝威の「郄県遇見人織率尓寄婦」という詩の中に、

妖姫含怨情
織素起秋声
（中略）
葡萄始欲罷
鴛鴦猶未成

という詩句があり、ここでも葡萄文様のことをいっている。唐代になって絹織物の葡萄文様はさらに増加する。白居易の「和夢遊春詩一百韻」の、

帯纈紫葡萄
袴花紅石竹

施肩吾の「雑古詞」の、

朝織葡桃綾

李端の「胡騰児」の、

葡萄長帯一辺垂

などはいずれも絹織物にあらわれた葡萄文様を形容したものである。これとともに、葡萄を使った酒造も広まった。王翰の「涼州詞」の、

葡萄美酒夜光杯
欲飲琵琶馬上催

や、李白の「嚢陽歌」の、

遙看漢水鴨頭緑
恰似葡萄初発醱醅

などがそれを示している。以上の事例は、唐代に葡萄の栽培と葡萄文様がすでにかなり流行していたことを証明している。このことから、銅鏡に現れた葡萄文様も理解できるのである。一方、瑞獣文様は中国が自らもっていた伝統であり、六朝・隋・初唐代の鏡に盛行している。つまり、瑞獣葡萄鏡は中国で当時流行していたふたつの文様が結合してできたとする考えが妥当であろう。

今まで述べてきたような銅鏡の年代と文様のふたつの面で、我々は瑞獣鏡類から瑞獣葡萄鏡への変化の過程をより明確にすることができると考えている。まず、内区に疾走する瑞獣を飾るが、葡萄の枝葉はない。しかし外区には葡萄文様が出現している（瑞獣花草文鏡）。次に、内区に瑞獣と葡萄の組み合わせ文様が出現するが、瑞獣は依然として鈕の周りを駆けめぐる形態をとる（瑞獣葡萄鏡第一種）。最後に瑞獣が葡萄文様をよじ登る文様の典型的な瑞獣葡萄鏡が成立する（瑞獣葡萄鏡第二種）。このことは、この鏡が中国の伝統の中から発生し、発展していったことを意味し、西方からの伝播によって突然出現したものではないことを物語っている。つまり中国の瑞獣葡萄鏡が早期の形態を欠いているという考えは、正しいものではない。

では、なぜ瑞獣文様と葡萄文様が唐代になって結びついたのであろうか。我々は、唐代の図案文様が瑞獣から花鳥へ、さらに植物文様へと移り変わる段階にあったことによると考えている。唐高宗から武則天の時代こそが瑞獣文様から花鳥文様へと変わる重要な段階なのである。瑞獣鏡に当時の人びとが好んだ葡萄文様を添えることはごく自然なことであった。また、東西交流の活発化にともなって、シルク・ロードを通って伝来してきた文化芸術の中に、禽獣と組み合う葡萄文様があった。その影響を受けた中国の芸術家・工人たちは、当時流行していた瑞獣文様と葡萄文様とを巧みに結合させて、中国独自の文様様式をつくり上げたと推測することもできよう。これが、ギリシャ・ローマ・ペルシャなどの建築装飾や器物上にみられる禽獣葡萄文様と、唐鏡の瑞獣葡萄文様の様式に差違があることの原因である。

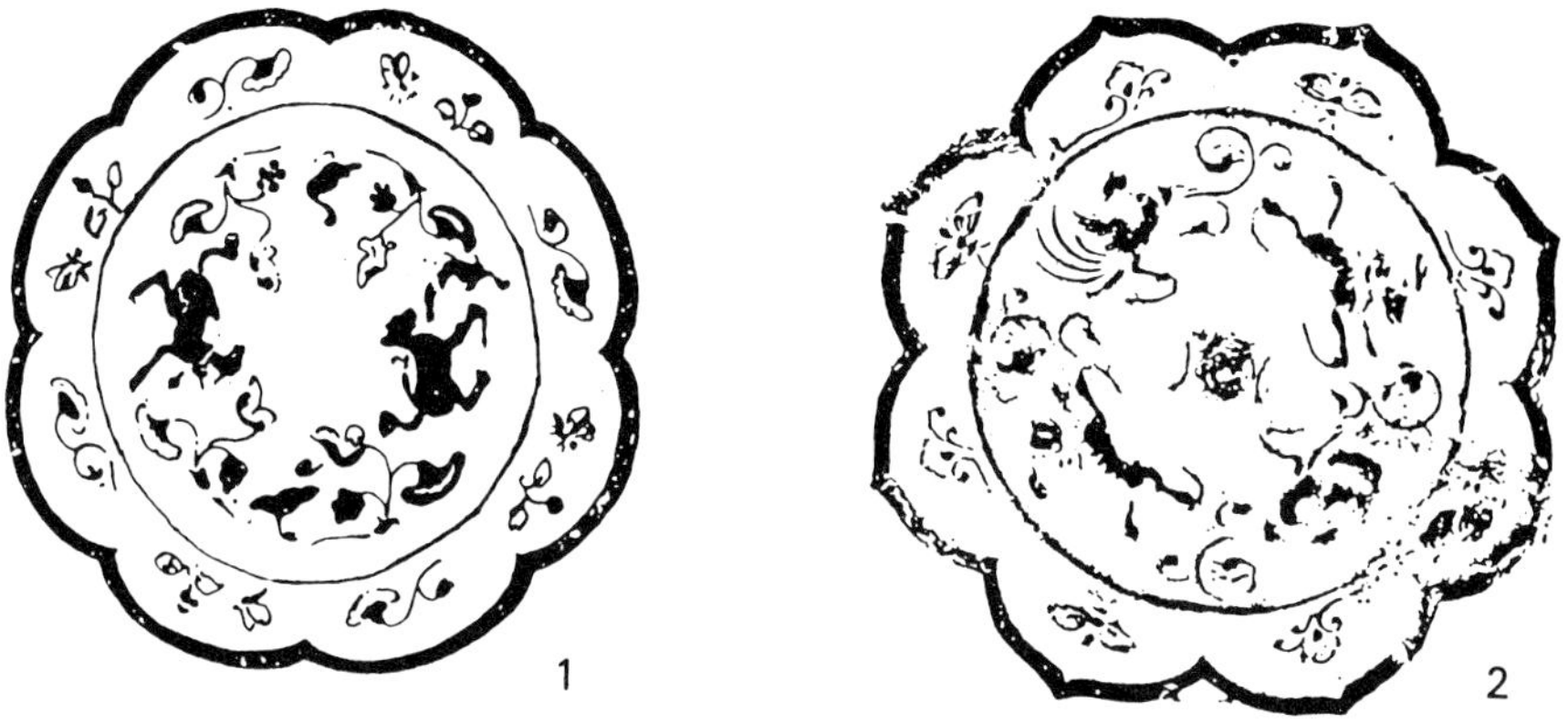

図44　唐瑞獣鸞鳥鏡類
1＝唐宋銅鏡(3/5大)
2＝河南省偃師県杏園村宋禎墓(神龍２年[706]葬，面径12.0cm，1/2大)

写97　瑞獣鸞鳥鏡
陝西省西安市郭家灘395号(神龍三年)墓出土(面径23.6cm)

写96　瑞獣鸞鳥鏡
陝西省西安市韓森寨79号唐墓出土(面径24cm)

（4）瑞獣鸞鳥鏡類

『博古図録』では舞鳳狻猊鑑、海獣朱鳳鑑などと呼ばれている。鏡形には円形と菱花形・葵花形がある。主題文様は双獣と双鸞の組み合わせからなり、鸞鳥と獣とは同じ向きに配列される。内区の文様構成から二種に分けられる。

第一種は円形・菱花形・葵花形で、半球式の円鈕をもつ。円形鏡は内外区に分けられ、内区の獣形は獅子、二角獣、馬、狐などに似ている。鸞鳥には花枝をくわえるものがある。鸞鳥と獣の間には流雲あるいは花枝が配されている。外区には飛禽と花枝、あるいは鸞鳥と獣が交互にとりまいている。縁部は流雲文または花枝文で飾られる〔写96〕。菱花形鏡と葵花形鏡は内外区に分けられていない。主題文様は円形鏡と同じで、縁部に蜂蝶や花弁を配している〔図44、写97〕。陝西省の中宗神龍三年（七〇七）墓から一面出土しており[27]、それと前後する時期までには瑞獣鸞鳥鏡類が出現していたと考えられる。これは今まで知られている紀年墓からの最古の菱花形鏡の出土例である。

第二種は、円形または菱花形で、半球式の円鈕をもつ。流れるようにめぐる蔓が内区を四等分してお

写98　瑞獣鸞鳥鏡
住友吉左衛門蔵（面径23.9cm）

写99　雀繞花枝鏡
陝西省西安市郭家灘92号（開元二年）墓出土（面径9.2cm）

り、その間に鸞鳥と獣それぞれ一体が配置されている。文様の配置は均正を保ち、表現は流麗で、全体として調和のとれたものである。禽獣と葡萄の蔓、または花鳥と蛺蝶《あげはちょう》で縁部を飾る〔写98〕。

（5）花鳥鏡類

主題文様は禽鳥と花枝とを巧みに組み合わせて配したもので、雀繞花枝鏡、双鸞銜綬鏡、双鸞鏡などの各種の名称がある。[16] その文様配置によって雀繞花枝鏡と対鳥鏡とに分けられる。

雀繞花枝鏡　菱花形が多く、円形や葵花形もある。半球式の円鈕をもつ。内区の文様構成は、四羽の禽鳥が同一方向に配列され、鈕をめぐっており、その間に花枝が配されている。禽鳥は鴛鴦、鵲、雀、鴨や雁などで、楽しそうに泳いだり、翼を広げ飛翔したり、静かにたたずんだりしている。花枝の多くは葉とつぼみをもった小枝で、その表現は比較的一定しており、画面は簡潔ですっきりしている。菱花形鏡の縁部には蜂や蝶と花枝がそれぞれ四組配される。内区と縁部とでつくり出す趣きは、さながら一幅の花鳥小景といえる〔図45—1、写99〕。

唐代の詩人王勃の「上皇甫常伯啓」の、

　鵲鏡臨春
　妍媸自遠

薛逢の「追昔行」の、

　嫁時宝鏡依然在
　鵲影菱花満光彩

劉元淑の「妾薄命」の、

　飛鵲鏡前妝梳断

などの詩句はすべて、このような鏡を指しているのであろう。とくに「鵲影菱花満光彩」の一句は、この鏡の形と文様とを具体的に描写している。発掘資料でも雀繞花枝鏡は菱花形が多い。

写100　双鸞銜綬鏡
陝西省西安市高楼村014号唐墓出土（面径24cm）

写101　双鳳銜綬花枝鏡
陝西省戸県出土（面径不詳）

写102　双鸞銜綬鏡
陝西省西安市路家湾７号（天宝四年）墓出土（面径14.1cm）

1

2

3

図45　唐花鳥鏡類
1＝雀繞花枝鏡　小檀欒室鏡影（3/5大）
2＝対鳥鏡　小檀欒室鏡影（1/2大）
3＝　同前　唐代図案集（面径不詳）

写103　双鸞銜綬花枝鏡
守屋孝蔵旧蔵(面径23.6cm)

雀繞花枝鏡と瑞獣葡萄鏡、瑞獣鸞鳥鏡との間には系譜関係が認められる。瑞獣葡萄鏡で外区に飛禽と葡萄の蔓や実が交互にめぐる形式は、雀繞花枝文様の初現を示しているといえよう。一部の円形瑞獣鸞鳥鏡の外区には飛禽と花枝が交互にめぐり、内区には双鸞双獣の間に花枝と流雲とが配されている。もし、その中の瑞獣を禽鳥に取り替えたら、この鏡は雀繞花枝鏡になる。このようにみると、円形の瑞獣鸞鳥鏡は、瑞獣葡萄鏡から雀繞花枝鏡へと変化する過渡的な段階の鏡といえよう。

雀繞花枝鏡は唐代にかなり流行した鏡式であり、暦年代のわかる例としては、玄宗の開元二年(七一四)墓から一面出土している(28)。

対鳥鏡　『博古図録』では蓬鳳鑑、『西清古鑑』では双鸞鑑と呼ばれている。主に葵花形である。主題文様の構成は基本的には、鈕を挟んで左右に相対して立つ二羽の禽鳥と、鈕の上下に配される各種の文様からなる。図録類をみても図案の構成は多様であり、二、三〇種の異なる種類が知られている。しかし、その図案は唐代の絹織物中の対鳥文・対鴨文と呼び習わされている文
[17]様によく似ており、我々は対鳥鏡の名称をもってそれらを一括し、できる限りその特徴を示したい。

禽鳥の形態は、鸞鳥が翼を広げ尾羽をはねあげ、風にひるがえる綬(リボン)を口にくわえたものがもっとも多い。また、鵲や雀が綬をくわえ、翼を広げ飛翔するものや、綬を頸にかけ静かにたたずんでいるものもある。綬をくわえず、花枝・瑞草をくわえるものもある。さらに、双鸞が一緒に綬もしくは花枝や瑞草をくわえるものもみられる。禽鳥の脚もとに花枝があったり、それを踏んでいるものや、瑞雲に乗るものなどがある。その姿態は優美でしなやかである。鈕の上下に配されるものには、花枝・花のつぼみ・月・流雲・仙山・禽鳥・花鳥がある。禽鳥と花とは妍を競い、艶を争い、そのたおやかな美しさが自然のままにあらわれている。唐鏡のうちもっとも華麗な鏡のひとつである〔図45—2・3、写100〜103〕。

花鳥文は唐代の銅鏡、絹織物、金銀器からさらには石窟や建築物の装飾において大変流行した。

史書や古典の中にも資料はきわめて豊富である。唐代の詩人は、花鳥文様について多彩な描写をしている。

双双銜綬鳥
両両度橋人
（李遠「剪綵」）

願得化為紅綬帯
許教双鳳一時銜
（李商隠「飲席代官妓贈両従事」）

魚綴白金隋歩趺
鶻銜紅綬繞身飛
（白居易「初除官蒙裴常侍贈鶻銜瑞草緋袍魚袋因謝恵貺兼抒離情」）

画裙双鳳郁金香
（杜牧「偶呈鄭先輩」）

新帖繡羅襦
双双金鷓鴣
（温庭筠「菩薩蛮」）

綵絲織綺文双鴛
（劉腹「長相思」）

機中有双鳳
化作天辺衣
（鮑溶「織婦詞」）

唐詩の中には、対鳥鏡についても多くの描写がある。

双鸞開鏡秋水光

解鬟臨鏡立象床
（李賀「美人梳頭歌」）

春風鸞鏡愁中影
明日羊車夢里声
（載淑倫「宮詞」）

曽見双鸞舞鏡中
連飛接影対春風
（李群玉「傷柘枝妓」）

これらの詩から、対鳥鏡が唐代には大いに流行したと考えられ、またその流行年代がほぼ盛唐から中唐であることも知りうる。発掘資料からみても、対鳥鏡は、

① 陝西省西安市　玄宗天宝四年（七四五）路家湾七号墓[18]

② 河南省洛陽市　粛宗乾元元年（七五八）・徳宗興元元年（七八四）澗河西一六工区七六号合葬墓[19]

③ 　代宗大暦元年（七六六）墓[20]

④ 河南省陜県　代宗大暦二年（七六七）劉家渠一〇三六号墓[21]

から出土しており、盛唐・中唐期に盛行したことを証明している。

(6) 瑞花鏡類

『博古図録』では宝花鑑と呼ばれ、また宝相花文鏡、団花文鏡、花枝文鏡、花葉文鏡など多くの名称をつけられている。主題文様は吉祥をあらわす瑞花で、花弁やつぼみ、花枝から構成される。沈従文はこれらの図案が大串枝、簇六規矩宝相花、小簇草花、放射式宝相花、交枝花などを写したものであることを指摘している[22]。鏡形は葵花形がもっとも多く、菱花形、円形もある。瑞花鏡類はやや複雑で、宝相花鏡、花枝鏡、亞字形花葉文鏡の三型式に分けられる。

写104　菱花形宝相花鏡
陝西省西安市韓森寨東南14号唐墓出土（面径12cm）

写105　菱花形宝相花鏡
陝西省西安市路家湾出土（面径16cm）

宝相花鏡　いわゆる宝相花とは一般に「ある種の自然な形の花（主に蓮の花）を巧みに図案化・合成した花弁文様[29]」とされている。[23] 唐代の絹織物や銅鏡、さらに石窟、建築物の装飾を形容する際、「宝相花」という名称は非常に広く使われている。ただし、どのような図案文様を宝相花文と呼ぶかは、研究者の間でも明確な定説はない。唐代の文献にもこのような名称はみられない。唐代の綾・羅などの絹織物の文様に「宝花花文」[30]というのがあり、おそらく『博古図録』はこれをもとに宝花鑑と称したのであろう。本書では、花弁文を主文とするものを宝相花鏡と呼ぶが、さらに宝相花銘帯鏡・菱花形宝相花鏡・葵花形宝相花鏡に細分できる。

宝相花銘帯鏡は団花鏡、簇六規矩宝相鏡とも呼ばれる。[24] 円形で、半球式の円鈕をもち、連珠文や花弁文で飾られる鈕座である。内区には同じ形の団花が六房あり、団花間には花葉文が配される〔図46―1〕。矢島恭介はササン式の忍冬様幾何学図文と呼んだ。[25] 構図は緊密・華麗であり、外区の銘帯には「玉匣」、「霊山」、「煉形」、「花発」〔表4〕などの鏡銘がある。三区に分けられているものは、最外区にさらに各種の花文がある。縁部は三角鋸歯文・幾何点線文で飾る。この種類の鏡は、鏡形・鈕座・構図構成・縁部文様・銘文などがすべて四神十二生肖鏡や瑞獣鏡類と同じであり、盛行年代も同じであろう。『考西』五五一号墓から宝相花銘帯鏡一面が出土しており、共伴する陶俑は貞観・麟徳年間（六二七―六六五年）の墓誌をもつ墓葬から出土したものと酷似している。このことから、この種の鏡は唐初に流行したといえよう。

菱花形宝相花鏡は半球式の円鈕をもつ。この型式の文様構成は比較的一定しており、花弁はすべて図案化された宝相花であり、その配置には二者がみられる。ひとつは鈕に花弁の中心を置き、花弁が鈕から放射状に広がって鏡背を満たすもので、一房の花としてまとまった図案を構成している〔図46―3、写104〕。花弁が鈕をめぐるだけで、その外側は無文のものもある。他方は、鈕の周り、あるいは鈕をめぐる花弁の外側に同形の団花が六房、八房分散して配置されている。縁部は蜂や蝶、花や草で飾られている〔図46―2、写105〕。

葵花形宝相花鏡は花弁文鈕座が多く、鈕座の外側に二種類の異なる花弁・団花が交互に六房、

図46　唐瑞花鏡類

1＝宝相花銘帯鏡　広西壮族自治区恭城県栗木(面径12.2cm，1/2大)
2＝菱花形宝相花鏡　中国歴代銅鏡図録(1/2大)
3＝　　同前　　　唐宋銅鏡(面径不詳)
4＝葵花形宝相花鏡　小校経閣金文拓本(2/5大)
5＝花枝鏡　　　　河南省平頂山市苗候村唐墓(面径不詳，1/2大)

写106　花枝鏡
陝西省西安市西安郊区594号唐墓出土（面径18.5cm）

写107　花枝鏡
陝西省西安市高楼村272号唐墓出土（面径20.6cm）

写108　花枝鏡
陝西省西安市壩橋633号唐墓出土（面径20cm）

写109　亞字形花葉文鏡
陝西省西安市郭家灘534号唐墓出土（辺長14cm）

八房配列されている。花芯と花弁は端正であかぬけしている。無文縁である〔図46―4〕。

花枝鏡　葵花形で、円圏鈕座あるいは花弁形鈕座をもつ。主題文様は豊富で、あるものは葉の茂った枝が六本あるいは八本あり、つぼみがほころび始め、そのまわりを蝶が飛び交っている〔図46―5、写106〕。大きな瑞花が四房のものある。それらはつぼみのままであったり、ほころびかけていたり、すでに花弁を鮮やかに開いていたりする。このようにあでやかで華麗な瑞花を形づくっている〔写107〕。また、流麗な蔓が鈕の周りをめぐり、その蔓から四種類の瑞花が八房のびているものもある〔写108〕。唐鏡はその華やかさをもって知られているが、中でも瑞花鏡はその艶麗さのために当時の人びとにもっとも好まれた鏡のひとつである。賈島の「友人婚楊氏催妝」には、

不知今夕是何夕
催促陽台近鏡台
誰道芙蓉水中種
青銅鏡里一枝開

と詠われ、鏡にむかう女性の容貌の美しさを鏡の花枝文様に托している。当時、精美な花枝鏡があったからこそ、このような描写ができたのであ

写110　月宮鏡
陝西省西安市出土（面径20.5cm）

ろう。

亞字形花葉文鏡　鏡形は亞字形（四方委角形ともいわれる）である。半球式の円鈕で、花弁形鈕座をもつものもある。鏡背は蝶と花、あるいは花葉状文様で満たされている。文様は一般に浮彫りで表現され、やや粗雑な感がある〔写109〕。

瑞花鏡類の盛行した時期は、比較的早く流行した宝相花銘帯鏡を除くと、その他の各型式は盛唐およびそれ以後である。遼寧省朝陽の韓貞墓（開元二十九年〔七四一〕没、天宝三年〔七四四〕改葬）から葵花形宝相花鏡が一面出土している[31]。西安郊区五九四号墓からも一面の花枝鏡が出土しており、共伴する双髻の女俑は徳宗・憲宗代の墓葬から出土するものとよく似ている。五五五号墓からも亞字形花葉文鏡が一面出土しており、共伴する陶罐は憲宗・敬宗代の墓葬出土のものと同型式である[32]。この二面は徳宗・憲宗・敬宗代（七七九―八二七年）のものと推測される。

（7）神仙人物故事鏡類

この鏡類は神話や伝説、民間伝承、歴史上の逸話から日常生活におよぶ多くの内容を題材としている。その表現は具象的で、題材によってさまざまの型式に分けられるが、その中でも月宮鏡・飛仙鏡・真子飛霜鏡・三楽鏡、さらに打馬毬鏡・狩猟鏡などが多くみられる。

月宮鏡　鏡形には円形、菱花形、葵花形がみられる。今までに知られている菱花形月宮鏡は比較的一定した主題と構成をとっている。つまり、中央に大きな桂樹が描かれ、樹の両側には袖をひるがえす嫦娥と杵で薬をつく白兎、および跳躍している蟾蜍《せんじょ》（がまがえる）が配されている〔図47―1、写110〕。円形月宮鏡には内外区に分けられるものもあり、その場合外区には四神が配置されている。

嫦娥が月に走ったという伝説は、起源が古く、広く流布していて、誰にも知られているといえよう。『淮南子』覧冥篇には、「（夏代の英雄）羿《げい》は西王母に不死の薬を請うた。（ところが、苦労してようやく羿が手に入れた不死の薬を、妻の）嫦娥が盗んで（飲んでしまった。すると、次第

写111　仙騎鏡
陝西省西安市郭家灘89号唐墓出土（面径12.4cm）

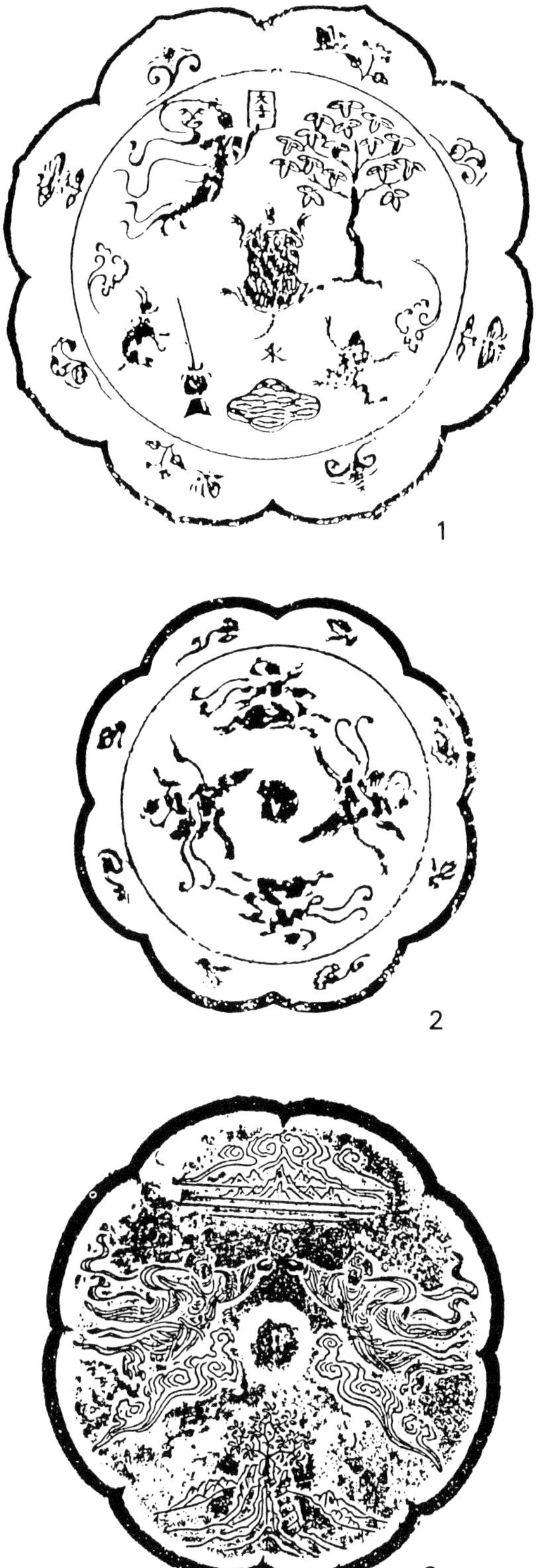

図47　唐神仙人物故事鏡類Ⅰ
1＝月宮鏡　小檀欒室鏡影（2/5大）
2＝飛仙鏡（仙騎鏡）　小檀欒室鏡影（1/2大）
3＝飛仙鏡　陝西省西安市韓森寨天宝４年［745］墓（面径25.5cm，1/4大）

に身体が軽くなり）月に昇っていった」という話が伝えられている。嫦娥は月宮に飛んでいって、一体どうなったのだろうか。唐の徐堅の『初学記』には、上文を引いた後、さらに、「嫦娥は月に辿りつき、蟾蜍となり、月の精となった。」という話がみられる。このように嫦娥は月へ行った後、美しい仙女ではなく、醜いがまがえるになったのであるが、唐鏡には美しい仙女として描かれている。傅玄の『擬天問』には、「月の中には何がいるのだろうか。白兎が薬をついているのだ」とあり、また唐の段成式の『西陽雑俎』には、「昔からの言い伝えでは、月の中に桂樹があり、蟾蜍がいる。」とある。こうした伝説は月宮鏡の内容と一致している。

飛仙鏡　菱花形、葵花形、方形の三種がある。もっともよくみられる題材は仙騎（騎乗の仙人）である。四人の仙人が獣にのったり、鶴にまたがったりして、空を飛翔し、同じ方向に鈕をめぐっているものがある。また、二人の仙人が背後に帯をたなびかせながら獣に乗り、その間に祥雲と仙山が配され、飄然とした雰囲気をかもしだしているものもある〔図47―2、写111〕。陝西

写112　飛仙鏡
陝西省西安市韓森寨１号（天宝四年）墓出土（面径25.3cm）

写113　真子飛霜鏡
伝陝西省出土（面径16.1cm）

省西安の大暦七年（七七二）墓から一面出土している。[26]

ほかによくみられる題材として飛天がある。鈕の両側に置かれた祥雲の上に、宝冠をかぶり、羽衣を肩から垂らし、天衣を風になびかせた飛仙が舞っている。二人の飛仙はそれぞれ片方の手を鈕の上方にのばし、一緒にひとつのものをさしあげている。鈕の下方に仙山樹林が配され、上方にははるかに山が重なり、祥雲がたなびいている〔図47—3、写112〕。陝西省西安の天宝四年（七四五）墓から飛仙鏡が一面出土している。(33)

真子飛霜鏡　菱花形と葵花形の二種がある。鏡背の構図はさまざまである。図48—1の例では鈕の片側に竹林があり、その傍に一人の人物が端座している。彼は膝に琴を置き、その前には小さなテーブルがあって什器が載せられている。反対側には樹の下で鳳鳥が舞っている。鈕の下方には蓮池があり、一本の大きな蓮の葉がのび、亀が乗っている。その亀身と蓮の葉が鈕と鈕座となっている。上方には山にかかる雲と月があり、遠く瑞雲の中に仙岳が重なっている様を表している。雲の下の「田」字形の格子の中には、「真子飛霜」四字の銘文がはいる。銘文のないものもあり、その場合には月にかかった祥雲の下で飛鶴が舞っている〔写113〕。

この鏡式の図案および鏡銘の意味については、一般に真子とは琴を弾《ひ》く人であり、飛霜とはその琴の曲名であると言われている。銭玷は「真子とは人名であり、飛霜とは琴の曲名である。しかし、典籍や琴譜など諸書をくまなく調べたが、その曲について知ることはできなかった(34)」と述べている。馮雲鵬らは、「真子については未祥だが、南真夫人、元真子というように真煉道を修めたことの意味ともとれる。飛霜とは元霜であろう。裴航が雲翹夫人に会った時に、仙人になるための法を聞いたところ、「元霜」を搗き尽して後に、雲英という人物にまみえよという詩を与えた故事[27]をあらわすのであろう(35)」としている。『西清続鑑』に収録されている一面は、蓮の葉の上に香煙がたなびいており、歌薫鏡と名付けられている。朱江は「真子は真孝子の略称であり、飛霜とは古琴の曲調十二操のひとつ履霜操の別称である。この鏡の文様の内容はすなわち、尹伯奇が野に放逐された[28]ことの意味である」と言っている(36)。日本では一般に「伯牙弾琴鏡」と呼ばれ

写114　三楽鏡
陝西省西安市西安郊区216号唐墓出土（面径13cm）

ている。[29] 我々は、真子飛霜鏡に表現されている祥雲・飛鶴・仙人などの図案からみて、そこに描かれているのは、当時、民間に広く流伝した故事伝説の一種であろうと考えている。

真子飛霜鏡は唐鏡中に多くみられる題材のひとつで、これまでにも『金石索』などに多く収録されている。清末の揚州に二面伝世していたことが知られていたが、近年揚州地区（江蘇省邗江県）で新たに一面出土している。[30] さらに上海市と江蘇省宝応でもそれぞれ一面出土している。[31] ただ、これらには「真子飛霜」の銘はない。上海市出土の一面は葵花形対鳥鏡、青磁の執壺と共伴しており、その年代は対鳥鏡と大差なかろう。

三楽鏡　葵花形で、半球式の円鈕をもつ。鈕を挟んで二人の人物が居る。左側の人物は冠を頭に載せ、左手で前を指し、右手に杖を持っている。右側の人物は冠をかぶり、裘《かわごろも》をつけ、左手に琴を持つ。鈕の上の縦格子の中に「栄啓奇問曰答孔夫子」（栄啓奇問わるるに孔夫子に答えて曰く）の九字の銘[32]がある。鈕の下には一本の樹が配される。無文縁である（図48―2、写114）。この図案は『列子』天瑞篇の次のような故事を題材としていると考えられる。

孔子が太山（泰山）に遊んでいると、栄啓期が鹿裘を着て縄（索）で帯をしめ、琴を鼓《ひ》いて歌って、郕の野に行くのが見えた。そこで孔子は「あなたにとって楽しみとは何ですか。」と問いかけた。すると栄啓期は「楽しみはたくさんある。天はこの世に万物をつくったが、人をもっとも貴しとした。つまり、人として生まれ得たことが第一の楽しみ。人には男女の別があるが、男子は貴く、女子は卑しい。私は男子に生まれたのだから、これが第二の楽しみ。人生には限りがある。日月もみずに早死にする者もいるが、私はすでに九十歳。九十歳という長寿を得たことが第三の楽しみ。」と答えた。

この話からすると、左側の杖を持つ人物は孔子、右側の琴を持つ人物は栄啓期であり、鈕の下方の一樹は郕の野を象徴していると言えよう。「三楽」の題材は唐代の人物故事鏡に広く取り上げられており、男尊女卑の封建思想が、封建地主階級にとって好まれた題材であったことを反映している。

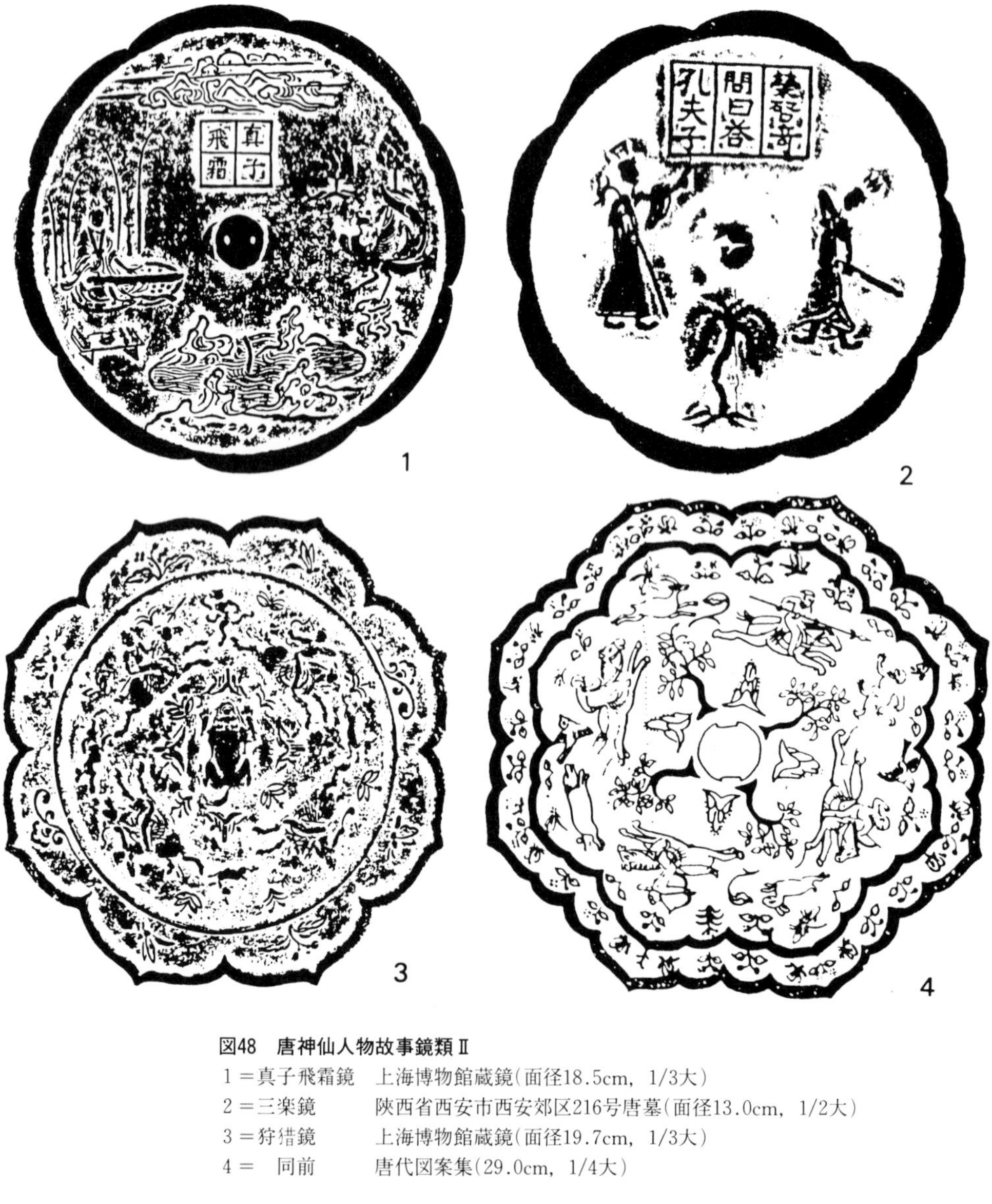

図48　唐神仙人物故事鏡類Ⅱ

1＝真子飛霜鏡　上海博物館蔵鏡(面径18.5cm，1/3大)
2＝三楽鏡　陝西省西安市西安郊区216号唐墓(面径13.0cm，1/2大)
3＝狩猎鏡　上海博物館蔵鏡(面径19.7cm，1/3大)
4＝　同前　唐代図案集(29.0cm，1/4大)

写115　打馬毬鏡
故宮博物院蔵（面径19.7cm）

打馬毬鏡　菱花形で半球式の円鈕をもつ。主題文様は騎馬打毬（ポロ競技）である。四人の騎士が馬に乗り、それぞれ異なった姿勢をとっている。あるものは鞠杖（スティック）を高く挙げ、毬を奪い取ろうとしている。またあるものは前に身をかがめ、鞠杖を構えて毬を打とうとしている。駿馬は疾走し、四蹄を跳ね上げている。駿馬の間には花枝が配されている。その生き生きとした画面は打馬毬の緊張した激しい動きを再現している。北京の故宮博物院に一面の打馬毬鏡が収蔵されており〔写115〕、江蘇省揚州でも一面出土している。[33]

打馬毬は唐代に流行したスポーツのひとつである。『封氏聞見記[34]』は太宗が侍者に語った次のような話を載せている。

西蕃人は打毬をすることを好むと聞いている。この頃、命令してまた習わしめ、一度これをみた。以前に昇仙楼に多数の蕃人がいて、街中で打毬をしていた。朕にみせようとしたのである。

同書はさらに、吐蕃（チベット）の遣使が金城公主を迎えに来た時、中宗が打毬を天覧したという話を載せている。臨淄王李隆基（後の玄宗）ら四人が四周を駆けめぐると、風が激しく巻き起こり、向こうところ敵なしという勇壮さであったと伝えている。唐代の詩文の中にも、次のように打馬毬を詠ったものがある。

今春芳苑游
接武上琼楼
宛轉索香騎
飄飖払画毬
俯身迎未落
回轡逐傍流
祇為看花鳥
時時誤失籌

（沈佺期「幸梨園亭観打毬応制」）

写117　狩猎文鏡
河南省扶溝県出土（面径29cm）

写116　狩猎文鏡
陝西省西安市王家墳90号唐墓出土（面径15cm）

白馬頓紅纓
梢毬紫袖軽
暁冰蹄下裂
寒瓦杖頭鳴
叉手胶粘去
分鬃線道絣
自言無戦伐
髀肉已曽生
（張祜「観宋州田大夫打毬」）

考古資料でも唐の大明宮跡において、「含元殿及毬場等、大唐大和辛亥歳乙未月建」（八三一年十一月）と刻まれた石誌が出土している[35]。陝西省乾県の章懐太子李賢（六八四年没、七〇六年改葬、七一一年合葬）墓には、二〇頭以上の馬による打馬毬図が壁画に描かれている[36]。新疆ウィグル自治区トルファンのアスターナ唐墓からも打馬毬の彩陶俑が出土している[37]。

これらの資料は、唐代に打馬毬が大変流行し、皇帝をはじめ支配者層の人びとに多いに好まれたことから、唐鏡の題材にとりあげられるようになったことを示している。陰法魯や徐寿彭・王堯は打馬毬がチベットに起源をもつとしているが[37]、一般的には唐代の打馬毬はペルシャから伝来したとされている[38]。

狩猎鏡（狩猟鏡）　菱花形、円形、葵花形など各種の鏡形がある。半球式の円鈕をもつ。主題文様は馬に乗った人物が狩猟している情景である。図48―3・4、写116・117などの例は、四人の狩手が馬に乗って同一方向に環状に駆けめぐるが、弓をひいたり、手に長い矛を持ったり、縄を投げかけようとしているといったそれぞれ異なる姿勢をとっている。鹿、兎、猪、怪熊などが逃げまわる様が描かれ、その画面はきわめて写実的である。残りの部分には、花枝や蜂蝶が描かれ、縁部には飛雀や流雲が配される。このほかに、馬に乗って弓をひく者と縄を投げかけようとして

図49　唐盤龍鏡類（3/10大）
河北省偃師県杏園村李景由墓（開元26年[738]葬，面径24.0cm）

写118　盤龍鏡
陝西省西安市郭家灘（福労）65号唐墓出土（面径26.1cm）

いる者の二人の狩手、その間にふたつの山を配し山林で狩猟する情景が展開されている例もある。

狩猟も唐代の支配者層に好まれたスポーツのひとつである。唐の太宗李世民は狩猟を国家統一、国泰平安と並ぶ三大楽事のひとつとした。このことをもっともよく示しているのが、章懐太子李賢墓の墓道東壁に描かれた狩猟出行図である。壁画に四〇人以上の騎手と二頭の駱駝および樹木、青山が描かれている。馬に乗った騎手は犬を抱いたり、鷹をとまらせたりし、駱駝には鉄鍋や薪を荷なわせている。大がかりな狩猟に出発している様を再現しているのである[38]。淮安靖王李寿貞観四年（六三〇）墓の墓道にも墓主が出行し遊猟する場面が描かれている[39]。懿徳太子李重潤神龍二年（七〇六）墓には、胡人が狩猟用の豹をつれ、男の侍者が犬と鷲をつれた内容が描かれている[40]。唐代の狩猟鏡の流行は狩猟が当時の貴族にとって重要な意味をもっていたことを伝えている。

（8）盤龍鏡類

主に葵花形である。内外区に分けられておらず、主題文様は頭を持ち上げ飛翔している一匹の龍と、渦巻く雲文である。龍首は左向きのものと、右向きのものとがあるが、ともに口をあけ爪をたてている。ふりむきざまに珠（鈕）を呑みこもうとしている例もある〔図49〕。流雲文縁や花文縁で、縁部に「千秋」の二字の銘をもつものが少数ある〔写118〕。これまでに発表された考古資料はいずれも単龍文であるが、伝世品の中には唐鏡とされている双龍文の例がある[39]。

龍文は鏡の主要な文様で、史籍にも多くの記載がある。たとえば、「唐の天宝三年五月十五日に揚州から水心鏡一面が献上された。縦横九寸。澄みきった鏡面は日に輝いている。鏡背には盤龍があり、長さは三尺四寸五分をはかる。その様は生きているもののようであった。元宗（玄宗）がこれをご覧になって、奇異であるとおっしゃった[41]。」とあるが、この「水心鏡」とは、史籍によくみられる「江心鏡」、「百煉鏡」のことである。白居易「新楽府」百煉鏡に、

背有九五飛天龍
人人呼為天子鏡
という詩句があり、百煉鏡の主題文様が飛天龍であることを説明している。唐代の千秋節には皇帝が群臣に鏡を賜うしきたりがあった。玄宗が詠んだ「千秋節賜群臣鏡」という詩に、
鋳得千秋鏡
光生百煉金
分将賜群臣
遇象見清心
とある。盤龍鏡の出土例の中には、鏡縁に「千秋」の二字が鋳出されているものがあり、このことから、この千秋鏡は盤龍鏡の可能性がある。また「龍鏡」が下賜されたことを伝えた唐詩もある。たとえば席豫の「奉和勅賜公主鏡」には、
令節頒龍鏡
仙輝下鳳台
とある。
このように皇室貴族たちが使用した盤龍鏡のほかに、
美人贈此盤龍之宝鏡
燭我金縷之羅衣
（李白「代美人愁鏡二首」）
妾有盤龍鏡
清光常昼発
（孟浩然「同張明府清鏡嘆」）
といった詩句は、盤龍鏡が一般にも使用されていた鏡であったことを伝えている。考古資料としては、江蘇省揚州、陝西省西安、河南省洛陽・開封・陝県、広東省韶関、浙江省紹興、江西省な

どの出土例が知られている。

このように史籍の記載から、盤龍鏡が盛行した年代は主に盛唐、とくに玄宗代であることがわかる。盤龍鏡が出土した広東省韶関の張九齢墓の年代は開元二十九年（七四一）[40]、河南省陝県の唐墓の年代は至徳元年（七五六）[41]で、その記載と一致する[42]。

中国古代において、龍を用いた装飾は長い歴史をもち、唐代にとくに盛行した。盤龍鏡は皇帝に献上されたり、皇帝から群臣に下賜されたりしている。このことから銅鏡を盤龍図で飾ることは吉祥の意味を含んでいたことがわかる。李肇の『国史補』にはこれのことについて、以下のような詳しい記載がある。

天宝年間（七四二―五五年）に揚州で水心鏡を鋳造した。鏡面は澄み切って日に輝き、鏡背には蟠龍を鋳出していた。以前、龍護と名のる老人と元冥という名の童がいて、鏡所（鏡の工房）にはいって次のようにいった。この老人が真龍を造るので元冥と爐所（鍛冶場）に入れて戸を閉めてください。三日の後に戸を開くと、龍護は消え失せ、元冥だけが残っていた。爐の前には一枚の紙があり、小隷体の文字で「鏡の中の龍の長さは三尺四寸五分である。この三・四・五は、天地人の三才に法り、春夏秋冬の四時を象り、水火木金土の五行を稟けている。鏡の縦横は九寸で、九州（天下）をあらわし、鈕は明月の珠のようにした。開元皇帝（玄宗）が聖通神霊であるので、わたしが鏡の中に舞い降り、百邪を避け、万物を写すのである。」と書かれていた。

この故事は皇帝を讃美するためのものではあるが、龍文をもつ鏡が百邪を払い、万物を写し出すという当時の人びとの考えを伝えている。

（9）八卦鏡類

鏡形には円形、方形、葵花形の三種がある。主題文様は八卦文[43]であり、そのほかの図像を配置する。八卦鏡、八卦十二生肖鏡などに分けられる。

八卦鏡　方形で、半球式の円鈕、方格鈕座をもつ。八卦文が鈕座を方形に取り囲んでいる。無

写119　八卦干支鏡
陝西省西安市王家墳西南226号唐墓出土(面径17.5cm)

文縁である。[44]

八卦百煉鏡　亞字形で、半球式の円鈕をもつ。八卦文が方形に鈕をめぐる。その外側には、「精金百煉　有鑑思極　子育長生　形神相識」〔金を精するに百煉す。鑑あり思い極む。子育ちて長生す。形神相識る。〕の銘文がある〔図50—1〕。無文縁である。

八卦十二生肖鏡　円形あるいは葵花形である。亀鈕あるいは獣鈕で、葵花形鈕座をもつ。あるものは八卦文が鈕座をめぐり、その外側に十二生肖が配される。生肖像は写実的である。無文縁である。またあるものは、内側から八卦八字銘帯、八卦文帯、十二生肖像の図文帯、銘帯が同心円状をなして四重に鈕のまわりをめぐる。銘文は、

「水銀呈陰精　百煉得為鏡　八卦寿象備　衛神永保命」〔水銀陰精を呈す。百煉して鏡を為すを得る。八卦寿象備わり、衛神永く命を保つ。〕

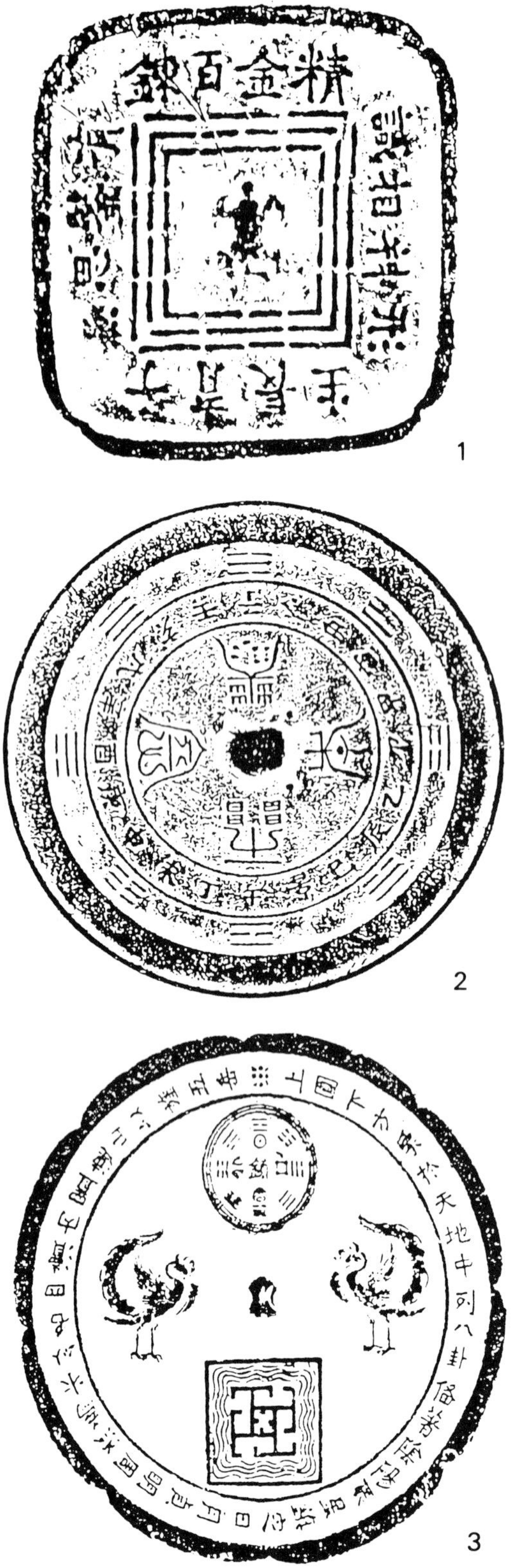

図50　唐八卦鏡類
1＝八卦百煉鏡　小校経閣金文拓本(2/5大)
2＝八卦干支鏡　中国古鏡拓影(面径18.2cm，2/5大)
3＝八卦双鸞鏡　小校経閣金文拓本(1/2大)

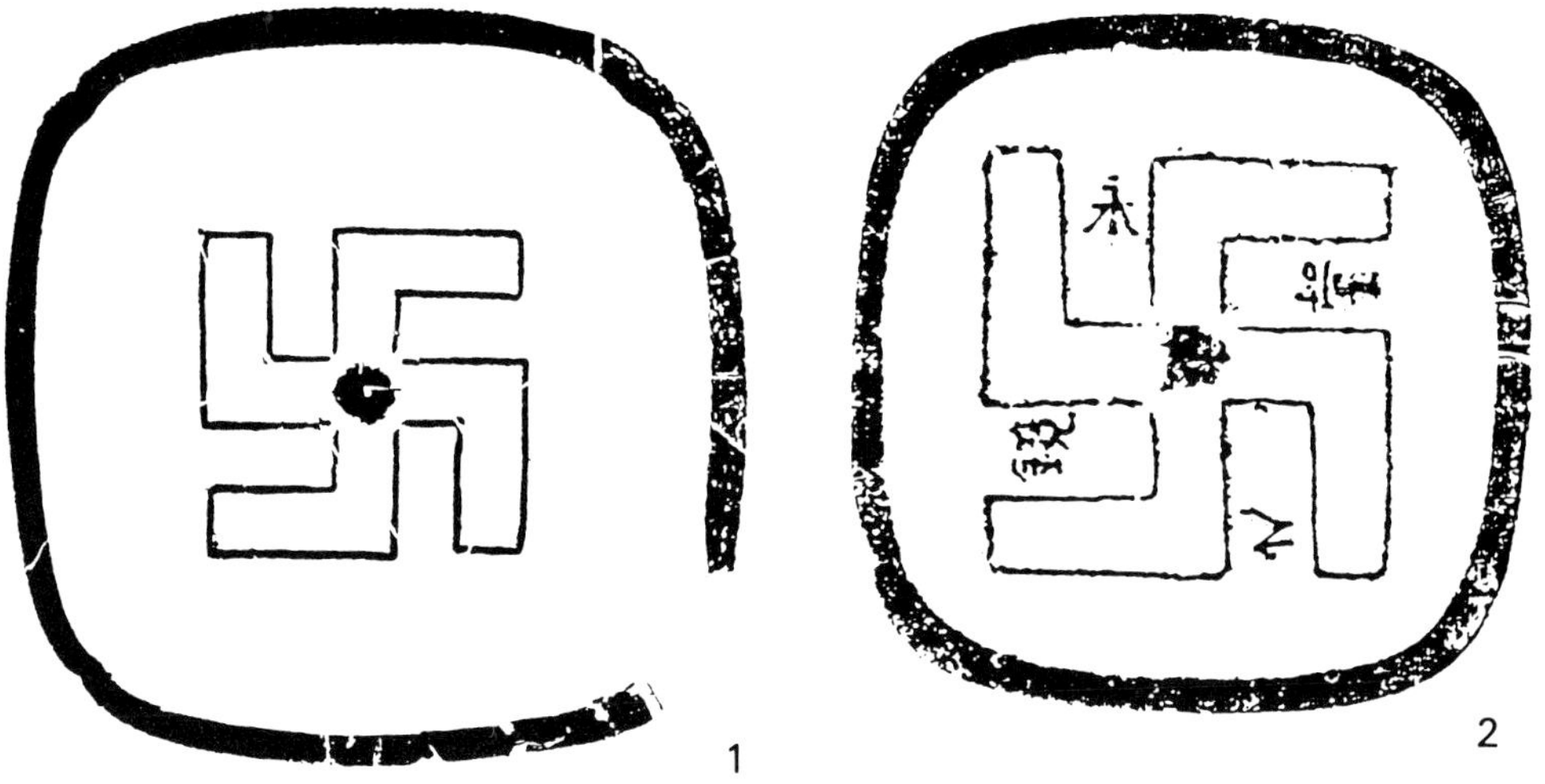

図51　唐万字鏡類
1＝四川省成都市羊子山（面径19.5cm，1/3大）／2＝河南省陝県劉家渠開成3年[838]墓（面径不詳）

とある。無文縁である。[45]

八卦干支鏡　円形で、半球式の円鈕をもつ。三区に分かれ、内から外へ符籙（呪符）、干支銘、八卦文がそれぞれある。無文縁である（図50―2、写119）。

八卦星象鏡　円形である。三区に分けられ、内区には八卦文と陰陽名銘、中区には同形の符籙八字とその間の道家語の銘八字、外区には形の異なる符籙八字とその間に八組の星象が描かれている。無文縁である。[46]

八卦双鸞鏡　葵花形と円形がある。内区には二羽の鸞鳥が羽を広げ尾をたて、鈕を挟んで配されている。鈕の上方と下方に天地を象徴する図形が置かれる。外区には、

「上圓下方　象於天地　中列八卦　備著陰陽　……」（上円下方、天地を象どる。中に八卦を列す。備えて陰陽を著わす。……）

など四〇字の銘がある。無文縁[47]（図50―3）。

陝西省西安郊区五〇四号墓から八卦鏡が一面出土している。この墓葬の年代は中・晩唐である。[48] 八卦鏡の流行は、八世紀中葉から一〇世紀初頭と、おおよそ判断できよう。

（10）万字鏡類

亞字形、円形の二種があり、ともに半球式の円鈕をもつ。主題文様は、鈕を中心とする複線の卍字形である（図51―1）。卍字文の中に「永寿之鏡」の四字が配されているもの（図51―2）や、卍字文の両側に「受歳」の二字が配されているものなどがある。無文縁である。「永寿」万字鏡は、文宗の開成三年（八三八）墓から出土している。[42] 陝西省西安郊区の五六三号墓からも一面の万字鏡が出土している。この墓葬出土の陶俑は、同じ西安郊区の建中三年（七八二）五〇五号墓、元和二年（八〇七）六〇三号墓出土のものと同型式である。[49] この鏡類は主として中・晩唐に流行したといえよう。

「卍」は梵字で、「吉祥万徳の集まる所」の意味である。仏教では、これは釈迦牟尼の胸

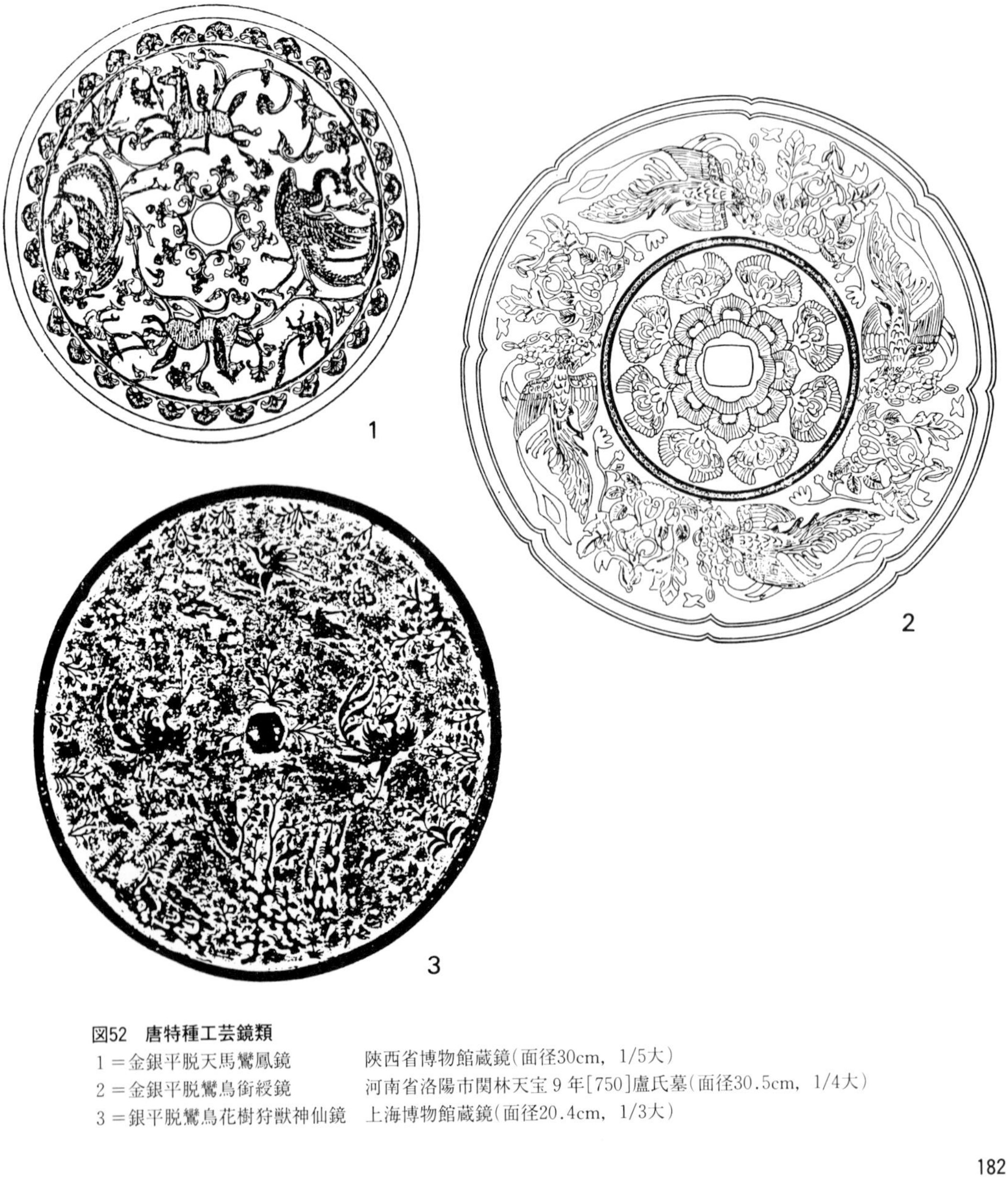

図52　唐特種工芸鏡類

1＝金銀平脱天馬鸞鳳鏡　陝西省博物館蔵鏡(面径30cm，1/5大)

2＝金銀平脱鸞鳥銜綬鏡　河南省洛陽市関林天宝9年[750]盧氏墓(面径30.5cm，1/4大)

3＝銀平脱鸞鳥花樹狩獣神仙鏡　上海博物館蔵鏡(面径20.4cm，1/3大)

写120　金銀平脱羽人双鳳鏡
伝河南省鄭州市出土（面径36.2cm）

写121　金銀平脱鸞鳥銜綬鏡
陝西省西安市長楽坡村出土（面径22.7cm）

部に現れた「瑞相」であり、「万徳」吉祥の標示として用いると解釈している。武則天の長寿二年（六九三）にこの字を「万」と読むと制定した。[50] しかし、上述した万字鏡の流行の時期からみると、卍字形を銅鏡の題材に用いるのはやや遅れる。卍字形と「永寿」、「受歳」などはすべて吉祥の意味を含んでいる。

(11) 特種工芸鏡類

唐鏡は題材の新しさ、文様の華麗さで知られるだけでなく、鋳造技術にも多くの革新があり、金銀平脱鏡、螺鈿鏡、貼金貼銀鏡など各種の特種工芸鏡が現れた。[51]

金銀平脱鏡　この鏡は漆で金銀の薄片を貼り、主題文様を描いている。今まで出土した平脱鏡はいずれも面径二〇センチ以上である。鏡形には菱花形、円形がある。半球式の円鈕で、花葉形鈕座あるいは花葉文をめぐらす円圏鈕座がある。このほか、満開の花弁文をあしらった鈕座、つぼみと花葉が連なって環状にからみあう鈕座などもみられる。主題文様には天馬鸞鳳文、羽人双鳳文、鸞鳥銜綬文などがある。

図52―1は金銀平脱天馬鸞鳳鏡で、面径三〇センチをはかる。二羽の飛鳳と二頭の奔馬とが、花や葉がからまる中に配されている。連葉文縁をもつ。[52]

写120は金銀平脱羽人双鳳鏡で、面径三六・二センチをはかる。羽人と飛鳳が交互に同一方向で鈕をめぐり、その間にさまざまな形の花枝と小さな花や鳥が配されている。八弁の蓮花文鈕座と羽人・飛鳳は銀片を貼りつけ、銀色に光っている。点在する花鳥には金片が貼りつけられ、あざやかな金色に輝いている。それらの文様はきわめて鮮明に表現されている。[53]

写121は金銀平脱鸞鳥銜綬鏡で、面径二二・七センチをはかる。鈕のまわりに銀片を貼りつけた蓮の葉が配され、その外側に金糸を鎖状に撚った同心文を一周めぐらしている。四羽の金色の鸞鳥が同一方向に翼を広げ飛翔し、口には綬（リボン）を銜《くわ》えている。その間には四つの草花文が置かれる。[54]

写122　金銀平脱花鳥鏡
正倉院蔵(面径28.5cm)

図52―2も金銀平脱鸞鳥銜綬鏡で、面径三〇・五センチ、重さ二七四〇グラムをはかる。主題文様の四羽の同形の綬を銜えた鸞鳥と、四組の同形の花葉文が交互に外区をめぐっている。[55]

金銀平脱鏡は、鸞鳳を主題文様としているが、このことは当時の詩文の中にもみることができる。王建は「老婦嘆鏡」の中で、

嫁時明鏡老猶在
黄金縷画双鳳背

と詠った。ここで言う黄金縷画とは金銀平脱技法にほかならない。また、この種の双鳳鏡が嫁ぐ時の嫁入り道具であったことがわかる。これらの題材もまた幸福の象徴といえよう。

唐代には金銀平脱技法でつくられた器物の種類はすこぶる多い。『朝野僉載』に「中宗は揚州に命じて方丈の鏡を造らせた。(鏡の背面に)桂樹が銅で鋳出され、金の花や銀の葉で飾っている。」と記載されている。この鏡は金銀の薄片を用いて装飾した金銀平脱鏡であるといえよう。姚汝能『安禄山事跡』、段成式『酉陽雑俎』、楽史『楊太真外伝』および『資治通鑑』などの記載によれば、唐の玄宗と楊貴妃が何度も安禄山に賜った物品の中には、金銀平脱五斗飯罌、銀平脱五斗淘飯魁、金平脱犀頭匙箸、金銀平脱隔餛飩盤、平脱着足叠子、金平脱鉄面椀、銀平脱破觚、銀平脱破方八角花鳥薬屛帳、金平脱宝枕、金平脱装具玉合、装金平脱函、銀平脱食台盤など、金銀平脱の器物が数多い。

金銀平脱技法に関して史書にはくわしい記載はない。方以智は『通雅』[56]の中で平脱についてかなり詳しく言及している。これに対して、馮漢驥は「方氏の見解は詳しいが、こじつけのきらいがあることは免がれない。……平脱とは文様を平たく出す意である。器をつくる際、金銀文様片を膠や漆を用いて平たく器表の素地に貼り、文様のない部分に漆を塗り込め、再度磨いて文様を浮き立たせ、文様面と漆面とを平坦にするのである。故にこれを平脱と言う。(43)」としている。明の黄成は『髹飾録』[57]で金銀嵌を「嵌金」・「嵌銀」・「嵌金銀」に分け、さらに「これらには片・屑・線の素材が用いられ、その一種類が嵌め込まれたものがあり、複数の素材を用いたものもあ

写123　螺鈿人物鏡
河南省洛陽市16工区76号唐墓出土（面径25cm）

る」と指摘している。これをもとに王世襄は「明清代の金銀嵌の前身は唐から五代に盛行した金銀平脱である[44]」と考えた[58]。

我々は、日本の正倉院に伝えられた平脱の名称の付けられた器物（写122）および発掘調査の出土遺物から、金銀平脱鏡とは、金銀の薄片を膠や漆を用いて鏡背に貼り、その上に漆を何度も重ねた後、注意深く研磨して、金銀片でつくられた各種の文様と漆面とを平坦にし、文様を鮮明に浮き立たせたものであると考えている[59]。

上述の唐代の金銀平脱に関する文献の記載はいずれも玄宗代のものであり、粛宗・代宗の二代においては金銀平脱を禁止したという記載がある。粛宗の至徳二年（七五七）十二月の条に[45]「珠玉、宝鈿、平脱、金泥、刺繍を禁ず」とあり、また代宗の大暦七年（七七二）六月の条には[46]、「丁丑、薄葬が命ぜられ、造花および金平脱宝鈿等の物は造れなくなった」とある。河南省洛陽の天宝九年（七五〇）盧氏墓から金銀平脱鸞鳥銜綬鏡が一面出土している（図52—2[47]）。これからの玄宗の開元・天宝年間前後がその最盛期であったことが知られるのである。

螺鈿鏡　鏡背に巻貝の貝殻片を漆で貼り付け、文様を描く点を特徴とする。出土例としては以下のものがある。

写123は螺鈿人物鏡である。円形で、半球式の円鈕をもつ。構図は稠密ではあるが、窮屈ではなく、馥郁たる雰囲気に満ちている。鈕の上方に枝葉が繁り満開の花をつけた一本の樹が配される。梢に明月がかかり、樹の下には猫が坐る。樹の両側には尾羽をはねあげた鸚鵡がいる。鈕の左側の人物は端座し、琵琶を弾いている。右側にも手に酒盃を持った人物が坐っている。その前に鼎と壺が置かれている。背後に侍女が一人立ち、両手で盒を捧げている。鈕の下方には仙鶴と池がある。池の中とそのほとりには、嬉々としてたわむれる鸚鵡が配される。これらの間には花びらが舞い落ちている。人物の描写は微に入り細にわたっている[60]。

そのほかに螺鈿盤龍鏡がある。円形で、面径二二センチをはかる。一匹の龍が身を躍らせ飛翔し、雲文の中をめぐっている[61]。

写124　螺鈿花葉鏡
正倉院蔵（面径27.4cm）

螺鈿鏡と金銀平脱鏡はともに多くの金属や貝殻の薄片を用いて一幅の完成された画面を構成しており、薄片に絵を透かし彫りしたり、細文を彫刻しているものがある。たとえば、螺鈿人物鏡にみられる人物の衣装や飛鳥禽獣の羽翼はみなきわめて明確に彫られ、これに加えて貝殻片そのものの光彩が画面をより華やかにしている。金銀平脱鏡とともに、成熟した工芸技術によって、唐代の馥郁たる美術様式を形づくっている。

螺鈿もまた中国の伝統的な象嵌工芸である。宋の方勺は『泊宅篇』の中で「螺塡器は本々倭国で産した」としている。しかし、考古学の資料からみれば螺鈿漆器の歴史は西周にまで遡りうる。[62]『髹飾録』螺鈿条の楊明の注には、「貝殻片は古い者は厚く、今の者は次第に薄くなってきている」とある。

唐代、螺鈿技術はきわめて盛行した。『安禄山事跡』には玄宗が安禄山に「宝鈿鏡一面」を下賜したと記述されている。前述の「平脱」の製作を禁止する記載の中には「宝鈿」も入っている。宝鈿は必ずしも貝殻薄片で構成された文様のみを指すのではない。正倉院収蔵の平螺鈿鳥獣花文円鏡のように、巻貝の薄片のほかに、紅色の琥珀、黄色の玳瑁《たいまい》、緑色の孔雀石などを貼っているものも含む〔写124〕が、その技術は同じである。

唐代の螺鈿鏡が流行した時期については、前述の二面の螺鈿鏡はそれぞれ、粛宗至徳元年（七五六）墓および粛宗乾元元年（七五八）・徳宗興元元年（七八四）合葬墓から出土していることが知られている。[63]主題文様である人物故事と盤龍も当時流行した題材である。文献の記載と合わせ、その年代は玄宗・粛宗・代宗の時期に求められる。この種の鏡は玄宗およびややその後の時期（八世紀中葉）と考えられる。

貼金貼銀鏡　鏡背に貼った金銀板に各種の文様を刻み出したり、あるいは盛り上った文様上に金銀片を貼った銅鏡を指す。貼られた金銀は容易に剝落するため、これらの鏡の伝世品、出土品はきわめて少ない。

正倉院の収蔵品に貼銀鍍金山水人物鏡がある。八稜形を呈し、半球式の円鈕をもつ。鏡背の全

写125　嵌銀鸞獣鏡
陝西省西安市韓森寨出土(面径21cm)

面に銀板を貼り、文様を刻み出している。内区は山水人物の図案で、人物は笙を吹き琴を弾いており、舞鳳盤龍が配されている。外区の文様は禽鳥と蔓枝で、鏡縁部には銘文が一周する。文様と銘文は鍍金されている。面径四〇・七センチをはかる。唐代の代表作、中でも盛唐代の貼銀鏡の代表作品とされている。

『巌窟蔵鏡』三集九三に載せられた伝河南省洛陽出土鏡に貼銀殻鳥獣花枝鏡がある。菱花形で、獣鈕をもつ。鏡背には双鸞双獣に花枝がめぐらされ、文様上に銀殻が貼られている。(48)

写125は嵌銀鸞獣鏡である。菱花形で、獣鈕をもつ。内区には花枝をよじ登る六頭の瑞獣が配され、外区には花枝と禽鳥が交互に並べられている。流雲文および花文縁をもつ。陝西省西安出土。64

貼金貼銀鏡については史書に詳しい記載はない。『旧唐書』玄宗本紀に「開元十八年、千秋節に百官を献賀した。四品以上に金鏡・珠嚢・縑彩を賜わった」とあるが、ここでいう金鏡が青銅製貼金鏡なのか、黄金製なのかははっきりしない。ただし、『旧唐書』高季輔伝には「太宗がかって金背鏡一面を下賜された。鏡面の澄み切った鏡であった」とある。ここでははっきりと金背鏡としており、銅鏡の背面に金を貼った特種工芸鏡で、上述の正倉院所蔵鏡と同一技法で作られた鏡であろう。

以上、隋唐代の各鏡類の盛行の時期は、四神十二生肖鏡類、瑞花鏡類の団花鏡、瑞獣鏡類は隋から唐初に流行し、その下限は高宗代(六四九―六八三年)におよぶ。瑞獣葡萄鏡類、瑞獣鸞鳥鏡類、花鳥鏡類の雀繞花枝鏡は高宗・武則天および玄宗の開元年間(七一三―七四一年)に流行した。花鳥鏡類の対鳥鏡、瑞花鏡類、神仙人物故事鏡類、特種工芸鏡類は玄宗の開元・天宝年間(七四二―七五六年)から徳宗代(七七九―八〇五年)にかけて盛行した。八卦鏡類、万字鏡類、瑞花鏡類の亞字形花葉文鏡などは徳宗代から晩唐にかけて流行し、下限は五代とされよう。中でも、玄宗の開元・天宝前後に唐鏡はその最盛期を迎えたのである。

2　新たな様式の確立と成熟

唐代は中国の銅鏡発展史における盛行期のひとつである。考古資料からみると、後漢中期以後にみられた南北の銅鏡の地域性が再び統一の方向へと向かい、各地から出土する銅鏡はつくり、文様、鋳造技術の点で、多くの共通性を示してくる。

隋唐鏡の発展史には三つの大きな段階がある。すなわち、隋から唐の高宗代、高宗から徳宗代、徳宗から晩唐・五代の三期に区分できる。

隋から唐高宗代　魏晋南北朝以来の銅鏡の様式に変化がみられ始める時期である。後漢末期以後、とくに魏晋南北朝時代の銅鏡には細かい変化がみられるが、総じてみると規格化・定形化し、創造性・多様性に欠けている。その結果、前代の銅鏡のつくりや文様が永い間守られ、隋から初唐の銅鏡には伝統的要素が色濃く残されることになる。つまり円形（わずかに方形のものもある）の鏡形、簡素な構成、分区配置の文様、〝規矩配置〟とそれにともなう鈕外の大形の方格、柿の蔕形文と連珠文の鈕座、霊異瑞獣を主とする主題文様、圏帯銘文、善頌善禱の吉祥句など、これらはみな漢代以来常にみられる伝統的要素である。別の言い方をすれば、規格化とは各鏡類に多くの共通性がみられることである。この時期に流行した四神十二生肖鏡類、瑞獣鏡類、宝相花銘帯鏡は、主題文様は異なっているにもかかわらず、鏡形・構成・鈕座・銘文・縁部文様といった要素や、変化の方向性などで多くの共通点をもつ。

銅鏡は日常的な実用品であるが、鏡背を飾る文様の表現には高い技術水準が反映されている。当時の工匠たちは、新たな秀れた成果を目指し努力したのである。隋唐鏡の様式は、漢式鏡の堅苦しい地味な姿を流暢華麗に一新させ、荘厳な神話から題材をとるのではなく、自由な写実や故事を重んじるようになった。また表現手法も繁雑なものを清新で優雅なものへと転化させたと梁上椿は述べている。[65] このような変化は一朝一夕のものではなく、その始まりは高宗代かそれをやや下る時期と我々は考えている。この時期の変化は、新しい要素、新しい鏡類の陸続とした出現、つまり花鳥・植物文様の絶え間ない増加という形でみられる。隋代から初唐にかけては依然として瑞獣を主題文様とする瑞獣鏡類が盛行する。瑞獣鏡類は隋唐鏡の発展過程の中で重要な鏡類で、中国古代の銅鏡の伝統を継承するとともに、造形・様式上に多くの変化をもたらした。たとえば銘帯の消失、内外区における忍冬・蔓草・葡萄文様の登場がそれである。瑞獣は静的な表現から動的なものへと変化し、さらにふっくらしてくる。構図も厳格で堅苦しいものから活発で開放的なものへと変化する（宝相花銘帯鏡の団花も同様である）。このことから、瑞獣鏡類は隋唐鏡の中でも重要な鏡類であり、その影響下に瑞獣葡萄鏡と瑞獣鸞鳥鏡が発展したといえよう。

瑞獣葡萄鏡は唐鏡の中でもとくに興味深い鏡類である。というのも、それが瑞獣鏡に強く張った枝や柔らかな蔓枝と飛禽、葡萄の花葉が付け加えられてできたものだからである。瑞獣葡萄鏡の外区における飛禽と蔓枝が交互にめぐる構成、孔雀や鸞鳥の図文は、後代の雀繞花枝鏡の様式の初現であり、唐鏡が花鳥を主題文様とすることのプロローグである。

高宗から徳宗代　前段階に芽生えた銅鏡の新たな様式が確立し、さらに成熟へといたる時期である。中国銅鏡は華麗絢爛の時代に入り、独得の美が形づくられる。唐鏡はその芸術性とともに、現実の生活との結びつきを強く感じさせるのである。この時期はさらにふたつの段階に分けられる。

第一段階は高宗・武則天代（七世紀後半代―八世紀初頭）である。流行した鏡は瑞獣を主とした瑞獣葡萄鏡と、瑞獣と鸞鳥とがともに描かれる瑞獣鸞鳥鏡、飛禽と花枝を主とした雀繞花枝鏡である。瑞獣の題材は次第に二次的な地位へしりぞき、替わって飛禽と花枝が主要な地位を占めてくる。無論、内区・外区の葡萄蔓枝、蔓茎花草、飛禽蜂蝶がそれまで以上に多用される。瑞獣葡萄鏡の図案の構成は巧みで、確固とした成熟段階にいたった。瑞獣鸞鳥鏡の主題文様では瑞獣と鸞鳥とが対等な位置を占め、それは隋唐鏡の文様が瑞獣から花鳥へと変化していく、過渡的形態であることを反映している。その影響を受けて、花鳥鏡が出現し、盛行するのである。鏡形も円形・方形の伝統を突き破り、主題文様の変化に対応して、菱花形・葵花形などの花式鏡が出現し、内容と形とが完全に結びつけられる。

銘文ではとくに銘帯をめぐらすことがなくなる。その結果、鏡背の限られた空間に主題文様をさらに効果的に表現できるようになり、もはや内区・外区といった束縛を受けることはなくなった。これが盛唐における自由な表現を可能とした要因のひとつなのである。

第二段階は、玄宗から徳宗代（八世紀代）である。主として対鳥鏡、人物故事鏡、瑞花鏡、盤龍鏡および特種工芸鏡が流行した。広範な題材、おのおの異なった様式、鮮明な色調、完璧な図案の組み合わせなどが第一段階に引き続いて発展した。禽鳥の文様が題材の主たる地位を確立し、隋―初唐の瑞獣を主とする題材はなくなった。四神十二生肖はまだみられるものの、全体に形態と構図に変化が生じた。植物文様は従属的な地位を脱し、瑞花・樹花が主要な題材のひとつとなった。この時期のもうひとつの重要な特色は、人物故事の題材が大量に出現したことである。現実生活中に見聞される生き生きとした禽鳥や蜂蝶、ゆったりとして華麗な瑞花、秀麗な姿の飛仙は、優雅で豊満柔和な格調をもつ図案を構成している。

唐鏡の最大の特徴のひとつは様式や手法の多様化である。初唐から徳宗代に社会経済と文化は高度に発展した。国家の統一は各民族の結びつきを強め、対外交流もきわめて活発となり、社会は相対的に安定した。この長期間の平和と安定した時期において、華やかで雄大な、光輝く唐代の文化芸術がはぐくまれたのである。銅鏡においても馥郁たる「盛唐気風」が現れる。

唐鏡の主題文様は瑞獣から禽鳥へ、さらに植物文様へと変化する。このことは唐代の器物や絵画などにみられる文様図案の変化の過程と一致している。敦煌の壁画文様[66]を例にとると、常書鴻は「魏晋代から隋唐代にかけて、敦煌の図案の文様は早期は幾何形と動物の文様が主であるが、唐代になると次第に植物文様が主となる」(49)と述べている。また藩絜兹は「唐代の図案は巻草文の世界といえよう」、「それは流麗婉妙な線で上下交互に巻葉を描き、その間を蓮花、宝相花、海石《つば》

表5　隋唐鏡の金属成分

	本書の名称	原著名称	銅(%)	錫(%)	鉛(%)
(1)	四神鏡	四神鏡	68.60	23.60	6.04
(2)	対鳥鏡	双鸞鏡	69.30	21.60	5.45
(3)		神人十二支系鏡	69.28	22.98	6.03
(4)	瑞獣鏡	狻猊鏡	68.37	24.02	6.02
(5)	瑞獣鏡	唐草狻猊鏡	69.74	23.17	5.17
(6)	瑞獣葡萄鏡	海獣葡萄鏡	68.75	25.40	4.16
(7)		蝶文方鏡	69.22	21.10	7.19
(8)	瑞獣葡萄鏡	海獣葡萄鏡	68.02	27.30	3.40

榴《き》などで埋めている。また、巧みに孔雀・霊鳥・飛仙・化仏・人首鳥身の伽陵頻伽《かりょうびんが》などを配置している(50)」と指摘している。

徳宗から晩唐・五代　銅鏡が急速に衰退する時期である。そのために造形・文様・技法のすべての面で前代とはなはだしく異なってくる。主題文様は単純で粗放な植物文様のほかに、宗教的意味を含んだ文様の盛行が目立つ。たとえば八卦を主文とし、符籙・星象・干支などを配した道教的な意味をもつ文様である。仏教において「吉祥万徳の集まる」という意味の卍字形文様も広範に用いられる。構成の点では、八卦干支鏡のように層をなして密で一圏ごとに分割配置されているものもあれば、亞字形鏡のように単調で味わいに乏しく簡素なものもある。銘帯をめぐらす例が再び多くなる。鏡形は円形のほかに亞字形や方形が流行する。表現手法も独自の様式をもち、細線や薄肉の浮彫りで文様が鋳出される。作風は粗略・脆弱で、盛唐代の華やかで雄大な千姿百態の気風を完全に失っている。いわばこの時期は中国鏡史の転換期にあたり、これ以降急速に衰退し、文様・造形・技法すべての点で、前代までとは異なった様式や時代的特徴が現れるのである。

以上のような時代的特徴をもつ隋唐鏡の金属成分をみておこう。隋唐銅鏡は外面からみるとやや重厚で、多くが銀白色を呈するが、黒褐色のものも多い。それらの金属成分については、中国内外の研究者がいくつかの分析を行っている〔表5〕。

表5に所収した(1)・(2)の例は周欣・周長源「揚州出土的唐代銅鏡」、(3)〜(7)は梅原末治『支那考古学論攷』、(8)は梅原末治『欧米に於ける支那古鏡』からである。この八面の成分分析の結果をみると、銅・錫・鉛の比率は一定しており、銅が平均六九パーセント、錫が平均二五パーセント、鉛が平均五・三パーセントで、漢鏡の金属成分の比率とほぼ同じである。

3　唐代の鋳鏡センター・揚州

すでに指摘したが、唐鏡の特徴のひとつは、全国各地で出土する銅鏡がきわめて共通していることである。このような特徴は当時どこかに重要な鋳鏡センターが存在していた可能性を示している。

『新唐書』地理志は鏡を朝廷に献上する地域を二カ所記載している。ひとつは并州（現在の山西省太原）の銅鏡と鉄鏡、もうひとつは揚州（現在の江蘇省揚州）の銅鏡である。このことから、このふたつの地が唐代の重要な鋳鏡センターであったことがわかる。しかし文献には并州銅鏡に関する史料は少なく、逆に揚州銅鏡については豊富である。『新唐書』地理志には、「揚州広陵郡は大都督府に……金・銀・銅器・青銅鏡といった特産品を献上した。」とある。また、『旧唐書』韋堅伝には、天宝元年（七四二）、韋堅が陝郡太守、水陸転運使に抜擢されたとき、「穿広運潭以通舟楫、二年而成。堅予于東京、汴、宋取小斛底船三、二百支置于潭側、其船皆署牌表之。若広陵郡船、即于栿背堆積広陵所出錦、鏡、銅器…」などとある。徳宗の大暦十四年（七七九）六月己未の条には、「揚州からは毎年端午の日に江心で鋳造した鏡を献上し、幽州からは麝香を献上していたが、これを罷めた。」とある。[51]穆宗の長慶三年（八二三）にはさらに、「勅に応じて、淮南・両浙・宣歙道などの地から御服および器物を合わせて進上していたこと、ならびに端午の節句に恒例として献上していたことを、いっさい罷めた。」とある。[52]ここでいう端午の節句に献上する器物にはおそらく揚州の銅鏡が含まれていただろう。揚州は唐代に鏡を献上した重要な地域であったと考えられる。

揚州が特産品として献上した銅鏡の中で、皇帝のために選ばれたもっとも精緻な特製品は、前に盤龍鏡類の項で述べた「方丈鏡」、「百煉鏡」、「江心鏡」などのような鏡である。揚州が銅鏡を献上した期間は、文献によれば中宗代から徳宗代で、開元・天宝年間（七一三―七五五年）が最盛期であった。周欣・周長源の「揚州出土的唐代銅鏡」には、瑞獣葡萄鏡、双鸞神獣鏡、双鳳鏡、双鸞銜綬帯鏡、雀繞花枝鏡、蓮花鏡、宝相花鏡、真子飛霜鏡、雲龍鏡、打馬毬鏡、八卦十二生肖鏡、万字鏡などの二六面の銅鏡が写真と拓本で紹介されている。(53) これらは主に第二期に流行した鏡類であり、文献の記載と一致する。とくに注意すべきなのは、唐代の長安・洛陽の両京地区で第二期の各段階に流行した鏡類が、揚州でほとんどすべて発見されていることである。[67] そのうえ、両京地区の銅鏡が持っている特徴は揚州の銅鏡中にも現れている。

すでに指摘したように、唐鏡発展の第二期はもっとも重要な時期である。新たに創造された鏡類がもっとも多く、製作技術も精緻をきわめ、文様も華麗である。揚州における銅鏡の鋳造とその帝室への奉貢が、この時期の唐鏡に盛況をもたらした大きな要因であったことは間違いなかろう。揚州の銅鏡は、皇帝と封建官吏に好まれたことによって、多彩で洗練されたものとなると同時に、広く流行するようになったのである。たとえば、揚州が唐王朝へ献上したいわゆる「江心鏡」、「百煉鏡」の文様は龍文であり、唐代の盤龍鏡の流行は当然これと関係があろう。中国各地で発見される盛唐期の盤龍鏡のうち、あるものは揚州で鋳造されたものであり、またその影響のもとで出現したものである。

揚州は奉貢銅鏡のほかに、銅鏡の重要な市場でもあった。韋応物の「感鏡」には、

　鋳鏡広陵市
　菱花匣中発

という詩句があり、これは揚州における銅鏡の鋳造と売買の様子を物語っている。揚州の市場に売り出された銅鏡は、地元の需要を満たしただけでなく、運河を伝って多くの地方へと運ばれたのである。

　揚州青銅作明鏡
　暗中持照不見影

（張籍「白頭吟」）

把取菱花百煉鏡
換他竹葉十旬杯
（劉禹錫「和楽天以鏡換酒」）

といった詩句は、各地の人びとが揚州の銅鏡を用いていたことを伝えている。

韋応物と劉禹錫の詩の中にはともに「菱花」の語がみられるが、これは明らかに鏡形を指したものである。唐鏡は前代までの円形や方形の伝統を打ち破り、多くの新しい花式鏡を出現させたが、菱花形はその好例である。揚州出土の銅鏡の中で双鳳鏡、打馬毬鏡、宝相花鏡、双鸞銜綬帯鏡、雀繞花枝鏡にはいずれも菱花形のものがあり、この鏡形が揚州の銅鏡の主要な形式のひとつであると考えられる。

花鳥を主題文様とする双鸞銜綬帯鏡、双鳳鏡、雀繞花枝鏡なども揚州出土の銅鏡の特徴のひとつである。それらの多くは女性の使うもので、吉祥を象徴し、生活を豊かにする意味があった。そのため唐代にはこのような文様をもつ鏡が広く流行し、中国各地で発見されている。伴出する墓誌からみて、主に開元・天宝年間およびそのやや後の時期（八世紀前半―中葉）に流行している。それはまさしく揚州での鋳鏡の最盛期なのである。

これらの事例によって、揚州の銅鏡が唐鏡の中で重要な位置を占めていたことがわかる。中国各地で出土する唐鏡が多くの共通性を示すのは、揚州での銅鏡の鋳造とその流通とに密接な関係をもっているのである。

写126　瑞獣葡萄鏡
日本・正倉院蔵（辺長17.1cm）

4　対外文化交流の至宝

唐王朝の国際性はよく知られている。当時、内外の往来はきわめて頻繁になり、交通網も空前

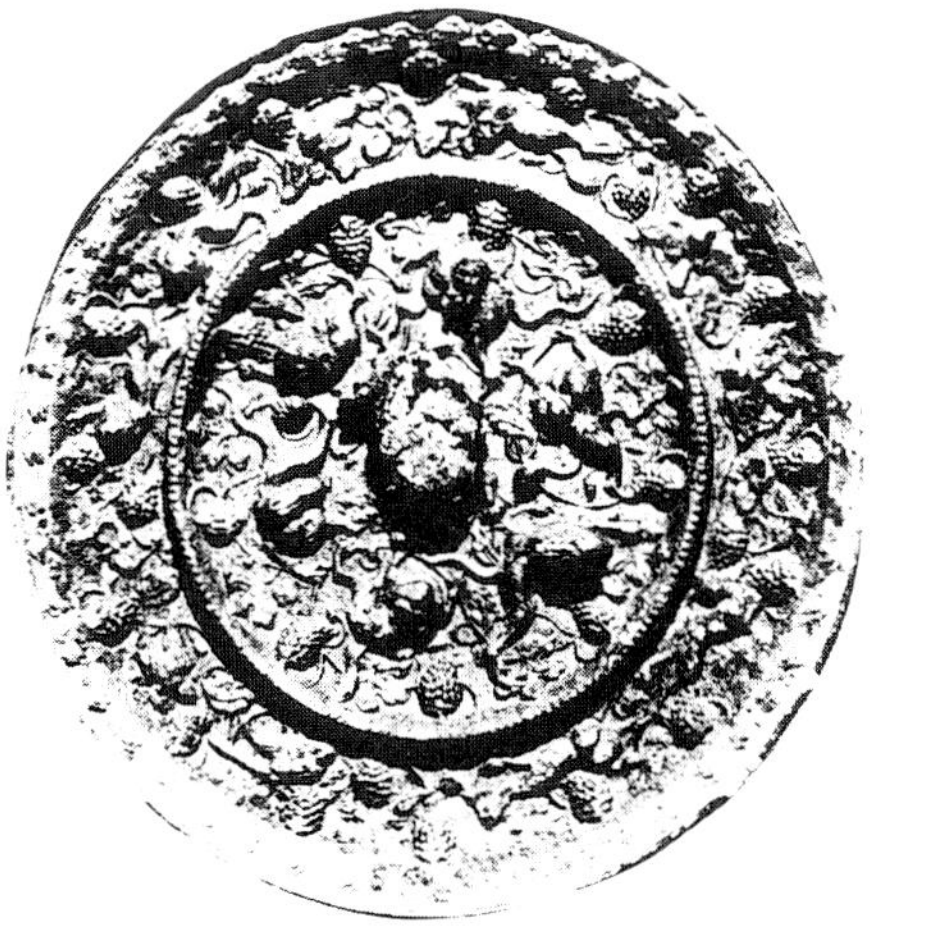

写127　瑞獣葡萄鏡
日本・奈良県明日香村上平田高松塚古墳出土
（面径16.8cm）

写128　瑞獣葡萄鏡
陝西省西安市壩橋区洪慶村独孤思貞（神功二年）墓出土
（面径16.85cm）

の発達をとげた。「絹《シルク》の道《ロード》」を通る各国の隊商の往来は絶えることがなかった。首都長安は国際都市となり、外国使節・商人・留学生・僧侶などが集まった。中国の経済・文化は多くの国々に影響を与え、絹織物を主とする多くの物品がいろいろな道を通じて輸出された。唐鏡もこの頻繁な交流の中で国外へ運ばれたのである。

　唐鏡は国外で多く発見されるが（近代に国外へ流出したものは除く）、中でも日本における例がもっとも有名である。日本は奈良・平安時代に唐朝から政治・経済・文化など多くの面で強い影響を受けた。当時、多くの唐鏡が日本へ船載された。一般にそれらは船載時から今日まで伝えられた伝世鏡と、遺跡からの出土鏡の二者に分けられる。著名な瑞獣葡萄鏡についていえば、まず正倉院南倉に収蔵された五面があげられる。うち四面は円形、一面は方形〔写126〕である。このほか神社や寺院、たとえば千葉県香取神宮、愛媛県大山祇《おおやまづみ》神社、奈良県春日大社などに伝世された瑞獣葡萄鏡が収蔵されている。出土鏡の例としては奈良県明日香村高松塚古墳、法隆寺五重塔の塔心礎や、栃木県、群馬県、愛知県、三重県、京都府、大阪府、奈良県、兵庫県、岡山県、福岡県などで、多くの瑞獣葡萄鏡が出土している。[(54)68] 森豊は伝世鏡を収蔵する神社・寺院はいずれも由緒ある大寺・名刹であるとしている。たとえば正倉院のある東大寺は聖武天皇ゆかりの寺であり、法隆寺は聖徳太子以来天皇・皇室と深い関係をもち、春日大社や香取神宮は藤原氏と関係が密接な神社である。高松塚古墳の被葬者は壁画や漆塗り木棺、副葬品などから推測して、少なくとも皇族あるいは皇室に近い豪族中の高官であろう。上述したこれらの銅鏡の出土地は古代の政治的な中心地や古代文化の繁栄地であり、また大陸との交渉の要衝なのである。このように瑞獣葡萄鏡は日本でも重視され、宝物・神宝として丁重な扱いを受けている。そして現在では日本古代史および日中交流史を研究する際の貴重な資料のひとつなのである。

　とくに興味深いのは高松塚古墳出土の瑞獣葡萄鏡〔写127〕である。高松塚古墳の発見は日本においてセンセーションを巻き起こしたが、残念なことに明確な紀年銘をもつ遺物を欠いてい

写129　瑞獣鏡　ソ連・ロシア共和国トゥーヴァ自治州
ケノターフ古墳出土（面径不詳）

た。そのため、被葬者は誰か、いつ葬られたかについて、日本の研究者の間で激しい論争が展開された。副葬品の瑞獣葡萄鏡はおのずから年代を確定する重要な手がかりのひとつとなった。すでに述べたように、高松塚古墳からの瑞獣葡萄鏡の出土は、日本の研究者の間に、この鏡類の流行時期についての論争を再び引き起こしたのである。ちょうどそのとき、『西安郊区隋唐墓』が出版され、その中の武則天の神功二年（六九八）の独孤思貞墓から出土した一面の瑞獣葡萄鏡〔写128〕は、日本において強烈な反響を呼びおこした。王仲殊は、一衣帯水の関係にある日中両国でそれぞれ出土した二面の銅鏡の文様、寸法、重量を比較検討し、これらを同范鏡であると考えた[55]。高松塚古墳出土鏡は面径一六・八センチ、重量一二二〇グラム。独孤思貞墓出土のそれは面径一六・八五センチ、重量一二一〇グラムをはかる。二面の鏡の鈕はともに伏獣状をなし、内区文様には六頭の獣類と、葡萄およびその枝葉が配されている。外区の文様は多くの獣、鳥、蝶および葡萄文により構成されている。内区と外区の間は一周の凸稜で隔てられ、鏡縁部は内側に傾斜し、雲花文で飾られている。

さらに興味をそそられるのは法隆寺五重塔出土の瑞獣葡萄鏡である[69]。明治時代以来、日本の学界には法隆寺の創建年代について長くふたつの見解があった。ひとつは、現在の法隆寺は聖徳太子（五七四—六二二年）創建以来のものであるとする主張であり、もうひとつは、『日本書紀』の天智天皇九年（六七〇、唐高宗咸亨元年に相当）四月三十日に焼失したという記載を根拠に、その後の再建のものであるという主張である。〝非再建説〟と〝再建説〟は学界を二分し、論争が繰り返された[70]。大正十五年（一九二六）に、法隆寺五重塔の心柱の下端が腐朽したため改修したところ、心礎の穴から舎利容器とともに一面の瑞獣葡萄鏡が発見された。この鏡の年代は論争解決の重要な資料のひとつとなったのである。もしこれが隋鏡（五八一—六一八年）ならば〝非再建説〟に有利であり、唐鏡（六一八—九〇七年）ならば〝再建説〟に有利である。なぜなら唐代の鏡が唐建国以前に建立された法隆寺五重塔の心礎の中に納められることはできないからである。その後、火災をうけた遺構（若草伽藍跡）が発掘調査され、法隆寺が再建されたものであることが

写130　花鳥鏡
ソ連・カザフ共和国ウルジャル出土（面径不詳）

写131　仿唐瑞獣葡萄鏡
イラン・ニシャプール出土（面径不詳）

証明された。と同時に瑞獣葡萄鏡が唐鏡であることも改めて確認されたのである。

日本出土のこの二面の瑞獣葡萄鏡は、日中両国の友好往来の歴史を顧りみる恰好の素材であり、非常に興味ある資料である。

瑞獣葡萄鏡のほかの鏡類も日本にはみられる。たとえば、正倉院収蔵の五五面の鏡には、金銀平脱鏡二面〔写122〕、螺鈿鏡九面〔写124〕、銀貼鍍金鏡一面、琉璃鈿背七宝鏡一面、鉄鏡一面、その他四一面がある。一般に、それらには、唐から舶載された鏡が多数を占めているとされている。[71]

日本のほか朝鮮半島、モンゴル人民共和国、ソ連、イランなどでも唐鏡が発見されている。岡崎敬の『東西交渉の考古学』によれば、シベリアのミヌシンスクや中央アジアのカザフ・キルギス・タジク・ウズベク共和国などのソ連の各地で、隋唐代の千秋双鳳鏡、栄啓奇鏡（三楽鏡）、方鏡、花文鏡、隋鏡、瑞獣葡萄鏡、秦王鏡、瑞獣鏡〔写129〕、八稜草花四鳥鏡、八稜花朶四鳥鏡〔写130〕などが発見されている。唐代にはペルシャとの交渉も頻繁であった。イランにおいては唐鏡を仿製したとされる銅鏡が出土しており、その中には瑞獣葡萄鏡も含まれている〔写131〕。

唐代の経済・文化は多くの国々に影響を与えている。それと同時に各国の経済・文化も中国に伝わっている。唐代の社会生活には対外交流の影響が多くの面でみられる。それは唐代の銅鏡、金銀器、紡織品などの文様にある程度うかがえる。

沈従文は多くの葡萄鳥獣花草鏡、麒麟獅子鏡、酔拂菻撃拍鼓弄獅子鏡、騎士玩波羅球鏡、黒昆崙舞鏡、太子玩蓮鏡には、明らかに外来文化との融合の跡が見られると指摘している。[72] 原田淑人は「唐鏡背文に見えたる西方の意匠」で、中国の「葡萄文鏡」、「狩猟文鏡」、「鳥獣相対文鏡」、「月兎文鏡」などと中央アジアや西アジア出土の器物の図案とを比較して、これらの鏡の文様あるいは構図はササン朝ペルシャ式の図案の影響をうけているとしている。[56] 原田淑人の説はまだ検討すべき余地を残すが、対鳥文様・対鳥銜綬文様は盛唐以後大いに流行したもので、当時の東西交流の活発化と関係があることは指摘されるべきであろう。新疆ウィグル自治区のトルファン出土の絹織物には、連珠文と呼ばれる図案が多くみられる。いわゆる連珠文とは一般に中心文様の外側を珠文が囲繞して円圏を構成している図案を指している。中心文様の内容の多くは対禽文あるいは対獣文である。対鳥文、対鴛鴦文、対鶏文、対孔雀文、対鳥対獅文、対鹿文、対馬文、対羊文、対獅子文、対象文などがある。その文様内容、様式、連珠構図などの点で、多くの織物が明らかにペルシャの影響をうけている。これらの図案の絹織物を出土する墓葬の多くは高宗代に属し、対鳥文鏡の流行した時期に比べてやや古い。絹織物と銅鏡の対鳥文を比較検討すると、後者の形態、様式、構図がより中国的な要素をみせていることが見出せよう。このことから、絹織物に対鳥文が広く用いられたということを背景として、対鳥文鏡が出現し流行したといえよう。つまり外来文化の要素を基調として、独自の様式を形成したのである。多くの対鳥文の絹織物が明確にペルシャ様式をそなえ、対鳥文鏡が形式的には似てながらも中国独自の様式をもっているのは、こうした理由による。前述した瑞獣葡萄鏡も同様に外来の図案を吸収し、主題文様を豊富にさせた。しかしこのような吸収は単なる模倣ではなく、中国の伝統と融合した独自の様式をもっている。

このように、唐鏡の百花繚乱ともいえる多彩さは、明らかに当時の政治・経済・文化の繁栄、東西文化交流の活発化と関係があるといえよう。

Ⅵ 中国鏡の落日

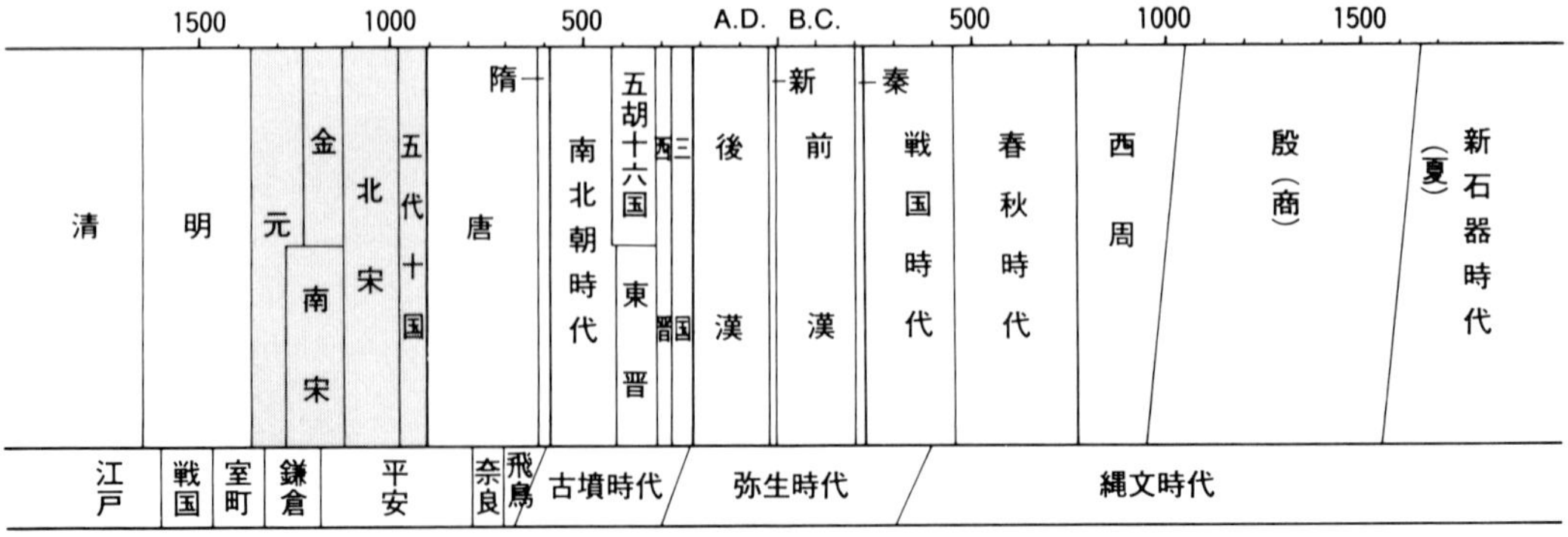

唐朝の滅亡後、中国では五代十国—宋—遼—金—元と王朝が交代する。北宋・遼・西夏の併立、金と南宋との対峙、元朝の大統一など、この時期の歴史は大変複雑であり、政治、経済の発展も各地域によって異なっていた。度重なる王朝の交代と地域性、それをになう民族の個性によって、唐代に多くの器物に示されていた強い共通性は消え、時代的にも民族的にも特有の様式をもつようになる。

この時期の銅鏡は、博物館に収蔵されたり、各種の文献に記載されたものは少なくない。ただし、王朝が次々に交代したため情勢は複雑であり、さらに加えて考古資料が不十分で紀年鏡のほか標式となる鏡を欠いている。そのため、この時期の銅鏡の特徴と分類について、十分な総括ができなかった。本章では、現在知られている考古資料をできる限り用い、簡単な紹介をしたい。

1　五代・宋代銅鏡の分類と特徴

新中国の成立以後、五代・宋代の考古学的調査は大きく重要な進展をとげた。各地の墓葬を整理すると、おおよそ三期に分けられる。つまり、五代から北宋の英宗まで（九〇七—一〇六七年）、北宋の神宗から北宋滅亡まで（一〇六八—一一二七年）、および南宋代（一一二七—一二七九年）である[1]。各時期の墓葬から銅鏡が出土する例があり、当時の鋳鏡業の状況が理解できる。

(1)　都省銅坊鏡類

円形で、小形の鈕をもつ。鏡背は無地で、一般に「都省銅坊　官　匠人謝昭」、「都省銅坊　官　匠人李成」銘が鋳出されている。その字体は大きく、配列は整っていない。鈕の両側に「都省銅坊」[2]、「匠人□□」が分けて鋳出され、鈕の上方に「官」の一字が鋳出されている（官がないものもある）。大形のものが多く、一八センチ以上である（図53、写132）。安徽省合肥西郊の南唐墓から

写132　都省銅坊鏡
湖南省長沙市顧家嶺９号墓出土（面径18.9cm）

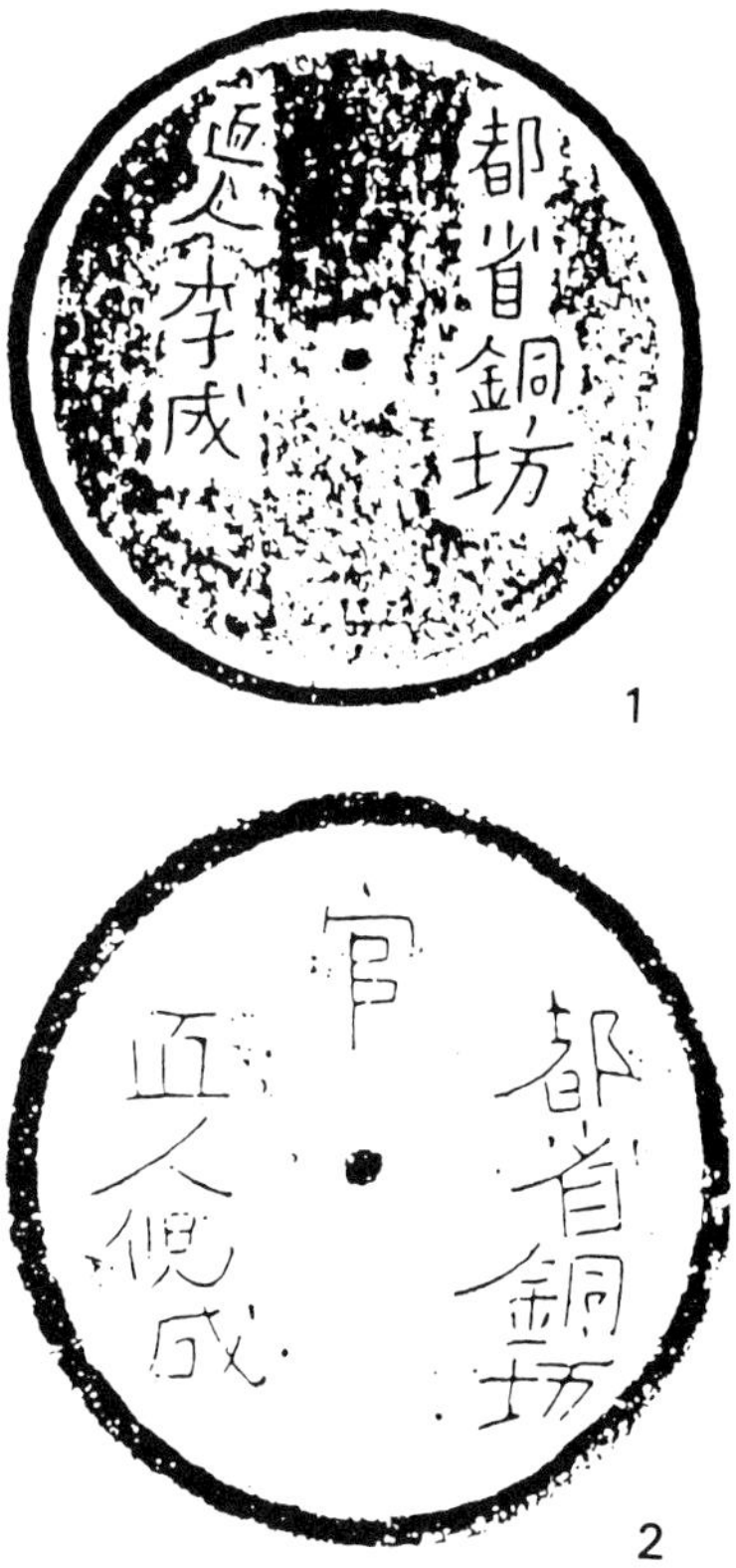

図53　宋都省銅坊鏡類
１＝安徽省合肥市西郊保大４年［946］南唐墓（面径24.5cm，1/5大）
２＝江蘇省連雲港市海州区１号墓（面径17.2cm，3/10大）

写133　“千秋万歳”銘文鏡
江蘇省揚州市湾頭鎮楊呉墓出土（面径23.7cm）

都省銅坊鏡が一面出土している。伴出した買地券には「保大四年歳次丙午四月辛酉朔十二」の紀年銘がある。(1) これからこの類の銅鏡が、南唐李璟の保大四年（九四六）にすでに鋳造されていたことがわかる。『湖南鏡』所載の二面はともに五代—宋墓から出土している。

(2)「千秋万歳」銘鏡類

円形、亞字形、葵花形のものがある。「千秋万歳」銘が鈕の上下左右におのおの一字置かれている〔写133〕。江蘇省連雲港で一面出土しており、呉の大和五年（九三三）銘の墓誌が伴出している。(2)

(3) 素鏡類

素鏡は五代—宋墓から出土する銅鏡の中では比較的多い例のひとつである。その鏡形は円形、葵花形、菱花形、有柄形である。葵花形は六弁、菱花形は六菱のものが多い。鏡背は無地で、圏線を数条めぐらす例もある。素鏡は広く使用され、江蘇省・浙江省・安徽省・湖北省・湖南省・福建省・山西省などで出土している。江蘇省南京江浦黄悦嶺で発見された南宋の張同之夫婦墓から六弁の葵花形素鏡二面が出土している。墓誌によれば、

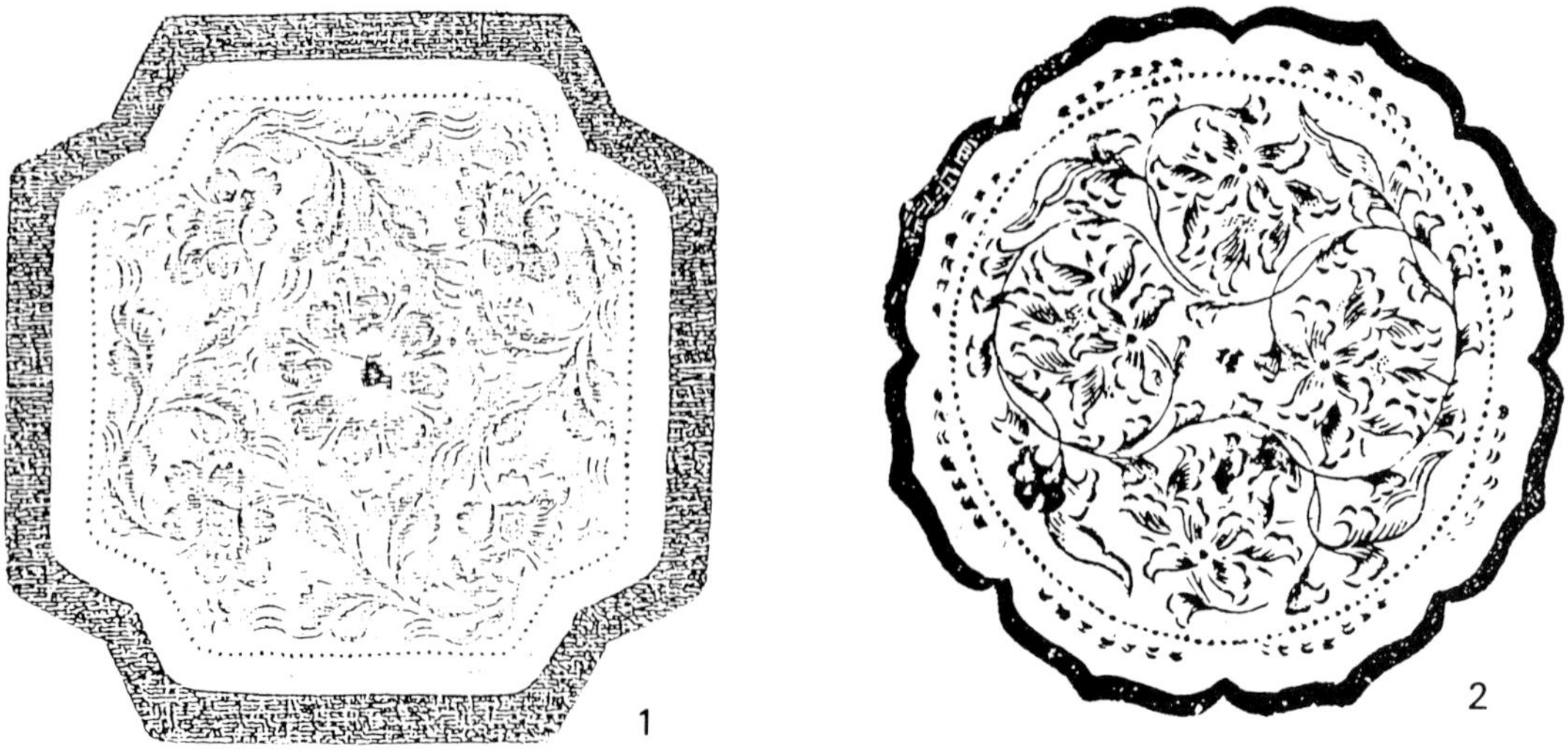

図54　宋纏枝花草鏡類(2/5大)
1＝亞字形花草鏡　中国歴代銅鏡図録
2＝花卉鏡　小檀欒室鏡影

写134　亞字形花草鏡　出土地不明(長不詳)

張同之は寧宗の慶元元年（一一九五）、その夫人は慶元五年（一一九九）に死去している。(3) 福建省福州北郊の南宋墓から六弁の葵花形素鏡、六菱の菱花形素鏡が各一面出土している。墓誌によれば、墓主は理宗の淳祐三年（一二四三）に没している。(4)

(4) 纏枝花草鏡類

主題文様はさまざまな形の花枝・花弁で、浅く細く描出する手法を多用し、細い枝や葉が相互にからまって、繊細で秀麗な図案となっている。鏡形は亞字形が多い。

亞字形花草鏡　半球式の円鈕で、花弁文鈕座をもつものがある。主題文様はからみあう繊細な纏枝花草、つまり点々と配された花と枝をのばし葉を広げた花樹である。なかでも四つの花からなる図案が多い。柔長な枝と、つらなる花の中に見え隠れする三あるいは四房の花が顔をのぞかせた纏枝花草図案は、洒脱で優雅な秋菊を彷彿とさせる〔図54―1〕。宋鏡の花文は唐鏡のように華麗豊満ではなく、その様式は端正で簡素である。縁部付近には珠文圏がめぐる。写134のように縁部に沿って亞字形連珠文帯をつくるものもある。無文縁である。

亞字形花草鏡は主に黄河中流域を中心として流行し、河南省の宋墓からの出土が比較的多く知られている。このほか陝西省・山東省・江蘇省でも出土している。陝西省丹鳳にある北宋徽宗の宣和元年（一一一九）墓から一面出土している。(5) また江蘇省淮安の宋代壁画墓から一面出土しているが、墓主の楊公祐は南宋高宗の紹興元年（一一三一）に没している。(6) 江蘇省江寧の北宋墓でも亞字形花草鏡が出土している。3 亞字形は唐末五代以後によくみられる鏡形であり、この種の花草鏡は主に北宋代に流行したといえよう。

花卉《かき》鏡　円形、菱花形、葵花形がある。その文様には牡丹・芙蓉・桃花・菊花・蓮花などがある。構図は、枝葉が連なり相互にからみあっているものや、おのおの個別に配置されているものがある。画面は細密で描写は真に迫っており、リズミカルな感じを与える〔図54―2〕。湖北省麻城の北宋墓から円形花卉鏡が一面出土している。墓主は徽宗の政和三年（一一一三）に葬られている。(7) 河南省安陽、安徽省合肥で花卉鏡を出土した墓葬は北宋または金代初頭に属する。[4] このことから花卉鏡は主に北宋代に流行したといえよう。

(5) 花鳥鏡類

五代から宋代にかけての墓葬からは花鳥鏡類が出土するが、それらは伝世された唐鏡であったり、唐鏡の踏み返しや模倣であったりする。鏡形には円形、亞字形、有柄形がある。主題文様は双鳳文あるいは双鸞文が多い。嘴に花枝をくわえた双鸞が同じ方向を向いて並んでいるものや、双鸞が翼を広げ向き合うものがある〔図55〕。図案の造形は切紙細工の手法に似ているが、浅浮彫りの上には微かな凹凸が見られ、花鳥の形態はきわめて細やかである。[5]

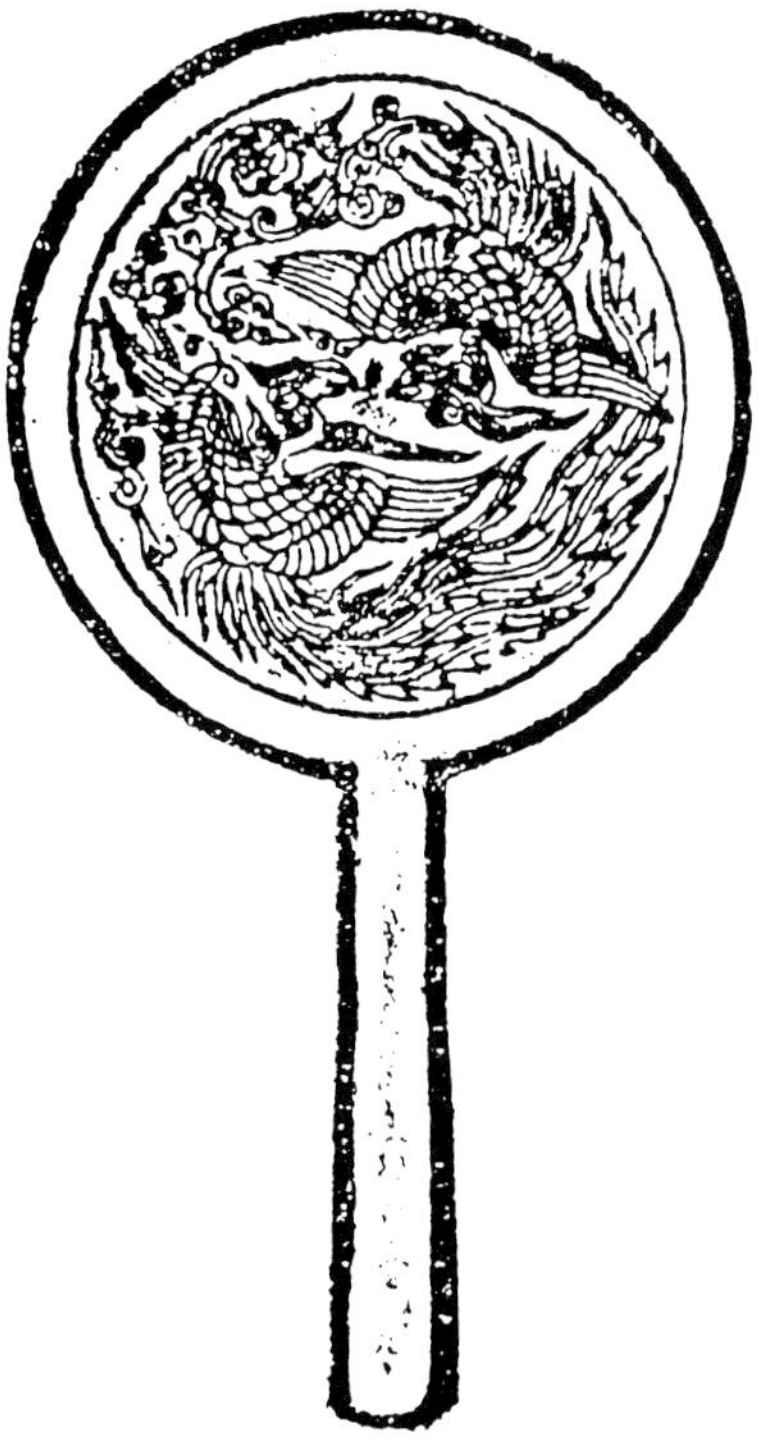

図55　宋花鳥鏡類（1/2大）
四川省成都市羊子山（長19.6cm）

(6) 神仙人物故事鏡類

伝世品の中には宋代の神仙・人物故事鏡と称されているものが少なくない。考古資料にもあるが、標式となる鏡を欠いている。題材の内容からみると、仙人亀鶴鏡が比較的多い。また伝世品のうち、題材に比較的新たな要素のみられるものに蹴鞠文鏡や海舶鏡がある。

仙人亀鶴鏡　円形、菱花形、有柄形がある。各種の構図があるが、基本的には仙人、侍者、青松、修竹、仙鶴、霊亀の組み合わせである。一例を挙げると、松は上方で枝を横へのばし、その下には仙人が一人坐り、かた

写135　鎏金人物故事鏡
寧夏回族自治区隆徳県宋墓出土（面径不詳）

写136　蹴鞠文鏡
中国歴史博物館蔵（面径11cm）

わらに童男あるいは童女が侍している。仙鶴あるいは仙鵠が立つか、もしくは飛翔している。霊亀は首をのばし、ゆっくりと這っている〔図56—1〕。いうまでもなく、仙人仙鶴、不老青松、千年霊亀はすべて長寿を祈る意味を含んでいる。

仙人駕鶴鏡　円形と有柄形がある。鶴が双翼をひるがえし、数塊の祥雲がその下を流れ、仙人は鶴の上に乗り、帛帯をたなびかせている。上方に長い方格があり、中に「臨安王家」の四字の銘をもつ〔図56—2〕。

人物楼閣鏡　八菱の菱花形で、半球式の円鈕をもつ。鈕の右には楼閣の上半分がみえ、左には枝葉を繁げらせた大樹がのびている。鈕の下は長い橋が川にかかり、水面はさざなみがたっている。橋の一端には僧を思わせる人物が三人おり、一人は坐して左右に侍僧がそれぞれ一人いる。反対側の一端には僧に対して手を合わせおがんでいる人物が一人いる。橋の中央にも僧が一人おり、前方に手をあげている〔写135〕。

蹴鞠文鏡　円形である。画面の右側には幞頭（頭巾）をかぶり、長い服を着た男子が身を前に傾むけて防守の姿勢をとっている。その対面には髪を高く結い、笄をさした女子がいて、長い袖の服を着て、鞠を蹴ろうとしている。鞠は地を離れ、女子のつま先にある。男子の背後の人物は手に鈴状のものを持ち、女子の背後には双髻を結った女子が立っている。ともに前の二人を見守っている。背景は流雲、太湖石、芝生からなる〔写136〕。蹴鞠文鏡は明初の鋳造とも、南宋代のものともいわれている。

海船鏡　八菱の菱花形で、半球式の円鈕をもつ。鏡背全体に水雲波浪が描かれ、鈕の上方に四字の銘がある。船が風に乗り、波を切って走り、舳先《へさき》と艫《とも》に数人が坐っている〔図56—3、写137〕。

このほかさまざまの題材の神仙人物故事鏡類があるが、本書では省略する。[6]

（7）八卦文鏡類

鏡形には円形、方形、亞字形、盾形など多種がある。花弁文鈕座をもつものがある。主題文様

写137　海船鏡
湖南省博物館蔵(面径16.5cm)

図56　宋神仙人物故事鏡類
1＝仙人亀鶴鏡　四川省綿陽市皀郷(面径9.8cm，2/3大)
2＝仙人駕鶴鏡　四川省大邑県鳳凰郷(長20.9cm，1/2大)
3＝海船鏡　　　小校経閣金文拓本(1/3大)

1

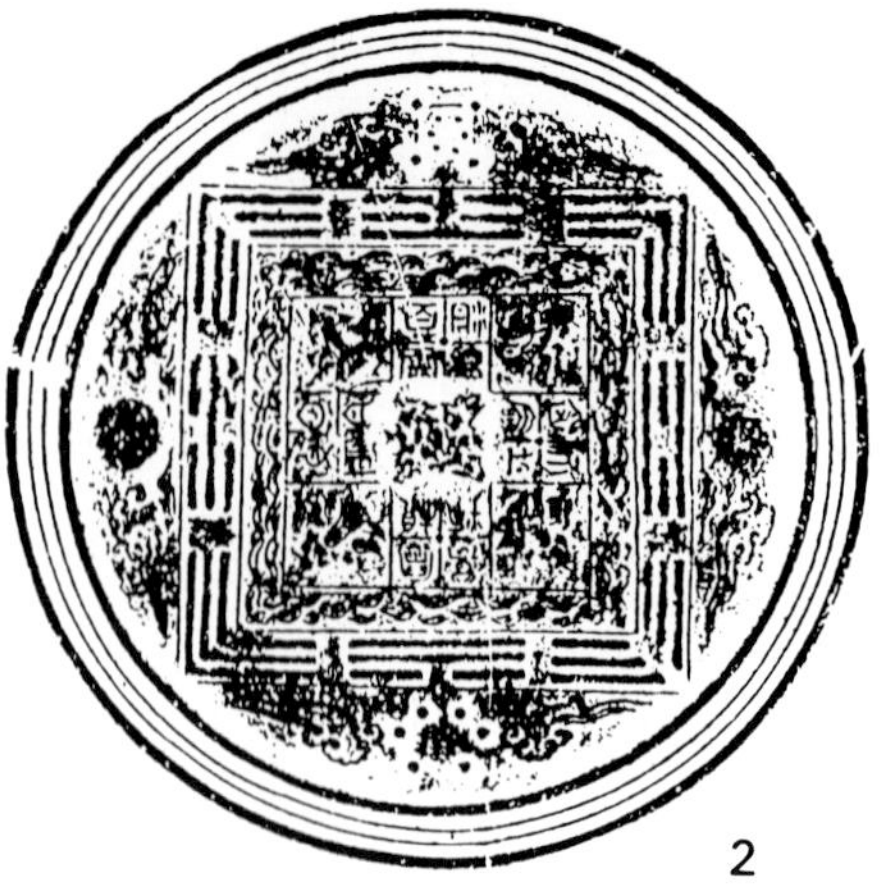

2

図57　宋八卦文鏡類　1＝四川省成都市外東跳蹬河紹興９年[1139]北宋墓（面径10.1cm，3/5大）
2＝河南省鞏県石家庄５号宋墓（面径25cm，1/4大）

には八卦、八卦四神、八卦十二生肖など多くの図案がある。図案は分区されているものとされていないものとがある。たとえば方形八卦十二生肖鏡は圏線によって内外区に分けられる。内区には八卦の図案、外区には十二生肖を配し、圏線と方形縁との間の四隅の空白は雲文で埋められている。また、方形八卦鏡のように花弁文鈕座をもち、二重の連珠文圏線の間に八卦図像を配して、方形の四隅を雲文で埋めるものもある。やや簡単な図案のものに円形八卦鏡があり、鈕のまわりを八卦図案が囲繞している（図57—1）。鏡形と八卦の配列の仕方は一定していない。また構図が対称形をなす八卦鏡もあり、鈕座の周囲には四組の銘文、「写視万物」、「日月貞明」、「相象百歳」、「天地〔命焉〕」が配されている。このほか八卦図案が方形にめぐり、正方形の八卦図象を構成しているものもある。八卦の上下左右にそれぞれ日月星辰が配置されていて、日月星辰の両側にはおのおの一塊の流雲が配され、全体で天円地方、日月星辰の運行の状況を形どっている（図57—2）。

八卦文鏡類は五代—宋墓から出土する銅鏡の中では比較的多い鏡類のひとつである。前述した湖北省麻城の北宋石室墓から方形八卦鏡が一面出土している。墓誌によれば、墓主は北宋の政和三年（一一一三）に葬られている。四川省成都の北宋墓からは円形八卦鏡が一面出土しているが、紹興九年（一一三九）の紀年銘をもつ買地券が出土している。[8] 河南省鞏県石家庄の宋墓からは円形八卦日月星辰鏡一面が出土しており、北宋仁宗の嘉祐四年（一〇五九）鋳造の「嘉祐通宝」銭が伴出している。[9]『湖南鏡』収録の三面の八卦鏡はいずれも五代—宋代の墓葬から出土している。[10]

（8）紀名号銘鏡類

無地の鏡背上に鋳鏡した場所・人名（字号）を鋳出した銅鏡は、宋鏡の中でもっとも特徴的な鏡類である。字号は長方形の印章式で、方格内に一行あるいは数行の銘文が縦書きされている。多くは鈕の右側に鋳出されるが、左側や左右両側のものもあり、また有柄鏡の場合には鏡背の中央にあるものなどもある。字号の内容によって湖州鏡、建康鏡、饒州鏡、成都鏡などに分けられ

写138　湖州鏡
四川省広元上西壩工地収集（面径18.4cm）

る。

湖州鏡　もっとも多く出土している。主に葵花形で、方形、盾形、亞字形、長方形および有柄鏡などがある〔図58—1・2、写138〕。出土資料と伝世資料をみると、字号の内容〔図59〕[7]は、

湖州真正石家無比煉銅照子
湖州石家煉銅照子
湖州祖業真石家煉銅鏡
湖州石家青銅照子
湖州真石家青銅照子記

のように湖州産であることを示している。鋳鏡者の家名を記すものもあり、「石家」がもっとも多い。

また、多くの銅鏡には石家を総称するだけでなく、

湖州真石家念二叔照子
湖州真石家二叔店照子
湖州真正石念二叔照子
湖州石念二叔三煉青銅照子
真湖州石四郎造銅鏡
湖州石十郎家無比煉銅照子
湖州石十五郎真煉銅照子
湖州石念二郎真青銅照子
湖州石念四郎真煉白銅照子
湖州真石家念五郎照子

のように鋳鏡者の親族関係も記されている。このうち、「念二叔」銘がもっとも多い。また「湖州」にとどまらず「儀鳳橋」や「南廟前街」など、鋳鏡の場所をより詳しく記すものもある。

写139　湖州鋳鑒局官鏡
太湖沿岸出土（面径14.4cm）

湖州儀鳳橋石家真正一色青銅鏡

湖州儀鳳橋南酒楼相対石三真青銅照子

湖州儀鳳橋石家一色青銅鏡

湖州南廟前街西石家念二叔真青銅照子記

さらに一部の銅鏡には、

湖州真正石家青銅鏡子　煉銅照子毎両六十文

湖州石家無比煉銅毎両一百文

湖州真石三十郎家照子　無比煉銅毎両一百文

のように銅鏡の値段を記したものすらある。

「石家」字号のほかに、出土あるいは伝世した銅鏡には「薛家」、「陸家」、「石道人」などがある。

湖州薛晋侯造

既虚其中　亦方其外　一塵不染　万物皆備　湖城薛晋侯造

湖州薛侯自造

湖州薛敬泉

湖州陸家煉(11)

湖州石道人法煉青銅鏡

湖州石道人造

湖州鏡には、次のような銘文からみて、官府鋳造のものもある。

湖州鋳鑑局乾道四年煉銅照子官（押）〔写139〕

湖州鋳鑑局□□乾道八年鋳□□□□煉銅照□□

湖州鏡の出土地は、報告された資料によれば浙江省や四川省が多く、江蘇省・湖南省・湖北省・江西省・福建省・広東省・広西壮族自治区などでも発見されている。北方での発見例は少な

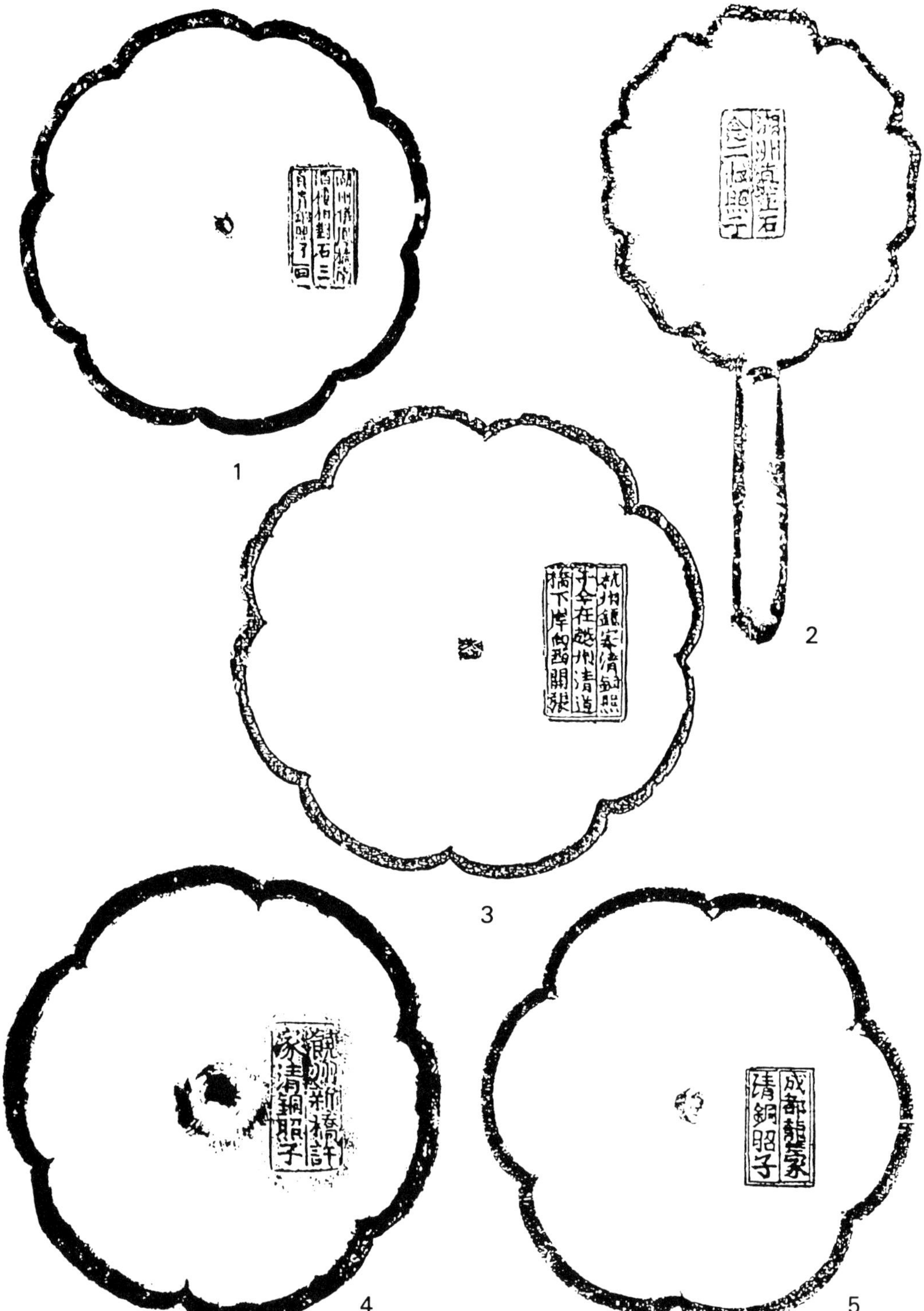

図58　宋紀名号銘鏡類

1＝湖州鏡　(浙江省博物館蔵鏡に同工の例がある。面径17.8cm)
2＝ 同前　四川省成都市外東跳蹬(長18.7cm，1/2大)
3＝杭州鏡　浙江省新昌県(面径18.3cm，2/5大)
4＝饒州鏡　小校経閣金文拓本(1/2大)
5＝成都鏡　四川省金堂県焦山紹興16年[1146]墓(面径16.6cm，2/5大)

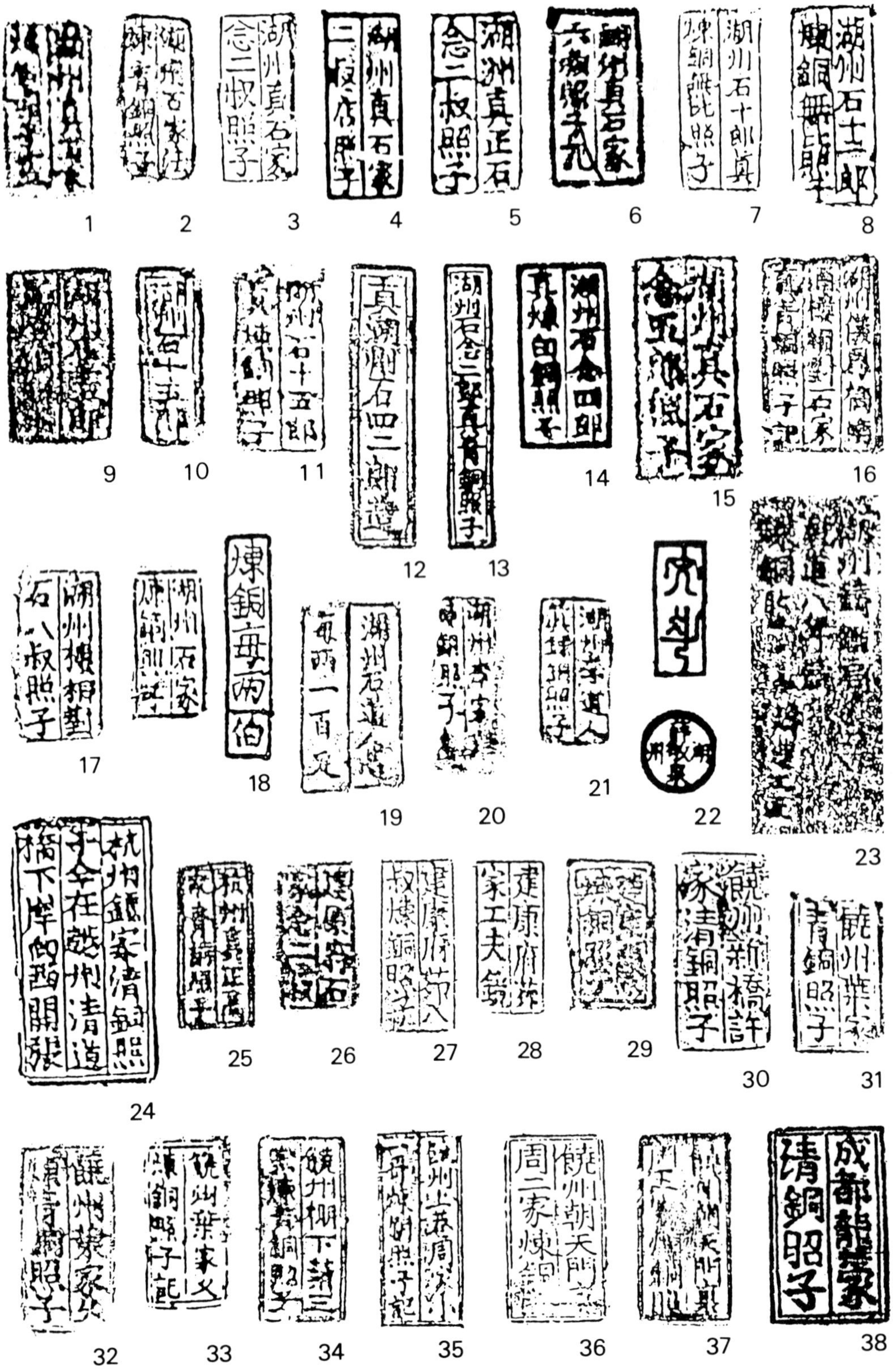

図59　紀名号銘鏡類の銘文例(2/3大)

図59の銘文

1 湖州真石家　煉銅照子記
2 湖州石家法　煉青銅照子
3 湖州真石家　念二叔照子
4 湖州真石家　二叔店照子
5 湖州真正石　念二叔照子
6 湖州真石家　六叔照子記
7 湖州石十郎真　煉銅無比照子
8 湖州石十二郎　煉銅無比照子
9 湖州石十三郎　真煉銅照子
10 湖州石十五郎
11 湖州石十五郎　真煉銅照子
12 真湖州石四二郎造
13 湖州石念二郎真青銅照子
14 湖州石念四郎　真煉白銅照子
15 湖州真石家　念五郎照子
16 湖州儀鳳橋南　酒楼相対石家　真青銅照子
17 湖州楼相対　石八叔照子
18 湖州石家　煉銅照子　煉銅毎両佰
19 湖州石道人造　毎両一百足
20 湖州李家　煉銅照子
21 湖州李道人　真煉銅照子
22 文斗　湖州　薛泉
23 湖州鋳鑑局□□乾道八年鋳□□□□煉銅照□□
24 杭州鍾家清銅照　子今在越州清道　橋下岸向西開張
25 杭州真正高　家青銅照子
26 建康府石　家念二叔
27 建康府石茆八　叔煉銅照子
28 建康府茆　家工夫鏡
29 建康張家　煉銅照子
30 饒州新橋許　家青銅照子
31 饒州葉家　青銅照子
32 饒州葉家久　煉青銅照子
33 饒州葉家久　煉銅照子記
34 饒州棚下葉三　家煉青銅照子
35 饒州巷周家小　一哥煉銅照子記
36 饒州朝天門裏　周二家煉銅照
37 饒州朝天門裏　周五家煉銅照
38 成都龔家　清銅昭子

く、陝西省・内蒙古自治区・北京市でわずかに報告されているのみである。

湖州鏡は宋代にもっとも流行した鏡である。この鏡を出土する墓葬には少なからず墓誌やそのほかの紀年銘のある遺物をともなっている。江西省波陽の北宋墓の夫婦は哲宗の元祐辛未年（一〇九一）、徽宗の大観三年（一一〇九）にそれぞれ没している[12]。湖南省長沙東郊の楊家山南宋墓の夫婦は高宗の紹興戊辰年（一一四八）、孝宗の乾道庚寅年（一一七〇）にそれぞれ没している[13]。四川省成都羊子山墓からは孝宗の淳熙壬寅年（一一八二）の紀年銘をもつ石碑が出土している[14]。北京通県金代墓の墓主は大定十七年（南宋の淳熙四年、一一七七）に葬られている[15]。これらの湖州鏡は主に南宋代に流行していたと考えられよう。

紀名号銘鏡類は日本と朝鮮半島でも出土・伝世しており、中でも日本の例が多い。字号は湖州鏡がもっとも豊富である[16]。

これらの湖州鏡は前述した銘文をもつものが多いが、他に補充すべきものとして、

湖州儀鳳橋南酒楼相対石家真青銅照子記

湖州儀鳳橋酒楼相対石念二叔男念七郎鏡

湖州石家七叔煉銅照子

湖州石十六郎上色青銅照子

などがある。さらに、

湖州方家造鏡

湖州真正方家煉銅無比照子

などの「方家」の名号をもつ銅鏡がある。

湖州鏡のほかに中国では少ないか、あるいは未発見の鏡がある。鏡形と銘文を列記しておく。

蘇州繆家造鏡　方形　蘇州烏鵲橋南繆家真青銅鏡

杭州大陸家造鏡　方形　杭州大陸家青銅照子（花押）[8]

婺州官鏡　方形　婺州官鋳造監□工

明州夏家造鏡　　円形　　　明州夏家青銅照子
常州蔣家造鏡　　亞字形　　常州菓子行西供使蔣家工夫青銅照子□記
秀州黄家造鏡　　亞字形　　秀州魚行橋真正黄二叔照子

以上の湖州を主とする各州は、みな当時の両浙路[9]に属している。

饒州鏡　多くが葵花形であるが、円形もある。字号には、

饒州□家夫婦□銅照子
饒州葉家久煉青銅照子
饒州葉家青銅照子
饒州□家巷周小三煉銅照子
饒州新橋許家清銅照子〔図58―4〕

などがある。

建康鏡　葵花形、有柄菱花形がある。字号には、

建康府茆家工夫鏡
建康府茆家煉銅照子記
建康府茆八叔
建康〔府〕□家工夫□□

などがある。また、わずかに「茆八叔」の三字の銘のものもあるが、建康府茆家鋳造のものであろう。建康鏡の出土する地域は、現在のところ、江蘇省南京、江西省永修・清江などである。これらの銅鏡と伴出する墓誌・買地券の記載によれば、これらの墓主が死去、あるいは埋葬されたのは、

嘉定四年（一二一一）または宝慶三年（一二二七）
　江西省清江県薛渓　王宣義夫妻合葬墓[10]
嘉熙四年（一二四〇）　江西省永修県羅亭　趙時訥夫妻合葬墓[11]

宝祐三年（一二五五）　江西省高安県独城孫家山　孫叔恭夫妻合葬墓[12]であり、いずれも南宋代に属する。[13]

成都鏡　葵花形である。銘文は、

成都龔家青銅昭子

である〔図58—5、写140〕。伴出した墓誌によれば、墓主は紹興十六年（一一四六）に没している。[14]また四川省博物館には「成都劉氏」の銘文をもつ成都鏡が収蔵されている。

文献に記載されたり博物館などに収蔵されている銅鏡のうちには、宋代とされる紀名号銘鏡類があるが、今のところ標式となる鏡が欠けているので、省略する。

写140　成都鏡
四川省金堂県焦山出土（面径16.6cm）

（9）宋鏡の発展段階

宋鏡の発展段階は一般に三つの時期に分けられている。

『巌窟蔵鏡』では北宋初期のものを第一段階としている。この時期の銅鏡は依然として唐末の遺風を保ち、厚質で図文の線も太い。実用に重きをおき、図文を軽視している。第二段階は北宋代で、鋳鏡工芸は一定の水準を回復し、図文は精緻で肌理《きめ》がこまかくなる。しかし第三段階の南宋代になると再び衰退する。

李恒賢の「試談宋元明銅鏡的鑑別」では、墓誌に伴出した銅鏡と、紀年銘をもつ銅鏡を基準として、宋鏡を三段階に分けている。第一段階は北宋熙寧年間（一〇六八—七七年）以前で、主に唐鏡を模倣した段階である。第二段階は元祐年間（一〇八六—九四年）から始まり、唐鏡の様式から脱却する段階である。主として八花形、八稜形が六花形、六稜形に変わり、鈕が小形化する。第三段階は南宋乾道年間（一一六五—七三年）以降で、宋鏡は新しい道を歩みはじめる。その鏡形には有柄鏡、長方形鏡、心形鏡などがある。李論文ではさらに元祐年間以前の宋鏡は文様を比較的重視しているが、慶元年間（一一九五—一二〇〇年）以後も何らかの文様がみられるものの北宋とは明らかに異なり、主として浅い浮彫りと凸線を組み合わせた表現手法を採用したと指摘されている。[17]

出土資料をみると、北宋代に流行した銅鏡は伝世した唐鏡あるいはそれを模倣したものである。主題文様では唐代晩期の瑞花鏡、八卦鏡の題材を模倣したものがもっとも多いが、新たに創案されたものもある。そのうち花卉鏡は比較的長期かつ広範に流行した。前述の北宋徽宗の政和三年（一一一三）墓、宣和元年（一一一九）墓、南宋高宗の紹興元年（一一三一）墓出土の花卉鏡のほかに、湖北省武漢東西湖区柏泉の北宋墓出土の円形牡丹花文鏡は、最後の北宋銭「元祐通宝」（一〇八六―一〇九四年鋳造）と伴出している。[18] 湖北省安陸の徽宗の崇寧二年（一一〇三）墓からも、円形八弁牡丹花文鏡が出土している。[19] このことは、北宋晩期―南宋初期に花卉鏡が流行したことを物語っている。北宋末期以降、とくに南宋代において、無地で商標字号のみを記す銅鏡が盛行し始め、銅鏡に重要な変化が生じた。つまり中国の銅鏡は実用的で図文を重んじない段階に入ったのである。これ以降、銅鏡背面に単に吉祥銘文のみを配するものが多くなる。

宋鏡の変遷過程はまだはっきりしない部分もあるが、一定の特徴が明確に現れている。

鏡形の多様化は宋鏡の重要な特徴のひとつである。それまでの銅鏡は円形が主で、ごく少数の方形があった。唐代にまず花式鏡（葵花形、菱花形）および亞字形鏡が創出された。宋代にいたると、これまでの円形・方形・葵花形・菱花形に加えて、亞字形鏡の増加が著しい。葵花形、菱花形鏡では六弁もしくは六稜のものが一般的である。それらの稜線は唐代のものと異なり直線的で、六角形につくられるものもある。このほか、有柄鏡や長方形、鶏心形、盾形、鍾形、鼎形など多種類の鏡形がみられる。[15] しかし、鏡形は多いが、内容と調和せず、大変単調で趣きに乏しい。

採用される題材が片寄ることも特徴のひとつである。すでに指摘したように、図文を持つ鏡類の中では、繊細な纏枝花草文がもっとも多い。図文のない鏡類では商標字号を鋳出するものが多い。このほか神仙人物故事鏡や八卦鏡もある。沈従文などは、宋代の一般家庭では銅鏡の実用性を重んじ、文様を尚ばなかったとしているが、[16] その通りであろう。このことは当時の人びとの鏡に対する価値観に変化が生じたことを示している。

表6　宋鏡の金属成分

本書の名称	原著名称	銅（％）	錫（％）	鉛（％）	亜鉛（％）
仿神獣鏡	神獣鏡（仿製品）	68.71	5.49	18.30	5.31
仿規矩鏡	方格規矩四神鏡（仿製品）	73.25	15.85	8.69	0.48
仿画像鏡	獣鈕画像式鏡（仿製品）	70.17	19.55	8.35	
湖州鏡	湖州素文鏡（宋初）	67.88	13.00	7.63	8.24
人物故事鏡	湖州画像八棱鏡（宋末およびその後）	67.10	8.18	23.76	
瑞獣鏡	承安三年四獣鏡（金）	66.65	6.26	23.72	2.42

細線浅彫りも重要な表現技法のひとつである。宋鏡は一般に鏡体が薄く、細かな細線浅彫りが多く採用された。多くの花卉鏡の図文は繊細精緻で、宋代工匠の卓越した技術を表している。

商標字号銘を記した銅鏡の大量の出現は、宋鏡の特徴のうちでもとりわけ重要である。多くの商標字号には州名を冠し、姓氏を明示しており、店舗の所在地を記すものもある。多くの銘文の中には「真」「真正一色（本物ばかりの）」といった宣伝文句を記している。このことは、宋鏡の商品的生産の発展と商品競争の活発化を物語っている。いくつかの重要な鋳鏡産地、鋳鏡者、店舗の製品が人びとによろこばれた。もっとも有名な鋳鏡地は、湖州を中心とする浙江地区、江西省饒州と四川省成都である。

江浙一帯は後漢中葉以来の重要な鋳鏡の中心地であり、浙江省会稽の神獣鏡や画像鏡、江蘇省揚州の唐鏡が大変有名である。宋代になると、湖州（現在の浙江省呉興）を中心とする両浙路において、鋳鏡手工業が再び盛行する。『宋史』地理志の記載によれば商標字号として記銘された湖州、蘇州、杭州、婺州、明州、常州、秀州などはいずれも当時の両浙路に属する。出土資料と文献をみると、湖州鏡がもっとも多量かつ広範に運ばれ販売されており、中国以外でも数多く発見されている。中国内においても、たとえば『四川鏡』収録の宋鏡では湖州石氏鏡がかなりの比率を占めている。漢代以来、四川省一帯は全国的にみても重要な鋳鏡地で、商標字号中にも「成都龔家鏡」が現れている。このことから、これら湖州鏡は湖州から運ばれたものもあろうけれども、湖州石氏の名を流用した可能性も考えられるのである。その如何にかかわらず、湖州が宋代鋳鏡業のうちで高い名声を得ていたことの反映であることはいうまでもない。

江西省饒州は宋代の鋳鏡業のもうひとつのセンターであるとされている。しかし出土資料は湖州鏡ほど多くはない。建康鏡・成都鏡なども流通した範囲はそう広くなく、湖州鏡に匹敵するほどではない。

漢唐以来、銅鏡の合金比率はほぼ一定している。しかし宋代およびそれ以降、徐々に変化が生じている。梅原末治の「古鏡の化学成分に関する考古学的考察」[17]によれば、宋鏡は含錫量が減少し、含鉛量が増加、亜鉛の比率も高くなることがわかる〔表6〕。

2　金代銅鏡の分類と特徴

中国鏡は唐末―五代から急速に衰退したが、それに対して金鏡は北方にあらわれた新興の鏡で、その様式は多様である。

従来、金鏡やそれに先立つ遼代の銅鏡は俗っぽく趣きがないとして軽視されていた。しかし、ここ数十年に出土した金鏡をみると、主題文様は大変豊富である。漢や唐、宋代の銅鏡を模倣した作品も少なくないが、新しい図文も現れはじめる。鋳造技術は粗削りであるが、精緻な作品も少なくない。黒龍江省阿城県文物管理所が編集した『阿城県出土銅鏡』[18]には四〇面の金鏡が収録されており、つくりは多様で、文様が優美で精緻な作品が含まれている。本書では主に出土資料を中心として文献史料をもあわせて、金代に流行した銅鏡の一部を紹介したい。

（1）双魚鏡類
（2）歴史人物故事鏡類　童子攀枝鏡・許由巣父故事鏡・呉牛喘月故事鏡……
（3）盤龍鏡類
（4）瑞獣鏡類
（5）瑞花鏡類

（1）双魚鏡類

円形が多く、半球式の円鈕をもつ。主題文様は双魚である。[19]内外二区に分けられるものでは、内区には双魚を配し、外区は幅の狭い文様帯である〔図60―1、写141〕。主題文様の双魚の形状と

写141　双魚鏡
黒龍江省阿城県新華公社出土(面径43cm)

1

2

3

図60　金双魚鏡
1＝小檀欒室鏡影(1/3大)
2＝南陽市博物館蔵鏡(面径11.3cm，2/5大)
3＝甘粛省臨洮県北郷(面径23.7cm，1/4大)

配置はさまざまである。一般に鏡背は水波文で埋められ、波濤がさかまき、波浪がうねっている。鈕の両側にそれぞれ鯉が一匹おり、同じ方向に泳ぎ回り、波の間で身を踊らせている。鯉の鱗は鮮明で、頭と尾をゆらめかせて、その姿は生き生きとしている。魚身はふっくらとして、鏡背の主要位置を占めている。

鏡背に水波文をもたないものがある。魚身はやや小さいが、その姿態は整っている。その鏡背全体の無地の部分はやや広い。鈕の下方に双魚が鋳出され、ともに草葉をくわえているものもある。水波文もなく、無地の部分はさらに広い。

主題文様は鯉のほかに、身が魚で、頭が龍形のものもある〔図60—3〕。前鰭部は広げられた翼に変わり、飛翔する様を呈している。魚龍変化鏡と呼ばれている。内外区に分けられているものは、狭い外区に纏枝巻雲文をもつものが多い。無文で幅広の縁部をもつ。

面径はよくみられるものは一五センチ前後が一般的であるが、大形のものがいくつか知られている。黒龍江省阿城県出土の双魚鏡には面径が四三センチに達するものがあり、きわめて珍しい例である〔写141〕。

双魚鏡中には紀年銘を鋳出したものもある。河南省南陽市博物館蔵の二面の双魚鏡にはともに「承安二年鏡子局造」（承安二年＝一一九七年）の銘がある〔図60—2〕[20]。また鏡背内区もしくは縁部に款識《かんしき》[21]をもつものがある。たとえば、

大興県官（花押）[21][22]

上京巡院正　金城県（花押）[22]

臨漢県[23]

寧□県官（花押）[24]

などである。

双魚鏡の資料は多く、ここ数十年の間に黒龍江省で二〇余面が出土している。このほか吉林省・河北省・内蒙古自治区・甘粛省などで出土している。黒龍江省出土の二〇余面はすべて円形で、面径は八—四三センチをはかる。それらはふたつに大別できる。ひとつは鋳造が精緻で文様の条線は緊密、表現が生き生きとしたものである。ほかのひとつはつくりが稚拙で文様がはっきりせず、条線が粗雑なものである。王禹浪によれば、前者は官鋳品で、後者は私鋳品であるという[25]。

中国の伝統的な図案においては、魚は生殖繁盛、多子多孫の吉祥の意味を象徴している[26]。また鯉が龍門を越えることをもって、官位の昇進や任官への願いを表すことも、たいへん流行した。それは古く魏晋南北朝時代において、鯉が龍門を越えるという次のような伝説があったからである。

「（黄河の上流で、山西・陝西両省の境にある急流の）渡し場を龍門ともいう。毎年、春も終わりの頃に、黄鯉が流れに逆らってのぼってくるが（この急流をのぼりきることは不可能で）、もし万一これをのぼりきれたら龍になることができる[27]。」

陝西省西安の半坡遺跡で出土した新石器時代の彩陶には魚文がしばしばみられる。漢鏡の銘文には双魚図案で句を結ぶものがある。漢代銅洗にも双魚形文様がある。唐三彩や金銀器には、双

写142　童子攀枝鏡
黒龍江省阿城県白城出土（面径14cm）

魚を形どった双魚壺や、龍首魚身の双魚図案がみられる。たとえば一九七六年に遼寧省昭盟喀喇沁旗から出土した二点の鍍金銀盤には、盤の中央に双魚図案が打ち出されている。双魚は同じ向きに遊泳し、鰭や尾をもっているが、龍首をなしている。双魚の間には火焰宝珠がひとつ置かれている。[28] 金代に大量に出現する双魚図案は長い歴史をもっていることがわかるのである。

(2) 人物故事鏡類

人物故事鏡類は伝世・出土の例が比較的多い。描かれている故事の題材は史籍中に探しうるものもある。いくつかの例を以下に挙げておこう。

童子攀枝鏡　円形や八角形がある。主題文様は童男童女と花・枝・蔓の組み合わせからなる。これらは二種に細分される。

第一種の図文は、二人の童子が枝によじのぼり、花とたわむれるもので、同じ方向に囲繞する。童子の姿とその間に配置される花文にはいくつかのヴァリエーションがみられる。童子の身体が花に覆われ、脚は繁茂する枝葉を踏み、頭上には菊花が満開し、脚下には梅の花や蓮の葉があるものがある。また二人の童子が蓮の上に立つものや、二人の童子が花とたわむれているものもある。三房の菊花はおおいに目をひく〔図61—1〕[23]。

第二種の図文は、四人の童子が枝によじのぼり、花とたわむれている。四人の童子のある者は仰向《あおむ》き、あるものは俯向いて、同じ方向に囲繞している。花枝の間で喜々としてたわむれ、構図は生き生きとして活発である。内外区に分かれるものは、外区が幅の狭い文様帯で、蛺蝶《あげはちょう》が配されている。無文縁である〔写142〕。縁部に銘が刻まれている例もある。たとえば、

広寧鍾秀[29]
上京警巡院[30]
韓州主簿験記官高造[31]

などである。また鈕座銘の鋳出された例がある。

盤溝左字王家造[32]

などである。

許由巣父故事鏡　円形で、半球式の円鈕をもつ。鈕の上方には山の峰々が起伏をなし、山の上下には樹林が点在し、空には彩雲がうずまいている。鈕の下方には小川が流れ、上流の河岸に一人の人物が坐り、右手を耳のあたりにもちあげている。下流ではもう一人が小牛を率き、片手を前にあげている。この構図は一種枯れた趣きがある〔図61—2〕。この題材は以下の伝説に基づいている。堯《ぎょう》は許由に天下を譲るが、許由は逃げてしまう。巣父はこれを聞いて不祥なことなので池のほとりで耳を洗った。樊堅、字《あざな》を仲父というが、彼は牛をひいて水を飲ませようとしたが、巣父が耳を洗っているのをみて、牛をもう少し歩かせ、その下流で水を飲ませたという。この銅鏡に表現された人物と風景は、まさにこの故事の後半部分に題材を取っている。山峰や樹林は隠士が隠棲した深山老林を象徴しているのである。

呉牛喘月故事鏡　円形で、半球式の円鈕をもつ。主題文様は山水、臥牛、明月、流雲などである。ただし画面の構図には相違がみられる。あるものは鈕の上方に三日月がかかり、月の下に瑞雲がうずまいている。その左側には急峻な山峰がならび、古木が天に高くそびえたっている。鈕の下方には山水がつらなり、小さな洲の上に一頭の牛がうずくまっている。牛は首をまわして月を望み、その口はあたかも喘いでいるようである。鈕の右側には、

陝西西路監造使

という銘文が一行ある〔図61—3〕。

内外二区に分けられているものもある。内区の鈕の上方には明月がかかり、雲が切れ切れに浮いている。鈕の両側には山水があいつらなり、波がゆれている。鈕の下方には一頭の牛が臥せて首をまわして遠くを眺めている。外区は銘帯で、

承安三年上元日　陝西東運司官局造　監造録事任（花押）　提控所転運使高（花押）

とある。無文縁である。[24]

この種の図案の銅鏡は一般に「呉牛喘月」鏡または「犀牛望月」鏡と呼ばれている。これは「呉牛月に喘ぐ」というよく知られている故事に題材をとっている。つまり、江南で生まれた水牛は、暑さをきらい、月をみて太陽かと思い、また暑くなると恐れて喘ぐという故事である。その後、似たようなものをみて恐れる様をたとえて、「呉牛月に喘ぐ」というようになった。『世説新語』言語の「（晋の高官である）満奮は風を畏れて嫌っていた。晋の武帝の側に座している時、部屋の北の窓が琉璃の屛になっていて、実際はきっちりと閉まって少しの隙間もないのに、透い

図61　金人物故事鏡類
1＝童子攀枝鏡　　山東省茌平県郗屯(面径13.2cm，2/5大)
2＝許由巣父故事鏡　中国歴代銅鏡図録(1/2大)
3＝呉牛喘月故事鏡　甘粛省博物館蔵鏡(面径17.4cm，2/5大)
4＝有柄人物故事鏡　中国歴代銅鏡図録(1/2大)

写143　柳毅伝書故事鏡
黒龍江省阿城県白城出土（面径10.9cm）

写144　帯柄人物故事鏡
黒龍江省阿城県白城出土（長9.5cm）

ているようにみえたので、奮の顔に困惑の色が浮かんでいた。帝がそれをみて笑うと、奮は、『臣（私）は呉牛が月をみても喘ぐようなものです』と答えた。」という記載は、この故事についてのもっとも生き生きとした用例である。

柳毅伝書故事鏡　円形で、半球式の円鈕をもつ。鈕の左側上方には、鏡縁部に沿って一本の大樹がのび、枝葉を右上方へと拡げている。樹の下には一組の男女が対話する様が描かれ、その前方に数頭の小羊がいる。鈕の右側では一人の人物が馬に乗って東へと走っている〔写143〕。この主題文様は民間に伝わる「柳毅書を伝う」の故事に題材をとっている。それは以下のような故事である。[25] 地上の涇川の神の次男に嫁いだものの、夫の道楽に不遇をかこっていた洞庭湖の龍王の娘が道畔で羊を放っていた。そこを通りかかった柳毅は美しい女が賤しい仕事をしているのを不思議に思い尋ねると、龍女は柳毅に自分の悲惨な身の上を訴え、龍王への手紙を託そうとした。毅は快く手紙を取り次ぐのを引きうけ、馬に乗って東へと走っていったという。鈕の上方の大樹は、おそらく洞庭湖畔の大きな橘の樹を表しており、柳毅はその樹のお蔭でやっと洞庭龍王に会えたので、龍女の消息を彼に伝えたのである。ただし鏡背に表現されているのはこの故事の発端の部分だけである。銅鏡には故事の主要な内容が豊かにあらわされているが、けっして窮屈感を与えない。

女人織紝鏡　円形で、半球式の円鈕をもつ。鈕の右側には婦人が布を織る様が描かれている。鈕の下方には一人の婦人が手に巻いた布をもち、その前後の二人の子供とともに布を織る婦人の方へ歩み寄っている。鈕の左上方の囲いの中には花や小さな樹があり、樹には花が咲き、馥郁たる雰囲気に満ちている。縁部には、「北京験記」、「官」、花押などの刻記がある。

有柄人物故事鏡　鏡身は円形あるいは花形で、その下に長い柄がつく。題材はおのおの異なり、さまざまな神仙や人物の故事が描かれているが、何の故事を題材にしているのかははっきりしない。しかし、黒龍江省阿城出土のいくつかの有柄人物鏡をみると、その構図には多くの共通点がある。つまり、鏡背の右側に背の高い人物が一人おり、前を向いている。背後には数本の花樹が

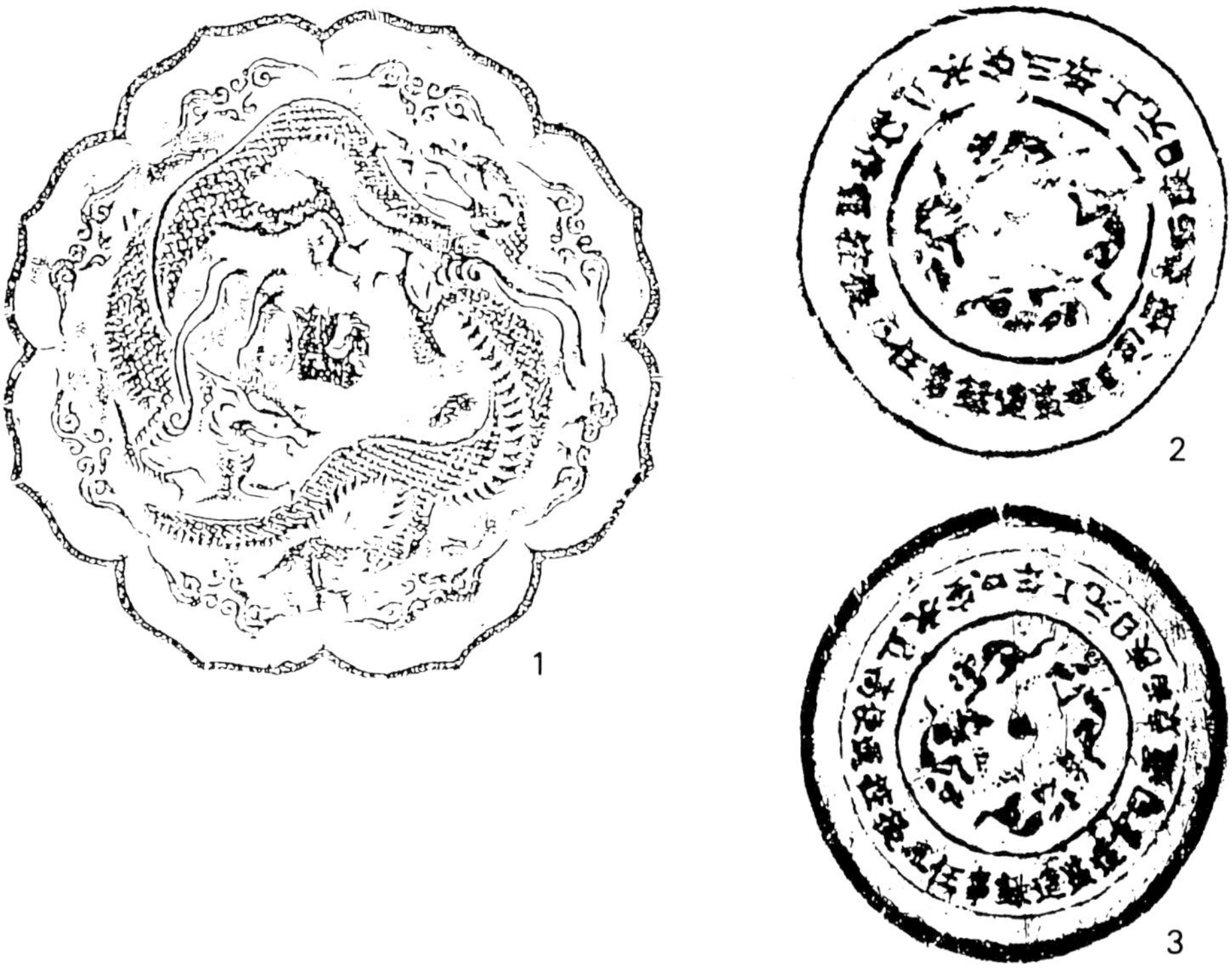

1

2

3

図62　金盤龍鏡・瑞獣鏡

1＝盤龍鏡　　中国歴代銅鏡図録(2/5大)
2＝承安三年瑞獣鏡　甘粛省博物館蔵鏡(面径8.8cm，1/2大)
3＝承安四年瑞獣鏡　古鏡図録(1/2大)

あって、縁部に沿って左の方へとのびている。画面の左側には流雲が浮かび、その上を飛翔する雀が人物の方を向いている。彩雲の下は、波がうねっていたり、いろいろな姿態の人物が描れている〔図61―4、写144〕。多くの場合、長柄に銘文が刻記あるいは鋳出されている。たとえば「銅院□□」の銘、「金成記」、「山東宮（？）出」の刻記などである。

人物故事鏡類にはこのほかにも人物、樹木山石、長橋流水、家屋などを配置した例があるが、それぞれの内容については省略する。

(3) 盤龍鏡類

円形または菱花形で、半球式の円鈕をもつ。主題文様は一頭もしくは二頭の盤龍である〔図62〕。盤龍の姿態は一様ではない。唐代の盤龍鏡と比べると、龍の表現は細やかさ、優雅さを欠き、龍の鱗も簡略化されている。盤龍の周囲には圏雲文がめぐり、無文縁のものもある。唐代の盤龍鏡の様式とは明らかに異なっている。無文の縁には「録事司劉什枰」、「左巡院験記官」などの刻記をもつ例もある。

(4) 瑞獣鏡類

四獣鏡が比較的流行した。円形で、半球式の円鈕をもつ。主題文様の瑞獣は四獣のものが多い。内区には鼠に似た姿の四獣が同じ方向に鈕をめぐって駆けている。瑞獣の間を数房の葡萄で埋めるものもあり、四鼠葡萄鏡とも称されている。[26] 外区には銘帯が一周している。伝世された例をみると、銘文にはいずれも、

写145　菊花文鏡
黒龍江省阿城県白城出土(面径11.5cm)

承安三（あるいは四）年上元日（あるいは中秋日）　陝西東運司官造　監造録事任（花押）
提控運使高（花押）

とある〔図62―2・3〕。金の章宗の承安三年（一一九八）は南宋寧宗の慶雲四年にあたる。これらの鏡は一定した形状、銘の内容と字体をもっている。瑞獣の間に葡萄を配する例にしても、唐代の瑞獣葡萄鏡とは様式がまったく異なっている。金代の瑞獣鏡は内外区に分けられ、内区に瑞獣、外区に銘帯がある点など、唐代の瑞獣鏡類と共通する構図をとるが、全体の表現や雰囲気はやはり異なっている。

(5)　瑞花鏡類

円形で、半球式の円鈕をもつ。菊花文を主題文様とする例がもっとも特徴的である。鈕を中心として放射状に重なるように花弁が開いており、鈕とともに一房の菊の花を形づくって、鏡背を満たしている。鏡背を内外区に分けるものは、内区に菊の花、外区に点線文と卍字文とが配される〔写145〕。「上京宜春県」といった刻記をもつ例もある。

(6)　金鏡の特徴

金鏡の諸例を紹介してきた。ただし、伝世品の中には金鏡と断定するには十分な根拠を欠くものがあり、それらは検討の対象からはずした。とはいえ、以上の例からでも金鏡のいくつかの明確な特徴を指摘できる。

金鏡の主題文様の多様さは唐代以降の銅鏡にはみられないが、大まかに二種類に分けられる。ひとつは、前代までの銅鏡の主題文様をそのまま模倣したものであり、もうひとつは前代の文様を吸収しつつ新たな様式を生み出したものである。

前代までの銅鏡を模倣したもののうち、出土品と文献に記載された資料からみると、漢鏡・唐鏡・宋鏡の数多くの鏡類が金代に仿製されている。『阿城県出土銅鏡』で紹介された資料の中で、漢鏡を模したものには星雲鏡、四乳家常富貴鏡、昭明鏡、瑞獣鏡があり、そのうち四乳家常富貴鏡が多い。唐鏡の仿製では瑞獣葡萄鏡が多い。阿城以外で出土した仿製鏡には、漢代の日光鏡や龍虎鏡、唐代の瑞獣葡萄鏡などがある。盤龍鏡などの鏡類は前代からの主題文様であるが、様式は異なっている。[27]

新しく登場した銅鏡には双魚鏡、人物故事鏡類があり、とくに双魚鏡と童子攀枝鏡がもっとも流行した。

金代に比較的流行した人物故事鏡類の題材の多くは、中原地方で広く流布していた故事・民間伝承や逸話・滑稽談からとられている。これは漢族と女真族が、経済・文化・思想などの面で、相互に影響を与え滲透していった結果といえよう。

金鏡のもうひとつの重要な特徴は縁部に官府験記[28]と花押が刻まれたものがみられることである。刻記の字体は繊細ではっきりとしている。文献にもすでに多く紹介されているが、ここ数十年の考古学的発見によって、新しい内容を持つ多くの貴重な資料が加えられている。たとえば以下のような例がある。

上京宜春県

上京巡院正　金城県（花押）

上京春□

上京警巡院

北京験記　官（花押）[33]

左巡院験記官

金成記

金成記官（花押）[34]

通州司使司官（花押）[35]

大興県官（花押）

図63　宋金“臨洮府録事司”官符験記鏡
小檀欒室鏡影（2/5大）

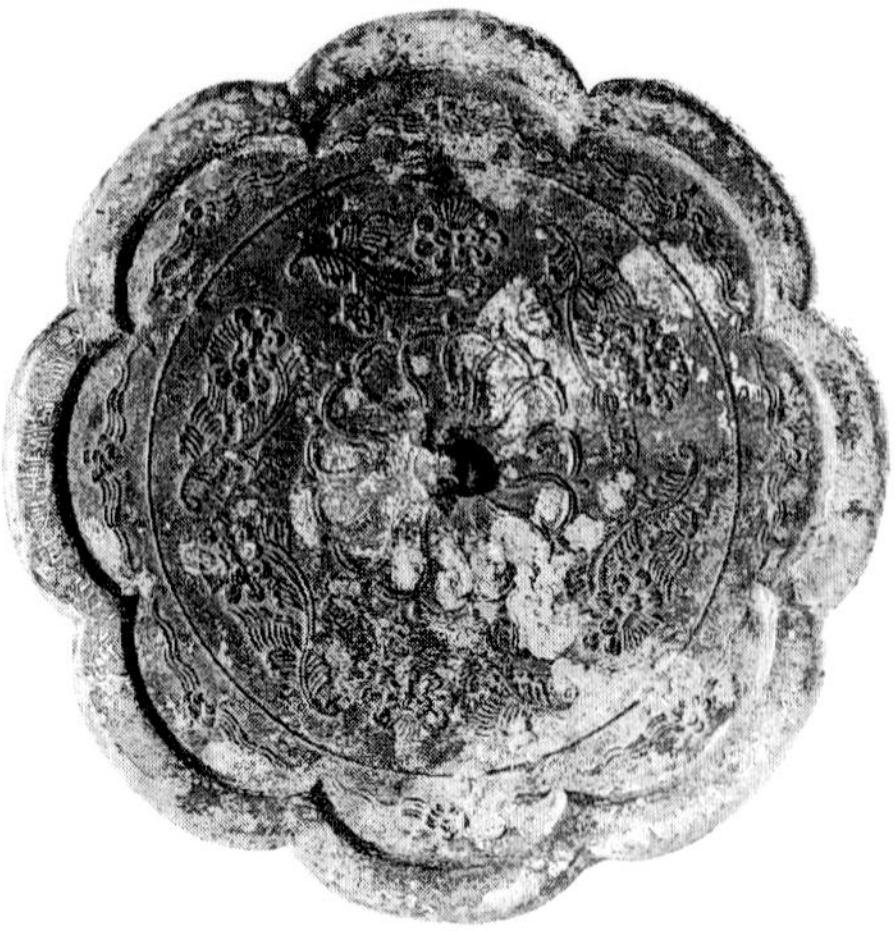

写146　“太原府録事司官”鏡
伝山西省太原市出土（面径21.3cm）

富民県官（花押）[36]

定州録事司験訖官（花押）[37]

泰州録判（花押）[38]

寧□県官（花押）

臨潢県

広寧鐘秀

左街僧官

録事司劉什秤

以上のうち、註の付されていないものは、すでに引用したものを除き『阿城県出土銅鏡』で紹介されている。伝世した銅鏡中にも、次のような刻記がみられる。

韓州主簿験記官高（花押）

任城県官匠

汶陽県験訖官匠

良郷県官匠（花押）

昌平県験記官（花押）

鎮北軍官匠

兗州官匠

臨洮府録事司〔図63〕

平涼尉華亭県験記官（花押）

内郷県官

博平県官

太原府録事司官〔写146〕

刻記のほかに、金鏡には官鋳と私鋳を示す例もある。

承安三年(四年)上元日(中秋日)　陝西東運司官造　監造録事任(花押)　提控運使高(花押)
陝西西路監造使（花押）
承安二年鏡子局造

「陝西東運司」とは「陝西東路転運司」[29]の略称であり、これらが官鋳の銅鏡であることを示している。これらの款識や刻記・銘文は、金代の私鋳禁止の規制がきわめて厳しく、銅鏡はすべて「官方験記」を必要としていたという史書の記載をも実証している。『金史』食貨志に次のような記事がある。

大定八年（一一六八）　民間に銅禁（鋳銅の禁止令）を犯すものがあったので、天子は「銅銭を鋳潰して銅器を造ることは従来から禁じていた。にもかかわらず、民間にはまだ銅鏡を鋳造する者がいる。銅銭を鋳潰されなければこのようなことはできない。そこで銅器の製作とともに鋳鏡を禁ずる。」と命じた。

大定十一年（一一七一）二月　銅鏡の私鋳を禁ずる。従来ある銅器はすべて官に集めよ。

大定二十六年（一一八六）十一月　天子は宰相・重臣たちを諭していった。「国が鋳銅を禁じて久しいというのに、まだ民間では銅製の腰帯や銅鏡を造っていると聞く。古物と称して公然とこれを売買している。禁止令をもっと強化せよ。」

明昌二年（一一九一）十月　勅によって銅鏡を廉価で販売した。これは私鋳や銅銭の鋳潰しを防ぐためである。

このように、金の支配者は再三にわたって銅鏡私鋳の禁止令を出している。このことは、私鋳がたいへん盛んだったことを逆に物語っている。このため、銅鏡には必ず官府験記を入れて初めて販売されたのである。前に引用した刻記中の「定州録事司験訖官（花押）」、「北京験記」、「官（花押）」、「韓州主簿験記官高（花押）」、「汶陽県験訖官匠」、「昌平県験記官（花押）」などはすべて検査が済んだことを示しているのである。

3　元代銅鏡の分類

元代の手工業は十三世紀末葉から次第に回復しはじめた。考古資料をみると、金銀器の出土例が多く、その金銀細工の高度な水準を示している。元墓から銅鏡も出土しているが、やや少ない。江西省の延祐六年（一三一九）墓、天暦三年（一三三〇）墓、至正二年（一三四二）墓、至正二十一年（一三六一）墓などから出土している銅鏡[30]をみると、多くが宋代に流行した六菱の菱花形または六弁の葵花形の鏡形をとっているが、文様は次第に粗雑化・簡略化している。以下にいくつかの銅鏡を紹介しておく。

（1）纏枝牡丹文鏡

鏡身は厚い。円形で、半球式の円鈕をもち、花弁文鈕座である。鈕座の外側は枝をからめた牡丹で飾られる。幾房かの牡丹が蕾をひらき、花の蕊《しべ》を見せており、柔らかな枝にあいつらなっている。縁部は厚い。主題文様は比較的鮮麗であるが、全体のつくりは稚拙な印象を与える（写147）。この種の銅鏡の面径は一般に大きなものが多く、面径三八・二センチ、縁部幅二・二センチに達するものもある。縁部に「□州□水県官匠」の題款が陰刻されている例もある。江蘇省呉県の元墓から一面出土しており、墓主の夫婦はそれぞれ大徳八年（一三〇四）、延佑二年（一三一五）に葬られている[39]。山西省大同市の馮道真墓（至元二年・一二六五年葬）からも一面出土している[40]。

（2）神仙、人物故事鏡

円形あるいは有柄形である。主題文様は各種の神仙故事、人物故事である。北京市西絛胡同の

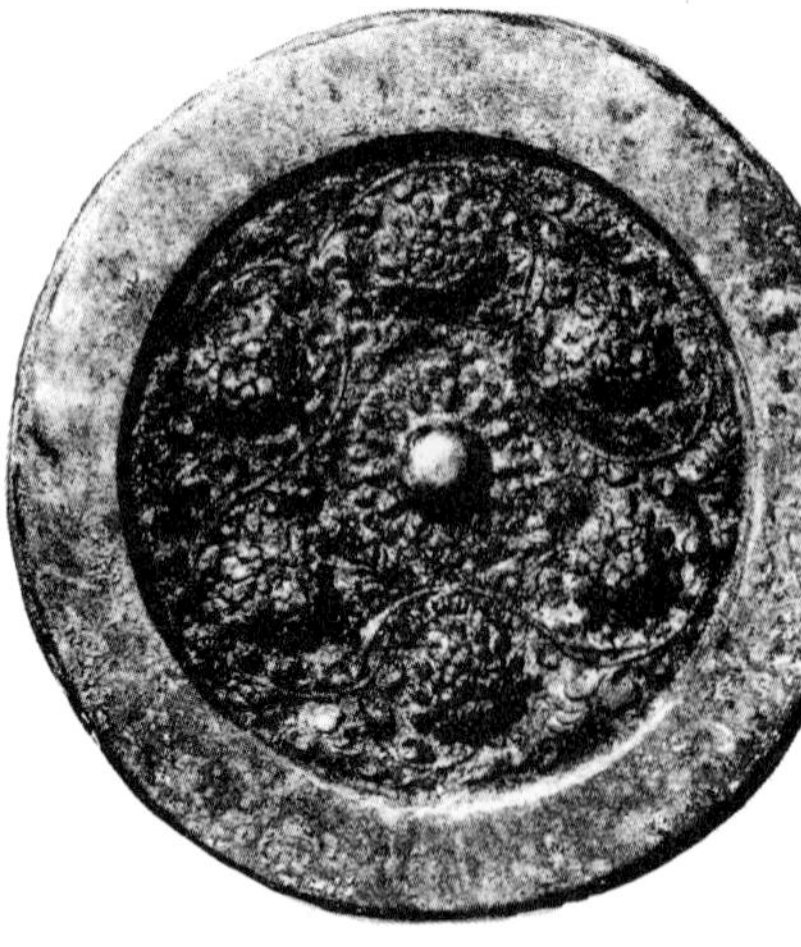

写147　纏枝牡丹文鏡
江蘇省蘇州市虎丘山呂師孟夫妻合葬墓出土（面径18.6cm）

元代住居跡出土例[41]は洛神（洛水の神）図と称される図が描かれている〔図64—1〕。甘粛省漳県の汪世顕家族墓からは面径二四・七センチの神仙鏡が一面出土している[42]。これは仙人・童子・鶴・鹿・亀などで飾られている。内蒙古自治区集寧市の元代集寧路故城遺跡出土例[43]は、鏡背全体に雲水がつらなり、上方には三日月と流雲が浮かび、下方には波濤がさかまいている。鈕の両側の海中にはそれぞれ一人の仙人が漂い、下方の海中には怪獣が起伏している。面径一九センチ。陝西省鄠県八王河村の元墓からは牛に騎って外出する様を描写しているものが出土している[44]。面径九・三センチ。

（3）至元四年双龍鏡

円形で、鈕のまわりに方格がめぐり、格内に「至元四年」の銘が鋳出されている[31]。方格の上下

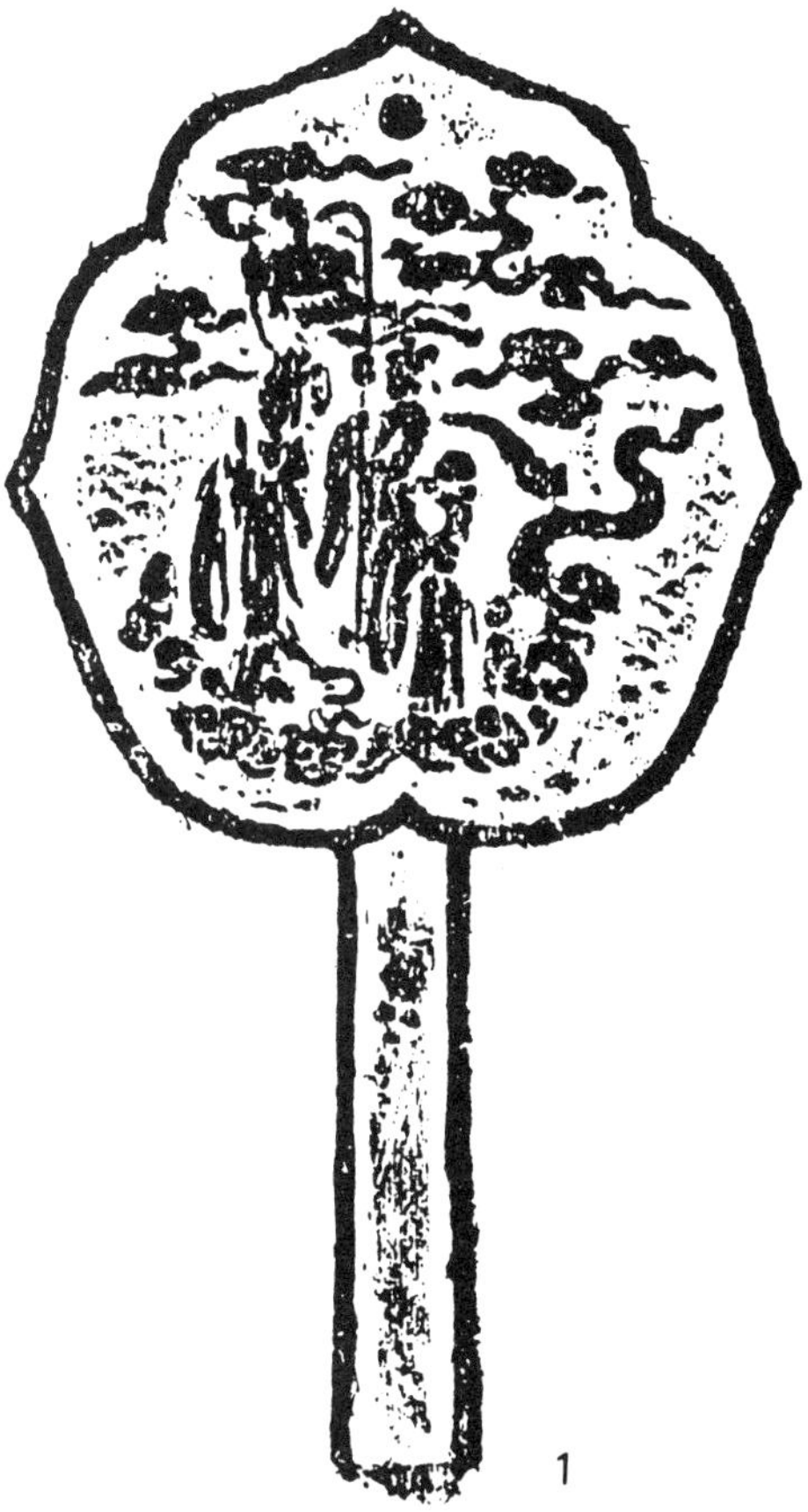

1

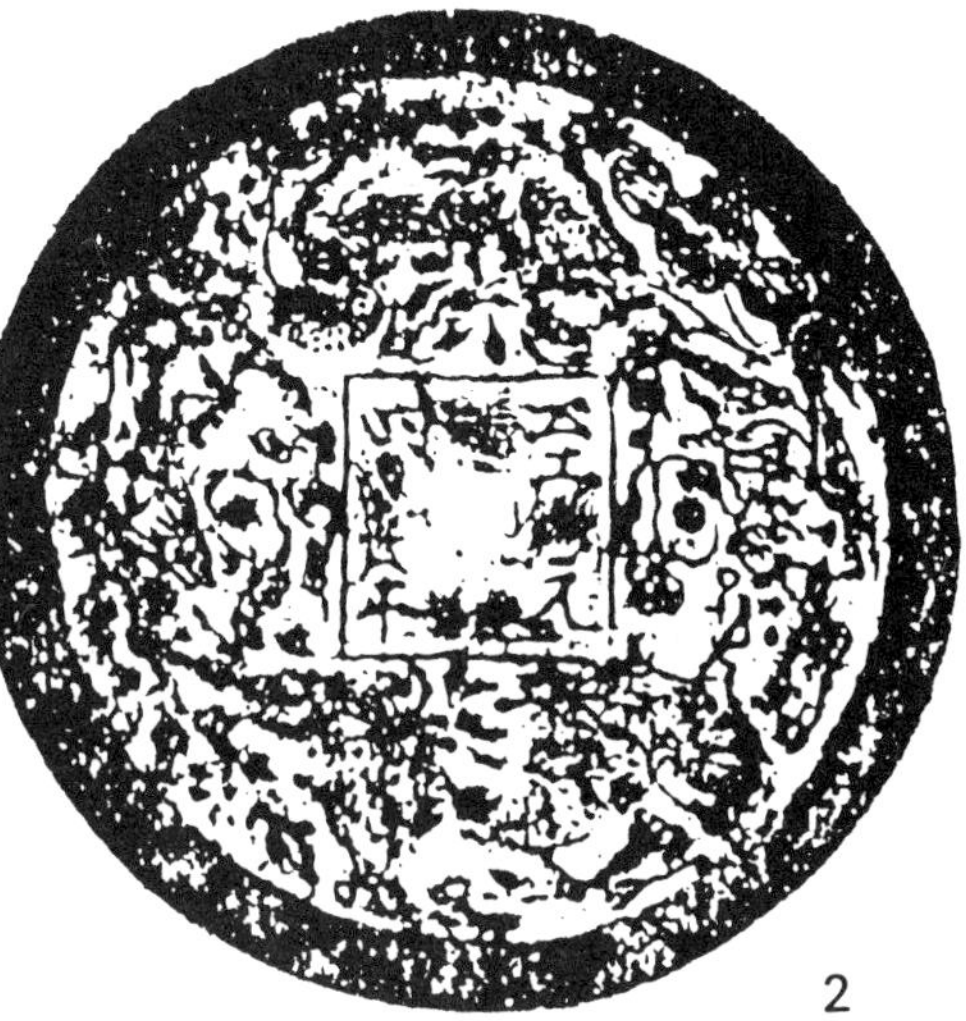

2

図64　元鏡
1＝神仙故事鏡（洛神図鏡）　北京市西絛胡同（面径不詳，1/2大）
2＝至元四年双龍鏡　甘粛省漳県汪世顕家族墓（面径22.5cm，3/10大）

にはおのおの珠を追い飛翔する龍が配され、その間を花葉文で埋めている。無文で幅広の縁をもつ〔図64―2〕。厚味をもつ鏡身である。面径は一般に二〇センチ以上をはかる。汪世顕家族墓から面径二二・五センチの例が出土しており、周囲に「長安□家□□製造」と陰刻されている。

(4)「寿山福海」銘文鏡

円形である。鏡背全体に、「寿山福海」の四つの大きな文字が鋳出されている。陝西省西安曲江池西村の至元三年(一二六六)墓から一面出土している。[45]

(5) 素鏡

素鏡は元墓から多く発見されており、分布も広範である。円形で、面径一五センチ以上のものが多い。

結語

中国鏡についての紹介は、一応元代までにしておきたい。明清代にも銅鏡は引き続き日常生活品として用いられたが、工芸美術の面からいえば日増しに衰退していき、ついには実用的なガラス鏡にとってかわられてしまう。

中国鏡の歴史を通観すると、四〇〇〇年前に銅鏡が出現して以来、これまで述べてきたように銅鏡は出現期（斉家文化期および殷周代）、流行期（春秋戦国時代）、鼎盛期（漢代）、停滞期（魏晋南北朝時代）、繁栄期（隋唐代）、衰退期（五代宋金元代）などいくつかの歴史上の画期を反映している。その盛行のあり方、鋳造技術、様式などいくつかの点についてみると、戦国時代、漢代、唐代が三つのもっとも重要な発展の時期である。

戦国時代、銅鏡は急速に発展し、完成した観さえある。巧みな鋳造技術、精緻な文様、流麗な描線はそれまでの稚拙で素朴な様式を一掃する。それは青銅工芸の新たな様式を代表するとともに、戦国時代の工芸技術の水準の高さをも表している。戦国時代は急激な変革期であり、諸子百家が現れ、さまざまな思想がとなえられた。青銅芸術にもまた重要な変化が生じたのである。戦国時代の銅鏡もまさにこの青銅芸術の変化の産物なのである。

羅振玉は『古鏡図録』で「刻画の巧みさ、文字の珍しさ、字句の優雅さといった三つの美点をかねそなえた器物に、鏡に勝るものはない」と漢鏡を賛美している。漢鏡にはいくつかの革新的な面がみられる。それがこの時期の鏡が後世に重視された大きな原因となっている。現実生活の強烈な息吹に接し、漢代の工匠は銅鏡の文様・銘文に深い意味を込めたのである。人びとが漢鏡の全く新たな美しさや深い趣をほめそやすとき、背後に秘められた当時広く伝わっていた新しい理想・追求が何であるかを探らないわけにはいかないのである。

唐鏡はその解放的な時代性を反映して、戦国鏡の奇巧さ、漢鏡の謹厳実直さを脱し、その造形と題材の点において前代を凌駕したことはいうまでもない。そこには漢鏡における現実生活に対する露わな追求を示した銘文も、神仙世界に対する強烈な渇望を示した図案もなくなっている。しかし、唐鏡を通して、中国封建社会が到達したもっとも絢爛たる時代の脈動に触れることができる。活力に充ちた鸞翔鳳舞、花鮮獣躍の図案は、まさに太平隆盛な時代の象徴なのである。

四〇〇〇年にわたる銅鏡の歴史をみるとき、我々は、銅鏡におのおのの時代の明確な特徴を見出すとともに、その上に凝縮された中国民族の芸術的伝統が色濃く漂い、それが時代を通じて継承され発展してきた筋道を辿っていくこともできるのである。

鏡形についてみれば、方鏡・花式鏡・有柄鏡もあるが、中央に鈕をひとつもつ円形の鏡が終始もっとも主要な形であり、それは中国鏡の重要な特徴でもある。また主題文様の図案には、それぞれの時代の特徴やさまざまの種類がみられるが、なかでも珍禽奇獣は一貫して重要な題材であった。戦国時代のゆったりとした曲線の蟠螭・蟠虺から、明清代の雲や霧に乗る雲龍にいたるまで、中国民族に象徴的な「龍」の形象は、銅鏡の文様として決して絶えることはなかった。戦国時代の稚拙な鳳凰から唐代の生き生きとした双鸞、吉祥や幸福を象徴した鸞鳳にいたるまで、それらは銅鏡中で常に飛びまわり舞い踊っている。これら神奇な龍蛇、華麗な鸞鳳は中国民族の太古の氏族、部族、部族連合のトーテムを思い起こさせずにいられないのである。

神話伝説もまた中国鏡の重要な題材である。漢代に頻出する西王母・東王公から唐代の月宮嫦娥などの神仙、漢鏡の忠臣伍子胥から唐鏡の「孔子の栄啓期に問う」、宋金鏡の「呉牛月に喘ぐ」や「柳毅書を伝う」などの伝説、これら多くの長い伝統をもつ美しい神話、感動的な伝説はいろいろな時代の銅鏡に生き生きと表現されている。

四〇〇〇年の銅鏡の歴史からは次のようなことも知ることができよう。銅鏡は生活用品といえども文化芸術の面においてすばらしい内容をもっている。それは鏡背に描かれた主題文様の図案にみることができる。図案の題材は時代の変遷にともない大きく変化しているが、時としてこの題材の変化が鏡全体の様式や特徴を規定している。鏡背に文様を描ける空間は限られているが、社会生活は多姿多彩である。そのため、銅鏡の題材には時代を代表し象徴するものが選ばれ、構想は奇巧であり、強い芸術的な影響力をもっていた。

中国鏡の到達点は、豊富で多彩な装飾芸術に表現されているだけではなく、青銅工芸の水準の高さをも伝えている。とくに戦国時代、漢代、唐代の特殊な技術を用いた鏡——塗朱彩絵鏡、金銀錯鏡、鎏金鏡、包金鏡、漆背加彩画鏡、金銀平脱鏡、螺鈿鏡、槌金銀鏡、彩漆絵嵌琉璃鏡など——は、中国の青銅工芸史で光彩を放っている。これらはいずれも、中国歴代の芸術家と工匠の豊かな想像力と、卓越した創造性を伝えているのである。

かつて郭沫若は『中国古代服飾研究』の序言で、「工芸美術は民族文化の水準をはかる指標であり、ここに芸術と生活とが密接に結びついているのである」と述べている。中国鏡の歴史を通観するとき、我々の目の前には荘厳で華麗、まさに中国の至宝ともいうべき銅鏡が現われる。これこそ、輝かしい民族工芸の代表作といって決しておかしくはない。

今日、銅鏡は歴史の舞台からしりぞいているものの、気品にみちた独特な美の風格は、時の流れの中で決して滅ぶことなく、時を超えて人々の記憶の中に留まることであろう。

原　註

Ⅰ

（1）樋口隆康『古鏡』（新潮社、一九七九年）。以下、同書はいちいち列記しない。
（2）郭沫若「三門峡出土銅器二三事」（『文物』一九五九年第一期）
（3）梁上椿「古鏡研究総論」（『大陸雑誌』第五巻第五期、一九五二年）
（4）『歴史語言研究所集刊』第二十九本（一九五八年）を参照。
（5）游学華「中国早期銅鏡資料」（『考古与文物』一九八二年第三期）
（6）李虎侯「斉家文化銅鏡的非破壊鑒定」（『考古』一九八〇年第四期）
（7）中国社会科学院考古研究所『殷墟婦好墓』（文物出版社、一九八〇年）
（8）華覚明ほか「婦好墓青銅器群鋳造技術的研究」（『考古学集刊』第一集、一九八一年）
（9）郭宝鈞『濬県辛村』（科学出版社、一九六四年）
（10）（11）王光永・曹明檀「宝鶏市郊区和鳳翔発現西周早期鏡等文物」（『文物』一九七五年第十二期）
（12）雍城考古隊「鳳翔南指揮西村周墓的発掘」（『考古与文物』一九八二年第四期）
（13）淳化県文化館「陝西淳化史家塬出土西周大鼎」（『考古与文物』一九八〇年第二期）
（14）北京市文物管理処「北京地区的又一重要考古収獲」（『考古』一九七六年第四期）。著者は「円鏡形飾り」、「銅鏡あるいは器蓋に似た」としている。
（15）中国科学院考古研究所『上村嶺虢国墓地』（科学出版社、一九五九年）
（16）遼寧省昭烏達盟文物工作站ほか「寧城県南山根的石槨墓」（『考古学報』一九七三年第二期）
中国社会科学院考古研究所東北工作隊「内蒙古寧城県南山根一〇二号石槨墓」（『考古』一九八一年第四期）
（17）羅西章「扶鳳出土的商周青銅器」（『考古与文物』一九八〇年第四期）

Ⅱ

（1）『歴史語言研究所集刊』第十四本（商務印書館、一九四九年）参照。
（2）富岡謙蔵「蟠螭鏡考」『古鏡の研究』（一九二〇年）。以下、この文を引用する時はいちいち註出しない。

(3) 梁上椿『巌窟蔵鏡』第一集(一九四〇年)
(4) 雷従雲「楚式鏡的類型与分期」(『江漢考古』一九八二年第二期)
(5) 梅原末治『漢以前の古鏡の研究』(東方文化学院京都研究所、一九三六年)。以下、この書物を引用する場合いちいち註出しない。
(6) (5)に同じ。
(7) 湖南省博物館「長沙楚墓」図版六―五(『考古学報』一九五九年第一期)
(8) 同右、図版七―一
(9) 湖南省博物館「湖南常徳徳山楚墓発掘報告」(『考古』一九六三年第九期)
(10) 駒井和愛『中国古鏡の研究』(岩波書店、一九五三年)。以下、この書を引用する場合いちいち註出しない。
(11) 丁山『中国古代宗教与神話考』(龍門聯合書局、一九六一年)
(12) 李沢厚『美的歴程』(文物出版社、一九八一年)
(13) 劉敦願「〈呂氏春秋〉〝周鼎著饕餮〟説質疑」(『考古与文物』一九八二年第三期)
(14) 郭沫若『古代銘刻滙考続編』(文求堂書店、一九三四年)
(15) 四川省博物館ほか「四川涪陵地区小田溪戦国土坑墓清理簡報」(『文物』一九七四年第五期)
(16) 梁上椿「古代鋳鏡技術之研討」(『大陸雑誌』第二巻第十一期)
(17) 小松茂・山内淑人『古鏡の化学研究』、および梅原末治「古鏡の化学成分の考古学的考察」(『東方学報』第八冊、京都、一九三七年)を参照。

Ⅲ

(1) 北京市古墓発掘辦公室「大葆台西漢木槨墓発掘簡報」(『文物』一九七七年第六期)
(2) 揚州博物館ほか「江蘇邗江胡場五号漢墓」(『文物』一九八一年第十一期)
(3) 揚州博物館ほか「揚州邗江胡場漢墓」(『文物』一九八〇年第三期)
(4) 南京博物院ほか「海州西漢霍賀墓清理簡報」(『考古』一九七四年第三期)
(5) 中国科学院考古研究所洛陽発掘隊「洛陽西郊漢墓発掘報告」(『考古学報』一九六三年第二期)
(6) 熊伝新「談馬王堆三号西漢墓出土的陸博」(『文物』一九七九年第四期)
(7) 黄河水庫考古工作隊「河南陜県劉家渠漢墓」(『考古学報』一九六五年第一期)
(8) 徐州博物館「徐州発現東漢建初二年五十湅鋼剣」(『文物』一九七九年第七期)
(9) 河南省文化局文物工作隊「河南襄城茨溝漢画像石墓」(『考古学報』一九六四年第一期)
(10) 天津市文物管理処考古隊「武清東漢鮮于璜墓」(『考古学報』一九八二年第三期)
(11) 河北省文化局文物工作隊「河北定県北庄漢墓発掘報告」(『考古学報』一九六四年第二期)

(12) 洛陽博物館「洛陽東漢光和二年王当墓発掘簡報」（『文物』一九八〇年第六期）
(13) 『荘子』大宗師
(14) 『山海経』西次三経
(15) 『淮南子』覧冥編
(16) 『焦氏易林』巻四
(17) 曹桂嶺ほか「河南省淇県発現一面東漢画像鏡」（『文物』一九八〇年第七期）
(18) 浙江省文物管理委員会「紹興漓渚的漢墓」（『考古学報』一九五七年第一期）
(19) 広西省文物管理委員会「広西貴県漢墓的清理」（『考古学報』一九五七年第一期）
(20) 羅振玉「鏡話」（『遼居雑著』一九三三年）
(21) 李沢厚『美的歴程』（文物出版社、一九八一年）
(22) 梅原末治『支那考古学論考』（弘文堂、一九三八年）
(23) 作銘「〈漢六朝鏡銘初探〉編者按」（『考古通訊』一九五八年第九期）
(24) 朱江「也来談談揚州出土的唐代銅鏡」（『文博通訊』一九八一年第四期）
(25) 陳佩芬「西漢透光鏡及其模擬試験」（『文物』一九七六年第二期）
(26) 何堂坤「関于透光鏡機理的幾個問題」（『中原文物』一九八二年第四期）

Ⅳ

(1)(2) 王仲殊「関于日本的三角縁仏獣鏡」（『考古』一九八二年第六期）
(3)(5) 河南省文化局文物工作隊二隊「洛陽晋墓的発掘」（『考古学報』一九五七年第一期）
(4) 梅原末治『漢三国六朝紀年鏡図説』（京都桑名文星堂、一九四二年）
(6) 王増新「遼陽三道壕発現的晋代墓葬」（『文物参考資料』一九五五年第十一期）
(7) 王仲殊「関于日本三角縁神獣鏡的問題」（『考古』一九八一年第四期）

Ⅴ

(1) 唐金裕「西安西郊隋李静訓墓発掘簡報」（『考古』一九五九年第九期）
(2) 陝西省博物館ほか「唐李寿墓発掘簡報」（『文物』一九七四年第九期）
(3) 黄河水庫考古工作隊「一九五六年河南陝県劉家渠漢唐墓葬発掘簡報」（『考古通訊』一九五七年第四期）
(4) 『中華古今注』武民缺胯袄子条
(5) 『唐会要』異文袍
(6) 陝西省文物管理委員会編『陝西省出土銅鏡』図版八一（文物出版社、一九五九年）

(7) 西安市文管会「西安市唐玄都観主牛弘満墓」(『文物資料叢刊』第一集、文物出版社、一九七七年)
(8) 陝西省文物管理委員会編『陝西省出土銅鏡』図版一〇七(文物出版社、一九五九年)
(9) 銭玷『浣花拜石軒鏡銘集』
(10) 原田淑人「海獣葡萄鏡に就いて」(『東亜古文化研究』一九四〇年)
(11) 中国科学院考古研究所資料室「日本高松塚古墳簡介」(『考古』一九七二年第五期)
(12) 岡崎敬『東西交渉の考古学』(平凡社、一九七三年)
(13) 森豊『海獣葡萄鏡』より引用。
(14) 陝西省博物館・礼泉県文教局唐墓発掘組「唐鄭仁泰墓発掘簡報」(『文物』一九七二年第七期)
(15) 中国科学院考古研究所『西安郊区隋唐墓』(科学出版社、一九六六年)
(16) 河南省文化局文物工作隊「河南温県唐代楊履庭墓発掘簡報」(『考古』一九六四年第六期)
(17) 中国社会科学院考古研究所『唐長安城郊隋唐墓』(文物出版社、一九八〇年)
(18) 洛陽市文物工作隊「洛陽龍門唐安菩夫婦墓」(『中原文物』一九八二年第三期)
(19) 王仲殊「関于日本高松塚古墳的年代和被葬者」(『考古』一九八二年第四期)
(20) 佟柱臣「蘇联出土的有関中国考古材料」(『文物参考資料』一九五七年第十一期)
(21) 山西省文物管理委員会「太原南郊金勝村唐墓」(『考古』一九五九年第九期)
(22) 山西省文物管理委員会ほか「山西長治北石槽唐墓」(『考古』一九六二年第二期)
(23) 原田淑人「海獣葡萄鏡に就いて」(『東亜古文化研究』一九四〇年)
(24) 原田淑人「唐鏡背文に見えたる西方の意匠」(『東亜古文化研究』一九四〇年)
(25) 浜田耕作「禽獣葡萄文鏡に就いて」(『考古学研究』一九三九年)
(26) 『西京雑記』巻一
(27) 陝西省文物管理委員会編『陝西省出土銅鏡』図版一三二(文物出版社、一九五九年)
(28) 同右、図版一四〇
(29) 『辞海』(上海辞書出版社、一九七九年)
(30) 『新唐書』地理志
(31) 朝陽地区博物館「遼寧朝陽唐韓貞墓」(『考古』一九七三年第六期)
(32) 中国科学院考古研究所『西安郊区隋唐墓』(科学出版社、一九六六年)
(33) 陝西省文物管理委員会編『陝西省出土銅鏡』図版一一八(文物出版社、一九五九年)
(34) 銭玷『浣花拜石軒鏡銘集』
(35) 馮雲鵬・馮雲鵷『金石索』
(36) 朱江「也来談談揚州出土的唐代銅鏡」(『文博通訊』〔江蘇〕一九八一年第四期)

（37）陰法魯「唐代西蔵馬毬戯伝入長安」（『歴史研究』一九五九年第六期）
徐寿彭・王堯「唐代馬毬考略」（『中央民族学院学報』一九八二年第二期）

（38）陝西省博物館ほか「唐章懐太子墓発掘簡報」（『文物』一九七二年第七期）

（39）宿白「西安地区唐墓壁画的布局和内容」（『考古学報』一九八二年第二期）

（40）陝西省博物館ほか「唐懿徳太子墓発掘簡報」（『文物』一九七二年第七期）

（41）『古今図書集成』巻二二八

（42）黄河水庫考古工作隊「一九五六年河南陝県劉家渠漢唐墓葬発掘簡報」（『考古通訊』一九五七年第四期）

（43）馮漢驥「前蜀王建墓出土的平脱漆器及銀鉛胎漆器」（『文物』一九六一年第十一期）

（44）王世襄「中国古代漆工雑述」（『文物』一九七九年第三期）

（45）『新唐書』粛宗本紀

（46）『旧唐書』代宗本紀

（47）洛陽博物館「洛陽関林唐墓」（『考古』一九八〇年第四期）

（48）梁上椿『巌窟蔵鏡』第三集九三図

（49）常書鴻「談敦煌図案」（『文物参考資料』一九五六年第八期）

（50）潘絜兹『敦煌莫高窟芸術』（上海人民出版社、一九五七年）

（51）『旧唐書』徳宗紀

（52）『旧唐書』穆宗紀

（53）周欣・周長源「揚州出土的唐代銅鏡」（『文物』一九七九年第七期）

（54）森豊『海獣葡萄鏡』（中央公論社、一九七三年）

（55）王仲殊「関于日本高松塚古墳的年代問題」（『考古』一九八一年第三期）
同「関于日本高松塚古墳的年代和被葬者」（『考古』一九八二年第四期）

（56）原田淑人「唐鏡背文に見えたる西方の意匠」（『東亜古文化研究』一九四〇年）

Ⅵ

（1）石谷風・馬人権「合肥西郊南唐墓清理簡報」（『文物参考資料』一九五八年第三期）

（2）江蘇省文物管理委員会「五代—呉大和五年墓清理記」（『文物参考資料』一九五七年第三期）

（3）南京市博物館「江浦黄悦嶺南宋張同之夫婦墓」（『文物』一九七三年第四期）

（4）福建省博物館「福州市北郊南宋墓清理簡報」（『文物』一九七七年第七期）

（5）陝西省文物管理委員会編『陝西省出土銅鏡』図版一六七（文物出版社、一九五九年）

（6）江蘇省文物管理委員会ほか「江蘇淮安宋代壁画墓」（『文物』一九六〇年第八・九期合刊）

(7) 王善才・陳恒樹「湖北麻城北宋石室墓清理簡報」(『考古』一九六五年第一期)
(8) 四川省博物館ほか『四川省出土銅鏡』図版四五(文物出版社、一九六〇年)
(9) 河南省文化局文物工作隊「河南鞏県西家荘古墓発掘簡報」(『考古』一九六三年第二期)
(10) 湖南省博物館『湖南出土銅鏡図録』図版一〇一・一〇五・一一二(文物出版社、一九六〇年)
(11) 梁友仁「広西桂林西郊又発現三座宋代古墓」(『文物参考資料』一九五四年第十二期)
(12) 余家棟「江西波陽宋墓」(『考古』一九七七年第四期)
(13) 高至喜「長沙東郊楊家山発現南宋墓」(『考古』一九六一年第三期)
(14) 四川省博物館ほか『四川省出土銅鏡』(文物出版社、一九六〇年)
(15) 北京市文物管理処「北京市通県金代墓葬発掘簡報」(『文物』一九七七年第十一期)
(16) 矢島恭介「湖州並に浙江諸州の銘ある南宋時代の鏡に就て」(『考古学雑誌』第三十四巻第十二号 一九四八年)
(17) 李恒賢「試談宋元明銅鏡的鑑別」(『江西歴史文物』一九八一年第二期)
(18) 武漢市文物管理処「武漢市東西湖区柏泉北宋墓発掘簡報」(『江漢考古』一九八三年第一期)
(19) 安陸県文化館「安陸毛家山一号宋墓清理簡報」(『江漢考古』一九八三年第一期)
(20) 崔慶明「南陽市博物館館蔵銅鏡」(『中原文物』一九八二年第一期)
(21) 隆化県文物管理所「河北隆化県発現金代窖蔵鉄器」(『考古』一九八一年第四期)
(22) 董学増「吉林永吉県出土金代双鯉銅鏡」(『文物』一九七九年第八期)
(23) 黒龍江省阿城県文物管理所『阿城県出土銅鏡』(一九七四年)
(24) 内蒙古自治区文物工作隊『内蒙古出土文物選集』(文物出版社、一九六三年)
(25) 王禹浪「金代双魚鏡」(『求是学刊』一九八二年第五期)
(26) 聞一多「説魚」(『聞一多全集』第一集 三联書店、一九八二年)
(27) 『辛氏三秦記』、『二酉堂叢書』
(28) 喀喇沁旗文化館「遼寧昭盟喀喇沁旗発現唐代鎏金銀器」(『考古』一九七七年第五期)
(29)(30) 黒龍江省阿城県文物管理所『阿城県出土銅鏡』図版七・四(一九七四年)
(31) 馮雲鵬・馮雲鵷『金石索』
(32) 何明「記塔虎城出土的遼金文物」(『文物』一九八二年第七期)
(33) 張泰湘・陶剛「〝北京験記〟金代銅鏡」(『求是学刊』一九八二年第三期)
(34) 吉林省文管会「吉林梨樹県偏瞼城址調査記」(『考古通訊』一九五八年第三期)
(35) 北京市文物管理処「北京市通県金代墓葬発掘簡報」(『文物』一九七七年第十一期)
(36) 鄭隆「呼和浩特北郊大青山哈拉沁溝発現金代文物」(『考古』一九五九年第九期)
(37) 河北省博物館ほか『河北省出土文物選集』(文物出版社、一九八〇年)

（38）黒龍江省文物考古工作隊「黒龍江畔綏濱中興古城和金代墓群」（『文物』一九七七年第四期）
（39）江蘇省文管会「江蘇呉県元墓清理簡報」（『文物』一九五九年第十一期）
（40）大同市文物陳列館ほか「山西省大同市元代馮道真・王青墓清理簡報」（『文物』一九六二年第十期）
（41）中国科学院考古研究所ほか「北京西絛胡同和後桃園的元代居住遺址」（『考古』一九七三年第五期）
（42）甘粛省博物館ほか「甘粛漳県元代汪世顕家族墓葬」（『文物』一九八二年第二期）
（43）潘行栄「元集寧路故城出土的窖蔵絲織物及其他」（『文物』一九七九年第八期）
（44）陝西省文物管理委員会『陝西省出土銅鏡』図版一七〇（文物出版社、一九五九年）
（45）同右、図版一六八

訳　註

I

1　以下の史書については引用があるが、『墨子』非攻篇は該当の箇所が引用されていない。ここには墨子が韓・魏・趙の三君侯の協力をさとす喩として語った言葉の一部として、鏡が次のように表されている。
「古者有語曰、君子不鏡於水、而鏡於人。鏡於水見面之容、鏡於人則知吉與凶」〔古語に、君子は水を鏡とせずに、人を鏡とする。水を鏡とすればその容貌がみえるが、人を鏡とすればことの吉凶が判断できる、といっているのではないか。〕

2　原文では原典にあわせて「鑒」・「鑑」の双方を用いているが、本書では以下を「鑑」に統一している。

3　『周礼』についての鄭玄の注釈のことで、『周礼注』一二巻を指す。

4　『詩経』の漢代につくられた注釈書に『毛氏伝』（『毛詩』と略されることもある）がある。毛は注釈者の姓で、前漢初の学者毛亨および毛長（あるいは毛萇）を指す。伝は注釈の意味である。数多い『詩経』の注釈書の中で、漢代を通じて、次第に尊重されるようになった。後漢末の儒者鄭玄は、この『毛氏伝』に拠りつつ、新たな注釈を付け加え『詩経』の注釈を行った。これが『毛伝鄭箋』と呼ばれ、以後北宋のはじめ頃まで『詩経』のもっとも信頼できる注釈書とされた。原文にいう鄭箋は『毛伝鄭箋』のことで、三行前にみえる釈文は『毛氏伝』を指している。

5　宣和《せんな》博古図《はくこず》・博古図・博古図録ともよばれる。宋の政和三年（一一一三）に王黼らが撰したもので、三〇巻からなる。宮中の宣和殿に収められた古銅器や銅鏡などの金属器を年代順に収録し、銘文をあげ、解説を加えている。

6　一九二八年発見。
W. C. White: "Tombs of Old Lo-yang" 1934

7　一九二二年発見
梅原末治『洛陽金村古墓聚英』一九三七年。一九四四年に増補版が刊行されている。

8　O. Karlbeck: 'Notes on Early Chinese Bronze Mirrors', "Chinese Journal of Science and Arts" vol IV, No. 1, 1926
これらの分類と名称については第Ⅱ章1で述べられているが、それぞれの名称使用の代表例は次のようである。
淮式鏡　一九三三年にスウェーデン・ストックホルムの東洋美術博物館によって使用を開始されている。
秦　鏡　フランスの骨董商ワニエックによって流行。劉体智は『小校経閣金文拓本』（一九三五年）で秦鏡の語を使用。梅原末治『漢以前の古鏡の研究』（東方文化学院京都研究所研究報告六、一九三六年）では、書名の副題中に戦国秦鏡の語を用いているが、書中では「所謂秦式鏡」として秦鏡とはしていない。

先漢式鏡　梁上椿『巌窟蔵鏡』（一九四二年）

同「先漢式鏡之研究」（『大陸雑誌』第六巻第二期、一九五五年）

戦国式鏡　梅原末治『戦国式銅器の研究』（東方文化学院京都研究所研究報告七、一九三六年）で漢以前の青銅器にはじめて「戦国式」の名称が用いられた。同書では銅鏡にふれられていないが、以後「戦国式鏡」「戦国鏡」の名称が用いられるようになっている。

楚式鏡　カールベック訳註7文献、なお中国語訳文として張蔭麟「中国古銅鏡雑記」（『考古』一九三一年第四期）がある。

9 梅原末治『漢以前の古鏡の研究』（一九三六年）

10 B. Karlgren: 'Huai and Han', "Bulletin of Museum of Far Eastern Antiquities" No. 13, 1941

11 原註（4）に引用されている高去尋論文の六九〇ページの註一に、梁思永の「西北岡第一次発掘日記」を引き、「一〇〇五墓在最西北北之人架」の下から一点の「小銅鏡」を得たとある点と、その特徴からこれを鏡と認めて「重要発現」（重要発見）と記している点が紹介されている。

12 日本では「放射化分析」と呼ばれる。試料を原子炉の中に入れ、中性子をあてる。すると試料内の原子が原子核反応を起こし、γ線を放射する。これを「放射化する」という。このγ線の強度は原子核数と比例するため、それを測定することによって、含有原子、つまり含有元素を知ることができる。日本では、蛍光X線分析法とともに須恵器の胎土分析にしばしば用いられる。

三辻利一『古代土器の産地推定法』（考古学ライブラリー一四、ニュー・サイエンス社、一九八三年）

13 梅原末治「河南安陽発見の遺物」（『東方学報』京都　第七冊、一九三六年）

梁思永については訳註11参照。

14 以下、第Ⅰ・Ⅱ章には殷周—春秋戦国時代のさまざまな銅器が登場する。器形・名称ともに複雑多岐にわたるが、樋口隆康『中国の銅器』（中央公論美術出版、一九六七年）にこれらのわかりやすい解説があり、参照していただきたい。

15 ひとくちに「外因説」といっても、二つの論点がある。

ひとつは殷鏡、あるいは斉家文化期の銅鏡が中国で独自に発生したのか、それとも外的な影響によって成立したのかという問題である。この点についての明確な「外因説」は訳者らの管見にふれていない。ただ伊藤萩子は、シベリアの「カラスク鏡が直接この青銅円盤（殷鏡のこと……引用者註）に影響したとは思われない」としつつも、「中国において外からの影響なしに鏡が発生したと考える根拠は現在のところ不充分である」と、慎重な態度をとっている。

もうひとつの論点は、春秋戦国鏡の成立に関するものである。水野清一・江上波夫は「秦式鏡」の成立について、シベリアの鐶鈕平板鏡を取り上げ、「支那鏡の影響は少しも認めない」とし、シベリアの「ミヌシンスク地方の素文鏡よりも遅れるやうに考へられ」ることから、「秦式鏡も帯鉤などと同じく、西比利亜文化の影響として認められるのである」と論じた。この点については、高去尋はシベリアの青銅器文化と殷のそれとの先後関係がはっきりしていないと批判している。また梅原末治は、動物意匠などの点でスキタイ文化の影響を認めつつも、むしろその独自性を強調し、「支那の文化所産たることを充分に示している」とした。しかし、殷周鏡の発見におよんで、中国発生説に転じた。また伊藤は、河南省陝県上村嶺虢国墓地出土の鳥獣文鏡を周辺地域からの輸入品と考えている。樋口隆康は、殷鏡を「青銅彝器に組みこまれることなく、単発的に終わった」とし、春秋時代の銅鏡が「殷周銅器の伝統的文様と全く異質なものである」ことから、「剣や動物意匠とともに北方から入ってきたとみるのが、最も妥当なようである」という見解を示している。

水野清一・江上波夫『内蒙古・長城地帯』(東方考古学叢書乙種第一冊、一九三五年)

梅原末治『漢以前の古鏡の研究』(一九三六年)

梅原末治「中国殷周の古鏡」(『史林』第四二巻第四号、一九五九年)

樋口隆康『古鏡』(一九七九年)

伊藤萩子「先秦鏡についての一考察」(『中国古代史研究』第二、一九六五年)

16 南山根遺跡の所在する一帯は、原註掲載の二冊の報告でわかるように、時期によって遼寧省にも内蒙古自治区にも属している。原文ではその時期によって遼寧省と内蒙古自治区を使い分けられているが、煩雑になるので、訳では現行の内蒙古自治区に統一して表記している。

Ⅱ

1 梁廷楠《りょうていなん》は清の人(一七九六—一八六一年)で、藤花亭主と号した。博識で、歴史や金石学、さらに詩文や音律に明るく、両広総督のもとで各種の著述に従事した。『藤花亭文集』一四巻など多くの著作がある。『藤花亭鏡譜』もその事績のひとつで、八巻からなる。

2 神々が住むと考えられた信仰上の五つの名山のひとつ。中国では古くから各地の山岳を信仰し祭っていたが、前漢の宣帝が現在の山東省の泰山を東岳、河南省の崇山を中岳、安徽省の衡山(天柱山)を南岳、陝西省の華山を西岳、河北省の恒山を北岳と定め、以後、歴代の王朝は国家的な祭祀を行った。一七世紀、清朝により北岳は山西省渾源県の恒山に移された。ワニエックはこの恒山を北岳と結びつけている。

3 O. Siren: "History of an Early Chinese Arts" Vol. I, 1929

4 現在も原註(4)にあげられている雷従雲などが使用している。

5 『厳窟蔵鏡』は梁上椿の著になる銅鏡集で、四集六冊からなる。第一集(一九四〇年)には先漢式鏡つまり春秋戦国鏡九五面(鏡范三点を含む)の写真版を収める。他の銅鏡集との相違は、収録した銅鏡を自己の研究(それは第一集巻頭に概説としてまとめられている)にもとづいて分類し、その結果にしたがって配列した鏡一点ごとに詳細な検討を加えていることにある。単なる図録ではなく、すぐれた研究書なのである。以下の各集も同様の体裁をとる。第二集（一九四一年）には漢式鏡が収められ、前期一一一面（鏡范一点を含む）、中期九七面、後期九〇面を各冊に分けている。第三集（一九四一年）には隋唐鏡一三六面、第四集（一九四二年）には宋—清鏡五一面および補遺四四面が収められている。収録された鏡は合計六二四面（うち鏡范四点）におよぶ。梁の研究は、現在の研究との相違が若干みられるものの、現代に通じる部分が多い。そこから銅鏡研究の原典のひとつとされている。ただ発行部数が少なく、稀覯本として一般には利用が困難であったが、一九八九年に田中琢・岡村秀典両氏による翻訳が同朋舎から刊行され、難点が解消されている。

6 湖南省博物館（周世栄）編『湖南出土銅鏡図録』（一九六〇年）

7 雷従雲「楚式鏡の類型と時期区分」（『古文化談叢』第九集、梶山勝訳、一九八二年）

8 『湖南鏡』図版一および王仲殊「論戦国及其前后的素鏡」（『考古』一九六三年第九期）

9 山東省博物館「臨淄郎家庄一号東周殉人墓」（『考古学報』一九七七年第一期）

10 河南省文化局工作隊（安金槐ほか）『鄭州二里岡』（中国田野考古報告集考古学専刊丁種第七号、一九五九年）

11 『湖南鏡』図版二

12 楚皇城考古発掘隊（王仁湘ほか）「湖北宜城楚皇城戦国秦漢墓」（『考古』一九八〇年第二期）

13 秦俑考古隊「臨潼上焦村秦墓清理簡報」（『考古与文物』一九八〇年第二期）

14 『漢以前の古鏡の研究』一三ページに図とともに詳しく解説されている。

15 原著では鏡の縁部を巻辺（匕縁）・平縁・連弧縁などと呼び分けている。

匕縁は先端が薄く尖る縁部である。断面が細長い三角形を呈するもの（付図A）と、内側が緩やかに湾曲して伸び上がるもの（2・5）などがある。次の平縁とは異なり、春秋戦国時代から前漢代に特徴的にみられる。

縁部がほぼ平滑なものは平縁と呼ばれている。各時代を通じてもっとも一般的な縁部だが、時代ごとに若干の違いがみられる。たとえば、春秋戦国時代—前漢代の例は、幅が狭く低いもの（1）が多い。ところが前漢中期の連弧文銘文鏡類の一部には、厚く幅の広い平縁をもつもの（6）が登場する。前漢末—後漢代には幅の広い例が定着し、規矩文鏡類や多乳禽獣文鏡類には、三角鋸歯文や双線波文をめぐらした装飾性に富む平縁（7・8）が現われる。さらに後漢中期以降には、連弧文鏡類や変形四葉文鏡類のように幅が広く薄い平縁をもつもの（9・10）と、神獣鏡類や龍虎文鏡類のように厚い平線をもつもの（11—13）の二者がみられる。

このほか、平縁の一種で、平面形が連弧文となるものを連弧文縁と呼んでいる。後漢—三国時代の変形四葉文鏡類の連弧文縁にはさまざまな文様が配される。また、多鈕鏡類は断面が梯形を呈する特殊な縁部（3）をもっている。

16 たとえば『巌窟蔵鏡』第一集第五図の渦文鏡。

17 安徽省文物管理委員会・安徽省博物館（呉興漢ほか）『寿県蔡侯墓出土遺物』（考古学専刊乙種第五号、一九五六年）

18 梅原末治によれば、「嗣子壺」の名称は、郭沫若が銅壺の頸部にある銘文をもとに命名したという（『洛陽金村古墓集

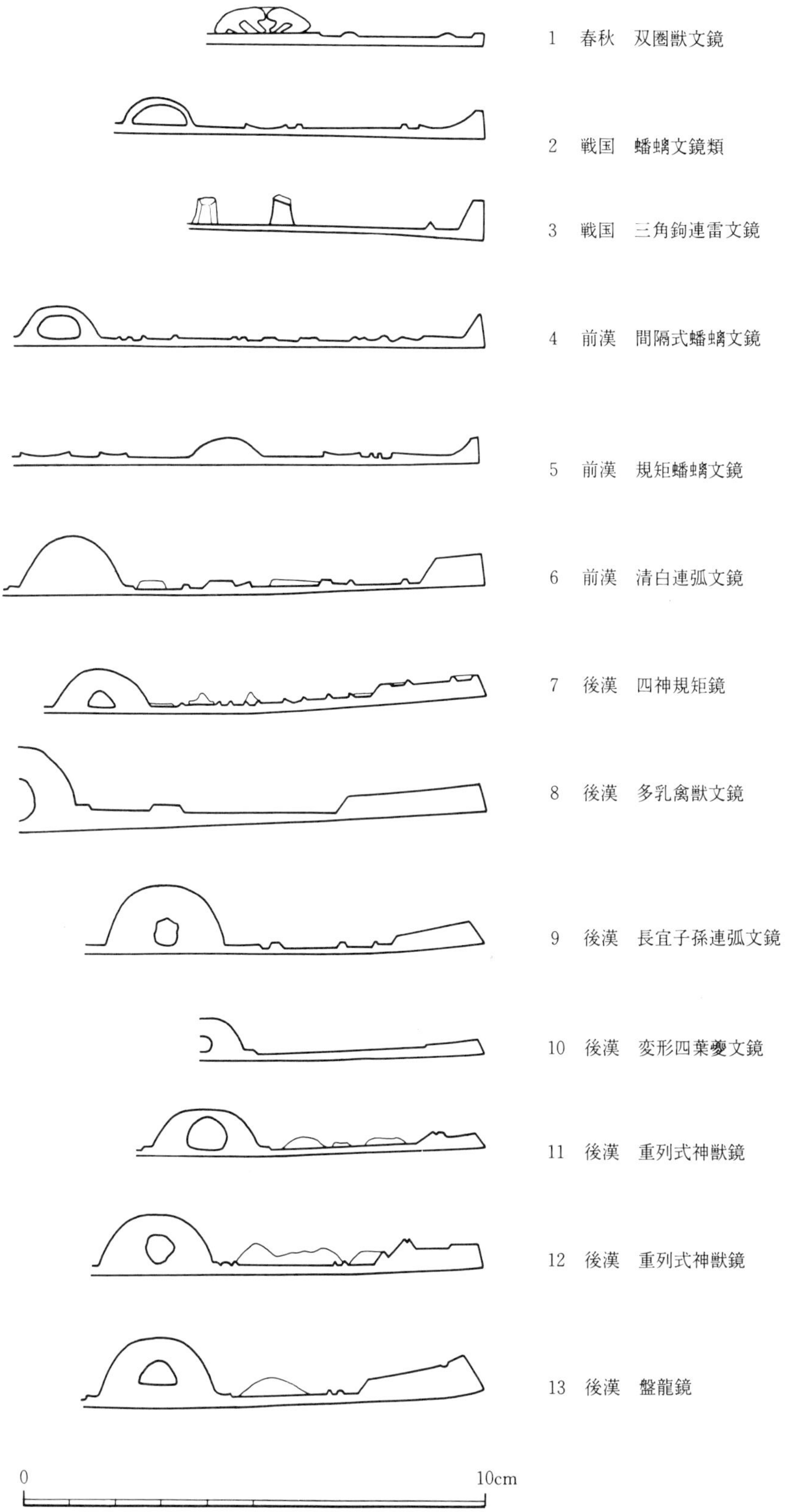
1 春秋 双圏獣文鏡
2 戦国 蟠螭文鏡類
3 戦国 三角鉤連雷文鏡
4 前漢 間隔式蟠螭文鏡
5 前漢 規矩蟠螭文鏡
6 前漢 清白連弧文鏡
7 後漢 四神規矩鏡
8 後漢 多乳禽獣文鏡
9 後漢 長宜子孫連弧文鏡
10 後漢 変形四葉夔文鏡
11 後漢 重列式神獣鏡
12 後漢 重列式神獣鏡
13 後漢 盤龍鏡
0
10cm

付図A 縁部の特徴

英』一七ページ)。ただし、郭の原著は確認できなかった。

19 中国科学院考古研究所(蘇秉琦ほか)『洛陽中州路(西工段)』(中国田野考古報告集考古学専刊丁種第四号、一九五九年)

20 『巌窟蔵鏡』第一集第七図

21 『湖南鏡』図版一二

22 『巌窟蔵鏡』第一集第八図

23 『巌窟蔵鏡』第一集第四〇図

24 文物編集委員会『文物考古工作三十年』(一九七九年。関野雄監訳『中国考古学三十年』(平凡社、一九八一年))によれば、一九七四年に平涼県四十里鋪で戦国墓二基を発掘調査しており、この時の出土と推測されるが、内容は不明。

25 徐乃昌の手になる銅鏡の拓本集で、一九三〇年に成る。漢から唐宋金にかけての鏡を中心に、六巻に収める。巻六に例鏡を一面収め、「四山鏡」とされている。

26 欧米におけるT字鏡の使用例は管見に入らなかったが、梁上椿が『巌窟蔵鏡』第一集の中でこのことにふれている。なお日本では、後藤守一が「鏡」(『考古学講座』第二二巻、一九三〇年)で、「細線地文T字鏡」と表現している例がある。

27 湖南省博物館(周世栄)「湖南韶山灌区湘郷東周墓清理簡報」(『文物』一九七七年第三期)

28 詳報を得ないが、『文物参考資料』一九五四年第一〇期の「文物工作報導」欄に、「湖南省文物清理工作組清理衡陽市郊古墓情況」という記事があり、内容がうかがわれる。

29 『湖南鏡』図版一九

30 湖南省文物管理委員会(楊譓)「長沙楊家湾M006号墓清理簡報」(『文物参考資料』一九五四年第一二期)

31 湖南省博物館(文道義)「長沙楚墓」(『考古学報』一九五九年第一期)

32 戦国時代後半期の燕国の都城跡である燕下都遺跡は河北省易県にある。この一帯から山字鏡類の范型が多く採集され、『巌窟蔵鏡』に収録されている。一九五八年の調査時にも、ほぼ二分の一を残す四山鏡の范型一点が採集されている。中国歴史博物館(黄景略)「燕下都城址調査報告」(『考古』一九六二年第一期)

33 関野貞・谷井済一・栗山俊一ほか『楽浪郡時代の遺跡』(古跡調査特別報告四、一九二七年)

34 魯金科(潘孟陶訳)「論中国与阿爾泰部落的古代関係」(『考古学報』一九五七年第二期)

35 このことを述べた論考は訳者らの管見にはいらなかった。関連する論考に、程如峰「従山字鏡談楚伐中山」(『江淮論壇』一九八一年第六期)があるとのご教示を得たが、同論文を読む機会を得ていない。

36 『巌窟蔵鏡』補遺第八図

37 『巌窟蔵鏡』第一集第一三・一四図

38 『巌窟蔵鏡』第一集第一五図・補遺第九図

39 『巌窟蔵鏡』第一集の分論七ページで述べている。

40 『漢以前の古鏡の研究』図版一〇の六

41 原註(7)文献、『湖南鏡』図版一一

42 河北省文化局文物工作隊(李暁東)「燕下都故城勘案和試掘」(『考古学報』一九六五年第一期)

43 莒《きょ》の僕が、父の紀公を殺して宝玉を奪って、魯に逃げたとき、魯の宣公は僕に領地を与えようとしたが、李文子は追放させた。李文子は宣公にその理由の説明に、舜が渾敦《こんとん》・窮奇・檮杌《とうこつ》・饕餮の四凶を追放したことによって天子になれたことを引用している。

なお、白川静は饕餮は本来南方民族の神であったと推定している(白川静『中国の神話』〔中央公論社、一九七五年〕)。

44 なお、林巳奈夫は殷周青銅器にみられるいわゆる「饕餮文」は、杜預の註による「饕餮」とは異なり、前者が本来表しているのは、非常に位の高い神であったと推定している。

林巳奈夫「所謂饕餮文は何を表はしたものか—同時代資料による論証—」(『東方学報』京都 第五六冊、一九八四年)

45 『漢以前の古鏡の研究』図版一六の一

46 山西省文物管理委員会・山西省考古研究所(辺成修ほか)「山西長治分水嶺戦国墓第二次発掘」(『考古』一九六四年第三期)

47 辺成修「山西長治分水嶺126号墓発掘簡報」(『文物』一九七二年第四期)

48 郭宝鈞『山彪鎮与琉璃閣』(考古学専刊乙種一一)

49 原著では報告に従い「鑑」としているが、その形態から「盆」とすべきであろう。

50 饕餮文の変化形である龍文(夔龍文)で、S字状に屈曲した胴部に、反転させる頭部と巻き込んだ尾部をもち、複雑に絡み合って文様を構成している。文章では表現が難しく、理解をはかるために、梅原末治『漢以前の古鏡の研究』の図を引用しておく(付図B)。

51 原文には「絡絢文」とあるが、文様の特徴から絡縄文と訳している。

52 『湖南鏡』図版三七

53 梅原末治の見解は原註(5)、高去尋は原註(1)の各論考に示されている。

54 富岡謙蔵「蟠螭文鏡」(『古鏡の研究』、一九二〇年)

55 後藤守一「鏡」(『考古学講座』第二四巻、一九三〇年)。なお、この論考は『考古学講座』の第二二巻(一九三〇年)、第三四巻(一九三一年)を加えた三巻に分断掲載されている。

56 O. Karlbeck: 'Notes on Some Early Chinese Bronze Mirrors' "China Journal of Science and Arts" vol. IV, No. 1, 1926

57 K. Tomita: 'Chinese Bronze Mirrors of the Second Century B. C.' "Bulletin of the Museum of Fine Arts" 1931

付図B　夔龍文（梅原末治『漢以前の古鏡の研究』より）

58 O. Kümmel: "Jörg Trübner zum Gedächtnis" 1930

59 高去尋が「評漢以前的古鏡之研究並論『淮式』之時代問題」（原註1）で、銘文のこの部分に魚の文様を入れて、他の文字とはっきり区別したように、現在では文字ではなく、魚の文様と理解されている。

60 『湖南鏡』図版三三

61 雍城考古隊（呉鎮烽・尚志儒）「陝西鳳翔高庄秦墓地発掘簡報」（『考古与文物』一九八一年第一期）

62 著者は、上と下、左と右の図文が相似していること、上下と左右の羽文が巻き込みの方向が反対になっていること、を述べている。しかしこの理解は誤っている。写真に明らかなように、内区には文様を四分割した原体の単位を示す線が明瞭に認められる。各単位の大小に惑わされるが、そのコピーを相互に重ねあわせれば簡単にわかるように、これらは地文を含めた細部にいたるまで完全に一致する。つまり同じ図文の原体を九〇度ズラせながら重ねあわせたもので、その際に原体の切り口が相異しただけのことである。

63 『湖南鏡』図版四五、『巌窟蔵鏡』第一集第三五図

64 『漢以前の古鏡の研究』第七図一

65 『湖南鏡』図版四三

66 『湖南鏡』図版四一

67 朝鮮民主主義人民共和国平壌市大同江区域石岩里出土（『楽浪郡時代の遺跡』下の一二七七）。

68 『巌窟蔵鏡』第一集第九三図

69 二基の楚墓からなり、一九五七・一九五八年に発掘調査された。残存状態の良好な漆器群をはじめ、豊富な副葬品で知られる。河南省文化局文物工作隊第一隊（裴明湘ほか）「我国考古史上的空前発現、信陽長台関発掘一座戦国大墓」（『文物参考資料』一九五七年第九期）、河南省文化局文物工作隊（賀官保・黄士斌）「信陽長台関第2号楚墓的発掘」（『考古通訊』一九五八年第一一期）などの概報があったが、近年、次の報告書が刊行されている。

河南省文物研究所（楼宇棟編）『信陽楚墓』（中国田野考古報告集考古学専刊丁種第三〇号　一九八六年）

70 このような特徴から樋口隆康は「二重体鏡」として分類している。「春秋鏡の設定」（『東方学論集』東方学会創立二十五周年記念、一九七二年）ではさらに六型式に細分していたが、後に肉彫蟠螭文鏡・平彫獣文鏡・丸彫蟠螭文鏡の三型式にまとめられている（『古鏡』）。

71 湖南省博物館（文道義）「長沙楚墓」（『考古学報』一九五九年第一期）

72 『湖南省』図版三および同書の「銅鏡出土墓葬登記表」No.3。

73 梅原末治『洛陽金村古墓聚英』（一九三七年）の巻首図版（四一ページに説明がある）。

74 戦国の晋（現在の山西省一帯）は韓・魏・趙の三国に分かれる。その故地にあった周が滅んだ後に、後裔は西周・東周として河南省洛陽付近に小国となって残されるが、これも秦に滅ぼされる。この三国（三晋）と二周の地域、つまり洛陽を中心とする山西省と河南・河北両省の一部を意味する。

75 朱貴「遼寧朝陽十二台営子青銅短剣墓」(『考古学報』一九六〇年第一期)

76 靳楓毅「論中国東北地区含曲刃青銅短剣的文化遺存」(『考古学報』一九八二第四期・一九八三年第一期)(岡内三眞訳「中国東北地区の曲刃青銅短剣を含む文化遺存を論ず」『古文化談叢』第一二集、一九八三年)

77 樋口隆康も伴出した青銅器の特徴から春秋時代中期と推定している。鄭家窪子六五一二号墓鏡は墓葬の特徴から春秋時代晩期としている(『古鏡』)。

78 瀋陽故宮博物館・瀋陽市文物管理辦公室「瀋陽鄭家窪子的両座青銅時代墓葬」(『考古学報』一九七五年第一期)

79 集安県文物保管所(張雪岩)「集安発現青銅短剣墓」(『考古』一九八一年第五期)(近藤喬一訳「集安発見の青銅短剣墓」『古文化談叢』第九集、一九八二年)

80 林寿晋「封建社会—戦国—」(『新中国的考古収獲』(考古学専刊甲種第六号)一九六二の七二ページ。杉村勇造訳『新中国の考古収獲』(美術出版社、一九六三年)では一一九ページ。

81 集安文物保管所(張雪岩)「集安発現青銅短剣墓」(『考古』一九八一年第五期)

82 河南省文化局工作隊(安金槐ほか)『鄭州二里岡』(中国田野考古報告集考古学専刊丁種第七号、一九五九年)
金学山「西安半坡的戦国墓葬」(『考古学報』一九五七年第三期)
王仲殊「洛陽焼溝附近的戦国墓葬」(『考古学報』第八冊、一九五四年)
河北省文化局文化工作隊(孫徳海)「河北邯鄲百家村戦国墓」(『考古』一九六二年第一二期)
河北省荊州地区博物館(楼宇棟ほか)『江陵雨台山楚墓』(中国田野考古報告集考古学専刊丁種第二七号、一九八四年)

Ⅲ

1 中国科学院考古研究所編『新中国の考古収獲』(考古学専刊甲種第六号、一九六二年)の七四ページにこの数値が挙げられている。現在ではさらに多くの漢墓が調査されているが、数値についてはまとめられていないようである。

2 この時期区分もまた『新中国の考古収獲』七四ページに紹介がある。河南省は訳註3の『洛陽焼溝漢墓』ほかを引用し、長沙は高至喜、広州市は黎金の分類によっている。西安については典拠が示されていない。広州市の区分はその後、訳註4に挙げる『広州漢墓』で深められている。
高至喜「湖南古代墓葬概況」(『文物』一九六〇年第三期)
黎金「広州的両漢墓葬」(『文物』一九六一年第二期)

3 洛陽区考古発掘隊(蔣若是ほか)『洛陽焼溝漢墓』(中国田野考古報告集考古学専刊丁種第六号、一九五九年)
焼溝漢墓における墓葬の時期区分と、各時期の副葬品の整理、さらにそこで展開された実年代観は、その後の漢代考古学の基礎をなしている。ことに漢鏡の編年は中国ばかりでなく、漢鏡が我が国の北部九州を中心とする地域の弥生時代遺跡から出土することもあって、弥生時代の年代観の形成に大きな影響を与えている。

4 広州市文物管理委員会・広州市博物館(朱重光ほか『広州漢墓』(中国田野考古報告集考古学専刊丁種第二一号、一

九八一年）

5　注意すべきことは、例示されたふたつの漢墓の時期区分に現われているように、王莽新代の扱いである。『洛陽焼溝漢墓』では王莽代は前漢晩期（第三期前期）とは区別され、第三期後期として後漢の最初期と一括されている。つまり後漢の側に含まれる。これに対し『広州漢墓』においては王莽代は前漢後期に含まれる。前者に立てば後述する規矩文鏡類は後漢鏡であり、後者によれば前漢鏡になる。しかしその実年代に大きな相違はない。各地の報告中にはこの点に混乱のみられるものがある。本書の著者は『洛陽焼溝漢墓』の編年を基準にされているし、日本における漢鏡の研究も、交流の記録の残る洛陽を基礎にしている。ともあれ漢鏡の報告された年代はこの点に留意しておく必要がある。

6　第5種の銘文の実例は『巌窟蔵鏡』第一集第七六図にある。（5）の連弧文銘文鏡類の項で示すように、内圏帯銘に次の外圏帯銘を続けて、合わせて一文をなす稀な例である。

7　湖南省博物館・中国科学院考古研究所『長沙馬王堆一号漢墓』（一九七三年）
関野雄・林巳奈夫・鄧健吾・秋山進午・土居淑子訳『長沙馬王堆一号漢墓』（平凡社、一九七六年）

8　湖南省博物館・中国科学院考古研究所「長沙馬王堆二、三号漢墓発掘簡報」（『文物』一九七四年第七期）

9　中国社会科学院考古研究所・河北省文物管理処（盧兆蔭ほか）『満城漢墓発掘報告』（中国田野考古報告書考古学専刊丁種第二〇号、一九八〇年）

10　この地文の表現は難しい。おそらくは、S字形をした主文の間に置かれた平行線条文が、『洛陽出土古鏡』21のように綾杉状に表わされるものを「葉脈文」、写48のように乳文を挟んで対称になるものを「対置式」、図21―2のように一方向の平行線条文に他方向のそれが直立するものを「直交」としている、と推測している。

11　洛陽市文物管理委員会『洛陽出土古鏡』（一九五九年）

12　四川省博物館・重慶市博物館『四川省出土銅鏡』（一九六〇年）

13　原著には「素鑑」とある。しかしこれでは意味が通ぜず、『博古図録』に「漢素乳鑑」の例があることから改めている。

14　日本では、この鏡類について早く論じた富岡謙蔵は百乳星雲鏡、後藤守一は星雲文鏡とした。この見解は現在も受け継がれていて、普通、星雲鏡ないしは星雲文鏡と呼んでいる。
富岡謙蔵「九州北部に於ける銅剣銅鉾及び弥生式土器と伴出する古鏡の年代に就いて」（『考古学雑誌』第八巻第九号、一九一八年、『古鏡の研究』所収）
後藤守一『漢式鏡』（一九二六年）

15　『巌窟蔵鏡』第二集上の分論「乙、星雲鏡」。

16　『巌窟蔵鏡』第二集上の分論で梁上椿が、十二珠文鈕座から変遷してできたとする中山平次郎の分析（「古式支那鏡鑑沿革（四）」『考古学雑誌』第九巻第五号、一九一九年）を批判して、この点を指摘している。

17　『巌窟蔵鏡』第二集上第三五図に「天」と読む例が示されている。

18 羅振玉『古鏡図録』（一九一六年）

全三巻からなる拓影集で、上巻に王莽始建国二年（紀元一〇）から明洪武二十二年（一三八九）にいたる紀年銘鏡三三面、中巻に比較的長い銘をもつ漢鏡五八面および唐鏡一一面、下巻に短い銘もつ漢鏡四一面、銭文をもつ漢鏡二面および唐―金鏡一一面を収め、補遺の二面を加えて一五九面からなっている。下巻巻末の四面を除けばすべて銘文をもつ鏡である。拓影の鮮明さや銘文鏡の多さから、たびたび諸書に引用されている。

19 銭坫撰『浣花拝石軒鏡銘集録』（一七九七年）

20 樋口隆康は連弧文銘文鏡類を次項（6）の重圏銘文鏡類とともに異体字銘帯鏡と呼んでいる（『古鏡』）。一般には、この類の鏡が大中小の三種に大別でき、大は清白銘、中は昭明銘、小は日光銘をもつことが多いので、それぞれ清白鏡・昭明鏡・日光鏡のように呼ばれている。これらの銘文鏡類の銘文の解釈については、次のような論考が参照できるが、その大要は岡崎敬の研究にまとめられている。

富岡謙蔵「日本出土の支那古鏡」（『史林』第一巻第四号、一九一六年、『古鏡の研究』所収）

駒井和愛「漢鏡銘文と楚辞文学」（『ひのもと』第六巻第四号、一九四三年、『中国考古学論叢』慶友社、一九七四年所収）

駒井和愛「六朝以前鏡鑑の銘文」（『中国古鏡の研究』岩波書店、一九五三年）

樋口隆康「中国古鏡銘の類別的研究」（『東方学』第七輯、一九五三年）

西田守夫「漢鏡銘補釈―姚皎光鏡の初句について―」（『Museum』第一五八号、一九六四年）

西田守夫「漢鏡銘拾遺―連弧文清白鏡の陳列に当たって―」（『Museum』第一六三号、一九六四年）

岡崎　敬「鏡とその年代」（飯塚市教育委員会『立岩遺跡』河出書房新社、一九七七年）

21 『巌窟蔵鏡』第二集中の解説によれば、ＴＬＶの名称はKoop氏によるとある。しかしその原典を知ることはできなかった。以後、欧米ではＴＬＶが多く使用される。日本では富岡謙蔵が福岡県井原鑓溝出土の類鏡を「四神鏡」としたが（訳註14引用論文、一九一八年）、この時には定着しなかった。同年に福岡県須玖岡本遺跡出土の銅鏡研究の成果をまとめた中山平次郎はＴＬＶ字文に大きな関心を示し、この文様を配する鏡を王莽鏡または方格王莽鏡とし（「古式支那鏡鑑沿革」『考古学雑誌』第九巻第二―八号、一九一八年・一九年）、次いでそれをＴＬＶ鏡とした（「ＴＬＶ鏡の発達に関する知見追加」『考古学雑誌』第一一巻第五号、一九二一年）。これにならって後藤守一はＴＬＶ式鏡とし（『漢式鏡』一九二六年）、用語を定着させた。これに対し、原田淑人は『泉屋清賞』（一九一八年）で規矩文鏡の名称を用いた。これを承けた梅原末治は、ＴＬＶ文の名が中国特有の作品に対する名称としても、文様の内容からみてもふさわしくないとする浜田耕作の指導もあって、方格規矩四神鏡とした（「所謂王莽鏡に就いての疑問」『考古学雑誌』第一〇巻第三号、一九一九年）。後者はいわば少数派であったが、現在の日本では方格規矩四神鏡、あるいは必ずしも四神を配さないことから、方格規矩鏡とする用例が多い。

22 四神規矩鏡を含む規矩文鏡類や、多乳禽獣文鏡類では、縁部は付図Ｃに示したように多様な文様で飾られている。ま

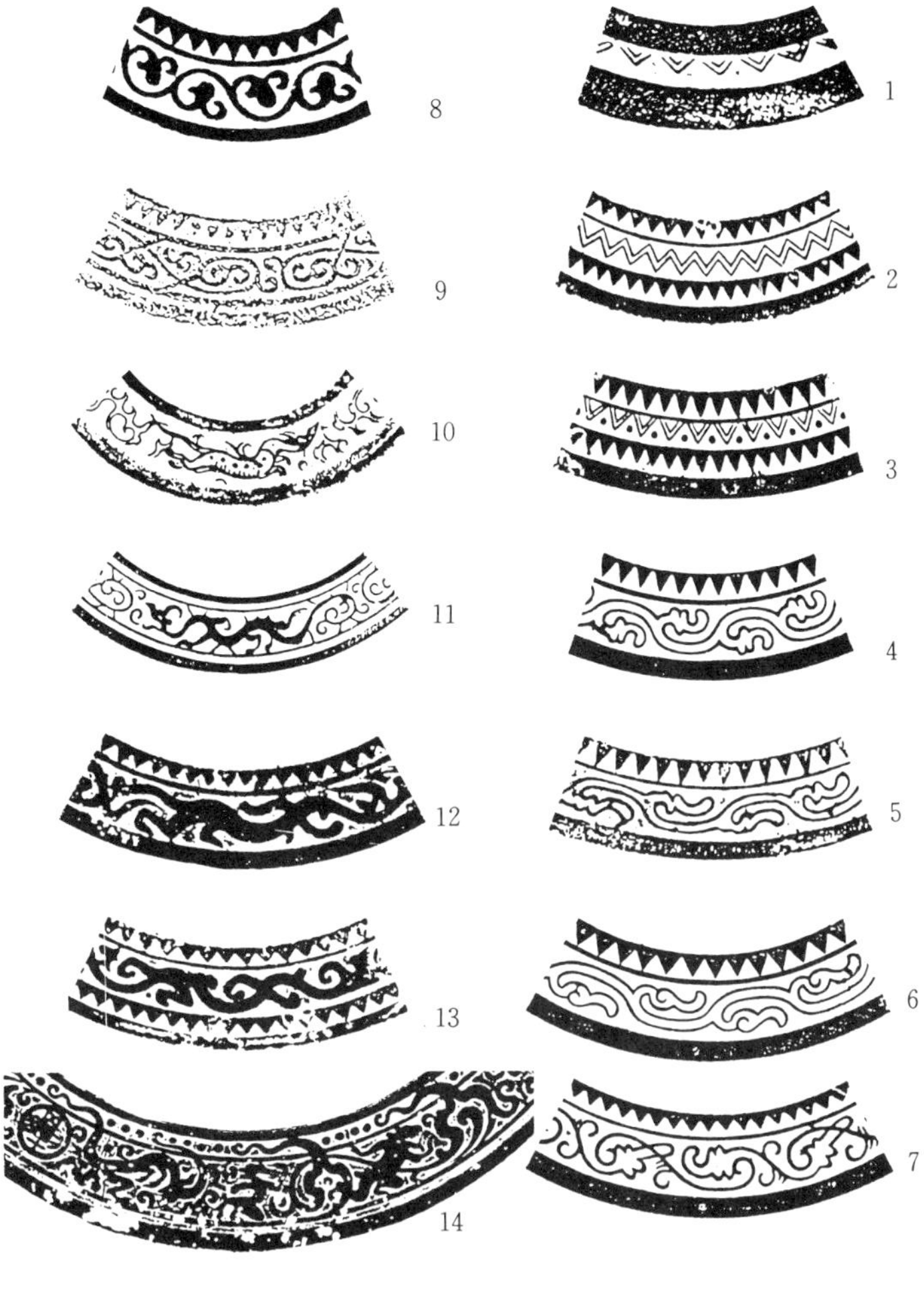

付図C　規矩文鏡類・多乳禽獣文鏡類の縁部文様

た複数の文様が組み合わされることが多い。こうした縁部文様のバリエーションには時間的な変化として捉えられるものがある。たとえば、流雲文をみると、丸みをおびた4は王莽代—後漢前期に多くみられ、細長く流れた5・6などは後漢中期以降に盛行する鏡類にみられることが多い。

23 岡崎敬「漢・晋の〈尚方〉とその資料」（『東方学』第三一輯合併号、一九六五年）

24 たとえば梁上椿「中国古鏡銘文叢譚」（『大陸雑誌』第二巻第四期、一九五一年）にみられる。日本では東京国立博物館『日本考古展』（一九六九年）の解説で、佐賀県神埼郡三津永田遺跡出土の多乳禽獣文鏡（細線式獣帯鏡）の銘文を「桼言之紀……」として、頭書の文字に「七」の読みを付けたのが古い。翌年刊行された『守屋孝蔵蒐集方格規矩四神鏡図録』で鈴木博司もこれを採用し、現在ではこの読みが定着している。

25 梅原末治『漢三国六朝紀年鏡図説』（京都帝国大学文学部考古学資料叢刊第一冊、一九四三年）

26 沈令昕「上海市文物保管委員会所蔵的幾面古鏡介紹」（『文物参考資料』一九五七年第八期）

27 梁上椿『巌窟蔵鏡』（一九四〇—四二年）

林巳奈夫「漢鏡の図柄二、三について」（『東方学報』京都　第四四冊、一九七三年、『漢代の神神』〔臨川書店、一九八九年〕に所収）

樋口隆康『古鏡』（新潮社、一九七九年）

なお、この三著は規矩文鏡類に限らず、漢代—魏晋南北朝代の銅鏡の文様内容、それが表す意味についてくわしく検討されている。

28 中山平次郎「古式支那鏡鑑沿革」（『考古学雑誌』第九巻第二—八号、一九一八年・一九年）

29 後藤守一『漢式鏡』（一九二六年）

30 鈴木博司『守屋孝蔵蒐集方格規矩四神鏡図録』（一九七〇年）

31 Sidney M. Kaplan: “On the Origin of the TLV Mirror” “Revue des Arts Asiatiques” XI-I, 1937

32 梅原末治が、規矩文の祖型を王盱墓出土の占星盤に求めたとする説の出典は検索できなかった。ただし、カプランは画象石に描かれた方形のもののなかのＴＬＶ文を挙げ、王盱墓出土の占星盤に同じ文様のあるところから、この画象石の図案を宴席での占い用の占星盤ではないかとしている。ちなみに、中国では式盤と呼ばれ、その具体例や使用法については、厳敦杰「式盤綜述」（『考古学報』一九八五年第四期）にまとめられている。

33 清代の人で、字は陶齋。工部主事・陸軍部尚書・直隷総督・南北洋大臣などの要職を歴任したが、国変にあって害された。金石学に精通し、『陶齋吉金録』、『蔵石記』などの著作がある。

34 W. P. Yetts: “The Cull Chinese Bronzes”, 1939

35 陸博とも書く。宴席で歌舞を楽しんだ後などに行う盤上遊戯の一種で、双六の類。盤（局）を挟んで対座し、箸と白黒の棊とを用いて遊んだらしい。つまり盤面に箸を投げ、対局する互いの棊を動かして遊んだもののようである。盤面に描かれた文様が六博図である。

中山平次郎「古式支那鏡鑑沿革（七）」（『考古学雑誌』第九巻第八号、一九一九年）
駒井和愛「規矩文及び六博図」（『中国古鏡の研究』岩波書店、一九五三年）
渡部武「漢代の画像に見える六博について」（『史滴』第三号、一九八二年）
曽布川寛「六博の人物坐銅鎮と博局紋について」（『古史春秋』第五冊、一九八九年）
これら六博文と方格規矩文の共通性や、銘文内容の検討から、方格規矩文とする文様解釈に疑義を呈し、それを「博局文鏡」と改めようとする提言が次の論考にみられる。
西田守夫「〈方格規矩鏡〉の図紋の系譜—刻婁博局去不羊の銘文をもつ鏡について—」（『Museum』第四二七号、一九八六年）
伝挙有「論秦漢時期的博具・博戯兼及博局紋鏡」（『考古学報』一九八六年第一期）
周錚「〝規矩鏡〟応改称〝博局鏡〟」（『考古』一九八七年第一二期）

36 L. S. Yang: "A Note on the so-called TLV mirrors and the Game Liu-po" "Harvard Journal of Asiatic Studies" IX, 1945

37 Schuyler Cammann: "The TLV Pattern on Cosmic Mirrors of the Han Dynasty" Journal of the American Oriental Society" Vol. 68, 1948

38 駒井和愛「規矩文及び六博図」（前掲書）

39 A. Bulling: "The Decoration of Mirrors of the Han Period" "Artibus Asiae" 1960

40 林巳奈夫前掲論文。訳註27参照。

41 労榦「六博及博局的演変」（『中央研究院歴史語言研究所集刊』第三五本、一九六四年）

42 三号墓から出土している。墓の内容は報告されていないが、図三二・三三に石板が図示されている。
河北省文物管理処（劉来成）「河北省平山県戦国時期中山国墓葬発掘簡報」（『文物』一九七九年第一期）

43 この鏡類は日本では「細線式獣帯鏡」と呼ばれることが多い。

44 富岡謙蔵「支那古鏡図説」（『国華』第二七編第七一二冊、一九一七年、『古鏡の研究』所収）

45 広西壮族自治区文物管理委員会『広西出土文物』（一九七八年）

46 湖南省博物館（伝挙有）「湖南常徳東漢墓」（『考古学集刊』第一集、一九八一年）

47 鈕、あるいは乳の四方に葉形を出した図文で、日本では一般に四葉文座と呼ばれる。連弧文鏡類や規矩文鏡類を中心に、漢鏡に多くみられる。矢島恭介によれば、最初は小さな四葉座（付図Dの1）が、次第に大形化し（2）、いわゆる蝙蝠形鈕座（3）を経て、糸巻形図文（本書でいう変形四葉文、4・5）に変化したという。それに対し樋口隆康は四葉座・蝙蝠形座と糸巻形図文とをつなげる直接の資料はないとし、むしろ糸巻図文をS字形螭文鏡からの変化と考えている。また林巳奈夫は、画象石・青銅器・瓦当などの類例をひきつつ、四葉文は蓮の花を象どったものであり、本来は天上の帝の座を象徴するという見解を示している。

付図Ｄ　四葉文の変遷過程

矢島恭介「夔鳳鏡と獣首鏡とに就いて」（『考古学雑誌』第三三巻第五号、一九四三年）
樋口隆康『古鏡』（新潮社、一九七九年）
林巳奈夫「中国古代における蓮の花の象徴」（『東方学報』京都第五九冊、一九八七年、『漢代の神神』所収）

48 「君如金石寿宜官秩」の銘は『巌窟蔵鏡』第二集上第七図に例をみるくらいで、八字銘の場合、普通は「寿如金石」で始まっている。

49 蒋華「揚州甘泉山出土東漢劉元台買地塼券」（『文物』一九八〇年第六期）

50 崔慶明「南陽市博物館蔵紀年銅鏡」（『中原文物』一九八二年第一期）

51 富岡謙蔵「支那古鏡図説」（『国華』第二七編七―一二冊）一九一七年、『古鏡の研究』所収）
中山平次郎「古式支那鏡鑑沿革（四）」（『考古学雑誌』第九巻第五号、一九一九年）
梅原末治「獣首鏡に就いて」（『史林』第七巻第四号、一九二二年、『鏡鑑の研究』所収）
矢島恭介「夔鳳鏡と獣首鏡とに就いて」（『考古学雑誌』第三三巻第五号、一九四三年）

52 階段式・放射式・対列式の分類……梁上椿『巌窟蔵鏡』第二集下（一九四一年）
心対称式・軸対称式の分類…………王仲殊「関于日本三角縁神獣鏡的問題」（『考古』一九八一年第四期）
半円方格帯・画文帯の分類…………樋口隆康「画文帯神獣鏡と古墳文化」（『史林』第四三巻第五号、一九六〇年）

53 樋口隆康『古鏡』二一六ページ。

54 王士倫『浙江出土銅鏡選集』（一九五七年）
浙江省出土の画像鏡類（王士倫は画象鏡としている）を中心に、方格規矩四神鏡から明の洪武二十二年紀年鏡までの五五面を写真で紹介し、解説を加えている。

55 梅原末治『紹興古鏡聚英』（一九三九年）

56 漢代の「画像石」の題材と内容に類似がみられるところから、「画像鏡」と呼ばれる。日本では、同様の理由からではあるが、「画象石」、「画象鏡」と表記されることが多い。もっとも中国でも王士倫のように「画象鏡」（訳註54前掲書）と呼ぶ研究者もいる。漢代は画象石だけでなく、画象塼・壁画などによる墓室内装飾が盛んであり、そこに描かれた内容は、当時の風俗や思想・信仰を推測する上で貴重な資料である。以下に近年の論考を挙げておく。

林巳奈夫「漢代鬼神の世界」（『東方学報』京都　第四六冊、一九七四年、『漢代の神神』所収）

土居淑子『古代中国の画象石』（同朋舎、一九八六年）

町田章『古代東アジアの装飾墓』（同朋舎、一九八七年）

佐原康夫「漢代の官衙と属吏」（『東方学報』京都　第六一冊、一九八九年）

57 原著では、この場合もそうであるが、故事の内容が中国の人びとにとって常識的な伝承や逸話などは、簡潔に要点だけを記してある。日本人にとって浦島太郎や桃太郎の話はこの題名だけで内容を彷彿とさせるが、外国の人には説明を要する。この故事についても同様のことがいえ、読者の理解をはかるために『史記』世家から引用し、原著に加筆している。故事については以下にも同様の理由で加筆した部分がある。

58 文様の後二者は『漢書』東方朔伝のはじめの部分に題材が取られている。東方朔は前漢武帝代に活躍した人物。詩文・兵法に通じ、直言切諫して武帝の過ちを救うことが多かった。半面、奇行が多く、『史記』では滑稽列伝に収められている。文様の場面は次のような内容である。

　東方朔を欺く……東方朔が侏儒《こびと》を「おまえたちは背が低く、天子の役に立たないから、天子はおまえたちを皆殺しにされるぞ。」といって騙す。侏儒は泣きながら天子（武帝）に命乞いをした。そこで天子が朔に脅した理由を訊ねたところ、「侏儒と私は身長がこんなに違うのに俸禄が同じなのはおかしい。」と答えた。天子は大笑いし、以後目をかけるようになった。つまり朔が重用される契機となった逸話である。

　射覆……射覆とは器の中に隠されている品の名前を当てさせるゲームである。ある時、武帝が数人の術者に試みさせたところ、誰も当たらない。朔が試みると見事に的中し、その後も百発百中であったという。これもまた朔が武帝の寵を得る原因となった逸話である。

59 富岡謙蔵「画象鏡考」（『古鏡の研究』、一九二〇年）

60 高橋健自「王莽時代の鏡に就て」（『考古学雑誌』第九巻第一二号、一九一九年）

61 梅原末治「所謂王莽鏡に就いての疑問」（『考古学雑誌』第一〇巻第三号、一九一九年、『鏡鑑の研究』所収、一九二五年）

62 樋口隆康『古鏡』（前掲書）

63 この鏡類については次の論文が参考になる。

西村典範「双頭龍文鏡（位至三公鏡）の系譜」（『史林』第六六巻第一号、一九八三年）

64 天津市文物管理処考古隊（敖承隆）「武清東漢鮮于璜墓」（『考古学報』一九八二年第三期）

65 湖南省博物館（伝挙有）「湖南常徳東漢墓」（『考古学集刊』第一集、一九八一年）

66 黄河水庫考古工作隊（葉小燕）「河南陝県劉家渠漢墓」（『考古学報』一九六五年第一期）

67 当時の人びとの神仙世界への憧憬について、考古資料を中心に論じた論考に、次のものがある。
曽布川寛「崑崙山と昇仙図」（『東方学報』京都　第五一冊、一九七九年）
曽布川寛『崑崙山への昇仙』（中公新書六三五、一九八一年）
また、日常生活や歌舞、あるいは狩猟などの封建地主層の姿は、豊富なカラー図版を載せた内蒙古自治区博物館文物工作隊『和林格爾漢墓壁画』一九七八年ほかの壁画墓や、画像石などでかなり具体的に知ることができる。
佐原康夫「漢代の官衙と属吏について」（『東方学報』京都　第六一冊、一九八九年）

68 梁上椿は漢式鏡の主題文様の表現技法を「平浅式（浮彫り式）」「線条式」「突起式」に三大別している（『巌窟蔵鏡』第二集下）。主題文様が同じ高さに隆起する単線で表現されるのが「線条式」である。なお、変形四葉文鏡類や夔鳳文鏡類などを「平浅式（浅彫り式）」、神獣鏡類や画像鏡類のように隆起突出する主題文様を「突起式」としている。

69 少府とは、戦国時代から置かれた官府で、元来君主の財貨をつかさどっていた。秦漢代になり、君主の権力が増大すると、広く宮廷の財政をつかさどり、租税の管理をも行うようになったという。少府の下には各種の下部組織が置かれたが、そのうち手工業に関係するものとして、尚方（宮廷の高級器物・武器）、考工（宮廷の一般器物・武器）、東園匠（陵墓関係の器物）、東機・西機（ともに織物関係）がある。尚方はさらに三つに分かれ、駒井和愛によれば、中尚方は主として装飾具、右尚方は実用器、左尚方はもっぱら弩器を製作していたという。銅鏡は主に右尚方によって管理・製作されていた。
駒井和愛『中国古鏡の研究』（岩波書店、一九五三年）
佐藤武敏『中国古代工業史の研究』（吉川弘文館、一九六二年）

70 原著の段階では湖北省鄂城付近出土の銅鏡は諸書に散見するにとどまっていたが、現在では次に紹介する、豊富に写真と拓本を掲載した著作が刊行されている。
湖北省博物館・鄂州市博物館（兪偉超・管維良）『鄂城漢三国六朝銅鏡』（一九八六年　菅原文則監修、王維坤ほかによる訳本が古代学研究会から刊行されている。）

71 駒井和愛は孔頴達の疎を引用して三商を三刻と解しうる場合もあるが、鏡銘の三商は次に紹介される三金、すなわち三種の金属としており、成分分析や銘文自身から銅・錫・鉛とみている。
駒井和愛「銘文より見たる銅鏡の質料」（『中国古鏡の研究』所収）

72 本文で以下に紹介される『善斎吉金録』で劉体智は三金を銅・銀・錫と解したが、次の論考では成分分析などを参考に銅・錫・鉛としている。
B. karlgren: "Early Chinese Mirror Inscriptions" "Bulletin of Museum of Far Eastern Antiqities" No. 13
駒井和愛「漢鏡銘文に見ゆる〈幽涷三商〉の意義について」（『人類学雑誌』第五七巻第九号、一九四二年、『中国考古学論叢』所収）
駒井和愛「銘文より見たる銅鏡の質料」（『中国古鏡の研究』所収）

73 劉体智『善斎吉金録』(一九三四年)

74 玄錫錫石説は梁上椿によれば荒木宏の見解である(「古代鋳鏡技術之研討」〔『大陸雑誌』第二巻第一一期、一九五一年〕)。

75 透光鏡および以下に述べる魔鏡については原註(25)・(26)によるが、日本での研究も多い。その原理や研究の現状については、次の著書が参考になる。

渡辺正雄『文化史における近代科学』(未来社、一九六三年)

渡辺正雄『日本人と近代科学』(岩波新書G六七、一九七六年)

石野亨『鋳造—技術の源流と歴史—』(産業技術センター、一九七七年)

76 王度の「古鏡記」は『太平御覧』巻九一二などもあるが、陳翰の「異聞集」を引用した『太平広記』巻二三〇がもっともまとまっている。

小南一郎「王度〈古鏡記〉をめぐって」(『東方学報』京都　第六〇冊、一九八八年)

Ⅳ

1 最近の成果は次の論文などにみられる。

蔣贊初「関于長江下游六朝墓葬的分期和断代問題」(『中国考古学会第二次年会論文集』、一九八〇年)

劉彦軍「簡論五胡十六国和北朝時期的北方墓葬」(『中原文物』一九八六年第三期)

張小舟「北方地区魏晋十六国墓葬的分区与分期」(『考古学報』一九八七年第一期)

2 梁上椿『巌窟蔵鏡』第二集下(一九四一年)

3 梅原末治『漢三国六朝紀年鏡図説』(京都帝国大学文学部考古学資料叢刊第一冊、一九四三年)

林巳奈夫「漢鏡の図柄二、三について」(『東方学報』京都　第四四冊、一九七三年、『漢代の神神』〔臨川書店、一九八九年〕に所収)

なお、「神農・蒼頡」は、民に耕作を教え、医薬を作るなどさまざまの功績が伝えられる古伝説中の帝王である神農と、鳥の足跡をみて文字を創ったと伝えられる蒼頡のことであるが、漢鏡ではこの部分に「伯牙・鐘子期」がある。

4 羅振玉「鏡話」(『遼居雑著』、一九三三年)

5 呉の「甘露」年は二年(二六六)に「宝鼎」に改元されるので、一年・二年を数える。注意すべきことは、ほぼ同時期の魏にも「甘露」の年号があることで、こちらは二五六—二六〇年の五年におよんでいる。一三四ページの甘露四、五年銘の変形四葉獣首鏡は、当然、魏鏡である。

6 湖北省文物管理委員会(程欣人・陳恒樹)「湖北隋県唐鎮漢魏墓清理」(『考古』一九六六年第二期)

安徽省博物館清理小組(胡悦謙・呉興漢・王歩芸)「安徽合肥東郊古磚墓清理簡報」(『考古通訊』一九五七年第一期)

7 王仲殊「関于日本三角縁神獣鏡的問題」(『考古』一九八一年第四期)

8 日本出土の画文帯仏獣鏡は、岡山県倉敷市王墓山古墳・長野県飯田市御猿堂古墳・千葉県木更津市鶴巻古墳および名古屋市出土鏡・文化庁蔵鏡（大阪府河内金剛輪寺旧蔵）の五面があり、さらに木更津市大塚山古墳から仿製鏡一面が出土している（樋口隆康『古鏡』）。王仲殊はほかにベルリン民俗博物館鏡を挙げているが、樋口はこれを仿製鏡と考えている。

梅原末治「欧米で観た仏像を表はした三面の古鏡」（『欧米に於ける支那古鏡』付録、一九三一年）

梅原末治「画文帯四仏四獣鏡に就いて」（『史迹と美術』第二二巻第六号、一九五二年）

王仲殊「関于日本的三角縁仏獣鏡」（『考古』一九八二年第六期）

9 王仲殊「関于日本三角縁神獣鏡的問題」（前掲）

樋口隆康『古鏡』（新潮社、一九七九年）

水野清一「中国における仏像のはじまり」（『仏教芸術』第七号、一九五〇年）

10 後藤守一『古鏡聚英』上編　秦鏡と漢六朝鏡（一九四二年）

王仲殊「関于日本的三角縁仏獣鏡」（前掲）

11 東京国立博物館、アメリカのボストン美術館およびハーバード大学フォッグ美術館、東ドイツのベルリン国立博物館にそれぞれ一面所蔵されている。なお中国の出土例は、ここで論じられている五里墩鏡など鄂城地区のほかに、浙江省武義呉墓および湖南省長沙左家塘西晋墓で知られている。王仲殊は前者の鏡とボストン博物館鏡、後者と東京国立博物館鏡の相似を指摘している。

武義県文物管理委員会「従浙江省武義県墓葬出土物談婺州窯早期青瓷」（『文物』一九八一年第二期）

劉廉銀「湖南長沙左家塘西晋墓」（『考古』一九六三年第二期）

王仲殊「日本三角縁神獣鏡綜論」（『考古』一九八四年第五期）

12 このほか浙江省金華の古方二五号西晋墓から図39―3に示した類鏡が一面出土している。鄂城五里墩鏡（図39―2）と同様に、四葉文の中に人物像を配している。しかしそれが仏像でないことは、それぞれの像の両側に「聖□子」「弟子仲由」「弟子顔淵」「弟子子貢」とそれぞれの名前が鋳出されていることから、理解できる。つまりこれは孔子とその弟子を描いたものである。報告では「聖人弟子鏡」とされているが、「変形四葉人物鸞鳳鏡」ともいうべき、儒教を背景にした変形四葉仏像鸞鳳鏡の新たな変化形とみることができよう。

金華地区文管会（貢昌）「浙江省金華古方六朝墓」（『考古』一九八四年第九期）

13 本鏡類は例が少なく、さまざまに呼ばれていて、名称が一定していない。しかし「方格銘獣文鏡」の用例を知ることはできなかった。近いものとしては、樋口隆康が「方銘獣文鏡」としている例がある（『古鏡』）。

14 沈仲常「四川昭化宝輪鎮南北朝時期的崖墓」（『考古学報』一九五九年第二期）

15 梅原末治『漢三国六朝紀年鏡図説』（前掲）

王仲殊「関于日本三角縁神獣鏡的問題」（前掲）

16 岡崎敬「漢・晋の〈尚方〉とその資料」(『東方学』第三一輯合併号、一九六五年)

17 富岡謙蔵「再び日本出土の支那古鏡に就いて」(『古鏡の研究』、一九二〇年)

18 張子高『中国化学史稿』(科学出版社、一九六四年)

19 王仲殊「関于日本三角縁神獣鏡的問題」(前掲)

これに対し、次の論考は魏代の徐州で銅を産出していたこと、それを原材料として洛陽の鏡師が三角縁神獣鏡を鋳造しえたことの、論証を試みている。

羅其湘・武利華「日本出土三角縁神獣鏡銘文〈銅出徐州〉考弁」(『徐州師範学院学報』一九八七年第一期　なお別府大学『史学論叢』第一九号〔一九八九年〕に劉迎・宇野世史也氏による訳がある。)

20 「師出洛陽」銘はないが、同義の「名師作之出雒陽」〔名師これを作り洛陽に出ず〕の銘をもつ方格規矩四神鏡が、漢代に楽浪郡治が置かれていた朝鮮民主主義人民共和国平壌市の石巌里二〇〇号墳から出土しており、必ずしも未発見ということではない。

21 高橋健自「王莽時代の鏡に就いて」(『考古学雑誌』第九巻第一二号、一九一九年)

高橋はこの論文の表ではじめて三角縁神獣鏡を設定したが、鏡名として定義したわけではない。それに先立って、一九〇八年の「本邦鏡鑑沿革考(三)」(『考古界』第七巻第五号)で、神像獣形鏡として分類している。むしろ三角縁式神獣鏡の名称のもとで分類を試みた、後藤守一の次の論考を最初の用例とすべきかと思われる。

後藤守一「銅鏃に就いて(四)」(『考古学雑誌』第一〇巻第五号、一九二〇年)

なお、三角縁神獣鏡の名称の定着は、後藤守一が縁部の断面形にもとづいて「三角縁神獣鏡」と「平縁神獣鏡」に大別して以来(『漢式鏡』一九二六年)のことで、以後この方法による分類、あるいはそれに主文の内容や縁部文様を加味した分類が一般に行われている。

22 富岡謙蔵「日本仿製古鏡に就いて」(『古鏡の研究』、一九二〇年)

23 日本列島で製作された銅鏡を中国鏡の模倣として「仿製鏡」と呼ぶ傾向に対し、田中琢は「倭鏡」の名称を提唱している。それは列島における銅鏡の製作が、「いわゆる仿製鏡のなかにも、単純な模倣の域を脱し、独自の特徴を備えたものも少なくなく」、「母体となった中国鏡とは異質の構造をもつ社会のなかで、異なった目的のために製作された鏡であった」からであると、定義している。

田中琢『古鏡』(日本の原始美術8、講談社、一九七九年)

24 森浩一「日本の古代文化」(『古代史講座』三、学生社、一九六二年)

25 森浩一「日本の遺跡と銅鏡」(『鏡』日本古代文化の探求、社会思想社、一九七八年)

中国でこの問題に触れた見解として、中原地区における後漢—晋墓出土鏡の傾向から後漢晩期と同じ種類の鏡類を考える、徐苹芳の論考がある。一方、王金林・賀川光夫は主題文様の特徴や銘文の検討から、呉の鏡師陳氏が魏の洛陽に入り、尚方の鏡師となって造った鏡が三角縁神獣鏡であるとみている。

徐苹芳「三国両晋南北朝的銅鏡」(『考古』一九八四年第六期)
王金林・賀川光夫「鏡師陳是と神獣紋飾の源流」(『別府大学紀要』第三〇号、一九八九年)

26 その後三面が加えられ、現在では七面となっている。種類と文献を次にまとめておく。

①景初三年(二三九) 画文帯神獣鏡 大阪府和泉市黄金塚古墳(末永雅雄・島田暁・森浩一『和泉黄金塚古墳』一九五四年)

②景初三年(二三九) 三角縁神獣鏡 島根県大原郡神原神社古墳(蓮岡法暲「島根県加茂町神原神社古墳出土の景初三年陳是作重列式神獣鏡」『考古学雑誌』第五八巻第三号、一九七二年)

③景初四年(二四〇) 三角縁盤龍鏡 京都府福知山市広峯一五号墳(崎山正人『駅南地区発掘調査概要』福知山市文化財調査報告書第一二集、一九八七年)

④景初四年(二四〇) 三角縁盤龍鏡 伝宮崎県児湯郡持田古墳(辰馬考古資料館蔵)

⑤正始元年(二四〇) 三角縁神獣鏡 兵庫県豊岡市森尾古墳(梅原末治「出石郡神美村の古墳」『兵庫県史蹟名勝記念物調査報告』第二輯、一九二六年)

⑥正始元年(二四〇) 三角縁神獣鏡 群馬県高崎市芝崎古墳(森本六爾「上野に於ける□始元年鏡出土古墳」『考古学研究』第二年第四号、一九二八年)

⑦正始元年(二四〇) 三角縁神獣鏡 山口県新南陽市竹島御家老屋敷古墳(西田守夫「竹島御家老屋敷古墳出土の正始元年三角縁階段式神獣鏡と三面の鏡」(『Museum』第三五七号、一九八〇年)

なお、これらの銘文はさまざまに解釈されているが、福山敏男「景初三年・正始元年三角縁神獣鏡銘の陳氏と杜地」(『古代文化』第二六巻第一一号、一九七四年)が典拠となっている。

27 山崎一雄・室住正世・中村精次・日向誠・湯浅光秋・渡会素彦「日本および中国青銅器中の鉛の同位体比」(『考古学と自然科学』第一二号、一九七九年)
山崎一雄・室住正世・江本義理・馬渕久夫・平尾良光・増田彰正「鉛同位体比測定による日本および中国出土の考古遺物の産地の研究」(『考古学・美術史の自然科学的研究』日本学術振興会、一九八〇年)

28 馬渕久夫「古鏡の原料をさぐる」(『考古学のための化学10章』UP選書二一八、一九八一年)
馬渕久夫・平尾良光「鉛同位体比法による漢式鏡の研究」(『Museum』第三七〇号、一九八二年)
馬渕久夫・平尾良光「鉛同位体比法による漢式鏡の研究(二)」(『Museum』第三八二号、一九八三年)
ただし、前漢鏡に中国東北部の鉛を用いていることを指摘している。また三角縁神獣鏡を含む魏鏡と呉鏡は分類できるとする。

29 三角縁神獣鏡については原註や訳註で紹介した富岡謙蔵や王仲殊らの諸論文のほかにも多数の論考がある。ことに一九五三年の京都府相楽郡椿井大塚山古墳から大量に出土した三角縁神獣鏡を契機として、研究の基盤を確立した小林行雄の画期的業績がある。小林の初期の論考をまとめた論集、およびその後の代表的な論文を次に挙げておく。
『古墳時代の研究』（青木書店、一九六一年）
「三角縁神獣鏡の研究」（『古墳文化論考』平凡社、一九七六年）
「仿製三角縁獣鏡の研究」（『古墳文化論考』平凡社、一九七六年）
また、三角縁神獣鏡の鏡背主題文様を分析し、他の中国鏡との関連を吟味した西田守夫の業績も注目される。
「三角縁神獣鏡の形式系譜諸説」（『東京国立博物館紀要』第六号、一九七一年）
これらを含め、研究史が近藤喬一によって、簡潔にわかりやすくまとめられており、また中日両国の研究の最先端を知りうるシンポジウムの成果も刊行されている。
近藤喬一『三角縁神獣鏡』（UP考古学選書四、東京大学出版会、一九八八年）
王仲殊・徐苹芳・楊泓・直木孝次郎・田中琢・田辺昭三・西嶋定生『三角縁神獣鏡の謎』（日中合同古代史シンポジウム、角川書店、一九八五年）
福山敏男・樋口隆康・近藤喬一・都出比呂志・菅谷文則・崎山正人『謎の鏡―卑弥呼の鏡と謎の景初四年銘鏡―』（同朋舎、一九八九年）

V

1 中国科学院考古研究所（盧兆蔭ほか）『西安郊区隋唐墓』（中国田野考古報告集考古学専刊丁種第一八号、一九六六年）
中国社会科学院考古研究所（馬得志）『唐長安城郊隋唐墓』（中国田野考古報告集考古学専刊丁種第二二号、一九八〇年）

2 たとえば中国科学院考古研究所『新中国的考古収獲』（考古学専刊甲種第六号、一九六二年）では、墓誌を伴出した二〇〇余基を含む二二〇〇余基の分析から、西安地区の隋唐墓を
早期　隋文帝開皇元年から唐高宗弘道元年（五八一―六八三年）
中期　則天武后光宅元年から玄宗天宝十四年（六八四―七五五年）
晩期　粛宗至徳元年から唐末（七五六―九〇七年）
に分けている。これに対し、孫秉根は三期六段に大別している。洛陽地区の隋唐墓は徐殿魁によって四期に区分されている。徐論文には洛陽隋唐墓出土の紀年鏡が一覧表にされている。これらとは別に、著者の一人孔祥星は隋唐鏡の発展段階を、隋―唐高宗（五八一―六八三年）、高宗以後から玄宗天宝年間の前まで（六八四―七四一年）、玄宗開元年間の後から徳宗の前まで（七四二―七七九年）、徳宗以後晩唐まで（七八〇―九〇七年）の四期に区分している。
孔祥星「隋唐銅鏡的類型与分期」（『中国考古学会第一次年会論文集　一九七九』、一九八〇年）
孫秉根「西安隋唐墓葬的形制」（『中国考古学研究』第二集、一九八六年）

徐殿魁「洛陽地区隋唐墓的分期」(『考古学報』一九八九年第三期)

3 『巌窟蔵鏡』では神獣鏡・画像鏡や龍虎鏡の流れを承けた鏡を「駢体銘鏡」として分類し、さらに銘文を基準としつつ、獣の種類や数によって、「絶照攬心四獣十二肖生鏡」、「絶照攬心四獣鏡」などのように細分している。

4 普通、「鑑」ではなく「鏡」、つまり海獣葡萄鏡のように呼ばれている。

5 『巌窟蔵鏡』第三集第三二図などにその例がある。

6 三宅米吉「古鏡」(『考古学会雑誌』第一編第五号、一八九七年)

7 高橋健自「本邦鏡鑑沿革考(六)」(『考古界』第八編第三号、一九〇九年)

8 橿原考古学研究所(末永雅雄ほか)『壁画古墳 高松塚』(一九七二年)

9 この研究者は後に高松塚古墳に関する一連の論考を発表する王仲殊のことである(岡崎敬「唐代壁画墓からみた高松塚古墳について」『中国の考古学―隋唐篇―』一九八八年、二九二ページ)。

10 樋口隆康「海獣葡萄鏡」(『壁画古墳 高松塚』、一九七二年)

11 その後、一九八四―八五年に中国河南省偃師県杏園村で六基の唐代紀年墓が発掘調査され、その中の一基、李守一墓(顕慶二年〔六五七〕没、長寿三年〔六九四〕葬)から図45―3に示した瑞獣葡萄鏡が出土している。
中国社会科学院考古研究所河南第二工作隊(徐殿魁)「河南偃師杏園村的六座紀年唐墓」(『考古』一九八六年第五期)

12 森豊『海獣葡萄鏡』(中公新書、一九七三年)

13 海獣葡萄鏡の研究史をまとめたものに、勝部明生「海獣葡萄鏡研究史」(『末永先生米寿記念献呈論文集』坤、一九八五年)がある。

14 馮雲鵬・馮雲鵷『金石索』(一八二一年)
上冊(金索一―六)、下冊(石索一―六)からなる。銅鏡は金索六「鏡鑑之属」に一七五面が収められ、それぞれに解説が付されている。

15 森豊は訳註12前掲書第四章「文様の源流と東漸」で、唐草文や唐草葡萄文の生誕地をギリシャと位置づけ、ローマ・ペルシャを経由し、シルクロードを伝わって中国に達したとしている。

16 たとえば『巌窟蔵鏡』第三集は、花鳥鏡類を双鸞銜綬鏡と花鳥鏡に分けている。それぞれをさらに細分するが、花鳥鏡のひとつ雀繞花枝鏡、双鸞銜綬鏡はこの例鏡の総称および細分された例のひとつとして、その名称がみえる。

17 唐代の織物図案については諸書があるが、シルクロードの諸遺跡出土品を載せた新疆維吾爾博物館編書や、それに関連の研究成果を加えた訳書が参考になる。
新疆維吾爾自治区博物館出土文物展覧工作組『絲綢之路―漢唐織物―』(一九七三年)
原田淑人・岡崎敬・西村兵部ほか『漢唐の染織』(小学館、一九七三年)

18 陝西省文物管理委員会『陝西省出土銅鏡』一九五九の図版一三一

19 河南省文化局文物工作隊第二隊(翟継才)「洛陽16工区76号唐墓清理簡報」(『文物参考資料』一九五六年第五期)

20　大暦元年墓の資料は検索できなかった。孫秉根「西安隋唐墓葬的形制」（訳註2前掲論文）によれば、陝西省西安の薛突利施匐阿施墓が大暦元年の埋葬であるが、出典および鏡出土の有無などの内容はわからない。

21　黄河水庫考古工作隊（兪偉超）「一九五六年河南陝県劉家渠漢唐墓葬発掘簡報」（『考古通訊』一九五七年第四期）

22　沈従文『唐宋銅鏡』（一九五八年）

23　宝相花（宝相華）については吉村元雄や林良一の論考が参考になる。なお吉村は文献から「宝相花」は春咲きのイバラ科の花、おそらくは「ボタンバラ」（異名ボタンイバラ）であろうとした上で、宝相花文様が実在のボタンバラを図案化したとする点には創作の可能性を認めて慎重を期している。林もこの見解を妥当としている。

吉村元雄「宝相花文様考」（『Museum』第一四七号、一九六三年）

林良一「仏教美術における装飾文様（12）—宝相華①—」（『仏教芸術』第一二一号、一九七八年）

24　普通、銘文の初句をとって鏡名がつけられている。たとえば『巌窟蔵鏡』第三集第二〇・二一図の二面は花発無冬夏六団華鏡と呼ばれている。しかし簇六規矩宝相鏡の用例はみられず、前述の沈従文の図案解説から採られたと思われる。

25　矢島恭介「唐鏡の形態に就いて」（『考古学雑誌』第三四巻第六号、一九四四年）

26　孫秉根「西安隋唐墓葬的形制」（訳註2前掲論文）の付表に、西安地区で調査された埋葬年代の判明している墓葬が一覧されているが、これには大暦七年墓はみえない。

27　裴航については、『列仙全伝』に以下のような話がある。

裴航が、同船した人妻に一目ぼれして愛の詩を送ると、彼女は拒絶したものの返事の詩をよこした。そのなかに「雲英を藍橋にみる」という一句があった。裴航は急いで藍橋に行き、道端の家で水をもらったところ、その家に雲英という美しい娘がいた。さっそくその家の老婆に、雲英との結婚を申し込んだが、老婆は、仙人からもらった不死の薬を搗くため、大理石の杵と臼が必要である、もしそれを持ってくれば結婚を許すという。裴航は百日の猶予をもらい、それを手にいれ持っていくと、迎えに来るといいおいて老婆と娘は山に入っていった。数日後使いのものがきて、裴航を大きな宮殿に連れていった。そこには最初に出会った人妻もおり、彼女は雲英の姉であった。裴航はそこで彼らと暮らし仙人となった。

28　尹伯奇とは周の賢臣・尹吉甫の子で、母の死後、吉甫が迎えた後妻に讒言され、追放されてしまった。伯奇が自らの無罪を「履霜操」という歌に託して訴えたところ、吉甫は事実を知り、伯奇を呼び戻すとともに、後妻を射殺したという。

29　伯牙は春秋時代に琴の名手として知られた人で、鍾子期と仲が善かったが、子期の没後、自分の琴の音を解してくれる者がいなくなったとして弦を絶ち、ふたたび奏することがなかった。この故事から知己の死を悼む言葉として「伯牙絶弦」という熟語がある。伯牙弾琴鏡の名もこれに由来している。鏡名の提唱者は高橋健自とされており、一九〇九年に発表された「本邦鏡鑑沿革考（六）」（訳註7前掲論文）が初出と思われる。以後、尾崎洵盛の山居弾琴鏡説（「いわゆる伯牙弾琴鏡について」『Museum』第九五号、一九五九年）なども出ているが、日本に伝わった唐鏡の代表例として海獣葡萄鏡とともに、伯牙弾琴鏡の名が定着している。

30 周欣・周長源「揚州出土的唐代銅鏡」(『文物』一九七九年第七期)
周欣・周長源「揚州出土的唐代銅鏡」(『南京博物院集刊』第三集、一九八一年)

31 孫維昌「上海市郊出土唐代遺物」(『文物』一九六二年第三期)
宝応県図書館(陸書香)「江蘇宝応出土唐代〝真子飛霜〟銅鏡」(『文物』一九八一年第二期)

32 三行九字の中心に置かれた「曰」を左右に共有させて、内容的に「孔夫子問曰」「栄啓奇答曰」と読ませている。
保坂三郎『古代鏡文化の研究』三―唐・平安・鎌倉・南北朝―(雄山閣、一九八六年)

33 周欣・周長源前掲論文。訳註30参照。

34 『封氏聞見記』は唐代の封演の作で、巻六の「打毬」の条に以下の話がある。

35 中国科学院考古研究所(馬得志)『長安大明宮』(中国田野考古報告集考古学専刊丁種第一一号、一九五九年)
なお、石誌には「大和」とあるが、唐文帝の「太和」五年のことである。

36 陝西省博物館・乾県文教局墓発掘組「唐章懐太子墓発掘簡報」(『文物』一九七二年第七期)
陝西省博物館・陝西省文物管理委員会『唐李賢墓壁画』(一九七四年)

37 新疆維吾爾自治区博物館『新疆出土文物』(一九七五年)図版一二六

38 原田淑人「八世紀前後における国際的競技の二、三」(『歴史教育』第三巻第六号、一九五五年、『東亜古文化論考』吉川弘文館、一九六二年所収)
羅香林「唐代波羅毬戯考」(『唐代文化史』、一九五五年)
向達「長安打毬小考」(『唐代長安与西域文明』、一九五七年)

39 たとえば『西清古鑑』巻四十の五九に「唐双龍鑑」、『小校経閣金文拓本』巻十七に収録された六面の「唐雲龍鏡」中の二面が双龍文である。

40 広東省文物管理委員会・華南師範学院歴史系(楊豪)「唐代張九齢墓発掘簡報」(『文物』一九六一年第六期)
岡崎敬「唐、張九齢の墳墓とその墓誌銘」(『史淵』第八九輯、一九六二年〔『中国の考古学―隋唐篇―』所収〕)

41 黄河水庫考古工作隊「一九五七年河南陝県発掘簡報」(『考古通訊』一九五八年第一一期)

42 ほかに年代のわかる盤龍鏡として、図49に示した河南省偃師杏園村の李景由墓(開元五年〔七一七〕没、開元二十六年〔七三八〕葬)出土鏡がある。
中国社会科学院考古研究所河南第二工作隊(徐殿魁)「河南偃師杏園村的六座紀年唐墓」(『考古』一九八六年第五期)

43 「はっか」ともいう。『易経』繫辞伝に「易有太極、是生両儀、両儀生四象、四象生八卦」とある。易者が占いに使う算木の面に現れる兆象として知られている。物の象に掛(卦)けて人に示すところから卦といい、陽爻(—)と陰爻(- -)を三個ずつ組合せて八個の象(乾☰、兌☱、離☲、震☳、巽☴、坎☵、艮☶、坤☷)を作ることから、八卦という。

44 中国科学院考古研究所（馬得志）『西安郊区隋唐墓』（前掲書）の陝西省西安郊区五〇四号墓出土。

45 『巌窟蔵鏡』第三集第一一四図

46 『巌窟蔵鏡』第三集第一一五図。なお八卦文と陰陽名銘の関係を、梁上椿は次のように解説している。鈕の周りに八卦文をめぐらし、八卦の各象に対応させて外側に陰陽名の銘を「（乾）四陰　（坎）陽元　（艮）二陽　（震）三陽（巽）四陽　（離）花陰　（坤）二陰　（兌）二陽」（括弧内は八卦の象）のように入れて、右回りに読ませている。

47 『巌窟蔵鏡』第三集第一一三図。ここで上円下方が解説されている。図50―3を参考にすれば、鈕の上方にある三重の円圏が天を象徴している。中央に「鎮」字、その四方に日月星辰を配し、これを八卦文が囲んでいる。鈕の下方の太線で囲まれた方格が地を象徴する。中央の変形した卍文が連山五岳を表し、これを流水四瀆を象徴した四重の波文が囲んでいる。

48 中国科学院考古研究所（馬得志）『西安郊区隋唐墓』（前掲書）

49 同右。

50 高宗の没後、中国史上唯一の女帝となった武則天（則天武后ともいう。六二三―七〇五年）は、自分の権威を示すための事業の一環として、新しい文字、「則天文字」（あるいは「則天新字」）の作成を行った。基本的には既成の漢字の偏や旁を適当に組み合わせたもので、年号や皇帝に関する用語に使う文字が多い。創った文字は一七字もしくは二〇字といわれる。強力な権力のもとに使用を強制されたため、則天文字はある程度、社会に定着したものの、その死後はほとんどが消え去った。残ったもののなかで有名な文字としては、「水戸光圀」の「圀」がある。

外山軍治『則天武后』（中公新書、一九六六年）

阿辻哲次『図説漢字の歴史』（大修館書店、一九八九年）

51 工芸技術を除けば（1）～（10）の鏡類のように主題文様ごとに分類することができる。また原文は技術の相違によって三型式に分類され、それをさらに細分されている。細分された各種はつまるところ一種一面になりかねない。その複雑さを避けるため、分類は型式までにとどめ、例示された各鏡を解説するスタイルに原文を改めている。

52 劉向群「唐金銀平脱天馬鸞鳳鏡」（『文物』一九六六年第一期）

53 河南省鄭州出土と伝えられる鏡で、『文物参考資料』一九五七年第八期に彩色模写図が載せられている。

54 珠葆「唐鸞鳥綬帯紋金銀平脱銅鏡」（『考古与文物』一九八一年第三期）

55 洛陽博物館（徐治亜）「洛陽関林唐墓」（『考古』一九八〇年第四期）

56 明の方以智の撰で、五二巻からなる。最古の字書として知られる『爾雅』の体裁に範をとり、名物・象数・訓詁など四四門に分けて考証している。「平脱」については巻三十四で述べている。

57 明の黄成の撰で、二巻からなる。「髹」は漆をかける、漆を塗るという意味で、各種の漆器の製作法を述べている。楊明の註があり、そこで発展史が概括されている。

58 ただし王世襄の述べる漆工芸は銅鏡ではなく、漆器についてである。

59 正倉院に伝わる特種工芸鏡類については原田淑人の論考に詳しい。
原田淑人「唐鏡背面の宝飾に就いて」（『国華』第三五編第四冊、一九二五年、『東亜古文化研究』所収）

60 河南省文化局文物工作隊第二隊（翟継才）「洛陽16工区76号唐墓清理簡報」（『文物参考資料』一九五六年第五期）

61 河南省陝県至徳元年墓出土の盤龍鏡類の例としてすでに紹介した鏡（訳註41）と同じものである。

62 王世襄は最古の螺鈿漆器の例として、河南省濬県辛村遺跡の西周衛国墓から出土した「蚌泡」を挙げている。
郭宝鈞『濬県辛村』（考古学専刊乙種第一三号、一九六四年）

63 至徳元年墓は訳註41の河南省陝県唐墓、乾元元年・興元元年合葬墓は訳註60の河南省洛陽一六工区七六号唐墓である。

64 『陝西省出土銅鏡』図版一一四

65 『巌窟蔵鏡』第三集

66 「敦煌図案」をこのように訳したが、常書鴻は原註49論文で、仏像のような具象的な文様を「壁画」とするのに対し、抽象的なものを「図案」として使い分けている。

67 周欣・周長源「揚州出土的唐代銅鏡」（前掲書）に揚州地区における唐鏡の出土状況と、揚州博物館に所蔵された一〇面近い唐鏡の一部が紹介されている。なお一九八一年に刊行された『南京博物院集刊』第三集に唐代揚州の考古学研究の成果が特集されている。

68 日本で知られている瑞獣葡萄鏡には唐鏡と、それを模して仿製した日本鏡とがあり、出土・伝世をあわせると一〇〇面を超していると思われる。それらは訳註71に後掲する中野政樹の論考に詳しいが、その後の出土資料を含め、主な例を紹介しておく。なお、唐は唐鏡、仿は日本鏡の略である。

鹿児島県曽於郡志布志町	山宮神社	仿	神社伝世
鹿児島県曽於郡大崎町	都万神社	仿	神社伝世
宮崎県東諸県郡国富町	本庄古墳群	唐	古墳副葬
宮崎県東臼杵郡南郷村	神門神社	仿（五面）	神社伝世
福岡県宗像郡大島村	沖ノ島遺跡	唐（二面）	
福岡県福岡市博多湾海底		唐	引揚
福岡県八女郡星野村	真名子古墳	唐・仿（各一面）	古墳副葬
愛媛県越智郡大三島町	大山祇神社	唐	神社伝世
岡山県岡山市一宮町	（伝）神力寺跡	唐	寺院跡出土
大阪府南河内郡太子町	（伝）孝徳陵古墳陪塚	仿?	古墳副葬
大阪府吹田市山田町上		仿	
和歌山県東牟婁郡那智勝浦町	熊野那智大社	唐	神社伝世
和歌山県伊都郡高野町	高野山北宝院	唐	寺院伝世

奈良県奈良市西大寺町	西大寺金堂跡	唐	寺院跡出土
奈良県奈良市雑司町	東大寺法華院	仿	寺院伝世
奈良県奈良市	正倉院	唐（四面）	寺院伝世
奈良県五條市西久留野字墓の段		仿	寺院跡出土
奈良県生駒郡斑鳩町	法隆寺五重塔心礎	唐	寺院出土
奈良県生駒郡斑鳩町	法隆寺	唐	寺院伝世
奈良県高市郡明日香村	高松塚古墳	唐	古墳副葬
奈良県高市郡高取町	オドミ古墳	唐	古墳副葬
京都府綴喜郡井手町	井手廃寺	仿	寺院跡出土
三重県度会郡紀勢町ユルべ浜			採集
三重県度会郡紀勢町向山の浜		仿	
三重県多気郡明和町金剛坂の里		仿	
三重県鳥羽市神島町	八代神社	仿	神社伝世
伝愛知県幡豆郡幡豆町西幡豆		唐・仿（各一面）	
石川県羽咋市	寺家遺跡	仿	祭祀遺構出土
千葉県香取郡香取町	香取神宮	唐（三面）	神社伝世
栃木県日光市	男体山山頂	唐	祭祀遺跡出土
群馬県藤岡市	（伝）白石古墳	仿？	古墳副葬

69 法隆寺『法隆寺五重塔秘宝の調査』一九五四年

70 論争の経緯は、江谷寛「法隆寺再建非再建論」（『論争・学説日本の考古学』六、雄山閣、一九八八年）に、まとめられている。

71 日本における唐鏡については前掲した矢島恭介論文のほかに、次の二論文にまとめられている。
斎藤孝「奈良時代唐式鏡の諸問題」（『史泉』第二三・二四合併号、一九六二年）
中野政樹「奈良時代における出土・伝世唐式鏡の基礎資料および同范鏡の分布とその鋳造技術」（『東京国立博物館紀要』第八号、一九七三年）

72 沈従文『唐宋銅鏡』（一九五八年）

VI

1 中国科学院考古研究所『新中国的考古収獲』（考古学専刊甲種第六号、一九六一年）

2 都省は隋代から置かれた官で、尚書省をさす。「都省銅坊」とは都省のために銅坊で鋳造したこと、つまり官営工房での鋳鏡を意味している。

3 王徳慶・陳福坤「江蘇江寧東善郷馮村清理二座北宋墓」（『考古』一九五九年第一期）

4 考古所安陽工作隊（武奇琦）「河南安陽西郊唐、宋墓的発掘」（『考古』一九五九年第五期）

安徽省博物館（呉興漢）「合肥東郊大興集北宋包拯家族墓群発掘報告」（『文物資料叢刊』第三集、一九八〇年）

5 福岡県粕屋郡粕屋町の戸原麦尾遺跡の木棺墓と思われる土壙（ＳＫ三六）から花鳥鏡類の例鏡が出土している。共伴する土師器や龍泉窯系青磁椀から一四世紀前半頃の副葬が考えられている。この遺跡では別の土壙（ＳＫ一〇）からも湖州鏡と推測される葵花形六花鏡が白磁の皿・椀をともなって出土している。

田中寿夫『戸原麦尾遺跡（Ⅱ）』（福岡市埋蔵文化財調査報告書第二〇一集、一九八九年）

6 たとえば『小校経閣金文拓本』には周原鏡・燕山五桂鏡・羅漢鏡・鍾馗鏡その他、王士倫『浙江出土銅鏡』（一九八七年）には飛剣斬龍鏡・道仙鶴亀鏡などがみえる。

7 図59に紹介した字号の例は、陳柏泉「宋代銅鏡簡論」（『考古与文物』一九八五年第四期）を参考に、訳者が作成した。

8 図58―3は『浙江出土銅鏡』所収の杭州鏡の例で、銘文には「杭州鍾家清銅照子今在越州清道橋下岸向西開張」とある。ほかに「杭州真正高家青銅照子」銘の方鏡一面が収められている。

9 宋代に置かれた路名で、江蘇省丹徒県以東、揚子江以南および浙江省全域に相当する。治所を杭州に置く。後に浙西路と浙東路に分かれたが、ふたたび復している。

10 薛尭「江西南城、清江和永修的宋墓」（『考古』一九六五年第一一期）

11 同右。

12 陳柏泉・劉玲「高安、清江発現両座宋墓」（『文物参考資料』一九五九年一〇期）

13 原著には景定元年（一二六〇）鏡があげられているが、原著者から引用の誤りであるとの連絡があり、削除している。

14 四川省博物館・重慶市博物館『四川省出土銅鏡』（一九六〇年）図版四六

15 宋鏡に新たに現れる鏡形の一部を付図にしてみた（『小校経閣金文拓本』から作成）。鍾形（１）や鼎形（２）は容易に推測できるが、鶏心形・盾形はむつかしい。幸い、陳柏泉「宋代銅鏡簡論」（『考古与文物』一九八五年第四期）の付図に、各鏡形とその名称が記されている（付図Ｅ）。１・２はやはり鍾形・鼎形とある。３のような鏡形は扇形とされている。盾形は3と同形であるが、鈕を通して把手状に円環が付けられている。ほかに瓶形と条形（４）が挙げられている。3は湖州鏡にいくつか例が知られており、形状からみてこれがおそらく本書の「鶏心形」に相当するのではなかろうか。

16 沈従文『唐宋銅鏡』（一九五八年）

17 梅原末治「古鏡の化学成分に関する考古学的考察」（『東方学報』京都第三冊、同第八冊、一九三三・三七年、『支那考古学論攷』弘文堂書房、一九三八年所収）

18 一九七四年に刊行。金鏡のほかに、遼鏡四面、元鏡二面が収録されている。

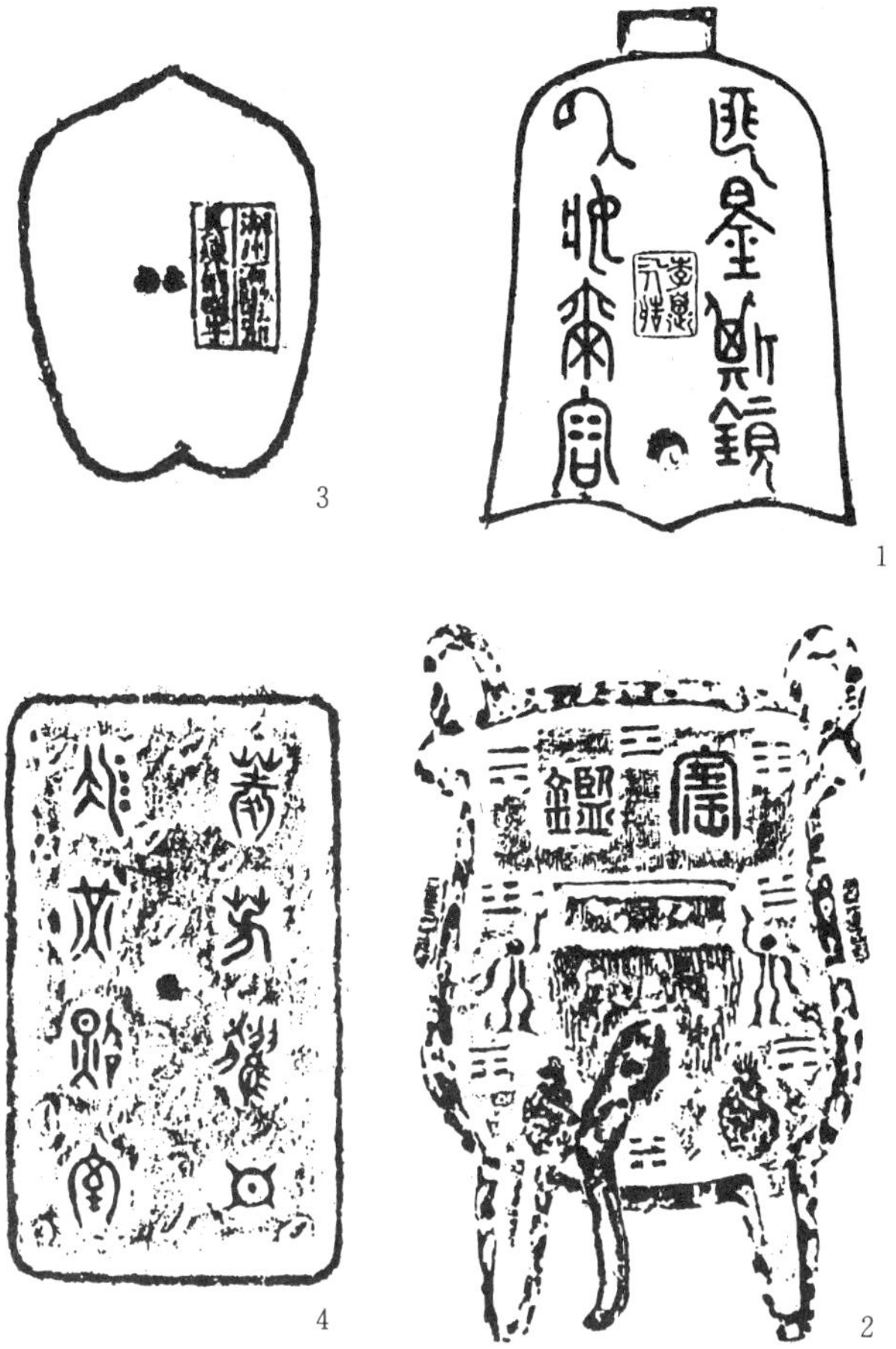

付図E　宋鏡の新たな鏡形

19 一般に鯉と解され、双鯉鏡と呼ばれることが多い。

20 原註に引用された崔慶明の「南陽市博物館蔵紀年銅鏡」には二面の「承安二年鏡子局造」銘鏡が紹介されているが、一面は宋代の紀名号銘鏡類と同じ作りの葵花形六花鏡で、双魚鏡ではない。

21 金属器や石造物に刻まれた文字のことで、陰文を「款」、陽文を「識」という。

22 花押は、自署を証明するしるしとして署名などの末尾に付する書判で、一種のサインである。たとえば「大興県官」の款識を例にとれば、「大興県官」の四字の次に花押がはいり、見かけの上では五文字のようにみえる。そこでこれを文字とみて、「大興県官□」のように不読扱いにしたり、あるいは忠実に形状を模して作字したりしている例がみられる。しかし花押自体は意味をもつ文字ではない。

23 図61―1は一九七九年に山東省茌平県で出土した童子攀枝鏡第一種の例で、三人の童子が花とたわむれている。銘文は後掲の鈕座銘「盤溝左字王家造」である。

劉善沂「山東茌平郗屯出土一批金元器物」(『考古』一九八六年第八期)

24 『巌窟蔵鏡』第四集第二一図の金承安三年犠牛望月官鏡。

25 「柳毅伝書」の故事を知らない人びとには原文のみでは理解しがたいので、「柳毅の物語」(前野直彬編訳『唐代伝奇集』東洋文庫二、平凡社、一九六三年)で補っている。

26 四鼠葡萄鏡の名称は梁上椿『巌窟蔵鏡』第四集(一九四二年)にみえる。ただし梁は、紀年銘と銘文中の「官造」をとって、承安三年四鼠葡萄官鏡のように称している。

27 本書では前代の仿製鏡については紹介されていない。これらの仿製鏡は、ちなみに『阿城県出土銅鏡』では「仿漢□□鏡」のように表現されている。前代の鏡の仿製はことに宋・金代に盛んであったが、それは本文で後述される、厳しい銅鏡私鋳の禁令と関連している。つまり私鋳を禁止された鋳鏡業者は、前代までの鏡を模倣し、それを古鏡として販売することによって禁令を逃れようとしたのである。このような仿製鏡は、踏返しされるため前代までの鏡に酷似するのは勿論であるが、主に内区の一部に銘文を長方形状などに追加して配しているため、容易に区別できる。そうでない場合にも、金質や鈕の頂部を平坦につくるなどの特徴がみられる。

28 官府は監督の役所を指し、験記(正しくは験訖)は検査済みの意味。

29 転運司は、宋の太宗が諸道に置いて各道から京師へ運ぶ財賦に課した利権を統括する役所で、後には辺境防備や盗賊の取締り、訴訟・金穀・按擦などをつかさどった。

30 李恒賢「試談宋元明銅鏡的鑑別」(『江西歴史文物』一九八一年第二期)

31 元は「至元」の年号を、蒙古世祖代の一二六四—一二九四年と、元順帝代の一三三五—一三四〇年の二度、用いている。至元四年はいずれにも存在する。汪世顕家族墓出土の本鏡と特徴を等しくする例が『巌窟蔵鏡』第四集第三四図にあるが、梁上椿はこれを世祖の至元四年とみている。

写真掲載銅鏡出土地名・出典一覧

写1	青海省貴南県尕馬台二五号墓	李虎侯「斉家文化銅鏡的非破壊鑑定」（『考古』一九八〇年第四期）
写2・3	河南省安陽市殷墟婦好墓	中国社会科学院考古研究所（張生ほか）『殷墟婦好墓』（中国田野考古報告集考古学専刊丁種第二三号、一九八〇年）
写4	河南省安陽市侯家荘一〇〇五号墓	高去尋「殷代的一面銅鏡及其相関之問題」（『中央研究院歴史語言研究所集刊』第二九本下冊、一九五八年）
写5	陝西県宝鶏市	宝鶏博物館（王光永）「宝鶏市郊区和鳳翔発現西周早期銅鏡等文物」（『文物』一九七九年第一二期）
写6	河南省三門峡市上村嶺一六一二号墓	中国科学院考古研究所（林寿晋）『上村嶺虢国墓地』（中国田野考古報告集考古学専刊丁種第一〇号、一九五九年）
写7	湖南省長沙市龍洞坡八二六号墓	王仲殊「論戦国及其前后的素鏡」（『考古』一九六三年第九期）
写8	伝安徽省寿県	梁上椿『巌窟蔵鏡』第一集（一九四〇年）
写9	河南省洛陽市中州路二七一九号墓	中国科学院考古研究所（蘇秉琦・安志敏・林寿晋）『洛陽中州路（西工段）』（中国田野考古報告集考古学専刊丁種第四号、一九五九年）
写10	日本・黒川古文化研究所蔵	樋口隆康『古鏡』（一九七九年）
写11	湖南省長沙市絲冲1区一六八号墓	湖南省博物館（周世栄）『湖南出土銅鏡図録』（一九六〇年）
写12	湖南省長沙市年佳湖八九六号墓	同右
写13	湖南省長沙市月亮山一八号墓	同右
写14	伝河南省汲県	『巌窟蔵鏡』第一集
写15	辰馬悦蔵旧蔵	梅原末治『漢以前の古鏡の研究』（一九三六年）
写16	フランス・パリ（個人蔵）	同右
写17	湖南省長沙市仰天湖二五号墓	『湖南出土銅鏡図録』
写18	湖南省長沙市月亮山一五号墓	同右
写19	中国歴史博物館蔵	

写20　湖南省長沙市廖家湾三八号墓　『湖南出土銅鏡図録』
写21　伝陝西省西安市　『巌窟蔵鏡』第一集
写22　伝河南省洛陽市金村　梅原末治『洛陽金村古墓聚英』（一九三七年）
写23　山西省長治市分水嶺一二六号墓　辺成修「山西長治分水嶺126号墓発掘簡報」（『文物』一九七二年第四期）
写24　山西省長治市分水嶺五三号墓　山西省文物管理委員会・山西省考古研究所（辺成修ほか）「山西長治分水嶺戦国墓第二次発掘」（『考古』一九六四年第三期）
写25　湖南省長沙市竿笠坡七四四号墓　『湖南出土銅鏡図録』
写26　フランス・パリ（個人蔵）　『漢以前の古鏡の研究』
写27　辰馬悦蔵旧蔵　同右
写28　伝陝西省西安市　『巌窟蔵鏡』第一集
写29　湖南省長沙市子弾庫一五号墓　湖南省博物館（文道義）「長沙楚墓」（『考古学報』一九五九年第一期）
写30　湖南省長沙市容園八六四号墓　『湖南出土銅鏡図録』
写31　陝西省鳳翔県高庄四六号墓　雍城考古隊（呉鎮烽・尚志儒）「陝西省鳳翔高庄秦墓地発掘簡報」（『考古与文物』一九八一年第一期）
写32　湖南省長沙市（守屋孝蔵旧蔵）　『古鏡』
写33　湖南省長沙市南門広場九号墓　『湖南出土銅鏡図録』
写34　湖南省長沙市陳家大山二号墓　同右
写35　河南省信陽県長台関二号楚墓　河南省文化局文物工作隊（賀官保・黄士斌）「信陽長台関第2号楚墓的発掘」（『考古通訊』一九五八年第一一期）
写36　河南省信陽県長台関一号楚墓　顧鉄符「有関信陽楚墓銅器的幾個問題」（『文物』一九五八年第一期）
写37　アメリカ・ニューヨーク（ウィンスロップ蔵）　『漢以前の古鏡の研究』
写38　伝河南省洛陽市金村（アメリカ・ローヤルオンタリオ博物館蔵）　『洛陽金村古墓聚英』
写39　伝河南省洛陽市（永青文庫蔵）　『漢以前の古鏡の研究』
写40　湖北省雲夢県睡虎地九号秦墓　《雲夢睡虎地秦墓》編写組『雲夢睡虎地秦墓』（一九八一年）
写41　フランス・パリ（伝河南省洛陽市金村）　『洛陽金村古墓聚英』
写42　遼寧省朝陽県十二台営子一号墓　朱貴「遼寧朝陽十二台営子青銅短剣墓」（『考古学報』一九六〇年第一期）
写43　湖南省長沙市五里牌馬王堆一号漢墓　湖南省博物館・中国科学院考古研究所『長沙馬王堆一号漢墓』（一九七三年）
写44　河北省満城県竇綰墓　中国社会科学院考古研究所・河北省文物管理処（盧兆蔭ほか）『満城漢墓発掘報告』（中国田野考古報告集考古学専刊丁種第二〇号、一九八〇年）

写45	湖南省長沙市子弾庫四一号墓	『湖南出土銅鏡図録』
写46	河北省満城県竇綰墓	『満城漢墓発掘報告』
写47	広東省広州市先烈路広州一一七四号漢墓	広州市文物管理委員会・広州市博物館（朱重光ほか）『広州漢墓』（中国田野考古報告集考古学専刊丁種第二一号、一九八一年）
写48	河南省洛陽市二九工区三四五号漢墓	洛陽市文物管理委員会『洛陽出土古鏡』（一九五九年）
写49	陝西省西安市紅慶村六四号漢墓	陝西省文物管理委員会『陝西省出土銅鏡』（一九五八年）
写50	四川省成都市羊子山	四川省博物館・重慶市博物館『四川省出土銅鏡』（一九六〇年）
写51	江蘇省連雲港市海州区南門大隊侍其繇墓	南波「江蘇連雲港市海州西漢侍其繇墓」（『考古』一九七五年第三期）
写52	陝西省西安市紅慶村一一号墓	『陝西省出土銅鏡』
写53	陝西省西安市紅慶村	同右
写54	五島美術館蔵	『古鏡』
写55	河南省洛陽市焼溝八二号墓	『洛陽出土古鏡』
写56	広東省広州市先烈路広州四〇一四号漢墓	『広州漢墓』
写57	陝西省西安市賀家村一号墓	『陝西省出土銅鏡』
写58	広東省広州市建設大馬路広州四〇〇八号漢墓	『広州漢墓』
写59	湖南省長沙市伍家嶺二一一号墓	『古鏡』
写60	陝西省西安市	
写61	広西壮族自治区梧州市旺歩	広西壮族自治区文物管理委員会『広西出土文物』（一九七八年）
写62	守屋孝蔵旧蔵	『古鏡』
写63	広東省広州市先烈路広州五〇四五号漢墓	『広州漢墓』
写64	河南省洛陽市焼溝一四七号漢墓	『洛陽出土古鏡』
写65	中村不折旧蔵	梅原末治『漢三国六朝紀年鏡図説』（京都帝国大学文学部考古学資料叢刊第一冊、一九四三年）
写66	伝安徽省北部	梁上椿『巌窟蔵鏡』第二集中（一九四一年）
写67	伝朝鮮民主主義人民共和国平壌市大同江区（東京国立博物館蔵）	『古鏡』
写68	安徽省蕪湖市赭山一〇二号墓	王歩芸「蕪湖赭山古墓清理簡報」（『文物参考資料』一九五六年第一二期）
写69	上海博物館蔵	馬承源「越王剣、永康元年群神禽獣鏡」（『文物』一九六二年第一二期）
写70	江蘇省江都県彬州郷	南京博物院ほか（曽昭燏ほか）『江蘇省出土文物選集』（一九六三年）
写71―73	伝浙江省紹興	梅原末治『紹興古鏡聚英』（一九三九年）

写74　陝西省西安市緯十三街一号墓　『陝西省出土鏡』
写75　河南省洛陽市焼溝一二〇号漢墓　『洛陽出土古鏡』
写76　広東省広州市先烈路広州五〇五二号漢墓　『広州漢墓』
写77　朝鮮民主主義人民共和国平壌市大同江区石厳里　『漢三国六朝紀年鏡図説』
写78　上海博物館蔵　陳佩芬「西漢透光鏡及其模擬試験」（『文物』一九六七年第一期）
写79　富岡益太郎旧蔵　『漢三国六朝紀年鏡図説』
写80　広西壮族自治区費県高中　『広西出土文物』
写81　五島美術館蔵　『古鏡』
写82　浙江省紹興　王士倫『浙江出土銅鏡選集』（一九五七年）
写83　大阪府河内金剛輪寺旧蔵（文化庁蔵）　『古鏡』
写85　江西省南昌市東湖区永外正街一号晋墓　江西省博物館（余家棟）「江西南昌晋墓」（『考古』一九七四年第六期）
写86　黒川福三郎旧蔵　『漢三国六朝紀年鏡図説』
写87　伝日本・岡山県備前市香登丸山古墳　『古鏡』
写88　日本・福岡県京都郡苅田町南原石塚山古墳　同右
写89　日本・岡山県立博物館蔵　同右
写90　陝西省西安市郭家灘九三号隋墓　『陝西省出土銅鏡』
写91　湖南省長沙市絲茅沖三区三九号墓　『湖南出土銅鏡図録』
写92　陝西省西安市郭家灘六一号（大業七年）墓　『陝西省出土銅鏡』
写93　陝西省西安市韓森寨四一八号唐墓　同右
写94　陝西省西安市韓森寨四〇一号唐墓　同右
写95　伝河南省洛陽市　梁上椿『巌窟蔵鏡』第三集（一九四一年）
写96　陝西省西安市韓森寨七九号唐墓　『陝西省出土銅鏡』
写97　陝西省西安市郭家灘三九五号（神龍三年）墓　同右
写98　住友吉左衛門蔵　梅原末治『唐鏡大観』（京都帝国大学文学部考古学資料叢刊第二冊、一九四八年）
写99　陝西省西安市郭家灘九二号（開元二年）墓　『陝西省出土銅鏡』
写100　陝西省西安市高楼村〇一四号唐墓　同右
写101　陝西省戸県　外文出版社『新中国出土文物』（一九七二年）
写102　陝西省西安市路家湾七号（天宝四年）墓　『陝西省出土銅鏡』

写103　守屋孝蔵旧蔵　『唐鏡大観』
写104　陝西省西安市韓森寨東南一四号唐墓　『陝西省出土銅鏡』
写105　陝西省西安市路家湾　同右
写106　陝西省西安市西安郊区五九四号唐墓　中国科学院考古研究所（盧兆蔭ほか）『西安郊区隋唐墓』（中国田野考古報告集考古学専刊丁種第一八号、一九六六年）
写107　陝西省西安市高楼村二七二号唐墓　『陝西省出土銅鏡』
写108　陝西省西安市壩橋六三三号唐墓　同右
写109　陝西省西安市郭家灘五三四号唐墓　同右
写110　陝西省西安市　同右
写111　陝西省西安市郭家灘八九号唐墓　同右
写112　陝西省西安市韓森寨一号（天宝四年）墓　同右
写113　伝陝西省　『巌窟蔵鏡』第三集
写114　陝西省西安市西安郊区二一六号唐墓　『西安郊区隋唐墓』
写115　故宮博物院蔵
写116　陝西省西安市王家墳九〇号唐墓　『陝西省出土銅鏡』
写117　河南省扶溝県　中華人民共和国出土文物展覧工作委員会『中華人民共和国出土文物展覧展品選集』（一九七三年）
写118　陝西省西安市郭家灘（福労）六五号唐墓　『陝西省出土銅鏡』
写119　陝西省西安市王家墳西南二二一六号唐墓　同右
写120　伝河南省鄭州市　『文物参考資料』一九五七年第八期巻頭彩色挿図
写121　陝西省西安市長楽坡村　玉葆「唐鑾鳥綬帯紋金銀平脱銅鏡」（『考古与文物』一九八一年第三期）
写122　正倉院蔵　正倉院事務所『正倉院の金工』（一九七六年）
写123　河南省洛陽市一六工区七六号唐墓　河南省文化局文物工作隊第二隊（翟継才）「洛陽16工区76号唐墓清理簡報」（『文物参考資料』一九五六年第五期）
写124　正倉院蔵　『正倉院の金工』
写125　陝西省西安市韓森寨　『陝西省出土銅鏡』
写126　正倉院蔵　『正倉院の金工』
写127　日本・奈良県明日香村上平田高松塚古墳　橿原考古学研究所（末永雅雄ほか）『壁画古墳高松塚』（一九七二年）

写128　陝西省西安市灞橋区洪慶村独孤思貞（神功二年）墓　中国社会科学院考古研究所（馬得志）『唐長安城郊隋唐墓』（中国田野考古報告集考古学専刊丁種第二二号、一九八〇年）

写129　ソ連・ロシア共和国トゥーヴァ自治州ケノターフ古墳　岡崎敬『東西交渉の考古学』（一九七三年）

写130　ソ連・カザフ共和国ウルジャル　同右

写131　イラン・ニシャプール　同右

写132　湖南省長沙市顧家嶺九号墓　『湖南省出土銅鏡図録』

写133　江蘇省揚州市湾頭鎮楊呉墓　『江蘇省出土文物選集』

写134　出土地不明　沈従文『唐宋銅鏡』（一九五八年）

写135　寧夏回族自治区隆徳県宋墓　寧夏回族自治区博物館（鍾侃）「寧夏回族自治区文物考古工作的主要収穫」（『文物』一九七八年第八期）

写136　中国歴史博物館蔵

写137　湖南省博物館蔵　『湖南出土銅鏡図録』

写138　四川省広元上西壩工地　『四川省出土銅鏡』

写139　太湖沿岸　梁上椿『巌窟蔵鏡』第四集（一九四二年）

写140　四川省金堂県焦山　『四川省出土銅鏡』

写141　黒龍江省阿城県新華公社　黒龍江省阿城県文物管理所『阿城県出土銅鏡』（一九七四年）

写142―145　黒龍江省阿城県白城　同右

写146　伝山西省太原市（中国歴史博物館蔵）

写147　江蘇省蘇州市虎丘山呂師孟夫妻合葬墓　江蘇省文物管理委員会（王徳慶）「江蘇呉県元墓清理簡報」（『文物』一九五九年第一一期）

挿図掲載銅鏡出土地名・出典一覧

図2—1・2　河南省安陽市殷墟婦好墓　中国社会科学院考古研究所（張囤生ほか）『殷墟婦好墓』（中国田野考古報告書考古学専刊丁種第二三号、一九八〇年）

3　河南省安陽市侯家荘一〇〇五号墓　高去尋「殷代的一面銅鏡及其相関之問題」（『中央研究院歴史語言研究所集刊』第二九本下冊、一九五八年）

図3—1　陝西省鳳翔県彪角公社新庄河　宝鶏博物館（王光永）「宝鶏市郊区和鳳翔発現西周早期銅鏡等文物」（『文物』一九七九年第一二期）

2　陝西省宝鶏市　同右

3　陝西省鳳翔県南指揮公社西村四六号周墓　雍城考古隊（韓偉・呉鎮烽）「鳳翔南指揮西村周墓的発掘」（『考古与文物』一九八二年第四期）

図4—1　陝西省扶風県王太川村　羅宗章「扶風出土的商周青銅器」（『考古与文物』一九八〇年第四期）

2　河南省三門峡市上村嶺虢国墓地一六一二号墓　中国科学院考古研究所（林寿晋）『上村嶺虢国墓地』（中国田野考古報告集考古学専刊丁種第一〇号、一九五九年）

図5　四川省成都市羊子山　四川省博物館・重慶市博物館『四川省出土銅鏡』（一九六〇年）

図6—1　伝安徽省寿州　梅原末治『漢以前の古鏡の研究』（一九三六年）

2　河南省鄭州市二里崗九四号墓　河南省文化局工作隊（安金槐ほか）『鄭州二里岡』（中国田野考古報告集考古学専刊丁種第七号、一九五九年）

3　東京国立博物館蔵　『漢以前の古鏡の研究』

図7—1　湖南省常徳市徳山楚墓　湖南省博物館（楊樺）「湖南常徳徳山楚墓発掘報告」（『考古』一九六三年第九期）

2　山西省孝義県張家荘二三号墓　山西省文物管理委員会・山西省考古研究所（解希恭）「山西孝義張家荘漢墓発掘記」（『考古』一九六〇年第七期）

図8—1　湖南省長沙市黒石渡八号墓　李正光・彭青野「長沙沙湖橋一帯古墓発掘報告」（『考古学報』一九五七年第四期）

2　湖南省常徳市徳山楚墓　『考古』一九六三年第九期（図7—1参照）

3　湖南省常徳市徳山七号墓　同右

図9　河北省易県　梁上椿『巌窟蔵鏡』第一集（一九四〇年）

図10—1　湖南省長沙市沙湖橋二三号戦国墓　『考古学報』一九五七年第四期（図8—1参照）
2　湖北省宜昌市前坪二三号戦国墓　湖北省博物館（管維良）「宜昌前坪戦国両漢墓」（『考古学報』一九七六年第二期）
図11—1　河北省邯鄲県工程公社　周窯一号墓南棺　河北省文管処・邯鄲地区文保所・邯鄲市文保所（羅平）「河北邯鄲趙王陵」（『考古』一九八二年第六期）
2　山西省長治市分水嶺五三号墓　山西省文物管理委員会・山西省考古研究所（辺成修・葉学明・沈振中）「山西長治分水嶺戦国墓第二次発掘」（『考古』一九六四年第三期）
3　四川省成都市羊子山　『四川省出土銅鏡』
4　江蘇省揚州市鳳凰河前漢墓　蔣纘初「揚州地区出土的銅鏡」（『文物参考資料』一九五七年第八期）
図13—1・4　湖北省雲夢県睡虎地秦墓（三四・三五号）　雲夢県文物工作組（蔡先啓・張沢棟・劉玉堂）「湖北雲夢睡虎地秦漢墓発掘簡報」（『考古』一九八一年第一期）
2　江蘇省揚州市鳳凰河木槨墓　『文物参考資料』一九五七年第八期（図11—4参照）
3　湖南省長沙市沙湖橋二四号戦国墓　『考古学報』一九五七年第四期（図8—1参照）
図14　四川省成都市羊子山一七二号墓　四川省文物管理委員会「成都羊子山第172号墓発掘報告」（『考古学報』一九五六年第四期）
図15—1　河南省鄭州市崗杜一四五号墓　河南省文物工作隊第一隊（牟永杭）「鄭州崗杜付近古墓葬発掘簡報」（『文物参考資料』一九五五年第一〇期）
2　湖南省益陽市桃花崙一号楚墓　湖南省益陽地区文物工作隊（盛定国）「益陽楚墓」（『考古学報』一九八五年第一期）
図16—2　湖北省雲夢県睡虎地九号秦墓　《雲夢睡虎地秦墓》編写組『雲夢睡虎地秦墓』（一九八一年）
図18　伝河南省洛陽市金村　『漢以前の古鏡の研究』
図19—1　遼寧省朝陽県十二台営子一号墓　朱貴「遼寧朝陽十二台営子青銅短剣墓」（『考古学報』一九六〇年第一期）
2　吉林省集安県太平公社積石墓　集安県文物保管所（張雪岩）「集安発現青銅短剣墓」（『考古』一九八一年第五期）
図20—1　広東省広州市三元里広州一〇一〇号漢墓　広州市文物管理委員会・広州市博物館（朱重光ほか）『広州漢墓』（中国田野考古報告集考古学専刊丁種第二一号、一九八一年）
2・6　河北省満城県竇綰墓　中国社会科学院考古研究所・河北省文物管理処（盧桃蔭ほか）『満城漢墓発掘報告』（中国田野考古報告集考古学専刊丁種第二〇号、一九八〇年）
3　湖南省長沙市馬王堆一号漢墓　湖南省博物館・中国科学院考古研究所『長沙馬王堆一号漢墓』（一九七三年）
4　四川省成都市羊子山　『四川省出土銅鏡』
5　湖南省長沙市紙園冲一四号墓　湖南省文物管理委員会（呉銘生）「湖南長沙紙園冲工地古墓清理小結」（『考古通訊』一九五七年第五期）

図21—1　広東省広州市先烈路広州一一七四号漢墓　『広州漢墓』
2　湖南省新安県鉄門鎮三七号漢墓　河南省文化局文物工作隊（賀官保）「河南新安鉄門鎮西漢墓葬発掘報告」（『考古学報』一九五九年第二期）
図22—1　出土地不明　羅振玉『古鏡図録』（一九一六年）
2・4　四川省成都市羊子山　『四川省出土銅鏡』
3　河北省満城県満城一号漢墓　『満城漢墓発掘報告』
図23—1　四川省成都市羊子山　『四川省出土銅鏡』
2　四川省成都市東北郊二八号墓　四川省文物管理委員会（頼有徳）「成都東北郊西漢墓葬発掘簡報」（『考古通訊』一九五八年第二期）
図24—1・3　河南省洛陽市焼溝漢墓（七・一三六A号墓）　洛陽区考古発掘隊（蔣若是ほか）『洛陽焼溝漢墓』（中国田野考古報告集考古学専刊丁種第六号、一九五九年）
2　四川省成都市羊子山　『四川省出土銅鏡』
4　広東省広州市小港路広州三〇三一号漢墓　『広州漢墓』
5・7　日本・福岡県飯塚市立岩堀田遺跡（三五・一〇号甕棺墓）　福岡県飯塚市立岩遺跡調査委員会（岡崎敬ほか）『立岩遺跡』（一九七七年）
6　出土地不明　徐乃昌『小檀欒室鏡影』（一九三〇年）
図25—1　四川省成都市羊子山　『四川省出土銅鏡』
2　日本・福岡県飯塚市立岩堀田遺跡（一〇号甕棺墓）『立岩遺跡』
図26—1　河南省洛陽市焼溝三八A号漢墓　『洛陽焼溝漢墓』
2　広東省広州市登峰路広州三〇二九号漢墓　『広州漢墓』
3　広東省広州市先烈路広州四〇一四号漢墓　同右
図27—1・2　出土地不明　羅振玉『古鏡図録』（一九一六年）
3　河南省洛陽市西郊一〇〇二五号漢墓　中国科学院考古研究所洛陽発掘隊（陳久恒・葉小燕）「洛陽西郊漢墓発掘報告」（『考古学報』一九六三年第二期）
4　広東省広州市先烈路広州五〇三六号漢墓　『広州漢墓』
5　江西省南昌市丁一号墓　江西省博物館「江西南昌東漢、東呉墓」（『考古』一九七八年第三期）
6　河南省洛陽市焼溝一二五号漢墓　『洛陽焼溝漢墓』
7　広東省広州市東山竹絲崗広州五〇二八号漢墓　『広州漢墓』
図29　出土地不明　『小壇欒室鏡影』
図30—1　出土地不明

2　河南省洛陽市焼溝一四八号漢墓　『洛陽焼溝漢墓』

3　河南省陝県劉家渠一一号漢墓　黄河水庫考古工作隊（葉小燕）「河南陝県劉家渠漢墓」（『考古学報』一九六五年第一期）

図31—1—3　河南省南陽市博物館蔵　崔慶明「南陽市博物館蔵紀年銅鏡」（『中原文物』一九八二年第一期）

4・5　出土地不明　『古鏡図録』

図33—1・3　出土地不明　同右

2　安徽省蕪湖市赭山一〇二号墓　王歩会「蕪湖赭山古墓清理簡報」（『文物参考資料』一九五六年第一二期）

図34—1　上海市文物保管委員会蔵　沈令昕「上海市文物保管委員会所蔵的幾面鏡介紹」（『文物参考資料』一九五七年第八期）

2　河南省淇県高村公社二郎廟村　曹桂岑・耿青岩「河南淇県発現一面東漢画像銅鏡」（『文物』一九八〇年第七期）

3　出土地不明　『古鏡図録』

4　浙江省紹興県漓渚　王士倫「試談中国銅鏡紋飾的発展」（『文物参考資料』一九五七年第八期）

図35—1　湖北省房県城関鎮二龍岡二号漢墓　湖北省博物館「湖北房県的東漢、六朝墓」（『考古』一九七八年第五期）

2・3　出土地不明　『古鏡図録』

4　河南省洛陽市焼溝一二〇号漢墓　『洛陽焼溝漢墓』

図36—1　河南省陝県劉家渠八号漢墓　『考古学報』一九六五年第一期（図30—3参照）

2　広東省広州市先烈路広州五〇五二号漢墓　『広州漢墓』

図37—1　出土地不明　劉体智『小校経閣金文拓本』（一九三五年）

2　広西壮族自治区貴県高中　広西壮族自治区文物管理委員会『広西出土文物』（一九七八年）

3　出土地不明　『古鏡図録』

4　湖北省随県唐鎮三号墓　湖北省文物管理委員会（程欣人・陳恒樹）「湖北随県唐鎮漢魏墓清理」（『考古』一九六六年第二期）

5　河南省淇県高村　耿青岩「河南淇県高村発現秦始九年銘文神獣鏡」（『考古』一九八五年第四期）

6　江蘇省丹陽県　鎮江博物館（劉建国）「鎮江東呉西晋墓」（『考古』一九八四年第六期）

図39—1　江西省瑞昌県馬頭西晋墓　江西省博物館（程応林）「江西瑞昌馬頭西晋墓」（『考古』一九七四年第一期）

2　湖北省鄂城市五里墩　湖北省博物館・鄂州市博物館（兪偉超・管維良）『鄂城漢三国六朝銅鏡』（一九八六年）

3　浙江省金華市古方二五号西晋墓　金華地区文管会「浙江金華古方六朝墓」（『考古』一九八四年第九期）

4　中村不折旧蔵　梅原末治『漢三国六朝紀年鏡図説』（京都帝国大学文学部考古学資料叢刊第一冊、一九四三年）

図40　四川省昭化宝輪鎮　『四川省出土銅鏡』

図41—1　出土地不明　『小檀欒室鏡影』

2　陝西省西安市西安郊区六〇〇号唐墓　中国科学院考古研究所（盧兆蔭ほか）『西安郊区隋唐墓』（中国田野考古報告集考古学専刊丁種第一八号、一九六六年）

3　湖南省長沙市一号隋墓　湖南省博物館（高至喜）「長沙両晋南朝隋墓発掘報告」（『考古学報』一九五九年第三期）

4　四川市成都市羊子山　『四川省出土鏡』

5　広西壮族自治区興安県興安鎮　『広西出土文物』

図42―1・2　陝西省西安市西安郊区唐墓（五七六・五九一号墓）『西安郊区隋唐墓』

図43―1　出土地不明　『蒿雲居蔵鏡集』編者・刊行年不明

2　陝西省博物館蔵

3　河南省偃師県杏園村李守一墓　中国社会科学院考古研究所河南第二工作隊（徐殿魁）「河南偃師杏園村的六座紀年唐墓」（『考古』一九八六年第五期）

4　出土地不明　『小檀欒室鏡影』

5　上海博物館蔵　陳珮芬『上海博物館蔵青銅鏡』（一九八七年）

図44―1　出土地不明　沈従文『唐宋銅鏡』（一九五八年）

2　河南省偃師県杏園村宋禎墓　『考古』一九八六年第五期（図43―3参照）

図45―1・2　出土地不明　『小檀欒室鏡影』

3　出土地不明　『唐代図案集』（一九八二年）

図46―1　広西壮族自治区恭城県栗木　『広西出土文物』

2　出土地不明　伝大卣『中国歴代銅鏡図録』（一九八一年）

3　出土地不明　『唐宋銅鏡』

4　出土地不明　『小校経閣金文拓本』

5　河南省平頂山市苗候村魏某院唐墓　平頂山市文管会（張肇武）「河南平頂山苗候唐墓発掘簡報」（『考古与文物』一九八二年第三期）

図47―1・2　出土地不明　『小檀欒室鏡影』

3　陝西省西安市韓森寨天宝四年墓　張正嶺「西安韓森寨唐墓整理記」（『考古通訊』一九五七年第五期）

図48―1・3　上海博物館蔵　『上海博物館蔵青銅鏡』

2　陝西省西安市西安郊区二一六号唐墓　『西安郊区隋唐墓』

4　出土地不明　『唐代図案集』

図49　河南省偃師県杏園村李景由墓　『考古』一九八六年第五期（図43―3参照）

図50―1・3　出土地不明　『小校経閣金文拓本』

2	出土地不明	徐乃昌（末永雅雄・杉本憲司）『中国古鏡拓影』（一九八四年）
図51—1	四川省成都市羊子山	『四川省出土銅鏡』
2	河南省陝県劉家渠開成三年墓	黄河水庫考古工作隊（兪偉超）「一九五六年河南陝県劉家渠漢唐墓葬発掘簡報」（『考古通訊』一九五七年第四期）
図52—1	陝西省博物館蔵	劉向群「唐金銀平脱天馬鸞鳳鏡」（『文物』一九六六年第一期）
2	河南省洛陽市関林天宝九年盧氏墓	洛陽博物館（徐治亜）「洛陽関林唐墓」（『考古』一九八〇年第四期）
3	上海博物館蔵	『上海博物館蔵青銅鏡』
図53—1	安徽省合肥市西郊保大四年南唐墓	石谷風・石人権「合肥西郊南唐墓清理簡報」（『文物参考資料』一九五八年第三期）
2	江蘇省連雲港市海州区一号墓	南京博物院・連雲港市博物館（周暁陸ほか）「江蘇連雲港市清理四座五代、北宋墓葬」（『考古』一九八七年第一期）
図54—1	出土地不明	『中国歴代銅鏡図録』
2	出土地不明	『小檀欒室鏡影』
図55	四川省成都市羊子山	『四川省出土銅鏡』
図56—1	四川省綿陽市皀郷	同右
2	四川省大邑県鳳凰郷	同右
3	出土地不明	『小校経閣金文拓本』
図57—1	四川省成都市外東跳蹬河紹興九年北宋墓	『四川省出土銅鏡』
2	河南省鞏県石家庄五号宋墓	河南省文化局文物工作隊（趙国璧）「河南鞏県石家庄古墓葬発掘簡報」（『考古』一九六三年第二期）
図58—1	浙江省博物館蔵	『文物参考資料』一九五七年第八期（図34—4）
2	四川省成都市外東跳蹬河	『四川省出土銅鏡』
3	浙江省新昌県	王士倫『浙江出土銅鏡』（一九八七年）
4	出土地不明	『小校経閣金文拓本』
5	四川省金堂県焦山紹興十六年墓	『四川省出土銅鏡』
図60—1	出土地不明	『小檀欒室鏡影』
2	南陽市博物館蔵	『中原文物』一九八二年第一期（図31—1～3参照）
3	甘粛省臨洮県北郷	陳炳応「甘粛省博物館収蔵的三面金代銅鏡」（『考古与文物』一九八二年第三期）
図61—1	山東省茌平県郗屯	劉善沂「山東茌平郗屯出土一批金元器物」（『考古』一九八六年第八期）
2・4	出土地不明	『中国歴代銅鏡図録』

3	甘粛省博物館蔵	『考古与文物』一九八二年第三期（図60—3参照）
図62—1	出土地不明	『中国歴代銅鏡図録』
2	甘粛省博物館蔵	『考古与文物』一九八二年第三期（図60—3参照）
3	出土地不明	『古鏡図録』
図63	出土地不明	『小檀欒室鏡影』
図64—1	北京市西絛胡同	中国科学院考古研究所・北京市文物管理処元大都発掘隊「北京西絛胡同和后桃園的元代居住遺址」（『考古』一九七三年第五期）
2	甘粛省漳県汪世顕家族墓	漳県文化館（周之梅）「甘粛漳県元代汪世顕家族墓葬簡報之二」（『文物』一九八二年第二期）

中国古代銅鏡史年表

時代	西暦	おもな出来事	関連の遺跡と遺物
新石器時代	BC六〇〇〇年頃		チャタル・フュク遺跡（イラク）から黒曜石製鏡が出土
	BC二〇〇〇年頃		甘粛省斉家坪遺跡（斉家文化）から素鏡が出土
殷（商）	BC一六〇〇年頃	殷王朝成立。亳に都をおく	
	一三〇〇年頃	殷（安陽）に遷都。殷王朝の最盛期	殷墟婦好墓から葉脈文鏡・多圏凸弦文鏡が出土
西周	一〇五〇年頃	殷滅亡。西周成立。鎬に都をおく	陝西省鳳翔南指揮西村周墓から素鏡が出土
	七七一	西周滅亡	河南省三門峡上村嶺虢国一六五〇号墓から素鏡が出土
春秋時代	七七〇	平王、成周に遷都。春秋時代の始まり	河南省三門峡上村嶺虢国一六一二号墓から禽獣文鏡が出土
	五五二	孔子誕生（—四七九）	
	四五三	韓・魏・趙三国成立。戦国時代の始まり	
戦国時代	三五九	秦商鞅の変法	

時代	年	事項	出土
秦	二二一	秦始皇帝による全国統一	
前漢	二〇七	陳渉・呉広の乱。劉邦・項羽挙兵	湖南省長沙馬王堆一号墓（紀元前一六八年）から蟠螭文鏡が出土
	二〇二	前漢成立。長安に都をおく	
	一五八	呉楚七国の乱	
	一四〇頃	張騫、西域遠征に出発（—一二六）	河北省満城一号墓（紀元前一一三年）から草葉文鏡が出土
	一一九	五銖銭制定	河北省満城二号墓（紀元前一〇四年以前）から蟠螭文鏡・四乳獣文鏡が出土
	九七頃	司馬遷『史記』完成	江蘇省揚州邗江胡場五号墓から星雲文鏡が「劉胥四十七年（紀元前七一）」銘の木簡と伴出
			北京市大葆台漢墓（紀元前九四年）から星雲文鏡・昭明連弧文鏡が出土
	AD九	王莽皇帝即位。国号を新とする	「居摂元年（紀元六）」銘清白連弧文鏡
新	一八	赤眉の乱	「始建国二年（紀元一〇）」銘規矩禽獣文鏡
後漢	二五	劉秀（光武帝）即位。後漢成立。洛陽に都をおく	「始建国天鳳二年（紀元一五）」銘四神規矩鏡
	三六	光武帝、蜀を平定。全国統一完成	河北省定県北庄漢墓から素連弧文鏡が「建武三二年（五六）」銘弩と伴出
			「永平七年（六四）」銘多乳禽獣文鏡
			「永平七年（六四）」銘雲雷連弧文鏡
	七三	班超を西域に派遣	江蘇省徐州から「長宜子孫」銘連弧文鏡が「建初二年（七七）」銘鋼剣と伴出

後漢

年	事項
	○この頃より、宦官の力が強まる
一〇五	蔡倫、紙を作り献上する
一六六	第一次党錮の禁
一六九	第二次党錮の禁
一九六	曹操、献帝を迎え、許を都とする

「元和三年（八六）」銘多乳禽獣文鏡

「元興元年（一〇五）」銘変形四葉獣首鏡

「元興元年（一〇五）」銘環繞式神獣鏡

河北省武清の鮮于璜墓（延光四年・一二五年没）から「長宜子孫」銘連弧文鏡が出土

河南省襄城茨溝の永建七年（一三二）画像石墓から「長宜子孫」銘連弧文鏡が出土

「永寿二年（一五六）」銘変形四葉獣首鏡

「延熹七年（一六四）」銘変形四葉獣首鏡

「延熹九年（一六六）」銘変形四葉獣首鏡

「永康元年（一六七）」銘環繞式神獣鏡

「建寧元年（一六八）」銘変形四葉獣首鏡

「熹平三年（一七四）」銘変形四葉獣首鏡

江蘇省揚州の劉元台墓（熹平四年・一七五年の買地券出土）から「長宜子孫」銘連弧文鏡が出土

「光和元年（一七八）」銘変形四葉獣首鏡

河南省洛陽の王当墓（一七九年）から「位至三公」変形四葉文鏡が出土

「光和七年（一八四）」銘多乳禽獣文鏡

「中平四年（一八七）」銘変形四葉獣首鏡

「中平六年（一八九）」銘方格瑞獣鏡

「建安七年（二〇二）」「八年（二〇三）」「十年（二〇五）」「二十二年（二一七）」「二十四年（二一九）」銘重列式神獣鏡

「建安二四年（二一九）」銘環繞式神獣鏡

後漢	魏	呉	蜀	西晋	五胡十六国

年	事項	鏡
二二〇	曹丕、献帝の禅譲を受け、魏王朝をたて、洛陽に都する	湖北省鄂城から「黄初二年（二二一）」・「黄初四年（二二三）」銘の神獣鏡類が出土
二二二	魏・呉・蜀の三国が鼎立	「黄武六年（二二七）」銘重列式神獣鏡
	○この頃、仏教が江南地方に伝来	「赤烏元年（二三八）」銘半円方格帯神獣鏡
		「太平元年（二五六）」銘半円方格帯神獣鏡
		「太平二年（二五七）」銘半円方格帯神獣鏡
		「甘露四年（二五九）」銘変形四葉獣首鏡
		「甘露五年（二六〇）」銘変形四葉獣首鏡
		「永安四年（二六一）」銘重列式神獣鏡
		「景元四年（二六三）」銘規矩鏡
二六三	蜀滅亡	
二六五	司馬炎、西晋王朝をたて、洛陽に都する	
		「宝鼎二年（二六七）」銘半円方格帯神獣鏡
		「天紀二年（二七八）」銘重列式神獣鏡
二八〇	西晋、呉を滅ぼし、中国を統一する	
三一六	西晋滅亡。五胡十六国時代の始まり	

五胡十六国	四三九	北魏、華北を統一する	
	四七九	南北朝時代の始まり	
南北朝時代			河南省陝県の開皇三年（五八三）夫婦合葬墓から十二生肖鏡が出土
	五八九	隋、中国を統一する	
隋			陝西省西安の大業四年（六〇八）墓から十二生肖鏡が出土
			陝西省西安の大業七年（六一一）墓から瑞獣花草文鏡が出土
唐	六一八	隋滅亡。唐王朝成立	
			「武徳五年（六二二）」銘四神十二生肖鏡（『博古図録』）
	六二七	太宗が即位、貞観の治始まる	
			陝西省准安の貞観四年（六三〇）葬の李寿墓から十二生肖鏡が出土
	六五〇	高宗が即位	
			陝西省礼泉の麟徳元年（六六四）葬の鄭仁泰墓から瑞獣葡萄鏡が出土
			陝西省西安の麟徳二年（六六五）葬の劉宝墓から瑞獣葡萄鏡が出土
			陝西省西安の咸亨三年（六七二）牛弘満墓から瑞獣花草文鏡が出土
			河南省洛陽の垂拱元年（六八五）墓から瑞獣葡萄鏡が出土
	六九〇	武則天が帝位につき、国号を周と称する	
			陝西省西安の天冊万歳元年（六九五）墓から瑞獣葡萄鏡が出土

唐			河南省洛陽の万歳通天二年（六九七）墓から瑞獣葡萄鏡が出土 陝西省西安の神功二年（六九八）再葬の独孤思貞墓から瑞獣葡萄鏡が出土 額尓発尼住廟墓（七〇一）から瑞獣葡萄鏡が出土 （七〇六）改葬、章懐太子李賢墓 （七〇六）懿徳太子重潤墓
	七〇五 （神龍元年）	中宗が復位して、唐朝再興 ○揚州に命じて方丈の鏡を作る（『朝野僉載』）	神龍三年（七〇七）墓から瑞獣鸞鳥鏡類が出土
	七一〇 （景雲元年）	睿宗が即位、金城公主が吐蕃に嫁す	河南省洛陽の景龍三年（七〇九）葬の安菩夫婦墓から瑞獣葡萄鏡出土 河南省温県の景雲二年（七一一）葬の楊履庭墓から瑞獣葡萄鏡が出土
	七一二	玄宗、帝位につく、開元の治始まる ○開元十八年、玄宗が四品以上に金鏡ほかを下賜（『旧唐書』）	陝西省西安の開元二年（七一四）墓から雀繞花枝鏡が出土 陝西省西安の開元十五年（七二七）墓から瑞獣花草文鏡が出土 広東省韶関の開元二十九年（七四一）葬の張九齢墓から盤龍鏡が出土 遼寧省朝陽の天宝三年（七四四）改葬の韓貞墓から葵花形宝相花鏡が出土
	（天宝年間）	○揚州で水心鏡を鋳造（『国史補』） ○玄宗、安禄山に宝鈿鏡を下賜（『安禄事蹟』）	陝西省西安の天宝四年（七四五）路家湾七号墓から対鳥鏡が出土 陝西省西安の天宝四年（七四五）墓から飛仙鏡が出土 河南省洛陽、天宝九年（七五〇）虜氏墓から金銀平脱鸞鳥御授鏡が出土
	七五五 （天宝一五年）	安禄山の乱が起こる	河南省陝県で至徳元年（七五六）墓から盤竜鏡が出土

時代	年	事項	銅鏡関係
唐	七五七	朱玉・宝鈿・平脱・金泥・刺繍を禁ず	河南省陝県で至徳元年（七五六）墓から螺鈿鏡が出土 洛陽十六工区七六号墓（乾元元年（七五八）合葬墓）から螺鈿鏡が出土
	七六二	代宗が即位	大暦元年（七六六）墓から対鳥鏡が出土 河南省陝県の大暦二年（七六七）葬の劉家渠一〇三六号墓から対鳥鏡が出土
	七七九	揚州からの江心で鋳造した鏡の献上を取り止める（『旧唐書』）	
	七八〇	徳宗が即位	河南省洛陽の興元元年（七八四）合葬の澗河一六工区七六墓から対鳥鏡が出土
	八〇九	憲宗が即位	興元元年（七八四）合葬墓から螺鈿鏡が出土
	八二一	穆宗が即位 淮南・両浙からの進上品や、端午の節句の恒例の献上品をいっさい罷める（『旧唐書』）	大明宮跡から「含元殿及毬場等　大唐大和辛亥歳（八三一）乙未月建」銘の石碑が出土
	九〇七	唐滅亡。五代が始まる	江蘇省連雲港市の呉の大和五年（九三三）銘の墓誌をもつ墓葬から「千秋万歳」銘鏡が出土 安徽省合肥の南唐墓で保大四年（九四六）の紀年銘をもつ買地券と都省銅坊鏡が出土
五代十国	九七九	宋が中国を統一	

王朝	年	事項
北宋		
金	一一一五	金が建国
	一一二五	金により遼滅亡
南宋	一一二六	高宗逃れて江南に移り、杭州に都し、南宋始まる
	一一七一	銅鏡の私鋳を禁ず（『金史』）
	一一八六	鋳銅の禁止令を強化（『金史』）

湖北省安陸県の崇寧二年（一一〇三）墓から円形八弁牡丹花文鏡が出土
河南省鞏県の宋墓で嘉祐四年（一〇五九）鋳造の「嘉祐通宝」銭と円形八卦日月星辰鏡が伴出
江西省波陽県で元祐辛未年（一〇九一・大観三年（一一〇九）没の北宋夫婦墓から湖州鏡が出土
湖北省麻城県の政和三年（一一一三）墓から方形八卦鏡と花卉鏡が出土
陝西省丹鳳県の宣和元年（一一一九）墓から亜字形花草鏡が出土
江蘇省准安県で紹興元年（一一三一）に没した楊公祐墓から亜字形花草鏡が出土
四川省成都で紹興九年（一一三九）銘の買地券をもつ北宋墓から円形八卦鏡が出土
四川省の紹興十六年（一一四六）没の南宋墓から「成都劉氏」銘の成都鏡が出土
「乾道四年（一一六八）」銘湖州鏡
湖南省長沙の紹興戊辰年（一一四八・乾道庚寅年（一一七〇）没の南宋夫婦墓から湖州鏡が出土
「乾道八年（一一七二）」銘湖州鏡
北京市の大定十七年（一一七七）葬の金代墓から湖州鏡が出土
四川省成都の南宋墓で「淳熙壬寅年（一一八二）」銘石碑と湖州鏡が伴出

王朝	年	事項	出土・伝世鏡
金／南宋	一一九一	勅令によって、銅鏡の私鋳を禁じるため、銅鏡を廉価で販売（『金史』）	南京で慶元元年（一一九五）没の張同之墓から素鏡が出土 「承安二年（一一九七）鏡子局造」銘の双魚鏡（河南省南陽市博物館蔵） 「承安三年（一一九八）」銘の呉牛喘月故事鏡 「承安三年（一一九八）」銘の瑞獣鏡の伝世鏡
	一二〇六	チンギスカンが即位	江西省清江で嘉定四年（一二一一）あるいは宝慶三年（一二二七）の王宣義夫婦合葬墓から湖州鏡が出土
蒙古／南宋	一二三四	金が滅亡	江西省永修で嘉熙四年（一二四〇）の趙時夫婦合葬墓から湖州鏡が出土 福建省福州の淳祐三年（一二四三）の墓誌をもつ南宋墓から素鏡が出土 江西省高安で宝祐三年（一二五五）の孫淑恭夫婦合葬墓から湖州鏡出土 山西省大同市の至元二年（一二六五）葬の馮道真墓から纏枝牡丹文鏡が出土 陝西省西安の至元三年（一二六六）墓から「寿山福海」銘文鏡が出土 「至元三年（一二六七）」銘双龍鏡
元	一二七一	蒙古が国号を元となす	
	一二七九	元が南宋を滅ぼす	江蘇省呉県の大徳八年（一三〇四）・延佑二年（一三一五）葬の元代墓から纏枝牡丹文鏡が出土

訳者後記

孔祥星・劉一曼両先生の御著書『中国古代銅鏡』が北京の文物出版社から刊行されたのは一九八四年一二月のことである。さっそく読ませていただいたが、一般向けの概説書であるだけに、中国銅鏡の成立以後の展開がわかりやすく述べられている。

日本からも中国銅鏡が出土する。その初期の例、つまり弥生時代のものの多くは北部九州の遺跡から発見されることもあって、訳にあたった三人は常々この問題に関心を寄せていた。ただ古墳時代にはいると、画文帯神獣鏡や画像鏡など、あるいは中日いずれの製作かいまだに決着をみない三角縁神獣鏡を除けば、列島内で盛んに銅鏡が製作されるようになることもあって中国鏡の占める比重は減少してくる。奈良―平安時代に再び隋唐鏡や宋鏡などが数多く流入するようになり、最近では遺跡から出土する例も増えているが、いまひとつ関心が薄い。さらに総じて、発掘調査で出土することの多い漢鏡が考古学研究者の関心を集めるのに対し、寺社への奉納品などとして伝来する例がみられる隋唐―宋鏡は美術史学研究者の関心の対象になる傾向をもっている。無意識のままに銅鏡研究の流れに不連続を生じさせている一面があるのである。

そこに『中国古代銅鏡』が刊行された。中国の場合、古代は一九世紀のアヘン戦争までを含んでいて、日本史の時代区分とは大幅に異なる。したがって本書が対象にする時代はガラス鏡の出現までに相当することになる。本書では技術的・美術工芸的な面にみるべきものの少ない明・清鏡は除かれているが、鏡が出現した今から四〇〇〇年前頃とみられる斉家文化期から元代におよぶ永い銅鏡の歴史が、豊富な出土資料を核にして述べられている。各時代の銅鏡の種類と特徴が形式・文様・銘文・鋳造技術などの多方面から検討され、さらにさまざまな文献や見解の紹介を通して研究の流れが把握できるよう、配慮されている。これまでこうした長期にわたる銅鏡の歴史は、一九四〇―四二年に刊行された梁上椿の『巌窟蔵鏡』に拠るしかなかった。『中国古代銅鏡』は発掘調査の裏付けをもち、かつまたわかりやすい内容なだけに、私たち三人の渇きをいやしてくれた。弥生時代（それは前漢―後漢にほぼ相当するが）の遺跡から出土する中国鏡に接する機会の多い私たちはともすれば知識が漢代の銅鏡に片寄っていた。この本で中国鏡の全体像を再学習してみようという思いが私たちにあった。

訳者の一人高倉が、刊行後間もない一九八五年春に、中国書店の川端幸夫さんの訪問を受けた。『中国古代銅鏡』の翻訳出版権を得たのでやってみないかといわれる。中国の発掘報告書を読むくらいの読書力しかない私が訳にあたるなんてとんでもないと、正直思った。ただ前述の事情もあり、翻訳ではなく、じっくりと読んでみたいという気持ちがあった。そこでいろいろと考えた末に、三人で翻訳をお引き受けすることになった。

当時、田崎は九州大学文学部考古学研究室助手、渡辺は同研究室大学院学生であり、高倉は九州歴史資料館に勤務していた。そこでまず同じ研究室にいる田崎と渡辺が、漢代までと魏晋南北朝以降を分担し、中国文を日本文に直訳する作業から始めた。別に粗訳をしていた高倉がそれをまとめ文体を統一する。これだけの作業に一年ほどかかった。仕事の遅れに業を煮やした海鳥社は、削除と書き込みを繰り返した、私たち三人にもまともには読めないような原稿を奪い取っていかれた。

初校を受け取った時に私たちの苦悩が始まった。原著に「ある人の見解によれば」とあるような場合、刊行後にあれは誰の説なんだと問われたらどうしよう。挿図には出典・出土地や面径などが記されていない。どこの出土で、何に載っていると聞かれたらどうしよう。不安はつのるばかりである。不安を解消するには原典にあたるしかない。その原典探しを分担しつつ、毎週一度集まって校正を行ったが（このペース自体が校正にあるまじき遅さであるが）、一ページも進まないこともあった。同じ目的をもつ三人であったが、一字一句の解釈や表現をめぐって侃々諤々のままに一日が終わることもあった。一語の表現を二人は納得しても一人が疑問をもつ。たった三人で共通の理解に達しないようではと、討議を重ねた。当初は早く校正を返さなければという思いがあったが、時間がかかってもよい本にしたい、それが孔・劉両先生への礼儀だと考え、徹底した。今振り返ってみると、一人でこの作業を行っていたら、校正はせいぜい二週間。今頃訳書は書店に並び、不評をかっていたと思う。

「三人寄れば文殊の知恵」の諺を今度ばかりは実感した。

どうやら初校を終えたのは一年半の後であった。これが原稿だといわんばかりのあまりの書き込みの多さ（事実、初校は素稿を強奪し清書してくれたものとみなし、私たちはこれを原稿と強弁していた）から二校は半年後に出てきた。初校は直訳であることが理由にならないほどに、とても日本語といえる文章ではなかった。真っ赤に変じるほどの書き込みと削除は初校をまた読解不能にしていたが、受け取った二校は面目を一新した十分通じる日本文になっていた、と思う。そこで新たな意欲が起こり、苦悩の二幕目となった。

「ある人の見解では……、別の人は……といっている」というような表現の場合、原註がなければ原典探しの成果を用いて訳註を付けるというのが、基本であった。これは訳の基本であり、参考に読んだ訳書は多くそうしてあった。しかしいちいち註を点検しない読者にとっては見解の相違はわかっても誰の見解かわからないではないか、という思いが生じた。私たちの心のなかには、本書を手にする読者の姿がいつもあった。銅鏡の本である以上、銅鏡に関心のあるすべての方がたに読んでいただきたい。とりわけ概説書としての本書の性格上、これから銅鏡を勉強しよう、研究しようという人びとがもっとも必要とされるのではなかろうか、と私たちはイメージした。その時になによりも求められるのは「わかりやすさ」ではないだろうか。銅鏡を本格的に研究されている方ならば、多少の煩わしさをいとわず、数多い原註や訳註の原典にあたってくれるだろう。しかし、入門者として本書に接せられた方がたには、研究者名や原典が本文中に直接出ているのと、註をめくるのとでは、大きな違いがあるのではないだろうか。煩わしさが銅鏡のよき理解者を失うことになりかねない。そんな思いから、銅鏡をよりよく理解するために、註ではなく本文中に「○○の見解では……、それに対し△△は……といっている」と研究者の名前や原典を、両先生の意図されるところが文脈から明確に推測される場合には、明記することにした。それは原著に使用された挿図や写真図版についてもいえた。分類された鏡の具体例が挿図にも写真図版にも漏れているような場合はできるだけ図を補うことにした。

これは訳註にも書いたことだが、中国の人びとにとってはごく当たり前の故事来歴や伝説が、私たち日本人にとっては理解しにくい場合がある。私たちは「猿・犬・雉子」をキー・ワードとして「桃太郎」を連想できる。しかしこれを外国の人びとに求めるのは無理というものである。本書には、ことに銅鏡の背面文様の解説に、「猿・犬・雉子」のようなキー・ワード的な引用がみられた。そのまま訳しただけでは、語句の置き換えはできても、意味が通じない。そこで私たちは原典にあたり、その説話の前後の部分を本文中に補うことによって、日本人である読者の理解が深まるように心がけた。そのために「猿・犬・雉子」で表された「桃太郎」に、原著には出てこない「川での洗濯」、「鬼が島」などの場面を書き込む類の、挿入をしている部分がある。

次第に本文はわかりやすくなっていった。そのわかりやすさは、原著の意図を離れることはなかったと自負してはいるものの、原文の表現を逸脱しかねない書き込みとともに生じている。わかりやすくするためとはいえ、逸脱を許されるであろう範囲をどこまでとするのか。苦悩のすべてはここにあった。これはもはや訳書ではない、両先生の著書を原案に書き下ろした代物で原著者に対して非礼である、と忠告してくれる人もいた。おっしゃる通りである。しかし、翻訳という作業はただ単に外国語を日本語に置き換えることではなく、その背後にある外国の文化を訳すことなのであるという考えを、今回の仕事を通じて私たちは得た。こうすることによって、つまり中国文化の背景をある程度取り込むことによって本書はより理解しやすくなるし、それが孔・劉両先生が意図された銅鏡論のよりよき理解に通じると信じて、結局実行した。もし両先生の意図が曲解されるような部分があれば、その責が私たち三人にあることは、明白である。

一九九〇年二月に中国歴史博物館で孔祥星先生にお目にかかり、本書の体裁や本文・挿図の一部を訳者註の形をとらずに補充することについてご相談申し上げた。先生には私たちの意図を快く了解していただき、最後まで残っていた資料上のいくつかの疑問にも答えていただいた。孔祥星・劉一曼両先生には感謝の念とともに、ここまでの遅延をお詫びしたい気持ちでいっぱいである。

本書が成るにあたってはさまざまな方がたにお世話になった。孔・劉両先生にたびたび進行状況を伝えていただくとともに励ましていただいた九州大学文学部考古学研究室の西谷正教授、資料の問い合せやコピーなどでご迷惑をおかけした岡村秀典助教授、唐宋鏡についてご指導をいただいた九州歴史資料館参事（当時）の西村強三氏、適切な助言とともにどこを探しても入手できなかった『阿城県出土銅鏡』を貸与していただいた橿原考古学研究所の菅谷文則氏には、ことのほかお世話になった。

また文献の探索や解釈について、九州大学文学部中国文学研究室柳川順子助手（当時）、東洋史学研究室野田俊昭助手にも、お世話になった。挿図の一部を製図していただいた九州歴史資料館の豊福弥生さん、訳の出発当時に考古学研究室に在籍されていた劉茂源・高橋学而・鈴木敦の三氏をはじめ、研究室の院生・学生諸氏のご協力にも感謝の念が絶えない。鈴木氏は後に北京大学に二年間留学されたが、帰国された時にもまだ校正をしている私たちの姿に絶句されていたことを覚えている。出版の契機をつくっていただいた中国書店の川端幸夫氏や、怠惰な私たちに怒りよりも諦めをもって気長に我儘を許していただいた海鳥社の西俊明・別府大悟両氏には、お礼の言葉もない。私たち三人のいずれもが出発時と職場を異にしている歳月の流れは、多くの方がたからいただいたご厚情の豊かさでもある。

私たちは学生時代以来、中国考古学の研究において数多くの優れた業績をあげられた、岡崎敬先生にご指導をいただいた。先生には今回の計画をたいへん喜んでいただいていたが、残念なことに一九九〇年六月、卒然として不帰の客となられた。これまでのご指導を感謝しつつ、謹んで本書を岡崎敬九州大学名誉教授のご霊前に捧げることにする。

一九九〇年一一月

高倉洋彰
田崎博之
渡辺芳郎

【原著者略歴】

孔 祥 星　1939年2月中国湖北省武漢市に生まれる。1962年北京大学歴史系考古専業（歴史学部考古学科）を卒業。1965年同大学隋唐考古研究生（大学院に相当）を終える。1984年から1988年の間，中国歴史博物館副館長。
現在同博物館副研究員。敦煌吐魯番学会理事。中国歴史博物館で展示部門を担当するとともに，中国古代銅鏡や吐魯番文書などの研究を行っている。

劉 一 曼　1940年6月中国広東省仏岡県に生まれる。1962年北京大学歴史系考古専業を卒業。1966年中国社会科学院考古研究所殷周考古研究生を終える。現在同研究所副研究員。殷代遺跡の発掘調査と甲骨文の研究に従事するとともに，中国古代銅鏡の研究を行っている。孔祥星夫人。

【訳者略歴】

高倉洋彰（たかくら・ひろあき）　1943年福岡県に生まれる。九州大学文学部，九州大学大学院文学研究科終了後，九州歴史資料館を経て，現在西南学院大学文学部教授。中国吉林大学客員教授。主な著書に『弥生時代社会の研究』(寧楽社)，『日本金属器出現期の研究』(学生社)，『金印国家群の時代』(青木書店)，『大宰府と観世音寺』(海鳥社）などがある。

田崎博之（たさき・ひろゆき）　1954年に長崎県に生まれる。九州大学文学部，九州大学大学院博士課程中退，九州大学文学部助手，愛媛大学教養部助教授を経て，現在愛媛大学法文学部助教授。主な論著に，「北部九州における弥生時代終末期前後の鏡について」(『史淵』121)，「水田の登場」(『古代史復元』四，講談社)，「瀬戸内における弥生時代社会と交流」(『古代王権と交流』六，名著出版)，「福岡地方における弥生時代の土地環の利用と開発」(『福岡平野の古環境と遺跡立地』，九州大学出版会)，「長江下流域の土地環境と稲作・水利開発」(『日中文化研究』14，勉誠出版)，「壺型土器の伝播と受容」(『突帯文と遠賀川』，土器持寄会論文集刊行会）などがある。

渡辺芳郎（わたなべ・よしろう）　1961年埼玉県に生まれる。金沢大学文学部，九州大学大学院文学研究科博士課程中退後，九州大学文学部助手，佐賀県立九州陶磁文化館学芸員を経て，現在鹿児島大学法文学部助教授。主な論著に「葬送儀礼と階層性」(『日本中国考古学会会報』4)，「春秋戦国～漢代における土器・陶器焼成窯の構造」『鹿児島大学法文学部人文学科論集』42)，「薩摩焼貝目小考」『鹿児島大学法文学部人文学科論集』51）などがある。

図説 中国古代銅鏡史

■

1991年1月10日　第1刷発行
2001年5月26日　復刻　第1刷発行

■

著者　孔祥星・劉一曼
訳者　高倉洋彰・田崎博之・渡辺芳郎

■

発行　有限会社中国書店

■

発売　有限会社海鳥社
〒810-0074 福岡市中央区大手門3丁目6番13号
電話092(771)0132　FAX092(771)2546
印刷　株式会社川島弘文社
製本　篠原製本株式会社
ISBN4-87415-334-8
[定価は表紙カバーに表示]